苏轼的自我认识与文学书写

The Self-Knowledge of Su Shi and His Literary Writing

宁雯 著

中国社会科学出版社

图书在版编目（CIP）数据

苏轼的自我认识与文学书写/宁雯著. --北京：中国社会科学出版社，2020.7（2025.6重印）
　ISBN 978-7-5203-6427-0

　Ⅰ.①苏…　Ⅱ.①宁…　Ⅲ.①苏轼(1036-1101)—人物研究　Ⅳ.①K825.6

中国版本图书馆CIP数据核字（2020）第071205号

出 版 人	赵剑英
责任编辑	慈明亮
责任校对	季　静
责任印制	戴　宽

出　　版	中国社会科学出版社
社　　址	北京鼓楼西大街甲158号
邮　　编	100720
网　　址	http://www.csspw.cn
发 行 部	010-84083685
门 市 部	010-84029450
经　　销	新华书店及其他书店
印刷装订	北京君升印刷有限公司
版　　次	2020年7月第1版
印　　次	2025年6月第2次印刷
开　　本	710×1000　1/16
印　　张	26.25
字　　数	354千字
定　　价	148.00元

凡购买中国社会科学出版社图书，如有质量问题请与本社营销中心联系调换
电话：010-84083683
版权所有　侵权必究

出 版 说 明

  为进一步加大对哲学社会科学领域青年人才扶持力度，促进优秀青年学者更快更好成长，国家社科基金设立博士论文出版项目，重点资助学术基础扎实、具有创新意识和发展潜力的青年学者。2019年经组织申报、专家评审、社会公示，评选出首批博士论文项目。按照"统一标识、统一封面、统一版式、统一标准"的总体要求，现予出版，以飨读者。

全国哲学社会科学工作办公室

2020年7月

序

答应给宁雯博士的著作《苏轼的自我认识与文学书写》写序，因话题很多，反而不知从何处说起，拖了许久没有动笔。既然不知从何处说起，那就干脆想到什么说什么。

苏轼是辉煌的宋代文化塑造的"光风霁月"般的灵魂，是宋代文化留给世人的无上瑰宝。苏轼的世界，是汪洋大海，浩瀚无边，又是横亘大地的山脉，"横看成岭，转面已成峰"。认识苏轼，无论何种角度，哪个高度，多远的距离，只要用心，都能有所收获，但要真正理解苏轼之所以为苏轼，却并不容易。近些年来，苏轼越来越受到世人的热爱，有关苏轼的生活道路和文学成就的研究，也越来越热门，各种论文、著作，不断问世，独树一帜的论著也不少，但总体上看，有深度有新意的研究并不很多，究其原因，固在于研读不够，既不够多，也不够深，但更在于认识的高度和境界不够。有时候，热门的研究对象，吸引众多研究者，固然是好事，但众声喧哗，有时也会成为一种嘈杂的氛围，妨碍沉潜的研读和深入的思考。本来深入细致地研究作家的自我认知，就是作家研究的重要课题。但很多时候，我们都忙于解读、论述、欣赏我们所认识的"苏轼"，但苏轼自己怎么认识自己，却往往被忽略。我们在看苏轼的时候，会被一些听来的说法或者浅尝辄止的印象所蒙蔽。苏轼在许多作品中提到自己，写到自己，甚至会直接展示自己对自己的看法，似乎从内到外全方位塑造了一个"苏轼"，我们以为已经很清晰；还有，历代读者对苏轼其人和文学的解读，以及对苏轼的很多评价，也往往会"描绘"出一个历代读者心目中的"苏轼",也给我们一种似乎清晰的印象。有这两方面的先入之见在前,自然会觉得认识苏轼不成问题,自然也不会特别意识到从"苏轼自己如何认识自己"的角度去重新认识苏轼有多么重要。因此,对于当前的研究者而言,要想进一步接近苏轼,与苏轼的灵魂相遇,或许全面地看一看苏轼的自我认识,就是一个具有新高度和新境界的课题,或者说,是一个旧有的经典的新课题。

不过,苏轼确实太浩瀚了,他自己如何认识自己,对研究者而言,却是一个非常复杂的问题,尽管苏轼在他的作品中已经给我们提供了非常丰富的呈堂证供,但这仍然不是一个可以一眼看穿的问题。

比如,我们熟知的前后《赤壁赋》两篇,都以第一人称写成,都涉及人生态度和自我认知的问题,但两篇在写到自己时,却用了意思有微妙区别的自称,《前赤壁赋》以主观感受和主客问答为结构线索,却用相对具有旁观性质的自称"苏子",叙述者与文中主角明显有分离的意味;《后赤壁赋》依照客观时间顺序叙述事件经历,却用主体意味突出的自称"予",叙述者和文中主角完全是合一的。写作时间相差只有三个月,而且内容前后衔接对照的姊妹篇,却用了这样两个意思很不相同的自称,为什么这样?这就不是一个很容易回答的问题。而只有回答了这个问题,才可能真正读懂这两篇作品的深意。这个小例,说明了研究苏轼自我认识这个问题之难,这对研究者的文本解读能力和分析能力都是考验。

又比如,苏轼在生活中的行为,在文学作品中的表达,都会给人以旷达乐观的印象,历来的研究者也都这么认为,这甚至成了苏轼的一个标签。实际上,苏轼确实有超脱达观、随缘自适、随遇而安的性格特点,但苏轼这样浩瀚丰富的人格,一定不是这样单面的面相。在对待某些问题时,苏轼的态度反而是坚定执着的。不妨看看苏轼自己怎么说。苏轼曾给友人李公择写过一通尺牍:"本以铁心石肠待公……吾侪虽老且穷,而道理贯心肝,忠义填骨髓,直须谈笑于死生之际。……兄虽怀坎壈于时，遇事有可尊主泽民者，便忘躯为之，祸福得丧，付与造物。"（《与李公择》）这是勉励友人，也是自述怀抱，这样的人生态度，岂是所谓"达观"二字可以概括的？苏轼又在另一封给朋友的信中说："昔之君子，惟荆是师。今之君子，惟温是随。所随不同，其为随一也。老弟与温相知至深，始终无间，然多不随耳。致此烦言，盖始于此。然进退得丧，齐之久矣，皆不足道。"（《与杨元素二首》之二）可见，苏轼在需要有社会政治担当的场合，对待士大夫天下责任的态度，不仅不达观随和，甚至会相反，非常坚定执着。"铁石心肠""不随"，这就是苏轼对自己的认知。"谈笑于死生之际"的达观，前提是对士大夫责任意识的坚定执着的持守。如果不注意这一点，只以达观随缘作为苏轼的性格标签，那就认识不到苏轼的意义。这一点，当时人其实是有共识的。元祐年间，苏轼出知定州，辟李之仪为幕僚，临行时，李之仪妻胡文柔叮嘱他说："子瞻名重一时，读其书，使人有杀身成仁之志，君其善事之。"后来苏轼贬谪岭南，胡文柔还亲手制衣赠送（见李之仪《姑溪居士妻胡氏文柔墓志铭》）。苏轼"名重一时"的关键，就在于他的书，读之"使人有杀身成仁之志"。胡文柔作为女性，都能从苏轼的书中获得这样的感想，真可以说是苏轼的知音！

苏轼为何在与天下道义责任相关的问题上这么执着坚定，这么"铁石心肠"，"脚下承当"？这就涉及苏轼的自我身份意识和人生抱负。苏轼贬责黄州途中曾说自己作诗是"悲歌为黎元"，还以士大夫文人自居，虽然站在"黎元"一边，为"黎元"歌哭，但毕竟和"黎元"之间还有距离。到黄州之后，经过数年的反省和东坡躬耕的劳作，以及与黄州百姓的交往，获得了精神上的醒悟，于是有了新的身份意识："我亦自是民之一"，自认是"黎元"一分子。与之相关，苏轼在黄州还明确以归隐田园的陶渊明为自己的人生榜样："只渊明是前生。"自认"黎元"一分子，并确认了以脱离仕途的陶渊明为效法典范，这是苏轼黄州经历中最重要的事件。按常理说，既然自认"黎元"，并以陶渊明为典范，那应该退出仕途，归隐田园才合常理。但苏轼却不走归隐的道路，虽然向往归隐，但始终没有归隐，即使多次贬谪，也始终没有离开仕途，而且无论顺境、逆境，都在各地力所能及地为百姓做事。事实上，他只是在精神境界上以陶渊明为榜样，并不在行迹上追求亦步亦趋。所以黄庭坚说苏轼和陶渊明是"出处虽不同，风味乃相似"，他只追求精神上与陶渊明相契合。归根到底，苏轼不会归隐，不会放弃自己的社会责任。其中原因，当然很多，但根本的原因，在苏辙《亡兄子瞻端明墓志铭》中有记载："公生十年，而先君宦学四方，太夫人亲授以书。闻古今成败，辄能语其要。太夫人尝读《东汉史》，至《范滂传》，慨然太息。公侍侧，曰：'轼若为滂，夫人亦许之否乎？'太夫人曰：'汝能为滂，吾顾不能为滂母邪？'公亦奋厉有当世志。太夫人喜曰：'吾有子矣！'……"这件事，是认识苏轼身份意识和人生抱负的关键。少年时代在母亲启发教导下立下的"天下之志"，不可能轻易放弃，作为士大夫应有的天下责任担当，也不可能忘怀。明白了这一点，我们即可明白苏轼一生，为何选择了这样一条人生道路。在与"黎元"有关的问题上，在士大夫天下责任担当的场合，是那么坚定执着，不屈不挠，虽然仕途坎坷，备受挫折，却越挫越勇，"遇事有可尊主泽民者，便忘躯为之"，这样坚定执着的"铁石心肠"，都要结合苏轼的自我认识，才能真正理解。

其实，研究苏轼对自己的认识，材料非常多，只看我们怎么读，怎么用。比如何薳《春渚纪闻》记载，苏轼任杭州知州时，"有陈诉负绫绢钱二万不偿者。公呼至询之，云：'某家以制扇为业，适父死，而又自今春已来，连雨天寒，所制不售，非故负之也。'公熟视久之，曰：'姑取汝所制扇来，吾当为汝发市也。'须臾扇至，公取白团夹绢二十扇，就判笔随意作行书草圣及枯木竹石，顷刻而尽。即以付之曰：'出外速偿所负也。'其人抱扇泣谢而出。始逾府门，而好事者争以千钱取一扇，所持立尽，后至而不得者，至懊恨不胜而去。遂尽偿所逋，一郡称嗟，至有泣下者"（《春渚纪闻》卷六《东坡事实·写画白团扇》）。这个故事很著名，让我们看到一个特殊的苏轼，怎样当知州，怎样体恤民情，怎样处分案件，怎样受到百姓的称赞爱戴，等等。但苏轼所以这么处理，首先是基于爱民之心，但他对自己书法绘画作品艺术价值的认识也非常关键。苏轼书画，在当时已经是士民争相收藏欣赏的宝贝，正因对这一点心知肚明，他才能临机想出了这么一个为民解困的妙方。这便是一条考察苏轼自我认识的好材料。当然，从常见或不常见的材料中去解读苏轼的自我认识，宁雯的这部书也给我们提供了很丰富的例证。

确实，宁雯这部书，最大看点，就在于揭示苏轼如何认识"自我"，如何在各种情境中体认"自我"，如何将这种认识和体认的过程和结果写入文学。全书的命题角度，新颖独到，富于启发；论述分析，精彩迭出，见解不俗。作者文笔优美流畅，读来令人兴味盎然，作为学术著作，既有学术应有的创新价值和严谨规范，又能避免常见的学术八股气，非常难得。

这部书的命题，又是一个理论性很强的哲学认知范畴。所谓灵魂三问：我是谁？我从何来？要去何方？都是关于自我认知的问题。所以认知自我，是关于个人的社会性存在的命题，也是领悟生命价值的关键，既有现实生存的意义，也是关于人生终极关怀的追问。因此要真正认知自我，并不容易。这部书并没有为我们提供认知自我的直接答案，但考察历史上一些"光明俊伟"的人物如何认识自己，无疑是最好的参照和学习。总之，认识自我，需要自觉，需要胸怀，需要智慧，也需要勇气。苏轼就是伟大亲切的榜样，宁雯为我们推开了认识苏轼的一扇窗户，为我们送来无边的风景，带着我们认识苏轼如何认识自己，从而给我们提供认识自我的启发。

最后要说明的是，这部书，是从宁雯的博士学位论文修订而来。宁雯从2013年考入北京大学中文系攻读博士学位，当初曾为选择研究课题而烦恼，我了解她的困惑，读了她的一些论文习作，和她交流了我的想法，建议她不妨考虑以苏轼及其文学作为研究的方向。宁雯经过一段时间专心沉潜的阅读，很快就找到感觉，有了一些新的想法，意识到"苏轼的自我认识"这个问题的重要意义，于是将其拈出作为博士学位论文的课题，经过艰苦的阅读写作，终于顺利完成了令人耳目一新的博士学位论文。在之后的外审专家匿名评审中，论文获得了全优的评价，在答辩会上也得到各位答辩委员的高度肯定，被评为当年的北京大学优秀博士学位论文。宁雯为人聪慧而沉潜，敏锐而踏实，具有出众的研究能力和写作能力，作为一位青年学者，这都是很难得的素质，因此我看好她今后在学术上的发展，也希望她能继续努力。

张　鸣

2020 年 6 月 6 日于京西博雅西园

摘　　要

作为中国文学史上最引人入胜的研究对象之一，苏轼已经得到了较为全面的考察，而若从深入细致揭示作者面貌及其人生体验的角度而言，则仍存在较大的研讨空间。事实上，无论是在文学作品中留存大量关于自我的信息，还是在人生实践的各个方面展现出自主选择、理性内省的主体精神，苏轼都以强烈的积极性与自觉性彰显着自身价值，从而提示读者关注作者的"自我认识"这一既往研究中较少涉及的角度。透过作者反观自我的视角，分析其文学文本中记录的个人体验，不仅能有效探知他在具体境遇中的真切感受，更能提供一种有别于纯粹客观评判的理解苏轼的方式，即通过呈现苏轼眼中的自我以及自身与周遭事物的关系，尽可能走近其冷暖自知的人生。

从文本现象上看，苏轼"自我"在其作品中的"层出不穷"引人注目。他以大量第一人称宣示自己的在场，并以自身作为评判与剖析的对象。"东坡""苏子"等第三人称形式的自称，一面共同制造了客位视角，一面带着其各自的诞生语境介入诗意的表达。苏轼亦善用自喻揭示自我认识，通过不同性质的喻体形象地呈现品格与心境，并借助动态之喻阐释人生样态。自嘲与自许作为看似迥异却内在相关的两种现象，不仅展现了苏轼自信昂扬、天真幽默的形象，亦微妙地传达出轻快戏谑背后的自我定位与人生重量。

除过文本中形式多样的自我表达，苏轼的人生实践也能够体现其主体意识与自我体认。作为苏轼毕生的事业与困扰，仕宦在各种人生境遇中考验着他坚持自我的努力。苏轼以功成身退为人生设计，却在仕宦实践中进退两难，这导致了一系列主体选择与实际境遇的龃龉：居官时的愤激之语与务实之举、贬谪时的不在其位却谋其政、还朝时的位高权重与兴味索然，共同汇聚为不合于时的仕宦体验。在"逆人"与"逆己"的冲突中，苏轼力图尊重自我，亦自知宦途蹭蹬成为持守本心的代价。

仕宦生涯也影响到苏轼对社会关系的感知。在跌宕坎坷的人生中，亲情不仅是珍贵的慰藉，也带来精神的牵绊与现实的负累。苏轼泛爱天下，友朋众多，然而"亲友疏绝"成为他在政治祸患中孤苦体验的重要来源。同僚、政敌则是糅合着政治因素的人际关系，苏轼自认"不喜应接人事"，而其锋芒毕露的言行加剧了"取疾于人"的状况，也在一定程度上促成了他的自省。苏轼笔下的普通民众则多亲切友好，作者有意识地"混迹"民间，向平凡生活中寻求本质的复归。然而在某种意义上，这同样可视为"与世疏离"的图景中较为含蓄的一笔。

相对于人世，苏轼在自然中倍感自由，备受关爱。广大而不朽的自然虽难免反衬出人生的渺小与有限，却被苏轼解读出另一层恒久陪伴的长情。他在面对自然物时常常展露童稚化的观照视角，将自己作为参与者与之天真互动。同时，自我认识也在无形中渗入了苏轼的自然观照，使他往往从自然现象中生发对个人境遇的反思。面对时空变迁，苏轼通过回望串联起人生的重要节点，借助悬想来弥补现状的缺憾。此外，苏轼还常以操纵命运的造物为对象，展开力量的角逐。他着意彰显自我存在的意义，而并非一味自居于渺小的位置。

苏轼主体性的思考往往维护了自我的内心安宁。他通过调整对"归处"的理解，帮助自己超越不得归去的现实；在回望与悬想中领悟如梦之感，形成关于人生的通透认知；向凡俗生活中寻求"至乐"，肯定着最为朴素、自己却无缘达成的人生追求的价值。

这些植根于现实生活、充溢着个人体验的思想命题，不惟体现了苏轼的主体性与思维能力，也展示了生活实践对思考生成的启迪意义。

关键词： 苏轼；自我认识；仕宦；社会关系；自然观照

Abstract

As one of the most fascinating research object in the Chinese literary history, Su Shi has obtained a comprehensive study. However, there is still a great room for discussion from the perspective of revealing the author's personal aspects and his life experience. In fact, both by retaining a large of information about himself in literary works and showing the subjective spirit in all aspects of practice, Su Shi manifest the value of himself with much enthusiasm and self-consciousness. His behaviors attract readers to pay attention to the author's "self-knowledge", which is less involved in the previous studies. Through the author's perspective, analyzing the records of personal experience in literary texts can not only ascertain his feelings in the specific circumstances, but also provide a way different from the purely objective evaluation to understand Su Shi, which is show himself and the relationship between him and relevant things in his own eyes. By this way, we can approach a real existed life as far as possible.

Su Shi appears in his works constantly is noticeable phenomenon. The author uses a large number of first person to declare his presence, and puts himself as an object of judge or analysis. Meanwhile, the third person such as "Dong Po" "Su zi" show the objective perspective, and involve in the poetic expression with their own birth context. Su Shi also makes good use of self-metaphor to reveal self-knowledge. He describes his own character by selecting the different kinds of metaphorical objects, and explains his life pattern with the dynamic metaphor. Self-mockery and self-compliment seem like different but inherently relate to each other, which not only show confident and humorous image of Su Shi, but also convey the self-positioning and the weight of life behind the joking tone.

In addition to the various forms of self-expression in the text, Su Shi's life practice can also reflect his subjective consciousness and self-recognition. As the most important cause and the biggest trouble, official career is a test of Su Shi's efforts to adhere to himself. He make a decision to retire after winning merit, but the fact is a dilemma which lead to a series of contradictions between subject selection and the actual situation. For example, the angry words and pragmatic measures exist at the same official time, and he still participate in political affairs even in relegation life, while his lack of interest in official career appears when he holds office at court again. The above-mentioned facts make him the misfits, so that he has to choose between "against his own will" or "contrary to other people". Su Shi try to respect himself, but also clearly recognize that the tough experience become the cost of standing up for his beliefs.

The official career also affects Su Shi's perception of social relations. For the life full of tribulations, the family is not only a precious solace, but also brings the burden of spirit and the reality. Although Su Shi has many friends, the feeling of being alienated from friends and relatives makes him lonely in the political disaster. The relationship with colleagues and political opponents concern the political factors. Su Shi is not very interested in social contact and and sometimes disregards his words and deeds, which make him be hated by many other officials, and also to a certain extent contribute to his reflection. In Su Shi's literary writing, ordinary people are more friendly. The author consciously mingles with the crowd and regains his nature in the ordinary life. However, in a sense, it can also be regarded as a subtle way to alienate from the world.

Relative to the society, nature proves much more freedom and care. Although vast, immortal nature serves as a foil to the small and limited life, it is interpreted by Su Shi as a long-term companion. He interacts with natural objects innocently, treats them with a childlike sense and places himself in the role of the participant. At the same time, self-knowledge also influence the natural view of Su Shi, so that he often thinks about himself from some natural phenomena. Facing the change of life, Su Shi notes the important memory by looking back and makes up for regrets by imagining the future. In addition, Su Shi is used to compete with creator (Zao Wu) for emphasizing the meaning of self-existence, rather than living in an insignificant position.

The subjective thinking of Su Shi always immerses himself into inner peace. Adjusting the understanding of "destination" helps Su Shi beyond the reality that he cannot break away from official career. Looking back and imagining future bring a feel of dream, which reveals the essence of life. Looking for the greatest happiness in ordinary life shows his approval to the simple value pursuit. These thoughts are rooted in real life and filled with personal experience, which not only reflect Su Shi's subjectivity and thinking ability, but also show the enlightenment that life practice give to thinking generation.

Key Words: Su Shi; self-knowledge; official career; social relations; natural view

目　录

绪　论 …………………………………………………………（1）
　　一　选题缘起 ……………………………………………（1）
　　二　研究现状综述 ………………………………………（5）
　　　（一）有关苏轼自我表达、自我形象及主体意识
　　　　　　的研究 ………………………………………（6）
　　　（二）有关苏轼仕宦观念的研究 …………………（14）
　　　（三）有关苏轼"归"之心态的研究 ………………（17）
　　　（四）有关苏轼衰病问题的研究 …………………（20）
　　　（五）有关苏轼社会关系的研究 …………………（21）
　　　（六）有关苏轼自然观念的研究 …………………（23）
　　　（七）有关苏轼时空观念的研究 …………………（27）
　　　（八）有关苏轼思想来源的研究 …………………（31）
　　三　研究思路 ……………………………………………（33）

第一章　苏轼文学作品中的自我凸显 ……………………（37）
　　第一节　自称：标志"自我"作为"发声点"及
　　　　　　被观照对象 …………………………………（38）
　　　　一　第一人称："发声点"与自我剖析的标志 …（39）
　　　　二　第三人称：客位审视中的自我 ………………（45）
　　第二节　自喻：个体特质与人生状态的婉曲揭示 ………（57）
　　　　一　自我个体之喻 …………………………………（59）

二　自我人生之喻……………………………………（66）
　第三节　自嘲与自许：自我评价的姿态………………………（70）
　　一　自嘲：举重若轻的体验传达………………………（70）
　　二　自许：自我评价的高昂姿态………………………（83）

第二章　苏轼仕宦生涯中的自主选择与书写……………………（95）
　第一节　功成身退：自主的人生设计……………………………（95）
　　一　"功成身退"的价值追求……………………………（95）
　　二　"功成"与"身退"的两难…………………………（101）
　第二节　"用舍由时，行藏在我"：言行之间的罅隙………（105）
　　一　言论中的"疏离者"…………………………………（107）
　　二　行动中的"参与者"…………………………………（110）
　第三节　处江湖之远而忧其民：自我价值的实现…………（116）
　　一　逐臣身份的自觉与对朝政民生的关怀………………（117）
　　二　职位与责任分离的观念………………………………（123）
　　三　"功名如幻"：剥离仕宦的形式……………………（126）
　第四节　自言衰病与仕宦心态……………………………………（130）
　　一　倅杭时期的自言衰病与政见表达……………………（131）
　　二　元祐时期的自言衰病与归隐之愿……………………（134）
　第五节　"逆人"与"逆己"：不可违逆的本心………………（139）

第三章　"阅世走人间"：苏轼在社会关系中的自我认知……（148）
　第一节　"情累"的担负者：亲情中的自我…………………（148）
　　一　苏轼笔下的亲情书写…………………………………（149）
　　二　"扫叶"与"除草"：扫除"情累"…………………（162）
　第二节　友朋交游中的心理体验…………………………………（168）
　第三节　"取疾于人"：同僚关系中的自我因素与反思……（181）
　　一　"不喜应接人事"……………………………………（183）
　　二　"取疾于人"：同僚私交中的失当之举……………（185）

三 "性刚"：自知与反思 …………………………………（191）
　　四 私交语境中同僚关系的调整：以王安石与章惇
　　　　为例 ……………………………………………………（195）
　第四节 "混迹"民间：有意识地追求平凡 …………………（198）
　　一 "混迹"民间 …………………………………………（199）
　　二 民间生活的美感 ………………………………………（205）
　　三 "脱冠还作扶犁叟"：本质的复归 …………………（213）
　第五节 "我与世疏宜独往"：自我与"世"之关系
　　　　的判断 …………………………………………………（215）
　　一 具有负面意义的"世" ………………………………（216）
　　二 自我与"世"的对立 …………………………………（220）
　　三 自处之道 ………………………………………………（226）

第四章 "观身卧云岭"：苏轼自然观照中的自我 …………（231）
　第一节 水与月：走出永恒映衬下的渺小自我 ……………（232）
　　一 东去与西流 ……………………………………………（234）
　　二 月满江不满：反照心境 ………………………………（237）
　　三 水与月的恒常之性：持守与陪伴 ……………………（239）
　　四 共适 ……………………………………………………（243）
　第二节 与自然物为伴 …………………………………………（244）
　　一 自然物的善意 …………………………………………（245）
　　二 诉说与独白：与自然物交流的认真态度 ……………（250）
　　三 自愧不如：受教于自然物 ……………………………（256）
　第三节 回望与悬想 ……………………………………………（260）
　　一 回望：记忆节点之间的情感层累与人事变迁 ………（261）
　　二 悬想：未来之事中的乐趣与慰藉 ……………………（272）
　　三 回望与悬想的叠加 ……………………………………（278）
　第四节 "造物虽驶如吾何"：生命主体的价值 ……………（283）

第五章　苏轼个人体验与自我思考的生成 …………… （292）
 第一节　"海北天南总是归"：关于"归处"的自我调适 … （292）
  一　故乡与他乡：交织并存的明确归处 ……………… （293）
  二　田园、山林、江湖：笼统的归隐之所 …………… （301）
  三　无何有之乡：内心葆有的终极归宿 ……………… （310）
 第二节　回望、悬想与"人生如梦" …………………… （312）
  一　醒时看梦：回望的作用 …………………………… （314）
  二　如在梦中：现状与过往的对比 …………………… （322）
  三　何曾梦觉：关于人生的整体认知 ………………… （327）
 第三节　"至乐"追求向现实世界的归依 ……………… （335）
  一　箪食瓢饮之乐 ……………………………………… （335）
  二　乐莫乐于还故乡 …………………………………… （340）
  三　身无病而心无忧 …………………………………… （344）
 第四节　思想从现实体验中的抽绎 ……………………… （355）

结　语 ……………………………………………………… （363）

参考文献 …………………………………………………… （367）

附　表 ……………………………………………………… （385）

索　引 ……………………………………………………… （387）

后　记 ……………………………………………………… （392）

Contents

Introduction ·· (1)
    Section 1   Origin of the topic ·································· (1)
    Section 2   Research Summary ·································· (5)
        1. Studies on Su Shi's self-expression, self-image and
           subject consciousness ····································· (6)
        2. Studies on Su Shi's idea of official career ·················· (14)
        3. Studies on Su Shi's "returning" mentality ·················· (17)
        4. Studies on aging and illness of Su Shi ······················ (20)
        5. Studies on Su Shi's social relations ························· (21)
        6. Studies on Su Shi's concept of nature ······················· (23)
        7. Studies on Su Shi's concept of time and space ············ (27)
        8. Studies on the source of Su Shi's thoughts ················· (31)
    Section 3   Research ideas ······································· (33)

Chapter 1   Self prominence in Su Shi's literary works ·········· (37)
    Section 1   The ways Su Shi call himself: mark "self" as
                  "voice point" and the object to be observed ········· (38)
        1. The first person: "voice point" and the sign
           of self analysis ··· (39)
        2. The third person: self in the objective
           perspective ··· (45)

Section 2　Self metaphor: the subtle revelation of individual
　　　　　　characteristics and life state ·················（57）
　　1. Metaphor of individual ·······················（59）
　　2. Metaphor of life ···························（66）
Section 3　Self-mockery and self-compliment: the attitude
　　　　　　of self-evaluation ······················（70）
　　1. Self-mockery: a seemingly bantering way to
　　　express experiences ························（70）
　　2. Self-compliment: the positive attitude of
　　　self-evaluation ···························（83）

Chapter 2　Su Shi's own choices and writing in his official career ·································（95）

Section 1　Retire after winning merit: an independent
　　　　　　life design ···························（95）
　　1. The pursuit of "retire after winning merit" ···········（95）
　　2. The dilemma of "retiring" and "winning merit" ········（101）
Section 2　"I will decide my own future whether or not the
　　　　　　court give me chance to participate in politics":
　　　　　　inconsistency between words and deeds ········（105）
　　1. The alienator in words ······················（107）
　　2. The participant in deeds ····················（110）
Section 3　Caring for the people during the period of
　　　　　　relegation: realize self worth ···············（116）
　　1. Being conscious of the status as an exile while
　　　concerning about politics and people's life ·········（117）
　　2. The separation of position and responsibility ········（123）
　　3. "The achievement and reputation are just like
　　　dream": break away from official identity ··········（126）

Section 4　The expression about aging and illness and the
　　　　　official mentality ……………………………………… (130)
　1. The expression about aging and illness in Hangzhou
　　and political views ……………………………………… (131)
　2. The expression about aging and illness in the Yuanyou
　　period and the desire to retire ………………………… (134)
Section 5　"contrary to other people" or "against my own will":
　　　　　the conscience that can not be violated …………… (139)

Chapter 3　"Observing the world by living in the human society": the self-knowledge of Su Shi in social relations ……………………………………… (148)

Section 1　The person bearing the emotional burden:
　　　　　the self in kinship ……………………………………… (148)
　1. Su Shi's writing about family affection ………………… (149)
　2. "Clearing leaf" and "weeding": clearing up the
　　emotional burden ………………………………………… (162)
Section 2　The psychological experience in friendship ……… (168)
Section 3　"Be hated by others": the individual factors and
　　　　　self-examination in the relationship with
　　　　　colleagues ……………………………………………… (181)
　1. "I don't like social contact" …………………………… (183)
　2. "Be hated by others": the inappropriate behaviors
　　in the personal relationship with colleagues …………… (185)
　3. "Be upright": understanding and reflection
　　on self …………………………………………………… (191)
　4. Adjustment of peer relations in a private context:
　　take Wang Anshi and Zhang Dun as examples ………… (195)

Section 4　Mingle with ordinary people: pursue the ordinary
　　　　　　life consciously ……………………………………（198）
　　1. Mingle with ordinary people ……………………………（199）
　　2. The beauty of folk life …………………………………（205）
　　3. "Take off the official headgear and become a
　　　　farmer": the reversion of essence ……………………（213）
Section 5　"I'm estranged from the world and I should be
　　　　　　alone": the understanding of the relationship
　　　　　　between self and the "world" …………………（215）
　　1. The "world" with negative significance ………………（216）
　　2. The opposition between self and the "world" ………（220）
　　3. The way to deal with the "world" ……………………（226）

Chapter 4　"Seeing myself with lying on mountains surrounded by clouds": the self-knowledge in Su Shi's view of nature …………………………………（231）

Section 1　Water and moon: overcome the tiny individual life
　　　　　　in contrast to the eternal universe ………………（232）
　　1. Going east and flowing West ……………………………（234）
　　2. "The moon is full and the river is calm":
　　　　the reflection of mood ……………………………（237）
　　3. The constancy of water and moon:
　　　　the lasting companionship ………………………（239）
　　4. Enjoy together ……………………………………（243）
Section 2　Be with natural things as companions ……………（244）
　　1. Goodwill of natural things ………………………………（245）
　　2. Telling and monologue: the serious attitude
　　　　to communicate with nature ……………………………（250）
　　3. Feel ashamed of myself: being taught by nature ………（256）

Section 3　Looking back and imagining future ……………… (260)
　1. Looking back: the emotional layers between memory
　　nodes and changes in people and things ……………… (261)
　2. Imagining future: fun and comfort in the
　　unknown things. ……………………………………… (272)
　3. The combination of looking back and
　　imagining future ……………………………………… (278)
Section 4　"What can the creator do to me": the value
　　of life subject ………………………………………… (283)

Chapter 5　The formation of Su Shi's personal experience and self thinking ……………………………… (292)

Section 1　"Everywhere is destination": the self adjustment
　　of destination ………………………………………… (292)
　1. Hometown and strange land: two definite destinations
　　which are coexisted in Su Shi's works ……………… (293)
　2. Countryside, mountains and rivers: the general
　　places of seclusion …………………………………… (301)
　3. The land of nothingness: the ultimate
　　destination in the heart ……………………………… (310)
Section 2　Looking back, imagining future and the
　　proposition of "Life is like a dream" ……………… (312)
　1. Looking at the dream when waking up:
　　the effect of looking back …………………………… (314)
　2. Being in the dream: the contrast between
　　the present situation and the past …………………… (322)
　3. Never wake up: the whole cognition of life ………… (327)
Section 3　The pursuit of "supreme happiness" which
　　returns to real life …………………………………… (335)

1. Joy of simple eating and drinking ……………………（335）
2. The happiest thing is to return home ………………（340）
3. The body is free from diseases and the
    heart is free from anxieties ………………………………（344）
  Section 4　The development of thoughts from real
                  experience ………………………………………（355）

Conclusion ………………………………………………………（363）

Bibliography ……………………………………………………（367）

Appendix …………………………………………………………（385）

Index ………………………………………………………………（387）

Postscript …………………………………………………………（392）

绪　　论

一　选题缘起

　　苏轼以其充满智识、趣味与个性的人格，以其治愈心灵创伤、超越现实困境的思想，成为中国文学史上最引人注目的研究对象之一。而在关于苏轼的个体研究中，又以其心态、观念、文化人格方面的问题最为人津津乐道。论者或分析其文学作品、为人处世中表现出的智慧与魅力，或探究其文化人格的形成原因，均取得了丰硕的成果。然而，伴随着研究范式的日益成熟，既有的研究思路很难满足进一步深化苏轼研究的需要，而某些观照角度则尚未得到足够的重视。

　　首先，既往研究者往往致力于阐释苏轼乐天旷达的人格魅力，以至于它在反复研讨中不断强化，几乎成为深入人心的苏轼形象。事实上，这一形象并不能代表苏轼的全貌，而是作为重要特质被选择出来的面相之一。随着对它的长久书写，其他在苏轼笔下揭示的面貌不免逐渐模糊、淡薄，虽也曾偶尔引起论者的注意，但整体上仍缺乏深入探析。不可否认，苏轼的超旷之姿令人神往，但那已经是心灵自由之境中无所拘执的状态。从研究的全面性、客观性来看，尽力展示苏轼的完整形象与真实的个人体验，自然是苏轼研究的题中应有之义。从研析苏轼的最终目的而言，亲近前贤并不仅止于感受其不可企及的人格高度，更具启示意义的应是从他的真实感受中获得濡染和教益，以帮助应对困苦重重的人生。因此，如何尽可能充分地展示苏轼的生活状态，更好地揭示苏轼的丰富面貌，尚值得研究者深思。

其次，前人讨论苏轼思想的形成，多以其吸纳众家思想的过程为主要方面，而以儒、释、道思想的融合为收束。这固然是苏轼，乃至于北宋士人思想的重要来源，然而以抽象的思想成说作为苏轼思想来源的论述惯性，使得既有研究较少关注个体自身的感受力及其现实生活中蕴藏的智慧。以常情论之，人们在生活中面对困境、处理问题的能力和认知，其实源于多方面的合力，除了外部的思想教化，还可能直接地出自生活体验的酝酿。一方面，人们往往从目见耳闻或亲身经历中去感悟道理，形成开解的契机，这是个体在其生命历程中完成的努力。另一方面，思想的内化于心、外化于行，也必须以具体的生活体验作为基础。无论思想本身多么具有哲理、充满魅力，个体对它的接受都需要某种与之契合的体认，而"心有戚戚"正是体认的前提。在既有研究中，尚少见到论者对苏轼的"本心"在思想形成中发挥的作用抱以关注，也较少探讨苏轼究竟在怎样的生活情境中增益了智慧。这也反映出既往的研究观念对研究对象主体性的重视程度尚有不足。

无论是更为全面地揭示苏轼形象还是探讨其思想的形成过程，都必须依靠对苏轼人生体验的深细理解。上述研究思路的缺憾，也促使我们反思是否存在某种更加贴近对象真实状态的视角。此类反思其实早已开始。20世纪末，王水照在《走近"苏海"：苏轼研究的几点反思》一文中，便曾表达了对"小环境"和具体事件实证研究的重视。"我们要走近'苏海'，就应努力缩短古与今的时间隔阂，追踪和品味苏轼的生活遭际与心灵律动，重视他的文化创造与外部环境、人文生态的密切关系。所谓外部环境，主要自然是宋代的政治状况、经济形态、文化思想、士风民俗等'大环境'，更应从其具体的生存方式，如人际关系、交游酬和、家居生活、行迹细节等'小环境'入手，才能获得更切实的认识和透彻的理解。"① 这无疑为亲近苏轼的真实人生提供了切实可行的方向。嗣后，也有不少研究者践行这一思路，日益清晰地勾勒出苏轼的生活状态，甚或将目光渐渐引至苏轼主体上来，但大多只是浮光掠影式地提及，尚未出现以苏轼的主体视角为核心来系统考察其人生状态的论著。在苏轼眼中，自己的人生应当如何评价？自己的期许是否达成？面对人生中重要的对象与复杂的境遇，应如何自处，又怎样通过自主的选择保持内心的安宁？在这一过程中，有何所得与所失？这一系列问题，组成了走近苏轼内心的必由之路，有待论者探幽索微，这正是促使本书关注苏轼"自我"的动因。

而苏轼在他的文学作品中的确留下了许多关于自我的信息，表露出非常强烈的自我表达意愿，这很大程度上增加了本书论题的合理性与可行性。苏轼笔下以各种形式出现的自我评价、自我认识与个人体验的记述，以明确的态度彰显着自我的存在。自称、自喻、自嘲、自许等现象，踊跃而密集地汇聚于苏轼诗歌中，这是其他宋人诗中不曾有过的现象。据笔者粗略统计，苏诗中以第一人称作为自称的数量为北宋主要诗人之最，而自我表达形式之丰富、意愿之明确、思考之精深，亦可说无人堪与比肩。在文学表现方面，苏轼对"自我"的重视便足以引起研究者的强烈关注。然而为数不多的相关研究，都尚未系统、细致地考察苏诗自我表达的具体方式，也没有对他着意表达的"自我"形象投入足够的兴趣，在这方面留下了许多可探讨的空间。

透过文学表达，我们看到苏轼在面对人生中的重要对象时，不断生发并调整着关于自我的思考。在仕宦生涯中，在自然天地里，在人际关系内，他都努力为自己寻找切合心性的定位，并在与这些对象的互动中，加深和完善自我认识。这些认识未必再以直接的自我评价方式表达出来，而可能含蓄地隐藏在具体事件的描述中，混杂在作者的生活体验里，需要论者的解读、整合才得以一窥面目。

---

① 王水照：《走近"苏海"：苏轼研究的几点反思》，《文学评论》1999年第3期。

对于这项工作，既往的研究暂未贡献出深细的成果。意欲深入理解古人的生活体验，便不可避免地要将自己代入对象的情境。时代与情感的隔阂使对象的内心状态可望而不可即，这往往是个体研究繁难之所在。正因如此，苏轼对个人体验的详细记录才更加值得重视，它不仅留存了作者的心理，也为"以今揆古"的研究提供了依据，使其尽可能远离"以己度人"的危险。只有从人之常情出发，我们才能了解苏轼在宦海浮沉中的压抑，在自然对比下的触动，在时空流逝中的悲感，在亲友离散时的伤痛，而不会对那些轻描淡写的人生经历习以为常。同时，也只有清楚这段五味杂陈的人生，才更能感到苏轼奋力维护本心、实现自我价值的难能可贵。故而，很有必要在不同对象的视域下，结合具体人生体验的分析，来探讨苏轼如何认识自己，如何看待自我与对象的关系，这种不同于纯粹的客位视角的解读，或许能为揭示苏轼的真实形象与真实人生提供另一种思路。

除此之外，对具体生活体验的重视也可能有助于探索苏轼"自我"与其思想形成之间的关系。苏轼不仅从现实生活中积累经验、抽绎哲理，即便是运用思想成说，也往往在某些具体情境下经过了自我的调整和转化，不再等同于原初的内涵，而成为极具个人化的思想。对这些具体情境的关注，需要落实到生活细节中去，才能清晰展示生活体验本身对个体思想的启迪意义。本书试图去捉摸生命体验的寸土如何点点累积为智慧的高峰，希望能略为补充以儒、释、道融合阐释苏轼思想的研究方式。

从更广义的研究观念的角度视之，中国文化传统中强调集体价值的观念，有意无意地导致了个体价值的消弭。士林领袖、文坛盟主的身份，使人们惯于将苏轼置于阔大而崇高的坐标点上，以一种身系天下的设定去讨论他的言行。事实上，中国文学史上几乎已没有像苏轼这样能与历代读者保持亲切互动的文人了，即便如此，他的独特性也并没有使他日常化、私人化的一面得到足够的重视。苏轼故去后，他的友人道潜在挽词中勾勒其形象："峨冠正笏立谈丛，凛凛群惊国士风。却戴葛巾从杖屦,直将和气接儿童。"① 这两面式的写照极为传神,同时也提醒读者,苏轼这一个体的巨大魅力可能正源自其丰富而生动的人格面貌,并往往须向平实、细小的人生情境中去寻觅。苏轼笔下的悲欢离合、阴晴圆缺,于读者只是泛泛提及的履历,于他自己却是深入骨髓的淬炼,是他的生命本身。从这一角度来说,重视作者自我,重视他如实记录的个人体验,这不仅体现了对个体价值的认可,也表达了对价值评价体系的反思。

综上所述,苏轼"自我"的视角是苏轼研究中较少关注而事实上非常重要的考察角度,顺着这一视线,不仅能回溯他与各类人生问题的互动,探知他在具体境遇中的自我认识,还有助于了解他在自己的思想形成中发挥的作用,并凸显个体在其生命历程中的重要价值。而自我认识通过文学表达出来,不仅留下了研究苏轼其人的丰富材料,也使其中包蕴的体验和思考成为可与后世共享的精神财富。因此,本书将系统考察苏轼的文学表达与生活体验中的自我认识和自我思考,以之为抛砖引玉的尝试。

二 研究现状综述

触及苏轼这一"箭垛"式的研究对象,便必须面对浩如烟海、灿若星河的既有研究。作者的年谱传记、生平资料,作品的整理校注、选读鉴赏方面的成果可谓汗牛充栋,在苏轼研究的评述和总结方面,也已有四川大学中文系编纂的《苏轼资料汇编》、曾枣庄的《苏轼研究史》等重要著作。另如《宋代文学研究年鉴》各期也多收录苏轼研究综述,中国人民大学中文系主编的《中国苏轼研究》,亦附列近年来苏轼研究的重要成果。故而,关于文献类、综合性研

---

① (宋)释道潜:《东坡先生挽词》其十,傅璇琮等主编、北京大学古文献研究所编《全宋诗》卷九百一十九,第十六册,北京大学出版社1998年版,第10801页。

究的状况，读者自有丰富的材料可资观览。为清晰主次、避免赘冗，综述中主要撷取与本书论题密切关联的研究成果，分类叙述如下。

（一）有关苏轼自我表达、自我形象及主体意识的研究

苏轼的自我表达、自我形象及主体意识具有内在的逻辑关联，因此在研究中亦往往呈现彼此勾连的面貌，本无法截然区分。为论述清晰，此处依据研究成果的不同侧重大致分类，力图在评述中呈现其与本文论题相关的价值。

1. 有关苏轼自我表达现象的研究

在既有研究中，专以苏轼的"自我表达"为中心建构论述体系者，尚鲜有所闻。与此关联较密的研究，大抵包括涉及苏轼表达自身体验的行为、分析其表达内容或讨论其具体表达方式的研究。择其要者论之，王水照《苏轼的人生思考和文化性格》一文，指出"苏轼作品的动人之处，在于展现了可供人们感知、思索的活生生的真实人生，表达了他深邃精微的人生体验和思考"[①]，揭示了苏轼作品记录生活、传达体验、注重思考这一现象的重要性。文中提炼苏轼的文化性格时，也常常以包含自嘲等现象的作品为依据。但此文并非以苏轼的自我表达现象为重点，因此并未对其具体方式与表达效果作延伸讨论。

艾朗诺在《剑桥中国文学史》中专论苏轼的一节，也曾数次提及苏轼对自我的关注："一种对于自己的困惑，贯穿了苏轼的诗歌。他总是在观察自己，似乎超然于自己的文学人格，还现场点评自己的一举一动。"[②] "阅读苏诗、苏文，人们总是知道这些作品出自他生活的哪一时期，很大程度上是因为他将自己的作品全然扎根于当

[①] 王水照：《苏轼的人生思考和文化性格》，《王水照自选集》，上海教育出版社 2000 年版，第 301 页。

[②] ［美］孙康宜、［美］宇文所安主编：《剑桥中国文学史》上卷，刘倩等译，生活·读书·新知三联书店 2013 年版，第 468 页。

下环境，扎根于他在某地所度过的岁月。"① 作者立足于对苏轼诗文整体的阅读体验，揭示出苏轼作品与其自我人生的紧密相关。尽管作者尚未在文中延展对苏诗自我表达现象的讨论，但这对本书基于阅读体验而提出"自我表达的强化"问题形成了重要的支持。

李贵的《论苏轼七律的自我意识——兼及苏轼在七律史上的地位》是一篇重要的论文，该文以苏轼七律为研究对象，旨在通过强调其中展现的诗人自我意识来说明苏轼七律的价值。作者留意到苏轼七律中第一人称的大量使用，并加以量化统计。这种通过统计第一人称出现次数来讨论诗人自我意识的方式，是富有启发意义的尝试。同时，作者讨论了诗人的自我观照与"到场"，指出自我意识作用下苏轼对唱和诗、挽诗、咏物写景诗等传统诗歌类型的突破②。但由于研究范围以七律为限，文章整体较为简要，并且重在强调自我意识的存在，而未对其自我表达现象加以全面的观照。但文中对"自称"这一表达方式的关注与处理，于本书则颇具借鉴意义。

杨理论、骆晓倩《宋代士大夫的自我意识与身份认同：从苏轼诗歌说开去》一文，深入探讨了苏轼诗歌中自称使用与作者自我意识的关系。该文指出，苏轼在诗歌世界中的自我构建所彰显出的自我意识之强，超乎当时后世的诸多诗人，而其诗歌文本中大量标识自我身份的自称，便是苏轼自我意识高扬的突出表现，亦是诗人"自我"在诗歌中的审美投射。论者将苏诗自称（主要是第三人称形式的自称）分为两种情况，分别讨论诗歌自称与现实社会身份一致与不一致的情况下，诗人所彰显的自我意识及其对理想自我的构建、追寻、回归与超越。该文还进一步由苏轼诗中的自称扩展到宋

---

① ［美］孙康宜、［美］宇文所安主编：《剑桥中国文学史》上卷，第465页。
② 李贵：《论苏轼七律的自我意识——兼及苏轼在七律史上的地位》，《江西社会科学》1999年第6期。

代其他重要士大夫以号自称，以"他者"视野完成自我检视、寻求社会认同的现象，引入欧阳修、惠洪、杨万里、陆游等例证，凸显出苏轼独特而深刻的反省意识①。该文论证建立在明确的数据统计与文本现象基础上，视野广阔，思考深细，将苏轼置于宋代士大夫自我意识的整体情况中对比考察的思路亦很有借鉴意义。同时，由于文章主要意在揭示苏轼自我意识的独特性，故并未侧重对苏轼自我认识的具体内容及个人化体验的剖析。

　　与此相关，许多论者亦曾探究苏轼作品中与"自我"联系甚密的表达方式。《试论苏轼词主体意识的强化》一文，指出苏词"写作者自我之情，以自我之声气口吻出之"这一较前此词人不同的特点，并对苏词中第一人称自称的使用次数做了统计，从数量上描述了"自我"活跃于词境的现象。以此立论，作者分析了苏词中所呈现的词人自我意识的强化，并认为苏轼以社会责任感与哲思的融入，将词之格调引入高远之境②。王水照、朱刚在其合著《苏轼评传》第六章"人生思考与文化性格"部分论述了鸿、牛、鹤等意象展现苏轼人生思考的意义，论者从物象选择及其处理的变化中抽绎出苏轼超越不能自主之身世、确立主体的反思过程，虽然尚未明确从自喻和作者自我认识的角度论之，但实可作为以诗中物象反观作者思想性格的先例③。陶文鹏《自嘲的丰富情味》一文，以苏轼为个例，分析了其自嘲中包蕴的复杂情绪，及其举重若轻、意在言外的表达效果④。黎烈南《从王禹偁、苏轼等人的诗歌看宋人自我批判的思

---

　　① 杨理论、骆晓倩：《宋代士大夫的自我意识与身份认同：从苏轼诗歌说开去》，《西南大学学报》（社会科学版）2018年第3期。注：笔者于2017年5月完成博士学位论文答辩，论文中关于苏轼文学作品中自称的研究于2018年6月单独发表，其后又读到杨、骆二位先生于2018年5月发表的大作，与拙文关注点、研究方法及研究思路颇有暗合之处。为免读者误解，特此说明，并在研究综述中予以增补。
　　② 杨洋：《试论苏轼词主体意识的强化》，《皖西学院学报》2005年第1期。
　　③ 王水照、朱刚：《苏轼评传》，南京大学出版社2004年版。
　　④ 陶文鹏：《自嘲的丰富情味》，《古典文学知识》2001年第1期。

想闪光》》①与李永平《苏轼与俳优传统》②两文,共同体现出对苏轼自嘲现象及其表达功能的关注。前者主要分析了自嘲之举与士大夫政治心态的关联,后者则指出苏轼的自嘲以某种程度的自我贬损,承继了古代俳优传统中温婉劝谏以免祸的思路,即都从政治功能的角度,分析了"自嘲"这一表达方式的选用动因。王娟《探析苏轼的自省与自嘲对其人生态度的影响》一文,将自嘲与自我审视相联系,描述了苏轼从自责、自知、自省到通达的内心理路③。此外,日本学者正木佐枝子《蘇軾における「東坡」の意味》④、山上恵《蘇軾詩における自注》⑤等论文,分别论述了苏轼"东坡"自称与苏诗自注现象的意义,亦是有关苏轼自我表达具体方式的探讨。

2. 有关苏轼自我形象的研究

作为北宋中期叱咤文坛、政坛的人物,苏轼在后世文人学者的心目中占有重要的地位,苏轼的"形象"也因此成为一个经久不衰且极富吸引力的论题。与顾颉刚在《与钱玄同先生论古史书》中提出的"时代愈后,传说中的中心人物愈放愈大"⑥相似,苏轼的"形象史"也近似于"层累地构成"。从同时代人的描述与追忆到后世文人的"想象",从正史的记载到市井小说、戏曲的"构拟",苏轼形象在不断被赋予新的面貌的同时,也呈现出"脸谱化"的倾向,苏轼本人也离他的"悲欢离合"愈来愈远。所以,如何尽可能全面地揭示苏轼的面貌,确是一个值得探讨的话题。

---

① 黎烈南:《从王禹偁、苏轼等人的诗歌看宋人自我批判的思想闪光》,《中国诗歌研究动态》2009年第1期。
② 李永平:《苏轼与俳优传统》,《陕西师范大学学报》(哲学社会科学版)2009年第5期。
③ 王娟:《探析苏轼的自省与自嘲对其人生态度的影响》,《学理论》2015年第5期。
④ 正木佐枝子:《蘇軾における「東坡」の意味》,Studies in Chinese Literature,1996.12。
⑤ 山上恵:《蘇軾詩における自注》,《待兼山論叢》,《文学篇》2012年第12期。
⑥ 顾颉刚:《顾颉刚集》,中国社会科学出版社2001年版,第1页。

王水照在《苏轼的人生思考和文化性格》① 一文中将苏轼的文化性格总结为"狂、旷、谐、适"四个方面,并广泛地以苏轼作品为依据,以文本解读为津梁,从而勾勒出较为全面、准确的苏轼形象。周先慎《论苏轼的人格魅力》② 一文,深入论述了苏轼的人格特点及超越凡俗的精神面貌。马东瑶《苏门六君子眼中的苏轼》③ 一文,从与苏轼关系亲密的苏门弟子的视角,复现了苏轼为人、为文方面的诸多细节,并指出了六君子对苏轼经典形象的奠定作用。与此相似,翟璐《宋代笔记中的苏轼》④ 则通过搜集笔记中的相关史料,使苏轼形象在只言片语的拼组中逐渐清晰丰满。而赵义山、田欣欣《论元曲家笔下的苏轼形象》⑤ 与陈建萍、段宏广《从〈春渚纪闻〉等宋元明时期作品看苏轼的历史形象》⑥ 两篇论文,则揭示出苏轼形象在后世文学作品的"塑造"中,其实已与真实的苏轼相去甚远。这也提示研究者思考人物形象在选择性的流传中,其真实面貌发生变化甚至消弭的现象。

上述关于苏轼形象的研究固然不失恰切,然而大抵仍基于客位视角的描述与解读。从关注作者自我表达的角度出发,苏轼对自身的定义和评价其实大量存在于作品中,而"反观自我"的视角可能会呈现不同于客位视角的"自我形象"。同时,既有研究中对苏轼形象的选择性侧重,也引发了人们对研究思路和论述方式的反思。苏

---

① 王水照:《苏轼的人生思考和文化性格》,《王水照自选集》,上海教育出版社 2000 年版。

② 周先慎:《论苏轼的人格魅力》,《北京大学学报》(哲学社会科学版) 2002 年第 2 期。

③ 马东瑶:《苏门六君子眼中的苏轼》,《四川大学学报》(哲学社会科学版) 2003 年第 2 期。

④ 翟璐:《宋代笔记中的苏轼》,硕士学位论文,河南大学,2013 年。

⑤ 赵义山、田欣欣:《论元曲家笔下的苏轼形象》,《中国文学研究》2003 年第 2 期。

⑥ 陈建萍、段宏广:《从〈春渚纪闻〉等宋元明时期作品看苏轼的历史形象》,《芒种》2013 年第 6 期。

轼自我认识中的自我形象，恰好提供了纠正偏颇、重新审视其形象的可能。杨艳梅、王树来、高华、孙南等人先后探讨了苏词中的苏轼形象①，或关注苏词中对自称的使用，或从个人体验的记述中分析其性情，体现了关注视角向"作者自我"逐渐侧重的倾向。周慧珍《苏轼两杭时期散文中的自我形象》则关注了散文中的自我表达，作者认识到苏轼在有意或无意的自我抒写中，"昭示了心迹、禀性、操守、志趣，发露了其彼时的行动事功"②。而选取两杭时期这一时段作为考察对象，又展示了疏离仕途、抑郁低沉的苏轼形象。值得一提的是，作者强调：这迥异于通常印象中苏轼形象、出自苏轼笔下的"自我"，正是彼时真实形象的写照。该文不仅着重关注了苏轼的自我认识，更对既成的苏轼形象提出了初步的反思。

这种反思的合理性在潘建伟《自我说服的旷达：对话理论视野中的苏轼"旷达"形象问题——兼谈林语堂〈苏东坡传〉的中西文化观》③ 与严宇乐《苏轼、苏辙、苏过贬谪岭南时期心态与作品研究》④ 两篇论文中得到了更深入的阐发。前者认为，苏轼的旷达形象经历代不断塑造从而根深蒂固，但逆境中的"旷达"实际流露出"自我说服"的特征，它体现出苏轼"以理遣情"的效果，但并不意味着内心的真正超脱。该文进而剖析了历代对苏轼"旷达"形象的推崇背后所隐含的"乐感文化"心理，将有关苏轼形象的

---

① 杨艳梅：《论苏轼词中的自我形象》，《松辽学刊》（社会科学版）1990 年第 3 期。王树来：《论苏轼词中潜在的自我形象》，《齐齐哈尔师范高等专科学校学报》2006 年第 4 期。高华：《生命在超越中闪光——苏轼词中的自我形象解读》，《许昌学院学报》2009 年第 3 期。孙南：《论苏轼的自我形象——以苏词为例》，《学理论》2011 年第 25 期。
② 周慧珍：《苏轼两杭时期散文中的自我形象》，《汕头大学学报》1992 年第 2 期。
③ 潘建伟：《自我说服的旷达：对话理论视野中的苏轼"旷达"形象问题——兼谈林语堂〈苏东坡传〉的中西文化观》，《杭州师范大学学报》（社会科学版）2010 年第 5 期。
④ 严宇乐：《苏轼、苏辙、苏过贬谪岭南时期心态与作品研究》，博士学位论文，复旦大学，2012 年。

反思推进一层。后者在论文综述中回顾既往的苏轼贬谪文学研究，批评了以粗略的二元模式定义苏轼心态的思路，以及突出苏轼豁达人格的论述倾向，并表达了对苏轼人格评价标准的重新审视。论者强调，对苏轼的正面情绪与负面情绪都应正视，才可能完成苏轼形象全面合理的观照。在此基础上，该文进一步指出，除政治史角度的考论之外，还应从苏轼主观角度考察他如何应对苦难。限于论题，该文仅截取了苏轼贬谪岭南时期为研究范围，并未以其指导思想整体观照苏轼的人生。然而它对苏轼自我表达与自我形象的关注，则展现了研究思路向重视个体、重视现实体验的方向的转变。

此外，梁慧敏《诗人之笠：杜甫和苏轼戴笠肖像史及其文化意蕴》[①] 一文，以较为独特的视角，结合内在、外在两种形象，考察了苏轼戴笠形象的文化意涵，并从中揭示出苏轼的人格面貌。尽管文中对苏轼性格特点的论断不无可商榷之处，但这一从主体自身"形象"入手的研究路径，仍颇具启发意义。

3. 有关苏轼主体意识的研究

伴随自我表达的强化而来的，是这一现象背后主体意识的凸显，而既有研究对苏轼主体意识的论证则有其各自的侧重。首先值得注意的是研究者在"主体意识"与"词体开拓"之间建立的联系。孙立《苏轼词主体意识的再认识》[②]、杨洋《试论苏轼词主体意识的强化》[③]、韩丽霞《论苏轼黄州词强烈的主体意识》[④] 等论文，皆着重从打破旧有词体抒情模式、题材取向的角度，来强调苏轼开始在词中抒发自我情志、审视内心世界，使词作烙下鲜明的自我个性色彩。

---

① 梁慧敏：《诗人之笠：杜甫和苏轼戴笠肖像史及其文化意蕴》，硕士学位论文，华东师范大学，2015年。
② 孙立：《苏轼词主体意识的再认识》，《社会科学研究》1992年第2期。
③ 杨洋：《试论苏轼词主体意识的强化》，《皖西学院学报》2005年第1期。
④ 韩丽霞：《论苏轼黄州词强烈的主体意识》，《内蒙古民族大学学报》（社会科学版）2007年第4期。

上述论者对苏轼主体意识的理解，大致指他对个体生命价值的高度重视和对心灵自由境界的追求，而主要以其如何"形诸文学"来考察主体意识的表现方式。贾玉荣《苏轼诗词中的主体人格精神》[①]则并未以主体意识作用于文学为关注点，而着意于从诗词文本分析中提炼出苏轼这一主体的代表性人格，实际上更接近于苏轼人格形象的研究。

另一部分研究则更为关注主体意识的建构过程。陈友康《审美主体的生成与人生意义的实现——苏轼人生魅力论》[②]一文，认为苏轼从复杂的人生经历中获取的自我体验，才真正具有应对人生的实际意义，而个性、学养、境遇的互动促成了审美主体的最终生成。沈广斌《苏轼理趣诗研究》[③]从苏诗理趣中揭示出三种文化内涵：文化人格的构建、悲剧意识的消解及士大夫精神的凸显。三者实质上共同从主体行为的角度，揭示了苏轼有意识地赋予其诗歌的意义。苏罗密《试析苏轼诗歌中生命主体意识的升华》探讨了苏轼在创作实践中对禅宗美学的接纳与改变，认为他以主体性的努力，将后者引向世俗化、人性化，并"以自我智性的发掘与性情的舒展来消解由生命苦难而生的悲苦疲乏"[④]，张扬了人的生命主体价值。程磊《论苏轼早期"山水游宦"中的山水诗心与勇儒人格》[⑤]一文则分析了苏轼于山水游宦的生命实践中反思个体价值、建构理想人格的积极意义。谢青桐《抵御苦难之后的快意悲情——论苏轼诗体文学的

---

① 贾玉荣：《苏轼诗词中的主体人格精神》，硕士学位论文，华中师范大学，2005 年。
② 陈友康：《审美主体的生成与人生意义的实现——苏轼人生魅力论》，《东方丛刊》2000 年第 2 辑。
③ 沈广斌：《苏轼理趣诗研究》，博士学位论文，中国人民大学，2009 年。
④ 苏罗密：《试析苏轼诗歌中生命主体意识的升华》，《楚雄师范学院学报》2012 年第 5 期。
⑤ 程磊：《论苏轼早期"山水游宦"中的山水诗心与勇儒人格》，《西南民族大学学报》（人文社科版）2015 年第 6 期。

主体情性》①认为，苏轼通过儒、道、禅的互补确定了生命个体的存在方式，而诗歌中的快意悲情是主体为抵御苦难而建立的生命情性。不难见出，上述论者的关注点都共同指向苏轼的主体努力，而对其主体意识的形成机制则有各异的解释。在形诸文学的基础上，他们进一步延伸了主体意识作用于人生的抽象思考。韩国学者曹圭百《苏轼诗所表现的与现实世界的乖离及其消解》②一文，立足于诗歌解读，讨论了苏诗中体现的自我认识及对现实世界的认识。作者不仅指出二者的彼此乖离，更总结了苏轼消解这种乖离的自我调适方法。此外，柏颖《苏轼画论中的自我意识》③是从画论角度阐释苏轼自我意识的唯一专文，作者从自我意识的体现、产生的文化背景及其审美意蕴的角度展开论述，涉及"以我观物""有我之境""物我合一"等诸多与苏轼自我意识密切相关的命题，并从时代与个人的多样视角分析了苏轼画论中自我意识的产生因素。该文思考较为全面，论述颇有理据，而"画论"角度亦是对前此研究中文学视域的重要补充。

综上所述，苏轼自我表达、自我形象与主体意识等问题虽已得到了一定程度的讨论，但总体而言仍有零散、不成体系之憾。本书力图延续前人对固有研究模式的可贵反思，以诗歌为主而旁及其他文体，将苏轼"自我"置于文学与人生的双重维度中加以考察。

（二）有关苏轼仕宦观念的研究

苏轼的仕宦生涯及在此过程中的内心体验，是苏轼研究无法不涉及的重要问题，无论是在作品解读、思想研究、人格精神的讨论中，还是传记、通论类著作中，仕宦经历或作为背景铺设，或作为

---

① 谢青桐：《抵御苦难之后的快意悲情——论苏轼诗体文学的主体情性》，《南京师范大学文学院学报》2001年第3期。
② [韩]曹圭百：《苏轼诗所表现的与现实世界的乖离及其消解》，《宋代文化研究》2003年第12辑。
③ 柏颖：《苏轼画论中的自我意识》，硕士学位论文，河南大学，2009年。

人生履历，或作为思想情感的来源和基础，都得到了不同程度的探讨。

关于苏轼仕宦问题的既有研究，较多聚焦于苏轼的政治态度、政治举措，及其在文学中的反映与背后的思想动因。此类研究不胜枚举，总体而言，虽各有侧重，但大多通过考察苏轼的政治作为及涉及政治的诗文，总结出苏轼正道直行、忠君爱国的品格。择其要者，如王水照《评苏轼的政治态度和政治诗》① 一文全面总结并评价了苏轼政治观点的阶段性变化，曾枣庄《论苏轼的政治革新主张》② 通过分析苏轼的政论与政绩，论述了其政治革新的主张。此外，苏轼的仕宦观念中有某些广受关注的问题，曾引起较多讨论。一方面是苏轼政治立场的矛盾变化，主要集中于20世纪70年代末到80年代初，在"文化大革命"后重新给予苏轼政治评价的风潮下，王水照、朱靖华、曾枣庄、顾易生等诸多学者曾先后撰文对此加以辨析③。另一重要方面，则在于他如何去实现"尊主"与"泽民"的两全。王水照、崔铭在《苏轼传：智者在苦难中的超越》④ 中设专节讨论苏轼"不在其位而谋其政"的现象。林继中《苏轼的两难选择》⑤ 一文分析了苏轼如何在自觉遵从"君尊臣卑"的社会规范的同时尽可能保留个体的尊严。周斌《谈苏轼对政治品格的自我评价》⑥ 从苏轼"自我评价"的角度入手，讨论了苏轼对自己政治品格的认知，也涉及苏轼的"忠义"与"独立"在北宋历史语境中的关系。可见，苏轼对自我主体性的坚持是非常突出的现象，然而目前从苏轼自我认识的角度来理解其仕宦观念的研究尚不多见。

---

① 王水照：《评苏轼的政治态度和政治诗》，《文学评论》1978年第3期。
② 曾枣庄：《论苏轼的政治革新主张》，《社会科学研究》1980年第2期。
③ 关于这一时期苏轼政治态度的研究成果，可参见叶帮义《20世纪的苏轼诗歌研究》，载刘扬忠、王兆鹏、刘尊明主编《宋代文学研究年鉴2002—2003》，武汉出版社2005年版，第216页。
④ 王水照、崔铭：《苏轼传：智者在苦难中的超越》，天津人民出版社2013年版。
⑤ 林继中：《苏轼的两难选择》，《宋代文化研究》2009年第1期。
⑥ 周斌：《谈苏轼对政治品格的自我评价》，《魅力中国》2010年第31期。

周文的关注视角颇为难得，但论述中对这一视角的贯彻和突出稍有欠缺。如何从苏轼的角度反观自己在仕宦生涯中的价值与定位，仍是需要探究的问题和有待尝试的思路。

另一类研究则比较深入地关注到了伴随苏轼仕途始终的出处问题，主要致力于分析他在仕隐之间的矛盾心态与自处之道。论者或以其各阶段诗词为据，探析其中的归隐情结，或以其"和陶"之举为关注点，分析其效仿渊明却终未归隐的原因，或留意他背离仕宦的表达，或讨论他"不在其位而谋其政"的心态。许多研究从苏轼的"归思"与"乡情"中探讨其出处态度，此类研究下文将单列一类予以简述。

有关北宋士风与士大夫境遇的研究，虽非以苏轼个人为关注对象，而实际颇能深入揭示这一身份群体面临的问题，有助于在时代整体风貌下观照苏轼的心态与选择。诸葛忆兵《宋代士大夫的境遇与士大夫精神》[1] 论述了宋代文人士大夫经济、政治地位的重大变化，以及这一群体形成的重义轻利、先忧后乐的精神风貌。其《范仲淹与北宋士风演变》[2] 则更为细致地分析了范仲淹的身体力行在北宋士风转变中的推动作用，对这一过程的清晰勾勒，同时也提供了苏轼政治人格建立的时代背景。朱刚《从"先忧后乐"到"箪食瓢饮"——北宋士大夫心态之转变》[3] 对北宋士人关于颜子的论述加以考察，分析北宋后期士大夫心态从"外向淑世意识"到"以内在精神天地为主要关怀对象"的转变。认为这一过程中的关键人物——苏辙与程颐——共同奠定了"独立个体内在超越"的士大夫人生观，促成了价值的内在化、个体化、地方化。而与他们同时代的苏轼，在此过程中扮演着何种角色？这些不以"朝堂"为依归、重视个体生存本身的价值观念，在苏轼的人生实践中其实已有迹可循，而迄

---

[1] 诸葛忆兵：《宋代士大夫的境遇与士大夫精神》，《中国人民大学学报》2001年第1期。

[2] 诸葛忆兵：《范仲淹与北宋士风演变》，《中国人民大学学报》2006年第5期。

[3] 朱刚：《从"先忧后乐"到"箪食瓢饮"——北宋士大夫心态之转变》，《文学遗产》2009年第2期。

今未见对此集中讨论的研究著作。在朱刚的另一篇论文《"日常化"的意义及其局限——以欧阳修为中心》①中，宋诗的"日常化"倾向与欧阳修振起卑弱、改变士风的努力被联系起来。而在批评矫枉过正的险怪、忤世之风方面，苏轼被视为与欧阳修桴鼓相应的人物。这些论述，都引起了本书对苏轼文学创作及生活中如何实践"日常化"的关注，而苏轼入仕之初即批评的"忤世"与他之后遭遇政治挫折时自叹的"忤世"之间形成了对比，也是一个值得考察的论题。

回顾既有研究，会发现正面讨论苏轼仕宦观念者为数尚少，而以苏轼的自我体验、自我定位为中心来观照其仕宦观念者则更为罕见，"苏轼如何看待其仕宦生涯"这一问题其实尚有可深入探讨的空间。

（三）有关苏轼"归"之心态的研究

苏轼作品中屡见的"归"的表述，早已引起研究者的广泛关注。自20世纪80年代至今，关于苏轼归思与乡情的探讨绵延不绝。其中部分研究主要通过文本解读来论述苏轼笔下流露出的思乡之情并解释其原因，如毛永龄《苏轼诗中的故乡情》②、徐立昕《试论苏轼诗中的故乡情结》③、屈小强《苏轼的山水情怀与故乡情结》④、彭敏《苏轼故乡情结的特点与成因》⑤等。论者亦多能注意到苏轼乡情中纠结的两面——思归故乡与安居他乡的并存，并对此做了不同程度的探讨。如徐立昕文指出二者的出现伴随作者经历而呈现阶段性的侧重，他将苏轼的故乡之思按生平经历划分为七个阶段：年少初仕，便有归思；及知密州，又思归蜀；贬居黄州，不敢言归；自黄迁汝，

---

① 朱刚：《"日常化"的意义及其局限——以欧阳修为中心》，《文学遗产》2013年第2期。
② 毛永龄：《苏轼诗中的故乡情》，《乐山师专学报》1986年第1期。
③ 徐立昕：《试论苏轼诗中的故乡情结》，《乐山师范学院学报》2008年第1期。
④ 屈小强：《苏轼的山水情怀与故乡情结》，《蜀学》2010年第五辑。
⑤ 彭敏：《苏轼故乡情结的特点与成因》，《芒种》2013年第12期。

又思归蜀；惠州贬居，罪不言归；再贬岭南，归梦成空；蒙恩北归，乡心又炽。这无疑有效地梳理了苏轼乡情变化的主要脉络，然而对于每一具体阶段中遇境而生的随意化，作者并未多作留意。另一些学者则讨论了苏轼在故乡与他乡之间的调解之道。王水照、崔铭在《苏轼传：智者在苦难中的超越》一书中，指出苏轼以视点更易的形式而认同他乡的思路，其隐含的前提恰恰是对回归故乡之重要性的强调。冯小禄《苏轼的"寄生"故乡观》① 一文也指出，苏轼对他乡的情感大多以故乡为落脚点，通过建立二者之间的联系，他完成了"他乡的故乡化"，为自己的"不必归乡"寻觅到合理的支点。在论证这一主要观点的过程中，作者还细致分析了许多具体的亲近异乡的方式，总结出"他乡的前生化"等确当的命题。在他的另一篇论文中②，作者将苏轼的故乡观置于与他人的对比之中，再次突出了苏轼乡情的特殊之处。明雅妮《苏轼的时间意识与其文学创作的美学联系》③ 总结了苏轼"归去"思想的变化流程，徐名侠《苏轼文学中的自然观》④ 论及苏轼的故土情结及其向留经之地的扩展，将之视为苏轼回归自然的曲折表现。李光生《苏轼不归故里的文化考察》⑤ 从地理人文的隔膜、宦海浮沉的无奈、忘土安怀的人生超越诸方面，给予苏轼的不归之举以现实与精神层面的全方位解释。

显然，研究者们已经意识到，苏轼笔下的"归"并不仅仅停留在乡情的层面，而是引入了更为广阔抽象的人生思考。"此心安处是吾乡"的表述，将论者的目光从"安身"引至"安心"，纷纷讨论这一超旷态度背后的安心之道。马银华《此心安处是吾乡——论苏

---

① 冯小禄：《苏轼的"寄生"故乡观》，《文史知识》2008年第10期。
② 冯小禄、张欢：《杨慎"并州故乡"观的内涵及成因——与苏轼故乡观的比较》，《云南师范大学学报》（哲学社会科学版）2009年第5期。
③ 明雅妮：《苏轼的时间意识与其文学创作的美学联系》，硕士学位论文，湖南师范大学，2008年。
④ 徐名侠：《苏轼文学中的自然观》，硕士学位论文，南京师范大学，2011年。
⑤ 李光生：《苏轼不归故里的文化考察》，《文艺评论》2012年第2期。

轼随缘自适的人生哲学》① 与郝美娟《此心安处是吾乡——以"归"为中心论苏轼对精神家园的追寻与建构》②，即以"此心安处"为切入点，考察苏轼以"自适"安放内心，建构精神家园，从而不拘执于归乡的心理历程。冷成金《苏轼诗文悲剧意识的特质》③ 以对"家"的观念为案例，认为苏轼通过寻觅心灵家园而非实指的"乡关"，实现了对生命悲剧意识的审美超越。此类研究关注点从"乡情"到"归宿"的提升，有效地推进了思考的深度，然而对苏轼的"归"之表达，依然尚未形成系统性的认识。

此外，苏轼的"言归"及其出处态度亦为域外汉学界所关注。唐凯琳（Kathleen M. Tomlonovic）在她的博士学位论文 *Poetry of Exile and Return*：*A Study of Su Shi*（1037-1101）④ 中，讨论了苏轼贬谪与"归"的历程及相关心态。日本学者湯淺陽子《蘇軾の歸田と買田》⑤ 一文，从"归田"的词义源流入手，以其细腻的文本分析，描述了苏轼在凤翔、黄州等各个阶段于吏隐、归田之间的游移，考察了其买田行为，以及最终从明确的地点到内心归处这一"归田的彼岸化"，并延及北宋士大夫的人生设计。美国学者史国兴（Curtis Dean Smith）在其论文 "The Dream of Chou-chih：Su Shih's Awakening"⑥ 中亦提及，朝堂与退隐这两个相互矛盾的志向伴随着苏轼的一生，并成为其许多伟大文学作品的产生机制。

整体而言，有关苏轼"归"之心态的研究虽成果甚夥，但考察

---

① 马银华：《此心安处是吾乡——论苏轼随缘自适的人生哲学》，《东岳论丛》2004 年第 5 期。

② 郝美娟：《此心安处是吾乡——以"归"为中心论苏轼对精神家园的追寻与建构》，《山西大学学报》（哲学社会科学版）2012 年第 4 期。

③ 冷成金：《苏轼诗文悲剧意识的特质》，《社会科学战线》2012 年第 2 期。

④ Kathleen M. Tomlonovic, *Poetry of Exile and Return*：*A Study of Su Shi*（1037-1101）, University of Washington, 1989.

⑤ 湯淺陽子：《蘇軾の歸田と買田》，《中國文學報》1997 年第 4 期。

⑥ Curtis Dean Smith, "The Dream of Chou-chih：Su Shih's Awakening", *Chinese Studies*, 2000, 18（1）.

角度仍较为单一。它们或以时间为轴，将语涉思乡之诗予以分段，或以内容分类，回溯此类诗歌的写作情境，借以探究苏轼对故乡的情感变化，或从人生境遇、思想构成中寻求解释，而尚少论述深细之作。既有研究也多能注意到苏轼思归的热切期望与随遇而安的定居心理这看似矛盾的两端，并最终在故乡到他乡的"移情""寄生"中寻觅到消解之途。在此基础上，精神层面的归宿建构也自然被纳入视域。这些研究思路固然合理，但并非再无阐释余地。苏轼在不由自主的仕宦生涯中常言归乡，在偏远恶劣的他乡自得其乐，这种颇具"对抗"意味的表达中可能隐含着主观意图与政治诉求。此外，既有研究将"归"之讨论集中于"乡情"，便忽视了苏轼笔下的诸多"归处"。它们的文化内涵及诗中的具体含义，极少得到细致的辨析，而在表述的差异间，或正可探究诗人的幽微心态。而当"归"不限于"归乡"这一指向，它实质上便可能包含广义的"归隐"之意，带有某种与朝堂渐行渐远，却不明具体所指的方向性，这便使简单的"归思"转化为"出处"这一困扰士大夫群体的重要问题。不同的"言归"表述既立足于人生境遇，也出自诗人主体的思考和选择。苏轼的思考过程、处理方式及其中蕴含的主体意识，尚有待探寻和感知。

（四）有关苏轼衰病问题的研究

苏轼一生中常言衰病，而以诗文中尤多，但这一现象似乎较少引起研究者的关注。江西师范大学张子川的硕士学位论文《苏轼涉病诗研究》[①]，是关于苏轼疾病书写的专论。该文系统考察了苏轼的身体状况、医术水平及其涉病诗创作概况，探析了其病中心理与自我疗救的方法，并总结了此类诗作的艺术特色。作者思考全面，文中对苏轼疾病类型、涉病诗数量与时空分布的考证都较为扎实可信，勾勒出苏轼涉病诗创作的整体面貌。涉病诗中呈现的

---

① 张子川：《苏轼涉病诗研究》，硕士学位论文，江西师范大学，2014年。

苏轼形象，也为反思苏轼的真实生命状态提供了重要信息。美中不足的是，文中部分论断不尽如人意，例如将苏轼的病中心理归因为儒家人格，将其自我疗愈的方式总结为以养生保健和文学创作的方式消解肉身与精神的痛苦，将涉病诗创作"职官之地多而贬谪之地少"的情况解释为贬谪时期的贴近自然，使诗歌创作超出了物质生活对精神的影响，等等，这些说法都不无可商之处。对具体材料的引证，也间或存在仅从"涉病"之诗中提炼观点，而实质分析与"病"并无太多关涉的情况。

此外，彭文良《苏轼所患疾病考》[①]一文也分类考察了苏轼的疾病状况。高云鹏《苏轼诗中的"病兽"意象研究》[②]一文，则分析了偏爱"病兽"意象这一带有寄托与自喻性质的行为。对意象状态的形容，可能流露出苏轼对自我身心状态的某种定位，因此，考察"病兽"意象的表述语境，亦是了解苏轼"衰病"表达及人生境遇的曲折思路。

总体而言，学界对苏轼的"多言衰病"关注较少，尤其是此类现象与苏轼的仕宦经历之间是否存在某种关联，甚少为学者所注意，或虽有涉及却未能深入探究。事实上，对涉病诗创作的时间与空间考察，恰恰揭示出仕宦历程与"衰病"表达间可能存在的联系，这也将为本书打开探究苏轼仕宦感受的重要入口。

（五）有关苏轼社会关系的研究

有关苏轼社会关系的研究，主要集中于其各种人际关系的考察。在亲情方面，主要观照对象为兄弟之情与夫妻之情。前者诸如喻世华《夜雨何时听萧瑟：论苏辙诗歌的兄弟情结》[③]、袁津琥《与君世

[①] 彭文良：《苏轼所患疾病考》，《兰州教育学院学报》2015年第3期。
[②] 高云鹏：《苏轼诗中的"病兽"意象研究》，《乐山师范学院学报》2005年第7期。
[③] 喻世华：《夜雨何时听萧瑟：论苏辙诗歌的兄弟情结》，《乐山师范学院学报》2013年第1期。

世为兄弟——苏轼与苏辙的宦海浮沉》[1]、付定裕《夜雨对床：苏轼与苏辙的诗歌对话》[2]、黄莹《苏轼苏辙兄弟唱和诗研究》[3]、赵晓星《论苏轼、苏辙唱和诗》[4]、梁益萍《苏轼苏辙的兄弟之情及对苏轼文学创作的影响》[5] 等。后一类研究则如林雪云《苏轼与佛学：以其咏妻妾诗文为主》[6] 等，在苏轼尺牍研究中也有侧面涉及他对妻妾的态度，而更多则在悼亡、怀妻作品的赏析中比较浅易地言及苏轼的情感。此外，朱帆的硕士学位论文《苏轼节令诗词研究》[7] 也分析了各类节令诗词中的亲情、友情因素。

有关苏轼与门生朋友的关系，主要以交游考述的形式得以呈现。这部分研究成果较多，以交游对象论之，则涉及苏门六君子、王诜、佛印、李格非、毛滂、参寥、李之仪、杨绘、赵抃、范镇、程之才等人，以交游对象所属地域论之，则包含江苏、安徽、汴京、杭州、润州、当涂、徐州、宿州等地。陈川云的硕士学位论文《苏轼交游定量研究》[8] 爬梳并整理了苏轼一生与文人交游的情况，并在各种角度的量化统计基础上对其交游特点作了分析。

有关苏轼与政敌的关系，既有研究主要集中于王安石和章惇两人。比较重要的成果有刘淼《苏轼与王安石政治关系研究》[9]、喻世

---

[1] 袁津琥：《与君世世为兄弟——苏轼与苏辙的宦海浮沉》，《文史知识》2016年第4期。

[2] 付定裕：《夜雨对床：苏轼与苏辙的诗歌对话》，《文史杂志》2007年第3期。

[3] 黄莹：《苏轼苏辙兄弟唱和诗研究》，硕士学位论文，广西大学，2008年。

[4] 赵晓星：《论苏轼、苏辙唱和诗》，硕士学位论文，吉林大学，2007年。

[5] 梁益萍：《苏轼苏辙的兄弟之情及对苏轼文学创作的影响》，硕士学位论文，宁波大学，2012年。

[6] 林雪云：《苏轼与佛学：以其咏妻妾诗文为主》，《乐山师范学院学报》2015年第11期。

[7] 朱帆：《苏轼节令诗词研究》，硕士学位论文，暨南大学，2011年。

[8] 陈川云：《苏轼交游定量研究》，硕士学位论文，江西师范大学，2015年。

[9] 刘淼：《苏轼与王安石政治关系研究》，硕士学位论文，吉林大学，2012年。

华《千秋功罪任评说——苏轼与王安石关系及其评价的审视》①、刘乃昌《苏轼同王安石的交往》②，以及喻世华《关于章惇历史定位的再认识——兼论苏轼与章惇几方面的异同》③《坚守与宽容——苏轼与章惇的交往及身后两极化评价探析》④、祁琛云《进士同年、党争与士人关系——立足于苏轼与章惇关系考述》⑤、朱飞镝《苏轼与章惇之恩怨述略》⑥、王连旗《苏轼与章惇交往关系初探》⑦、徐丽《苏轼与章惇交游考》⑧ 等。莫砺锋《苏轼的敌人》⑨ 一文则较为广泛地关注了苏轼仕宦生涯中的政敌，通过对他们与苏轼关系的逐一分析，来凸显苏轼人格之伟岸。

关于苏轼任地方官时与同僚的关系，管见所及的专文仅有喻世华《苏轼与同僚的相处之道及其启示——以居官杭州期间为例》⑩。除此之外，苏轼外任、贬谪时期与僚友及普通百姓的关系，则更多散见于针对其某一人生阶段的研究中。

（六）有关苏轼自然观念的研究

关于苏轼自然观念的既有研究，其关注点大多集中于苏轼作品中的自然意象与自然审美观念。前者如苏罗密《苏轼诗歌自然意象

---

① 喻世华：《千秋功罪任评说——苏轼与王安石关系及其评价的审视》，《南京林业大学学报》（人文社会科学版）2010 年第 3 期。
② 刘乃昌：《苏轼同王安石的交往》，《东北师大学报》1981 年第 3 期。
③ 喻世华：《关于章惇历史定位的再认识——兼论苏轼与章惇几方面的异同》，《广西师范大学学报》（哲学社会科学版）2011 年第 1 期。
④ 喻世华：《坚守与宽容——苏轼与章惇的交往及身后两极化评价探析》，《扬州大学学报》（人文社会科学版）2011 年第 1 期。
⑤ 祁琛云：《进士同年、党争与士人关系——立足于苏轼与章惇关系考述》，《石河子大学学报》（哲学社会科学版）2011 年第 4 期。
⑥ 朱飞镝：《苏轼与章惇之恩怨述略》，《乐山师范学院学报》2013 年第 3 期。
⑦ 王连旗：《苏轼与章惇交往关系初探》，《开封大学学报》2011 年第 1 期。
⑧ 徐丽：《苏轼与章惇交游考》，《蜀学》2010 年。
⑨ 莫砺锋：《苏轼的敌人》，《学术界》2008 年第 2 期。
⑩ 喻世华：《苏轼与同僚的相处之道及其启示——以居官杭州期间为例》，《徐州师范大学学报》（哲学社会科学版）2012 年第 4 期。

的禅趣意蕴探究》① 一文，主要探讨苏诗自然意象的审美取向、观照方式、美学体验等方面显现出来的禅趣意蕴，并挖掘其诗学价值。作者认为苏轼传承了王维诗歌在禅宗影响下以表现心性主体为中心的创作方式，又延展了主体自我心性的深度探求，关注到了表达主体及其内心体验在苏诗自然描写中的重要作用。洪敏《苏轼诗词中自然意象的隐喻研究》② 一文则重点分析了苏轼怎样从自然意象中得到灵感并创造了隐喻，读者又应如何运用自己的认知能力建构这些隐喻的映射关系。通过挖掘自然意象中寄寓的思想情感，能够总结出苏轼的自然观与人生观。

后一类研究如章尚正《苏轼的自然审美观与山水文学创作》③，主要从苏轼处理山水自然审美时的物我关系入手，认为其主观意识高度自觉地超越于直感的声色之乐，而追求理性的感悟和精神的升华。自然风物对苏轼的旷达性情多有助益，而苏轼将山林视为人生归宿，将诗文创作作为山水审美的指归，这实质上都体现了"自我"面对自然时主体性的吸纳和选择。冷成金《试论苏轼的山水诗与自然诗化的走向》从山水诗中梳理文人看待自然之美的态度，认为苏轼的山水诗在自然诗化的走向上表现出迥异于前人的"走出自然"的倾向。该文将苏轼定位于"自然之上"，总结了他以自然求诸内心的诸种层次，并着力从改造和超越儒、释、道三家自然观的角度，论述了苏轼在审美创造时注重"本心"、重视自我人格与个体生命的特点。论者以苏轼的"心灵本位"相对于前此山水诗人的"社会本位"，认为苏轼的悲剧意识无待自然消解，而依靠主体的内心力量去破除桎梏。最后，该文从宋代与苏轼个人的学术背景入手，分析其得以"走出自然"的原因，并强调苏轼自然观的重要意义在于"首

---

① 苏罗密：《苏轼诗歌自然意象的禅趣意蕴探究》，硕士学位论文，云南大学，2009年。
② 洪敏：《苏轼诗词中自然意象的隐喻研究》，硕士学位论文，南京航空航天大学，2014年。
③ 章尚正：《苏轼的自然审美观与山水文学创作》，《江淮论坛》1992年第2期。

先把人从与自然对立,与自然合一的状态中独立出来"①,重新发现和确立人自身。王文捷《苏轼山水诗文中自然审美观探析》② 将苏轼的自然审美观概括为若干命题,从自然之可观、融入山水、物我关系等方面加以论述。徐名侠《苏轼文学中的自然观》③ 是一篇较为系统论述苏轼自然观的硕士学位论文。作者将自然观定义为人的宇宙观及人生观两个范畴,论述了自然观的成因、在文学中的主题表现与自然观支配下的文论思想。文章侧重于自然观与文学表现的关系,在苏轼自然观的成因分析方面,则主要对前人观点加以总结,探讨尚有欠深入。

不难看出,在上述研究中,苏轼这一主体对自然的投射作用,以及苏轼自然观中"自我"的重要性都不同程度地得到了关注。然而论者多从主体对自然的"超越"角度来描述苏轼的自然观,又常从儒释道思想的融合与扬弃中寻求解释,而较少观照研究对象在具体经历中与自然的互动,以及可能从中形成的对自然、对自我与自然之关系的认识。在这一方面,日本学者往往能发挥其细致入微的优长。山本和义在其专著《诗人与造物:苏轼论考》④ 中,从苏轼人生观、自然与诗人、自然题材在苏诗中的表现等多种角度对苏轼其人其诗做出了富有深度和新意的解读。其中有关造物与诗人之关系的论述,赋予"造物"某种情绪化的特质,并考察诗人面对造物的种种"情绪"时的个人体验与应对策略,其观察视角与表述方式都饶有趣味。该书细致描述了苏轼与自然的频繁互动,涉及诸如《南行集》、望湖楼诗、洋川园池诗等具体案例,这一研究思路也为

---

① 冷成金:《试论苏轼的山水诗与自然诗化的走向》,《文学前沿》2002 年第 1 期。
② 王文捷:《苏轼山水诗文中自然审美观探析》,《广西民族大学学报》(哲学社会科学版) 2008 年第 5 期。
③ 徐名侠:《苏轼文学中的自然观》,硕士学位论文,南京师范大学,2011 年。
④ [日] 山本和义:《诗人与造物:苏轼论考》,张剑译,中国社会科学出版社 2013 年版。

本书所借鉴和汲取。汤浅阳子《蘇軾の自然描寫：杭州通判期の詩をめぐって》① 将目光聚焦于苏轼倅杭期间的诗歌创作，讨论他与孤山、田园等自然物的关系，"悟道者的隐遁""女性与自然物"等论述方式都颇为新颖。在她的另一篇论文《蘇軾の觀物》② 中，作者梳理了苏轼观物态度的阶段性变化，她擅长选取某些诗歌表述的细节，从中挖掘对诗人而言特殊的含义，思路灵巧细密。另如西上胜《「閑人」と自然観賞：蘇軾の黄州期の題跋をめぐって》③ 一文，从苏轼黄州时期的题跋入手，考察了"闲人"这一自称的使用及其与观赏自然、与保持主体性之间的联系。

除专以苏轼为对象的研究外，尚有一些关于中国文化或文学中自然观的重要论著，如日本学者小尾郊一《中国文学中所表现的自然与自然观：以魏晋南北朝文学为中心》④、小野泽精一等编《气的思想：中国自然观与人的观念的发展》⑤、德国学者顾彬（Wolfgang Kubin）《中国文人的自然观》⑥ 以及章启群《论魏晋自然观：中国艺术自觉的哲学考察》⑦ 等。此外，还有部分关于道家、周易自然观的专论。这些研究对于了解苏轼自然观念的思想渊源很有助益。

---

① 湯淺陽子：《蘇軾の自然描寫：杭州通判期の詩をめぐって》，《中國文學報》1993 年第 4 期。
② 湯淺陽子：《蘇軾の觀物》，《中國文學報》1996 年第 4 期。
③ 西上勝：《「閑人」と自然観賞：蘇軾の黄州期の題跋をめぐって》，《山形大学紀要》（人文科学）2007 年第 2 期。
④ ［日］小尾郊一：《中国文学中所表现的自然与自然观：以魏晋南北朝文学为中心》，邵毅平译，上海古籍出版社 2014 年版。
⑤ ［日］小野泽精一、［日］福永光司、［日］山井涌编：《气的思想：中国自然观与人的观念的发展》，李庆译，上海人民出版社 2007 年版。
⑥ ［德］顾彬（Wolfgang Kubin）：《中国文人的自然观》，马树德译，上海人民出版社 1990 年版。
⑦ 章启群：《论魏晋自然观：中国艺术自觉的哲学考察》，北京大学出版社 2000 年版。

（七）有关苏轼时空观念的研究

时空意识本是中国文学史上亘古长存的话题，而苏轼较常人更为敏锐、深细的时空感受则愈加引起论者关注。然而，已有研究多将他的时空观念作为理解其作品的角度，而殊少关于这一问题的深入研究。管见所及，较为系统论述苏轼时空观念的专文有明雅妮《苏轼的时间意识与其文学创作的美学联系》[1]与韩庭彦《论苏轼词的时间意识》[2]。前者从人生的有限性、无常性与空漠感等方面总结了苏轼时间意识的特点，并从空间角度考察时间意识，讨论了苏轼经历中的时空迁移与作品中的时空转化。后者主要总结了苏词中时间意识的表现与内涵，并关注了以时间为脉络回环往复的章法结构。作者将其描述为"从现在回想过去而念及现在，又设想将来回到现在"的多重时间结构，这无疑是时空意识外化于文学的重要体现。程文俊《论苏轼词的感伤美》[3]从时空角度定义苏轼，称其为时间层面的"觉醒的过客"与空间层面的"放逐的游子"，也颇能抓住要义。此外，张连举《论苏轼词中的时空描写》[4]一文也讨论了苏词中时序、空间的转换。徐宇春、姚明今《苏轼作品中的时间意识》[5]注意到了时间、自我与亲情的关系，并以涉及"夜雨对床"之约的系列诗歌作为典型案例，探讨了亲情与时间焦虑感的关系。

与上述研究中涉及的过去、现在、未来多重时间结构相关，苏轼对过去所写作品的反复追和，也是一种具有时空意识的现象，引

---

[1] 明雅妮：《苏轼的时间意识与其文学创作的美学联系》，硕士学位论文，湖南师范大学，2008年。

[2] 韩庭彦：《论苏轼词的时间意识》，硕士学位论文，安徽大学，2014年。

[3] 程文俊：《论苏轼词的感伤美》，硕士学位论文，南京师范大学，2014年。

[4] 张连举：《论苏轼词中的时空描写》，《西南民族大学学报》（人文社会科学版）2004年第8期。

[5] 徐宇春、姚明今：《苏轼作品中的时间意识》，《社会科学家》2006年第3期。

起了中外学者的关注。日本学者内山精也《苏轼次韵诗考》①与《苏轼次韵词考——以诗词间所呈现的次韵之异同为中心》②两篇论文，讨论了苏轼次韵自己诗词旧作的行为及其作用。在前一篇文章中，作者总结了苏诗中次韵的诸种形态，他将苏轼反复对同一对象、同一原诗进行次韵的现象称为"叠次韵"，并重点关注了其中"次韵自作诗"这一分类。内山氏认为，这一行为排除了自来作为次韵诗核心功能的社交作用，而以"将对比性明确化"作为动因。通过详细梳理苏轼在人生各个阶段留下的次韵自作诗，作者指出苏轼是主观上有意识地使用这一手法。进而，他对苏轼和陶诗中蕴含的面向自己和面向他人的目的意识做了延伸性的探讨。在承续前文观点的基础上，作者的第二篇文章主要对词中次韵现象加以探讨，依然认为次韵自作词含有使心理背景的微妙差异更为显著的用意。总之，诗词中这类次韵手法的应用，都打破了次韵的使用惯例，被视为苏轼的主观选择。山口若菜《蘇軾の「自新」の記録：黄州における三年間の「正月二十日」の詩について》③一文，同样关注到了苏轼从元丰四年（1081）到元丰六年（1083）间，连续三年约定于一月二十日远出黄州郊外，并反复追和第一次所作诗的现象。作者通过诗意解析，指出这种追和行为反映了乌台诗案后诗人自省、自新的内心变化，而"过去的自己"和"现在的自己"的对比在诗中得到了强调，这与内山氏的看法相似。

吴海《浅析苏轼次韵自作诗的"主体"性特点》④则可视为对上述观点的回应。该文着重讨论了苏轼次韵自作诗现象并揭示出其

---

① ［日］内山精也：《苏轼次韵诗考》，《传媒与真相：苏轼及其周围士大夫的文学》，朱刚等译，上海古籍出版社2005年版，第330—362页。

② ［日］内山精也：《苏轼次韵词考——以诗词间所呈现的次韵之异同为中心》，《传媒与真相：苏轼及其周围士大夫的文学》，第363—387页。

③ 山口若菜：《蘇軾の「自新」の記録：黄州における三年間の「正月二十日」の詩について》，《筑波中国文化論叢》2006年第3期。

④ 吴海：《浅析苏轼次韵自作诗的"主体"性特点》，《文教资料》2011年第36期。

中的主体性特点,认为此类作品中有许多并无明显的对比意味,而更多具有"对过去经历的求证"与"对现实处境的体认"的意义。与内山氏不大关注情境的感发作用相反,该文恰恰认为"重游故地而发感慨"的客观条件值得深究,认为"这偶然的条件中也存在着必然。苏轼一生足迹遍布各地,重游故地甚至是具体的某个景点是常有之事,苏轼诗的创作对时间、地点十分敏感,甚至会主动挑选同一时日重游同一故地,可以看出东坡对于自己的这种行为是有自觉意识的,更可贵的是他常常乐于用这种方式来获得一种心境上的感悟"。因此,次韵自作诗正是从客观条件上为后世读者提供了观察苏轼思想逐步深化过程的契机。这可视为对次韵己作之意义的重新审视和有益补充。

可见,关于这一问题的讨论,主要集中于主观动因与表达功能两个方面,而上述论者似乎都没有特别关注追和己作行为中隐含的时间与空间因素。追和首先可能出于"物是人非"的人之常情,而这种情绪本就是一种亘古流传的时空悲感。其次,旧事重提式地应和过去其实包含了频频回首的姿态,并在不同的时间与空间中形成回忆的叠加。与之相应,苏轼作品中关于未来之事的"悬想",又增加了这种叠加的层次,也可视为苏轼对时空问题的一种应对方式。王士博《苏轼惠州诗的浪漫主义特色》[①] 一文中,即提到苏轼在惠州期间的诗作中悬想遇赦还乡的情景,注意到"他所写的情景往往因蒙上一层理想的纱幕而变得比原来更美"。但作者主要仍从浪漫主义风格的角度阐释这一现象,尚未特别关注其中的时空处理。朱帆的硕士学位论文《苏轼节令诗词研究》[②] 以苏轼与重要节令相关的诗词作为对象,考察了各类节令诗词中包蕴的思想情感与时空意识。该文对苏轼节令诗词所作的附录,其实已清晰呈现了苏轼一生在

---

① 王士博:《苏轼惠州诗的浪漫主义特色》,苏轼研究学会编《论苏轼岭南诗及其他:苏轼研究学会全国第三次学术讨论文集》,广东人民出版社 1986 年版。
② 朱帆:《苏轼节令诗词研究》,硕士学位论文,暨南大学,2011 年。

"节令"这类不同空间中的相同时间点所留下的轨迹，这对于本书探讨苏轼作品时空处理中层累式的情感叠加提供了很多便利。

"人生如寄""人生如梦"是苏轼笔下最为人熟知的时空命题，也是苏轼研究中讨论极多的内容。王水照在其专著《苏轼研究》①中，即指出苏轼的"人生如寄""人生如梦"是面对亘古未决的时空问题时，对旧有命题所作的富有主体性的处理，认为苏轼在其中寄寓了主体选择的渴望，肯定了个体生命的价值。阮延俊的博士学位论文《论苏轼的人生境界及其文化底蕴》②论及苏轼的梦幻人生思想及其超越意识，不仅对苏轼诗词中的"梦"意象做了细致的分类、分期统计，也从超越人生困境的角度讨论了苏轼对"梦"之意象的运用。上文已提及的明雅妮、韩庭彦与程文俊的三篇硕士学位论文，也都分别涉及"人生如梦"或"人生如寄"的时空命题。明文认为政治打击使苏轼对人生意义产生怀疑，进而产生了"如梦"意识，而"人生如梦"又成为他抵抗忧患的一剂良药。作者还从空间变化带来生命状态的改变这一角度，阐释了"人生如寄"观念的形成。程文认为时间的短促和空间的虚无交汇成苏轼的"如梦"意识。韩文考察了苏词中的梦幻意识，强调了词中梦象多立足于真实的生活基础，带有真切的情感体验，并指出苏轼对梦幻与真实的超越，主要依仗他内在主体性意识的增强。时空思考的意义是化解和超越短暂与永恒之间的矛盾，葛晓音《论苏轼诗文中的理趣——兼论苏轼推重陶王韦柳的原因》③则涉及对这一问题的探讨。作者回溯了苏轼诗文中"理趣"的历史渊源和文学依据，指出苏轼承继了晋宋以来在山水游赏中领悟"一时之乐"与追求永恒之关系的旨趣，而又通过发挥孟子的"养气说"，确立"气"与"神"永存于天地

---

① 王水照：《苏轼研究》，河北教育出版社1999年版。
② ［越］阮延俊：《论苏轼的人生境界及其文化底蕴》，博士学位论文，华中师范大学，2012年。
③ 葛晓音：《论苏轼诗文中的理趣——兼论苏轼推重陶王韦柳的原因》，《学术月刊》1995年第4期。

的理念，从而解除了人生有限的烦恼。上述观点的提出与论证，都给予本书重要的参考。

要之，时空观念是苏轼研究的重要课题，既有成果虽已堪称丰硕，但仍留下了一些可供思考的问题。例如，已有研究普遍注意到苏轼作品中的多重时间结构，但较少挖掘他在追和旧作、悬想未来的具体行为中寄寓的主观处理和态度。关于"人生如梦""人生如寄"的探讨，虽然并未忽视这些命题与人生经历相关，但相对更倾向于从佛老思想中寻觅其来源，而它们究竟在怎样的具体情境中生成，又如何在生活实践中发挥作用，却较少得到深入的讨论。人生的有限、无常与个体的感时伤逝，往往作为探究苏轼时空观念的前提，而它们自身怎样具体地体现在苏轼的生活中，似乎很少受到特别的关注。然而此类现实体验的意义，终须置于苏轼的相关文学表达中予以考量。时空思考与苏轼的个人生活、主体选择之间的关系，尚有可探究的空间。

（八）有关苏轼思想来源的研究

历来对苏轼思想及心理意识的研究，常向既有的思想文化中溯源，如儒、释、道三家的影响，是论及苏轼思想时无法回避的问题。因此，涉及儒释道思想与苏轼之关系的论著不可胜数。直接讨论这一问题的论著，如曾枣庄《论苏轼对释道态度的前后一致性》[1]，张惠民、张进的著作《士气文心：苏轼文化人格与文艺思想》[2] 以及阮延俊《论苏轼的人生境界及其文化底蕴》[3]、尚雪红《东坡词思想研究》[4] 等博士学位论文，大都以苏轼的实践为例证，从儒释道三

---

[1] 曾枣庄：《论苏轼对释道态度的前后一致性》，《天府新论》1985年第2期。
[2] 张惠民、张进：《士气文心：苏轼文化人格与文艺思想》，人民文学出版社2004年版。
[3] ［越］阮延俊：《论苏轼的人生境界及其文化底蕴》，博士学位论文，华中师范大学，2012年。
[4] 尚雪红：《东坡词思想研究》，博士学位论文，吉林大学，2012年。

家的角度来研析苏轼文化人格的形成原因，甚或以三家思想分立的方式来架构篇章。苏轼一生深受三家思想影响，而以儒家思想占主导地位，这一判断几乎已成共识。有关其具体影响的讨论当然非常必要，然而个体思想的形成完善，并不仅仅以吸纳和改造思想成说为唯一途径，还有从其自身的生命体验中生发思考、获取智慧这一面。上文提及的葛晓音《论苏轼诗文中的理趣——兼论苏轼推重陶王韦柳的原因》即对本书颇具启迪意义，文章涉及苏轼关于"至乐"的认识，注意到了苏轼的适足之乐不限于山水，而在无处不可的现实生活中。从庄子以"至乐"为"无乐"到偏重人生之乐，这不仅提示出苏轼的人生期许向个人化的现实体验的转变，他对传统命题的吸纳和重新命意，也可能基于对自我生活及自我价值的体认。既有研究对苏轼思想中各家思想成分的一贯重视，似乎的确伴随着对苏轼现实体验及个体主动性等因素的忽视，而后者恰恰是苏轼思想来源中影响甚巨的一方面。本书将试图对此投入更多的关注。

整体而言，对于苏轼的自我表达、自我认识、主体实践等问题，既有研究呈现出"正面关注者较少，而有所关涉者极多"的状态。上述成果虽各有开拓启迪之功，但尚未对这一论题形成系统研究。苏轼的主观行为与心理意识，一方面被频频提及，而另一方面，即便在直接以之为对象的研究中，也很少从苏轼自我的视角，通过分析其个人化的现实体验，来探讨他在仕宦、自然、人际等对象中的自我认识。可以说，系统关注苏轼个体及其行迹细节的思路，尚缺乏成熟的研究范式。20世纪末，王水照在《走近苏海：苏轼研究的几点反思》[①]一文中提及的苏轼研究的部分难点，如政治态度的变法与反变法、思想上的儒释道关系、文化性格的特质与核心，至今仍以繁难的面貌存在，而他提出的"应重视'小环境'和具体事件的实证研究"的反思，至今仍是切实而有待开拓的方向。本书试图

---

① 王水照：《走近苏海：苏轼研究的几点反思》，《文学评论》1999年第3期。

以回归苏轼个体、凸显苏轼主体性的研究，对上述难题的解决有所裨益。

三 研究思路

欲探究苏轼如何重视自我、认识自我，并自主地作用于文学和人生，大致需要考察他在具体生活中的实践、自我内心的思考以及文学中的表达这三方面的内容，三者构成了从体验抽绎为思想、提炼为文字的过程，苏轼的自我认识也在这一过程中生发、建立，继而通过文学表达传之久远，获得永恒的价值。而对于后世读者而言，通过可接触的文本去体察苏轼的自我认识，恰恰需要回溯这一过程。因此，本书拟从文学文本中呈示的现象入手，挖掘隐藏在文本背后的个人体验与自我思考，探讨作者的自我认识与自我表达。为了全面立体地展现苏轼的主体实践，在他与外部世界的互动中分析其"自我"的定位及意义，又必须从其面临的重要问题入手分别阐述。以下即对本书思路做一简要的梳理。

苏轼"自我"在其文学作品中的"层出不穷"首先是一种值得关注的现象。那些频频可见的自称、丰富精妙的自喻，或侧重于自我定义，或以喻体的参与，对自我特质作出形象化的揭示。不吝笔墨的自嘲和自许，则通过对自己的夸张戏谑与肯定褒扬，呈现了两种自我评价的姿态。上述行为在苏轼的诗、文、词（包括题、序、自注）等文本中竞相出现，使作者不容忽视地凸显于字里行间，并展现出明确的自我表达意愿。这些活跃的文本现象提示我们，苏轼所重视的自我表达，或可成为展露苏轼自我认识的有效途径。

需要明确的是，上述自我表达现象之间具有性质上的差异，无论认识自我、评判自我的角度与方式，抑或出现的语境与隐含的动机，都颇为不同，但它们却共同地包含了"反观自我"的视角，意味着苏轼作品中的表达主体与被观照主体往往共同且突出地指向作者自己。因此，在自我表达的视域下将其并举讨论，应具有一定程度的合理性。基于"反观自我"的共性，关于诸多自我表达现象的思考便具有了明确的指归。首先，有必要描述苏轼"自我"怎样在频繁的自我表达中得到了明确的凸显，并尝试揭示现象背后的细微心理。其次，作者如此强烈凸显的自我究竟是一个怎样的个体？表现出怎样的自我认识？最后，自我表达的内容不仅包括他对自我个体的认识，也涉及他如何判断处境、述说心境，评估自己与外界的关系。换言之，散在的自我表达能够连缀起他的生命体验，对于亲近其真实的人生状态具有重要的意义。因此，有必要透过作者的自我表达，重新审视苏轼形象，初步梳理其人生感受。这一部分的讨论，将为考察他在实践中的自我认识奠定整体的基础。

　　重视苏轼的自我表达，并不意味着认为苏轼仅偏好以自我为审视对象，恰恰相反，苏轼对外部世界怀有广泛的兴趣和深切的关注，而他的自我表达中也往往存在着与自我相互作用的对象。考察这些互动关系，会将本书的关注点从自称、自喻等形式化的"凸显自我"推进到具体实践中的"重视自我"。

　　在上述对象中，仕宦是苏轼毕生的事业与最大的困扰。他身处束缚之中，命运跌宕起伏，无不与仕宦密切相连。在这一过程中，他时常为不由自主而自伤，但同时又建立起兀傲的自我形象。居官时的愤激之语与务实之举、贬谪时的不在其位却谋其政、还朝时的位高权重与兴味索然、一生不得归而屡屡言归，苏轼在仕宦中的选择仿佛总与他的境遇呈现某种分裂，而这也为他带来了不合于时的压抑的仕宦体验。从苏轼自己的视角看去，艰难宦途以及其中表现出的诸多矛盾，包括他在其中低落与高昂兼具的自我定位，都可以向力求实现自我价值的观念中寻求解释。

　　社会关系也是个体无法回避的问题。苏轼的仕宦生涯使得他的社会关系也处在政治的大背景下。除了亲友间单纯的情感联系，他还须面对同僚、政敌等糅合着政治因素的人际关系，这些关系都往往随着政治命运而变化无常。与此形成鲜明对比的，则是普通民众对他一以贯之的亲密友好。然而，生性乐观的苏轼对自我在"人世"中的处境似乎更多报以并不乐观的判断，这促使本书去探究他在社会关系中的细微体验，以及他如何做出符合心性的选择。此外，苏轼自我在人际关系中发挥的因素也可能导致了这些体验的产生，本书将力图对此加以实证性的考察。

自然是苏轼面临的另一重要对象，较于人世，它远为可亲可爱。苏轼在面对自然时常常展露出赤子之心，将自己置于参与者的角色与之互动。但自然的广大也衬托出个体的渺小，自然的不朽则对比出人生的有限，这正是亘古不变的人生悲感的来源。苏轼既对此深有感触，又能以自我的思考给予个体存在的意义，而并非一味自居于渺小的位置。

总之，苏轼自我的价值在与对象的互动中体现得最为鲜明，他主体性的思考往往维护了自我的内心安宁。面对时光流逝、空间阻隔造成的悲感，苏轼能够在反复追和中强化重要的记忆，在关于未来的美好设想中调适心境。当理想的人生设计湮没在无常的命运中，苏轼以看似"随缘自适"的顺应态度，却将"自适"中的主动性发挥到极致。他对于一系列命题的提出与改造，是对自我思考的精当总结，也是对自我与外物之关系的认识。

需要再次厘清的是，苏轼的行为体现了主体意识，苏轼的生活体验具有复杂性，这是两种不言自明的常情。强调苏轼"自我"的视角及其现实体验，意在还原苏轼眼中自我的真实面貌，尽可能揭示一段冷暖自知的人生，这与既有研究中通过作品与事迹总结苏轼人格魅力的思路实异其趣。如果说既往的苏轼研究大多在万象丛生的时代背景下展开，而苏轼是一个始终为聚光灯所追随的对象，本书则意欲让苏轼独自走上舞台，根据他展现自我的需要添加人物和布景。以苏轼自我的视角统摄全文，以文本细读为方法，以具体生活体验为依据，重视生活细节，以自我认识、主动选择、思想形成为重点，这将是本书在论述中尽力贯彻的思路。

出于上述考虑，本书拟在分析苏轼作品中自我表达现象的基础上，以苏轼人生中面临的重要对象分章，进入全面立体的考察视域，力图勾勒出细节丰富的苏轼，并探讨他如何自我定位与自主选择，如何从具体的人生经验中产生思考、汲取智慧，从而安置自我并作用于人生。

第 一 章

苏轼文学作品中的自我凸显

  苏轼"自我"在其作品中的"层出不穷"是一种直观而强烈的阅读印象。那些频频可见的自称、丰富精妙的自喻,或侧重于自我定义,或借助喻体的参与对自我特质予以形象化的揭示。而不吝笔墨的自嘲和自许,则通过对自己的戏谑调侃或认可褒扬,呈现了苏轼自我评价的有趣姿态。这些竞相出现的文本现象,使作者不容忽视地凸显于字里行间,并展现出明确的自我表达意愿。而自称、自喻、自嘲、自许等方式所暗含的"反观自我"的视角,又将它们看似各行其是的表达功能整合到"反映作者自我认识"的共性中来。从这些较为显见的自我表达形式入手加以分析,将有助于收集并获得苏轼自我认识的大量信息和整体印象,并为进一步挖掘那些潜藏于文本背后、渗透于实践和行为当中的自我认识奠定必要的基础。

  需要说明的是,由于文体特征的差异,自称、自喻、自嘲、自许等自我表达现象在苏轼的诗、词、文当中体现的程度及意义不同。整体而言,在诗歌当中此类现象尤为密集、明确。本章论述将在兼顾各类文体的基础上,对苏轼诗歌中的自我表达现象投入更多的关注。

第一节　自称：标志"自我"作为"发声点"及被观照对象

苏轼作品喜用自称，而使用频率差异很大①。仅以苏轼诗歌为限，择取其中较常见的六种自称，以孔凡礼点校清代王文诰辑注本《苏轼诗集》②为据加以统计，可得出诗中使用"我"1289次，"吾"295次，"予"37次，"余"31次，"苏子"7次，"东坡"51次，"幽人"26次③。这首先从数量上解释了苏轼作品中"自我"层出不穷的阅读印象。需要指出的是，诗歌中使用自称并非特殊现象，在一些唐代诗人笔下已能见到数以百计的自称④，而至宋人诗中

---

① 由于文章当中使用自称（尤其是第一人称）本为普遍现象，故本章关于苏轼作品中第一人称的讨论将主要以诗与词为考察对象。

② （宋）苏轼著，（清）王文诰辑注：《苏轼诗集》，孔凡礼点校，中华书局1982年版。

③ 这一统计范围中，已经剔除了《苏轼诗集》卷四十九、卷五十中的"他集互见古今体诗"共99首，并参考了该书附录的马德富《苏诗辑佚中的一些问题》一文的研究成果，将并非苏轼所作的诗歌从统计范围中去除。统计结果中亦不含诗题、诗引（诗叙）、自注中出现的上述自称，以及虽出现在诗歌正文中，但考其意义明显并非苏轼自称者。统计结果及统计细则详见附表1及其脚注。

④ 本书对唐代部分诗人诗歌中以第一人称为自称这一状况做了粗略统计。不同诗人各自的特殊自称不便统计对比，故仅针对以第一人称作为自称这类现象加以统计。被考察诗人的选取，大体以留存诗歌数量较多、成就较高为标准。据统计可知：李白存诗约1049首，诗中出现"我"359次，"吾"80次，"余"46次，"予"15次；杜甫存诗约1475首，诗中出现"我"273次，"吾"158次，"余"17次，"予"7次；韩愈存诗约410首，诗中出现"我"273次，"吾"68次，"余"31次，"予"2次；白居易存诗约2800首，诗中出现"我"776次，"吾"211次，"余"15次，"予"21次；元稹存诗约808首，诗中出现"我"322次，"吾"35次，"余"4次，"予"25次。以上五位诗人存诗总量及自称使用数量，分别依据下列书目统计得来：《李白全集编年笺注》（安旗等笺注，中华书局2015年版）、《杜诗详注》[（清）仇兆鳌注，中华书局1979年版]、《韩昌黎诗集编年笺注》[（清）方世举编年笺注，郝润华、丁俊丽整理，中华书局2012年版]、《白居易诗集校注》（谢思炜校注，中华书局2006年版）、《元稹集》（冀勤点校，中华书局2010年版）。此外，如孟浩然、王维、刘禹锡、柳宗元、李商隐诸家诗中自称数量较少，诗中通常最多见的自称"我"在他们诗中出现均

更为多见①。但考察其自称的表达功能及指代对象的面貌，则各有不同。具体到苏轼而言，他笔下自称的出现往往伴随着三种情形：其一是在日常生活和普通事件的记述中提及自己，此类情形通常与作者个人化的思想情感及人生体验关涉较少；其二是用于表达自己的观点、情感、判断时，自称的出现明确强调了这些思想的所有者和发出者；其三则是出现在作者个人经验的叙述中，自称用以说明这些经验与自我的关联性。简言之，这三种表达功能共同提供了作者客观经历与主观思想的信息，而后两者一出于心、一切于身，与作者自我关联相对更紧密。在具体语境中，二者又往往交融混同。因此，关于苏轼作品中自称含义的分析，亦将主要围绕这两种情形展开。此外，第一人称与第三人称在文本中制造了不同的表达效果，呈示了苏轼看待自己的多种视角，故而有必要对这两种情况分别予以较为深入的、针对性的考察。

一 第一人称："发声点"与自我剖析的标志

苏轼惯用的第一人称如"我""吾""余""予"等，大致具有相同的表达功能。第一人称是最为直接明了的自我指代，其本身几乎并无附加含义，它们在文本中的频频出现，正似作者自己在其中频频出没，有意或无意地宣示着自我的在场。第一人称指代的准确性，也使作品中思想行为的发出者被明确强调为作者自

未超过百次，其他三种自称则更不多见。上述诸家自称的使用情况，分别依据下列书目统计得来：《孟浩然诗集校注》（李景白校注，中华书局2018年版）、《王维集校注》（陈铁民校注，中华书局1997年版）、《刘禹锡集》（《刘禹锡集》整理组点校，卞孝萱校订，中华书局1990年版）、《柳宗元集》（吴文治校注，中华书局1979年版）、《李商隐诗歌集解》（刘学锴、余恕诚著，中华书局2004年版）。上述统计结果不含诗题、诗序、自注中的第一人称，但未能完全剔除虽出现在诗歌正文中，但实际并非作者自称的情况。因此，以上诗人诗歌中实际的自称使用数量，当不会超出这一统计结果。由此可略观唐诗中自称运用的情况。

① 本书对北宋部分诗人诗歌中以第一人称为自称这一状况做了粗略统计，统计结果及统计细则详见附表2及其脚注。

己。苏轼在《和子由蚕市》诗末道："诗来使我感旧事，不悲去国悲流年。"① 此句中的"使我"二字若不明言，读者依然能够理解是子由寄诗引发了苏轼感怀旧事之悲，并不致使情感的发出者混沌不清。而自称的出现则更加强化了这种情感的所属，作者不惟在情感上着力，也同时给予情感发出者关注与凸显。又如《谢苏自之惠酒》中言："'高士例须怜曲蘖'，此语常闻退之说。我今有说殆不然，曲蘖未必高士怜。"② 此诗中的"我"，同样作为观点的发出者而被有意强调，在"我"与"退之"的针锋相对中突出自己观点的新警。再如"我欲乘风归去"③"我欲醉眠芳草"④，都直截了当地强调自己的意愿，使自我占据了文本当中的抒情主体地位。此类表达中的第一人称，代表作者自我作为一种"发声点"，提示着文本中的思想情感是由"自我"发出的。尽管在那些并不经常使用自称的作家笔下，表情达意的主体也多被默认为作者，但较之其中"自我"的相对退隐，苏轼笔下大量的第一人称则制造了自我积极发声的阅读印象，更为明确地强调了表达主体的存在及地位。

然而，从亲近作者内心的角度言之，比起仅仅对自我这一"发声点"的强调，苏轼的自我审视显然更值得言说。苏轼笔下第一人称的出现，常常代表作者自己成为被观照的对象，从而引出其自我分析、自我判断的内容。换言之，第一人称在形式上引领了作者的自我剖析，此时文本中的"我"主要作为被剖析对象，而"发声点"之责不言自明地交给了正在创作的苏轼。剖析的内容既包括有关出处、人生等大问题的思考，也包括对自我个性的认识。"我自疏

---

① 《苏轼诗集》卷四，第163页。
② 《苏轼诗集》卷五，第226页。
③ 《水调歌头》（明月几时有），邹同庆、王宗堂《苏轼词编年校注》，中华书局2002年版，第173页。
④ 《西江月》（照野弥弥浅浪），《苏轼词编年校注》，第361页。

狂异趣"①"我与世疏宜独往,君缘诗好不容攀"②"嗟我昏顽晚闻道,与世龃龉空多学"③ "我生孤僻本无邻,老病年来益自珍"④ "嗟我本狂直,早为世所捐"⑤,有关自身性情的描述,都是以极为简单直率的判断语气道出的。若从语句中离析其自我评价,则苏轼自认具有"昏顽""孤僻""狂直"的性情,而由此招致的是"与世疏""与世龃龉""为世所捐"的后果。苏轼反复强调自己的不足与失意,此类判断不胜枚举,一方面呈现了他不容于世的痛苦,另一方面则暗示他曾有诸多关于自身的审视和思考。

　　苏轼对自我性情的评价与其豪爽旷达的性格仿佛形成了张力,这须向仕宦阅历中寻求解释。元丰二年(1079),苏轼由徐州移知湖州,作《赠钱道人》。在此诗中,他针对既往仕途遭遇表达了反思:"书生苦信书,世事仍臆度。不量力所负,轻出千钧诺。当时一快意,事过有馀怍。不知几州铁,铸此一大错。我生涉忧患,常恐长罪恶。静观殊可喜,脚浅犹容却。"⑥ 纪昀评此诗"纯为介甫辈发",作者反思的当是在朝时昂然而出、反对新法,以致遭到排挤之事。他将自己定义为一名不谙世事,仅凭主观臆断与一时冲动便自不量力跳出来发言的书生。而事过境迁,反思自己的口舌之快,不免愧悔。继而以"我"起始,苏轼将过往言行与如今的忧患绾合起来,将仕途挫折归因于年少轻狂,表现出自省的态度。少年得志又遭打压的仕宦经历,促使苏轼对自己的政治态度做出了相对冷静的审视。此后人生中,他历经因言获罪的恐惧,又被政治迫害激发起斗志,种种心境变化都以自述的方式留存在作品中。直至晚年蒙恩北归,

---

① 《满庭芳》(三十三年漂流江海),《苏轼词编年校注》,第563页。
② 《病中独游净慈,谒本长老,周长官以诗见寄,仍邀游灵隐,因次韵答之》,《苏轼诗集》卷十,第474页。
③ 《再游径山》,《苏轼诗集》卷十,第502页。
④ 《述古以诗见责屡不赴会,复次前韵》,《苏轼诗集》卷十,第513页。
⑤ 《怀西湖寄晁美叔同年》,《苏轼诗集》卷十三,第644页。
⑥ 《苏轼诗集》卷十八,第947页。

一日行至藤州江上，苏轼夜起对月，复起内省之意："江月照我心，江水洗我肝。端如径寸珠，堕此白玉盘。我心本如此，月满江不湍。起舞者谁欤，莫作三人看。峤南瘴疠地，有此江月寒。乃知天壤间，何人不清安。"① 三个"我"的连用，一面鲜明地将自我置于被审视的位置，一面意味着自我在诗境中的主体地位。"我"作为主体，接受江月的映照、江水的洗濯，并在景物的触发中推衍出"我心"的本质。作者以月亮穿越地理界限普降的"清安"，映出此时通达和乐的人生态度，细寻思路，是从对外界景物的观察转入对内在自我的观照，而自称的出现，正标志着自我剖析转向的开始。

这一思路转向还多体现在送行之作中。送人归乡、外任，思路却往往归结到自身，常是为了提供自我表达的机会。例如《次前韵送程六表弟》一诗，从褒扬对方收束到"浮江溯蜀有成言，江水在此吾不食"②的自身还乡之愿。《送千乘、千能两侄还乡》一诗以对晚辈的谆谆教诲起笔，写到二侄的归去，紧接着收回视角反观自己，"我岂轩冕人，青云意先阑"③，更嘱咐他们为自己的归去做好准备，甚至已开始设想卜居的生活："汝归莳松菊，环以青琅玕。桤阴三年成，可以挂我冠。清江入城郭，小圃生微澜。相从结茅舍，曝背谈金銮。"④ "君过春来纤组绶，我应归去耽泉石。"⑤ 以上例证皆是由他人的处境勾连起自己的归意。《送钱穆父出守越州绝句二首》其二则言："若耶溪水云门寺，贺监荷花空自开。我恨今犹在泥滓，劝君莫棹酒船回。"⑥ 作者以自己的深厌朝堂来表达对外任者的歆羡，呈现了自身的仕宦观念。此类"由人及己"的送别思路与"与君离别意，同是宦游人"（王勃《送杜少府之任蜀川》）的共鸣感异曲同

---

① 《藤州江上夜起对月，赠邵道士》，《苏轼诗集》卷四十四，第2386页。
② 《苏轼诗集》卷三十，第1584页。
③ 《苏轼诗集》卷三十，第1605页。
④ 《苏轼诗集》卷三十，第1606页。
⑤ 《满江红》（天岂无情），《苏轼词编年校注》，第159页。
⑥ 《苏轼诗集》卷三十，第1589—1590页。

工，但自我凸显的程度却远超后者。它并非简单将自己与被送者的身份同化，而是花费更多笔墨进行感同身受式的描述，一方面以此来认同对方的道路选择，安慰或支持将行之人的情绪；另一方面借以表达了自己的态度。这使得抒情主人公不再是面目模糊的送行者，并形成了上佳的自我表达策略。

"吾""予""余"等第一人称与"我"意思大致相同，《故训汇纂》谓"吾，经传亦以余、以予、以我为之"①。四者均有自称这一义项，并经常通用。王力在《汉语语法史》中分析揣测："在原始时代，'我'字只用于宾位，'吾'字则用于主位和领位。"② 如"今者吾丧我"③ 这样同一句中"吾""我"并用，最能说明二者在语法上的分工。苏轼亦曾在诗中化用这一典故，因有"今我亦忘吾"④ 之句。而自战国时代以降，"我""吾""予""余"的语法差别实已逐渐模糊。具体到苏轼笔下，读者能够从它们的使用方法上总结其各自表达功能的侧重。"予""余"作为叙述中惯用的自称，在题、引中出现得较诗词正文中更多。用于诗、词中自称时，首先多以"嗟余""嗟予"的形式出现，标志着自我作为被观照对象而生发了作者的感叹。在其他语境下，二者也几乎不会承担强调表达主体之责。而"吾"则不常见于题、引中⑤，在诗、词中指代自己时，往往也作为被审视者，引出关于自我的感受和评判："举世皆同

---

① 宗福邦、陈世铙、萧海波主编：《故训汇纂》，商务印书馆2003年版，第328页。
② 王力：《王力文集》第十一卷，山东教育出版社1990年版，第58页。
③ （清）郭庆藩撰：《庄子集释》卷一下《齐物论第二》，王孝鱼点校，中华书局1961年版，第45页。
④ 《客位假寐》，《苏轼诗集》卷四，第163页。
⑤ 以孔凡礼点校的《苏轼诗集》为据加以统计，可得到"吾"字在苏轼诗歌题目、诗引中共以作者自称含义出现过16次，而前文已经统计，"吾"字在苏诗正文中以作者自称含义出现295次。相较之下，"予""余"在苏诗正文中以作者自称含义分别出现37次、31次，而在诗题、诗引中则出现73次、94次，可见三种自称具有各自的使用侧重，"予""余"较"吾"更多被苏轼用于诗题、诗引等记叙性文字中。

吾独异"①"世事渐艰吾欲去"②"吾生眠食耳，一饱万想灭"③"吾侪流落岂天意，自坐迂阔非人挤"④"吾穷本坐诗，久服朋友戒"⑤，亦常被置于自然与自我的关系中："鬼神欺吾穷，戏我聊一噱"⑥"造物知吾久念归，似怜衰病不相违"⑦"但应此心无所住，造物虽驶如吾何"⑧。著名的"吾生如寄"表述，自然更是其中精辟的人生总结之一。概言之，上述四种自称虽难以在语法意义上区分，但在一定程度上承担着各有侧重的表达功能。除了"我"明显具有作为表达主体的功能，其余第一人称主要提示出面向自我内心的思考方向。

要之，大量的第一人称作为最明确的"发声点"，首先表明作者强烈的表达意愿。但需要注意的是，这些强调以"自我"为表达主体的作品中，未必也以"自我"为被观照对象，亦即表达主体和被观照对象并不一定被同步强调为"自我"。在另一部分作品中，第一人称"发声点"的功能则较为淡化，而更多标志着思路的转折，视角的切换，作者审视自我的思考即将呈现。此类自称往往成为深细的自我剖析的切口，意味着苏轼的自我表达超出了单纯的喜怒哀乐的层面，而充溢着内省精神与理性思考。简言之，苏轼借第一人称突出了表达主体，引领了自我剖析，不仅在形式上宣示着自我的存在，更带着具体的形象、性格、遭际、情感，无比清晰地凸显于文本之中。

---

① 《谢苏自之惠酒》，《苏轼诗集》卷五，第 227 页。
② 《风水洞二首和李节推》其二，《苏轼诗集》卷九，第 433 页。
③ 《游惠山》其三，《苏轼诗集》卷十八，第 946 页。
④ 《与子由同游寒溪西山》，《苏轼诗集》卷二十，第 1055 页。
⑤ 《孙莘老寄墨四首》其四，《苏轼诗集》卷二十五，第 1322 页。
⑥ 《十月二日，将至涡口五里所，遇风留宿》，《苏轼诗集》卷六，第 282 页。
⑦ 《次韵沈长官三首》其三，《苏轼诗集》卷十一，第 564 页。
⑧ 《百步洪二首》其一，《苏轼诗集》卷十七，第 892 页。

二 第三人称：客位审视中的自我

相较于第一人称在文本中的普遍使用，自称时使用第三人称不仅数量远少，更显示出作者特别的用意。首先，"苏子""东坡""幽人"等称谓，并不完全等同于没有附加意义的"我"。作者选择它们指代自己时，已然应用到了其各自的含义，或许是字面意义中的情感倾向，或许是得名由来背后的人生记忆。其次，由于第三人称与作者自我之间先天具有身份的隔阂，致使第三人称与作者这一表达主体看似很不统一，尽管读者明白"苏子""东坡"等就是作者自己，但第三人称作为"发声点"的功能依然被大大淡化。因此，第三人称所指代的"自我"更多作为被观照对象，而将发声的职责让给了一旁发论的作者。换言之，第三人称作为自称的使用制造了苏轼与文本中的自我之间的距离感，体现了作者对自我的客位审视。

（一）"置身事外"的"苏子"与戏谑化的自我定义

一个本应由他人口中道出的称呼，首先隐含着客位视角。作者有意置身事外地看待文本中的自己，并以"苏子"呼之，制造出有别于直用第一人称的表达效果。苏轼笔下关于"苏子"与第一人称对比的最佳案例，当属前、后《赤壁赋》中的称谓差别。前赋沿用主客问答的传统赋体形式，以"抑客而扬主"为意旨。而在赋体的经典形式中，主客双方的身份或为虚拟，或为假托，甚少明确以自己为其中一方，"苏子"之称正与此文体传统相符，拉大了文中之"主"与自我之间的距离，以旁白式的讲述语气，制造出一个客观的"主位"，从而让他可以尽情发挥对"客"的一番高论，而淡化了自夸之嫌。山本和义在《诗人与造物：苏轼论考》一书中亦关注到前赋中"苏子"与现实之我的差别，他从苏轼将黄州赤壁"当作"古战场的角度，认为"作品中的人物'苏子'也被描绘成与身为流罪之人、谪居黄州的苏轼不同的，另一个世界中的自由人"[①]。自我的

[①] ［日］山本和义：《诗人与造物：苏轼论考》，第235页。

抽离，使《前赤壁赋》中的议论更具说服力，并使作者通过身份的切换获得了江山风月中了无挂碍的闲者的自由。而后赋则以近似游记的形式记录了一场似梦似真的赤壁之游。"予"之称强调了自我对情境的参与，夜游赤壁的阴森可怖被传达得切肤可感。作者以迷幻不清的叙述模糊了梦境与现实的区隔①，而跨越两个空间的主体都是"予"，明确的自我在虚实之间的游走，正切合了《后赤壁赋》虚实难辨的朦胧感。山本和义解读此文，谓苏轼夜攀赤壁，"在凛冽夜气中发出长啸，那个时候，草和树、山和谷、风和水，即天地间万物都对之做出回应……诗人感悟到与天地融为了一体"②。这种充满敬畏的融合之感，也唯有自我的直接参与才能传达其由衷和热烈，而无法以冷静客观的第三人称去抒写。可见，在前、后《赤壁赋》中，自我在实质上都是语境中的主体，只是人称改变所致的视角切换，有效地左右了自我与表达内容的关系。

可以作为旁证的是，在苏轼的另几篇使用了"苏子"自称的文章中，同样可以明显地看到类似主客论辩的形式，例如《雪堂记》③《后怪石供》④《书六一居士传后》⑤等。在这些篇章中，"苏子"或是与"客"争辩雪堂存在的合理性，或是与方外友人谈论佛理，或是向持不同见解者申述六一居士之"有道"，而其结局皆是对方心悦诚服，作为发言主体的苏子甚至受到了起初反对者的赞许。在这样的语境下，作者使用"苏子"来代指自己，同样是以置身事外的姿态淡化了咄咄逼人的自许意味，使议论因客观化而值得信服。

有趣的现象是，在苏轼诗歌中，"苏子"几乎都出现在与物有关

---

① 关于《后赤壁赋》梦境与现实区隔模糊的观点，参考了张鸣师《文学与图像：北宋乔仲常〈后赤壁赋图〉对苏轼原作意蕴的视觉诠释》一文（《国学学刊》2017年第4期）的相关论述。

② ［日］山本和义：《诗人与造物：苏轼论考》，第251页。

③ （宋）苏轼：《苏轼文集》卷十二，孔凡礼点校，中华书局1986年版，第410—412页。

④ 《苏轼文集》卷六十四，第1987页。

⑤ 《苏轼文集》卷六十六，第2048—2049页。

的语境下。如苏轼《次韵范纯父涵星砚月石风林屏诗》中曾对范纯父赠砚、屏一事作此记录："月次于房历三星，斗牛不神箕独灵。簸摇桑榆尽西靡，影落苏子砚与屏。天工与我两厌事，孰居无事为此形。"① 砚与屏的拥有者是"苏子"，而对二物的诞生来由加以分析者，却是正在作诗的"我"。在观赏韩幹所画之马时，苏轼则将画中十四匹马一一描摹，最后总结为"韩生画马真是马，苏子作诗如见画"②。此时的"苏子"是一个津津有味的画作鉴赏者，自认能抓住韩幹画马的精髓特质。在黄州时，苏轼为官员郑文赠与的武昌铜剑作诗，其诗歌描述更加紧扣剑这一物品而生发出许多精妙联想："雨馀江清风卷沙，雷公蹴云捕黄蛇。蛇行空中如枉矢，电光煜煜烧蛇尾。或投以块铿有声，雷飞上天蛇入水。水上青山如削铁，神物欲出山自裂。细看两胁生碧花，犹是西江老蛟血。"③ 苏轼想象此剑是传说故事中雷公腾云驾雾所追捕的那条铜剑化身的黄蛇，他为二者构想出一场奇幻的缠斗，顺势赋予此剑不凡的来历。继而作者从神奇的想象中意犹未尽地抽身，开始思考其用途："苏子得之何所为，綳綖弹铗咏新诗。君不见凌烟功臣长九尺，腰间玉具高挂颐。"④"苏子"表示要以草绳缠结剑柄，弹击剑把以发诗兴，并由此联想到凌烟阁中身佩长剑的功臣。联系作者其时的政治处境，这样的结尾便显出含蓄的余味。

在有关物之审美的诗歌中，"苏子"的自称往往被选用，恐怕并非巧合。第三人称制造出的距离感，使得作者像是在审视他人的行为，从而可以做出理性的评判，而实际上仍由作者自己所发出的观点，也可借由第三人称之口道出。由于作者完全了解读者对此的心知肚明，此举便更似游戏式地绕开了对物的态度的矛盾。"苏子"与"物"的时常伴随，可见苏轼对物的审美实有相当的兴趣与品位，然

---

① 《苏轼诗集》卷三十六，第 1926 页。
② 《韩幹马十四匹》，《苏轼诗集》卷十五，第 768 页。
③ 《武昌铜剑歌》，《苏轼诗集》卷二十，第 1051 页。
④ 《苏轼诗集》卷二十，第 1051 页。

而他对此并不总是愿意直接承认。联系到苏轼"君子可以寓意于物，而不可以留意于物"①的观点，作者不以第一人称将自己置入诗境与外物直接互动，而将占有、品评、喜爱外物的权力交予"苏子"，在物与自己之间设置了一重身份的区隔。尽管"苏子"就是作者自己的事实并不会因此混淆，但以置身事外的姿态，让"苏子"去承担耽溺于物的危险，仍不失为某种安全的表述策略。

正如今人口口声声自称"某先生"会引人发笑，"苏子"的自称也含有戏谑成分，故而适于出现在戏谑的语境中。元丰七年（1084）苏轼在量移汝州途中所作的《龙尾砚歌》便是一例。这首诗本就因一件趣事而起："余旧作《凤咮石砚铭》，其略云：苏子一见名凤咮，坐令龙尾羞牛后。已而求砚于歙。歙人云：子自有凤咮，何以此为？盖不能平也。奉议郎方君彦德，有龙尾大砚，奇甚。谓余若能作诗，少解前语者，当奉饷，乃作此诗。"②苏轼性情豪纵，早年作品中表情达意往往为求淋漓尽致而有失节制。熙宁中作《凤咮石砚铭》，一味扬此抑彼，对欧阳公评为天下之砚中"居第三"的歙砚龙尾石竟不以为然，无怪如今途经产地，歙人要抓住时机好好出口不平之气了。好在苏轼豁达风趣，对于方君"少解前语，当奉饷"的要求欣然接受，不吝作出官方纠正："黄琮白琥天不惜，顾恐贪夫死怀璧。君看龙尾岂石材，玉德金声寓于石。与天作石来几时，与人作砚初不辞。诗成鲍、谢石何与，笔落钟、王砚不知。锦茵玉匣俱尘垢，捣练支床亦何有。况瞋苏子凤咮铭，戏语相嘲作牛后。"③苏轼为龙尾砚补上早先亏欠的溢美之词，以纠正《凤咮石砚铭》对它的不公评价，继而忽然为砚吐语，解嘲作铭一事："碧天照水风吹云，明窗大几清无尘。我生天地一闲物，苏子亦是支离人。粗言细语都不择，春蚓秋蛇随意画。愿从苏子老东坡，仁者不用生

---

① 《宝绘堂记》，《苏轼文集》卷十一，第356页。
② 《苏轼诗集》卷二十三，第1235页。
③ 《苏轼诗集》卷二十三，第1235—1236页。

分别。"① 此处又将"苏子"与砚置于惺惺相惜的位置中。作者借砚之口将"苏子"定义为残缺无用的"支离人",为前此作铭的"笔不择言"开解,龙尾砚声称愿意追随苏子,亦有拟人化的戏谑意味。类似拟人手法还见于《寓居合江楼》中的"蓬莱方丈应不远,肯为苏子浮江来"②。作者以万物有情的眼光看待二山,让它们与贬谪不能归去的"苏子"相亲相爱,诗意亦盎然生趣。通过自嘲与物的拟人化,苏轼将尴尬处境、惨淡际遇化解于妙趣之中,而"苏子"之称自含的调侃意味,正与这样的表意方向相一致。

(二) 黄州记忆与自我反思语境中的"东坡"

"东坡"是以黄州贬谪经历命名的自号,正因这一来源,在替换第一人称的表述功能之外,它更有意无意地起到了在黄州之后的人生中时常提醒那段岁月的纪念作用。苏轼笔下出现这一著名的自号时,时而会将意脉直接引向黄州记忆。"坐见黄州再闰,儿童尽、楚语吴歌。山中友,鸡豚社酒,相劝老东坡。"③ 自黄州量移汝州前夕,苏轼以词记载了留别邻里的场景,将自己书写为置身于父老之情中的"老东坡"。元祐中,苏轼还朝,复为重臣,仍多次回顾未归时的生活。观《烟江叠嶂图》时,他由画境而生归田之愿,忽而引发黄州谪居的回忆:"君不见武昌樊口幽绝处,东坡先生留五年。春风摇江天漠漠,暮云卷雨山娟娟。丹枫翻鸦伴水宿,长松落雪惊醉眠。桃花流水在人世,武陵岂必皆神仙。"④ 此处"留五年"的黄州仿佛人世的桃花源,"东坡先生"忆起黄州生活,语气中竟有留恋之情。"东坡先生未归时,自种来禽与青李。五年不踏江头路,梦逐东风泛蘋芷。"⑤ 当年手植果木之事历历在目,归梦、理想皆在政治失意中流散。以上数例描述黄州生活的情感基调虽未必相同,但"东

---

① 《苏轼诗集》卷二十三,第 1236—1237 页。
② 《苏轼诗集》卷三十八,第 2072 页。
③ 《满庭芳》(归去来兮),《苏轼词编年校注》,第 506 页。
④ 《书王定国所藏〈烟江叠嶂图〉》,《苏轼诗集》卷三十,第 1608 页。
⑤ 《和王晋卿送梅花次韵》,《苏轼诗集》卷三十一,第 1635 页。

坡"之称与黄州记忆的匹配是一致的。黄州作为极重要的转折点，给予苏轼因言获罪、免死遭贬、开荒躬耕、深入民间等众多初次人生体验，使他的文学造诣与思想深度均步入一番新境界。"东坡"不再同于黄州经历前的"我"，尽管作者使用时未必有此主观意识，"东坡"却不免连带着其背后的经历、感受、思考一同出现于文本中，发挥着类似典故的作用。

黄州之贬是苏轼思想与文学双双得以超越的关键节点，而躬耕东坡亦是他人生中初尝与仕宦背道而驰的另一种生活方式。尽管这种田园经历源自迫不得已的命运转落，但它毕竟为苏轼的人生体验增添了丰富的味型。"东坡"成为苏轼最钟爱的自号，他笔下的"东坡"也不是日常中"我"的简单代称，而是一个内涵丰富、可以深入分析的对象，出现在作者自我思考的语境中。元祐六年（1091），奉诏离开杭州的苏轼作《八声甘州》留别好友参寥，词云："有情风、万里卷潮来，无情送潮归。问钱塘江上，西兴浦口，几度斜晖？不用思量今古，俯仰昔人非。谁似东坡老，白首忘机。"[①] 潮水来去，日头升沉，如是重复无限，历来人们面对此景时，"思量今古"是十分正常的感触。怀古之所以引发慨叹，其实源于"思今"，那看似遥远逝去的旧日人事，何尝不是预示了今人无法回避的命运。而苏轼却偏以"不用"二字，从昔人之速朽中跳离出来，转而观照自身，表达"白首忘机"的自我评价。苏轼姿态潇洒，多有开解之意，将苍茫悲感收束到对自身心理状态的满足和肯定上来。"东坡"之称自然勾连起躬耕东坡的图景，使词中气韵淡泊冲和。在惠州所作的《和陶读〈山海经〉》其十三中，苏轼曾自言："东坡信畸人，涉世真散材。"[②] "畸人"一词出自《庄子·内篇·大宗师》："子贡曰：'敢问畸人。'曰：'畸人者，畸于人而侔于天。'"郭象注谓"畸人"为"方外而不耦于俗者"，成玄英疏云："畸者，

---

① 《八声甘州》（有情风万里卷潮来），《苏轼词编年校注》，第 668 页。
② 《苏轼诗集》卷三十九，第 2136 页。

不耦之名也。修行无有，而疏外形体，乖异人伦，不耦于俗。"① 苏轼自认是不同流俗之人，又以出自《庄子·内篇·人间世》的"散材"之典，意指自己是为世所弃的无用之材。两层用典将"东坡"与世疏离，揭示出自己的人生处境。更直率明了的自我认识出现在儋州事关"椰子冠"的讨论中：

> 天教日饮欲全丝，美酒生林不待仪。自漉疏巾邀醉客，更将空壳付冠师。规模简古人争看，簪导轻安发不知。更着短檐高屋帽，东坡何事不违时。②

仿佛不约而同，装扮的怪异与性情的乖异一致出现，反而赋予作者某种心安理得的协调之感。末句不仅有感慨、自嘲之意，亦呈现出苏轼在众人围观之下偏要奇装异服、宣称自我"违时"的坦然傲兀。"何事不违时"是苏轼对一生与世龃龉的总结，并且一语道破了其性情与志向。看到这一自我剖析，便无怪朝云"一肚皮不合时宜"的评判会被他引为知己之语。"东坡老""东坡叟"虽衰颓于朝堂之外却不失本心，正代表了苏轼所认可的自我形象。

与诗词中不同，"东坡"这一自称在文章中出现时，主要承担了以第三人称制造客观叙述口吻的功能。有别于"苏子"大多被设置为主客论辩中畅所欲言、理据充分的主人公，"东坡"除了出现在文章署名处外，则多用于杂记、杂著、题跋等文类中。"东坡居士自今日以往，早晚饮食，不过一爵一肉。有尊客盛馔，则三之，可损不可增。有召我者，预以此告之，主人不从而过是，乃止。"③ 苏轼并未始终贯彻旁观者的叙述视角，"我"的出现很快便暴露了"东坡居士"的真实身份。但也正因如此，一本正经地使用"东坡居士"

---

① 《庄子集释》卷三上，第273页。
② 《次韵子由三首》其三《椰子冠》，《苏轼诗集》卷四十一，第2268—2269页。
③ 《节饮食说》，《苏轼文集》卷七十三，第2371页。

称号恰恰为这一节食宣言平添了庄严又风趣的意味。在另一些语境中,"东坡"的出现使文章具有了故事性:"东坡居士醉后单衫游招隐,既醒,着衫而归,问大众云:'适来醉汉向甚处去?'众无答。明日举以问焦山。焦山叉手而立。"① 作者讲述东坡与僧人之间的智慧交锋,自我的隐去赋予事件某种虚拟的叙述风格。另如《庞安常善医》一文:

  蕲州庞安常,善医而聩。与人语,在纸始能答。东坡笑曰:"吾与君皆异人也。吾以手为口,君以眼为耳,非异人而何。"②

苏轼将东坡置于自己的镜头之下,并借后者之口揭示了自己平生好作文章、喜发议论的特点。从某种程度上说,苏轼通过定义"东坡"进行着自我剖析并塑造着自我形象。

(三)孤清之境中孤高自许的"幽人"

"幽人"一词初见于《周易》,"履"卦下有言:"九二:履道坦坦,幽人贞吉。《象》曰:'幽人贞吉,中不自乱也。'"③ 苏轼《东坡易传》对此解释为:"九二之用大矣,不见于二,而见于三。三之所以能视者,假吾目也;所以能履者,附吾足也。有目不自以为明,有足不自以为行者,使六三得坦途而安履之,岂非才全德厚、隐约而不愠者欤?故曰'幽人贞吉'。"④ "归妹"卦下亦提及"幽人":"九二:眇能视,利幽人之贞。象曰:'利幽人之贞,未变常也。'"⑤《东坡易传》曰:"己有其能而不自用,使无能者享其名,则九二非

---

① 《记焦山长老答问》,《苏轼文集》卷七十二,第2304页。
② 《庞安常善医》,《苏轼文集》卷七十三,第2341页。
③ (魏)王弼注,(晋)韩康伯注,(唐)孔颖达正义:《周易正义》卷二,中华书局影印清嘉庆刊《十三经注疏》本2009年版,第54页。
④ (宋)苏轼:《东坡易传》,台湾商务印书馆影印清文渊阁四库全书本,第9册,第22页。
⑤ 《周易正义》卷五,第132页。

幽人而何哉！"① 关于《周易》的阐释抽象玄妙，不易透彻理解，然而苏轼对"幽人"的定义还是可以得到大致把握。在他的理解中，"幽人"具有"可视""可履"之能而不自用，却用以辅助和成全"眇而跛"者，"使无能者享其名"，因此是"才全德厚、隐约而不愠者"。尽管后世读者难以确定《东坡易传》中是否存在比附现实生活之处，但其中对"幽人"的解释与苏轼在诗词中自称的"幽人"之间，却可能存在意义的关联。

苏轼笔下的"幽人"在浅表层次上可指幽隐之人、幽居之士。幽隐、幽居首先指向某种幽闭的处境与心境，切合《东坡易传》所述的"隐约"这一要素。以"幽人"为自称，自然在指代的作用之外增添了意义的丰富性。不同于以上诸种自称，"幽人"本身即可视为一个意象。它更侧重于"幽"这一特质的描述，而非"苏子""东坡"那般鲜明的自指。因此，它融入意境时的自然无碍、浑然一体亦更胜二者。而在"幽"之特质的限定中，本已包蕴了自我认识的某些方面。

熙宁五年至六年（1072—1073），苏轼在杭州通守任上，曾先后在两首诗中以"幽人"指称自己：

> 海风东南来，吹尽三日雨。空阶有馀滴，似与幽人语。念我平生欢，寂寞守环堵。壶浆慰作劳，裹饭救寒苦。今年秋应熟，过从饱鸡黍。嗟我独何求，万里涉江浦。居贫岂无食，自不安畎亩。念此坐达晨，残灯翳复吐。②

> 朝见吴山横，暮见吴山纵。吴山故多态，转折为君容。幽人起朱阁，空洞更无物。惟有千步冈，东西作帘额。春来故国归无期，人言秋悲春更悲。已泛平湖思濯锦，更看横翠忆峨眉。

---

① （宋）苏轼：《东坡易传》，第101页。
② 《秋怀二首》其二，《苏轼诗集》卷八，第383页。

雕栏能得几时好，不独凭栏人易老。百年兴废更堪哀，悬知草莽化池台。游人寻我旧游处，但觅吴山横处来。①

前首中的作者，是被雨后的水滴声引发了身世感怀的"幽人"。空阶雨滴断断续续如婉转诉说，诗人也不禁对其剖白衷肠。他想起自己到任之后的作为，虽务求救济生民，却并不能因此而心满意足。政治主张不被采信，理想抱负无从实现，徒有奋厉之志，又不能安于畎亩，仅能以有限的职权略尽绵力，处境与理想的落差使作者的心境沮丧寂寞。后首中，吴山姿态妩媚，欲博诗人欢心，然而诗人却以幽闭的心境辜负了这一番好意。他没有太多心思关注景物之美，而是很快地陷入了思绪。思乡而不能归，春景愈美只能引发更深的悲意。在这样凄凉的目光中，亭台楼阁也被涂抹上沧海桑田变化无常的哀情，人生形迹又何尝不是如此易逝，唯有以亘古的"吴山横处"作为标记。两首诗皆可视为触景生情之作，无论是独自与雨滴对话，抑或独自徘徊于空洞无物之境，作者的孤独无依感是一致的。倅杭为官，在现实处境上并非幽居、幽隐，自称"幽人"，实则揭示了心境的幽独之苦。

元丰二年（1079），苏轼在徐州任上。其时，"王子立、子敏皆馆于官舍。而蜀人张师厚来过。二王方年少，吹洞箫，饮酒杏花下"②。苏轼因作《月夜与客饮杏花下》一诗：

> 杏花飞帘散馀春，明月入户寻幽人。褰衣步月踏花影，炯如流水涵青蘋。花间置酒清香发，争挽长条落香雪。山城酒薄不堪饮，劝君且吸杯中月。洞箫声断月明中，惟忧月落酒杯空。明朝卷地春风恶，但见绿叶栖残红。③

---

① 《法惠寺横翠阁》，《苏轼诗集》卷九，第 426 页。
② 《记黄州对月诗》，《苏诗文集》卷六十八，第 2167 页。
③ 《苏轼诗集》卷十八，第 926 页。

诗中"幽人"被明月亲切的寻觅唤起，出户欣赏这月夜杏花。"月是主，人为宾，故言寻幽人。"① 而正因"幽人"有种幽闭的特质，故而才不是一个积极的寻访者，而是被动地等待自然风物的入户寻觅。月光如水泻地，花影投于其间，随风轻动，宛如流水中浮动着青蘋。苏轼与友人置酒花间，风吹落英缤纷，花、酒愈发清香。"山城酒薄"，意味着此处非繁华之地，暗合了"幽人"的所处环境。洞箫音色呜咽，本易勾起愁绪，作者想到这清雅疏朗、佳朋相聚的夜晚迅忽逝去，明朝只见枝头残红，不免心生忧伤。此诗意境清幽，自称"幽人"的苏轼以平静之心去欣赏美好景致，又在其中寓以淡然而有节制的忧愁。较于倅杭时期，此时的"幽人"同样不在现实意义上幽居，但就心境而言，他的幽独之苦被收敛得更为含蓄，更倾向于以幽静之心体察自身与外物。

及至被贬黄州，苏轼以戴罪之身，心有余悸，决定不言世事，深居简出。吉川幸次郎在《我的杜甫研究》中认为"幽人"含有"幽居山中之人"和"有罪之人"的意思，山本和义采用这两层解释来定义黄州时期的苏轼："苏轼被认定为有罪之人，因此被强迫幽居。"② 此时的苏轼，于精神与现实两重层面皆成幽居之人，他在《定惠院寓居月夜偶出》中言说此种心境：

幽人无事不出门，偶逐东风转良夜。参差玉宇飞木末，缭绕香烟来月下。江云有态清自媚，竹露无声浩如泻。已惊弱柳万丝垂，尚有残梅一枝亚。清诗独吟还自和，白酒已尽谁能借。不惜青春忽忽过，但恐欢意年年谢。自知醉耳爱松风，会拣霜林结茅舍。浮浮大甑长炊玉，溜溜小槽如压蔗。饮中真味老更浓，醉里狂言醒可怕。闭门谢客对妻子，倒冠落佩从嘲骂。③

---

① 张鸣：《宋诗选》，人民文学出版社2004年版，第204页。
② ［日］山本和义：《诗人与造物：苏轼论考》，第243页。
③ 《苏轼诗集》卷二十，第1033页。

方从人生大难中侥幸逃离,纵使活跃外向的苏轼亦不可不幽居避世,以此平复惊惶之心。因此偶尔一次良夜出游,竟能为他带来如许欢欣。他惊喜地发觉节候变暖,景物清丽可爱,然而此情此景,却再无人陪伴自己饮酒吟诗。孤清之感逐渐弥漫,湮没了欢欣,诗情至此由喜转悲。若年年能在欢意中度过,青春消逝并不足惜,可如今壮心已灰,身不由己。借酒消愁欲抒不平之气,因言获罪的可怕却又使人如履薄冰。作者唯有将这忧惧的贬谪生活封闭在幽居之中,末句的颓唐无奈与早年的意气风发形成令人心惊的张力,"闭门谢客"则呼应了"幽人"的自称。在作于此后不久的《寄周安孺茶》中,苏轼再次提及了自己的"幽人"身份:"幽人无一事,午饭饱蔬菽。困卧北窗风,风微动窗竹。乳瓯十分满,人世真局促。意爽飘欲仙,头轻快如沐。昔人固多癖,我癖良可赎。为问刘伯伦,胡然枕糟曲。"① 苏轼向友人描述自己饱食睡足的谪居生活,并从刘伶的酒癖中寻找到自己爱茶的合理性。然而这看似闲适的生活丝毫没有消减他对"幽人"身份的清醒认识。"无一事"实则是"无法可有一事",人世的局促使他的举动、抱负被牢牢束缚在仕宦的低谷,闲适不过是颓靡中强自安慰的另一面而已。但换种角度言之,羁縻中笑谈自己的饮茶之乐、神清气爽,又展现出几分倔强昂然的姿态。"观草木欣荣,幽人自感,吾生行且休矣。念寓形宇内复几时。不自觉皇皇欲何之?委吾心、去留谁计。神仙知在何处,富贵非吾志。"② 苏轼已抱定身世两忘的心境,在简陋的贬谪生活中随缘自适,"幽人"的身份却恰恰给予他亲近自然、复归本真的契机。"缺月挂疏桐,漏断人初静。时见幽人独往来,缥缈孤鸿影。　惊起却回头,有恨无人省,拣尽寒枝不肯栖,寂寞沙洲冷。"③ 黄州词作中的"幽人"与孤鸿对应契合,更清晰地揭示出"幽人"自伤身世

---

① 《苏轼诗集》卷二十二,第 1165—1166 页。
② 《哨遍》(为米折腰),《苏轼词编年校注》,第 389 页。
③ 《卜算子》(缺月挂疏桐),《苏轼词编年校注》,第 275 页。

的孤清意味之外，另一层不同于流俗的孤高品格。才能堪用，却不为个人功利而用，这种保持操守的个人选择，正印证了"幽人""才全德厚"的品质。从某种意义上说，"幽人"是一种政治身份的自我体认，幽居之举、幽独之心分别体现着政治处境与自我心境，展现了苏轼对"幽人"含义的实践。

要之，自称的大量使用，不仅意味着苏轼重视自我思考及感受的表达，更体现了理性内省的精神。第一人称既强调了"自我"这一"发声点"，明确了表达主体的身份，又强调了自我是文本中被观照、被评判的对象，伴随着作者的自我剖析而出现。第三人称用于自称，制造了戏谑、区隔感等特殊的表达效果，并以其各自的含义和使用语境，较为含蓄地呈现了作者的自我体认，尤其是仕宦生涯中的自我定义：一方面，他自认是格格不入的违时之人，在面对由此招致的磨难时，也时常产生惊惧、孤苦、伤痛的情感。另一方面，正如"畸人"内里却暗含"侔于天"的特质，"幽人"由孤鸿引发的凄清之后却有"拣尽寒枝不肯栖"的孤高，在真实的凄伤背后，亦隐含着高昂的自尊。同时，"苏子"的调谑意味、"东坡"的冲淡情绪，也都展露出苏轼内心的感受和记忆。换言之，由苏轼创造并冠以自身的诸多称谓，勾连着具体多样的人生经验，也提示着个体及其自我认识的丰富性，促使我们对作者既往较受忽视的性格面相与情感心理抱以关注。

第二节　自喻：个体特质与人生状态的婉曲揭示

在宋诗中，人生的各种经验和意志往往借助思理得到深入的揭示。"典型的'宋调'常常是情（意识）压倒景（物象）成为诗歌的主要成分。……这些心理经验的描写有时甚至完全不借助于客观物象。"① 这是从"避免对事物外形的刻画"②的角度，揭示了宋代诗学重内轻外的特质。不过，当诗人在内心构画一幅图景，用以传达幽微的生命体验时，却往往正需要借助具体可感的物象来使之纤毫毕现。苏轼"飞鸿踏雪泥"的人生之喻正是著名的一例。"飞鸿""雪泥"虽然并非创作当时目见耳闻的客观物象，但通过想象并描摹二者倏忽交会、即刻分离的场景，作者将人生感受喻示得十分真切。在苏轼作品尤其是诗歌中，还存在大量类似于此的自喻，作者以"自我"为施加比喻的对象时，尤其善于将自身性情、感受、人生状态等抽象事物揭示得精准巧妙。无论从出现频率、艺术高度还是表达功能而言，苏轼笔下的自喻无疑都是值得关注的现象。

　　苏轼的自喻主要包括两种形式，其一是自比境遇相似的前贤，如白居易、陶渊明等，在赞赏其人生态度的基础上，不免于行止中追慕效法，并抒发与之相通的高洁志向；其二是自喻为物，通过对事物的特质加以界定，用以比拟自己的品格、身份、处境。前者以人为比拟对象，实则侧重于彼此人生际遇、思想观念、人格精神等方面的共性。相较于具有既定形象的人，物则能给予作者更充分的空间去挖掘符合自身表达需求的意义，体现出作者赋予喻体情感内涵的主观性。同时，这些作为喻体的事物，往往仍可以意象的身份无碍地出现在诗歌中，成为浑融意境中的一部分。例如熙宁五年（1072）苏轼作于杭州通守任上的《送张职方吉甫赴闽漕六和寺中作》一诗：

　　　　羡君超然鸾鹤姿，江湖欲下还飞去。空使吴儿怨不留，青山漫漫七闽路。门前江水去掀天，寺后清池碧玉环。君如大江日千里，我如此水千山底。③

诗中三处用喻，先以鸾鹤之喻赞对方超然之姿，以示敬意。末尾两

---

① 周裕锴：《宋代诗学通论》，上海古籍出版社2007年版，第87—88页。
② 《宋代诗学通论》，第88页。
③ 《苏轼诗集》卷七，第335页。

喻以同质而不同形态的水作为喻体，将对方与自己置于相对之境，抑此而扬彼。"大江"与"池水"之别，除尊敬与自谦的态度之外，更暗含政治处境的高下之别。苏轼以无法奔涌的池水自喻，意指其时因忤王安石而避祸乞出①，羁縻此地，屈身微职。而对方行程在即，喻之以一日千里的江水，不仅切合送别情境，亦含有仕途顺遂的祝愿。两个喻体的同质异态，使其更具可比性，正如作者与对方同处仕途却境遇相异，贴切而婉曲地流露出作者的自伤之情。由"门前江水""寺后清池"的景物描写到以之为喻的想法，看似是作者思路的自然顺延，却成功地将诗意从眼前之境深化至感想之境。通过抉发"池水"低下、难以流动的特质，苏轼在自我与喻体之间建立了联系，赋予其揭示自身政治处境与心态的功能。可见，"以物自喻"往往能够更清晰地体现作者将自我认识注入喻体的过程，因此成为本节的主要讨论对象。

一 自我个体之喻

若以喻体的特质分类，则苏轼用以自喻的常见物象中，一类因自身残缺无用而为世所弃，如老骥、病牛、枯枝、苦李，一类则因外力束缚而不得伸展原本高昂的姿态，麋鹿、鹤、鸿、鹏、松等都在此列。这些形态、内涵各异的喻体，透露出苏轼在不同际遇中的自我定位及关于自我特质的思考。

（一）衰朽之物与低沉之人

苏轼常常选择低沉衰败之物以自喻，此类喻体的特质时常在与

---

① 参见《杭州召还乞郡状》，《苏轼文集》卷三十二，第912页。"是时王安石新得政，变易法度，臣若少加附会，进用可必。自惟远人，蒙二帝非常之知，不忍欺天负心，欲具论安石所为不可施行状，以裨万一。然未测圣意待臣深浅，因上元有旨买灯四千碗，有司无状，亏减市价，臣即上书论奏，先帝大喜，即时施行。臣以此卜知先帝圣明，能受尽言，上疏六千馀言，极论新法不便。后复因考试进士，拟对御试策进上，并言安石不知人，不可大用。先帝虽未听从，然亦嘉臣愚直，初不谴问。而安石大怒，其党无不切齿，争欲倾臣。御史知杂谢景温，首出死力，弹奏臣丁忧归乡日，舟中曾贩私盐。遂下诸路体量追捕当时梢工篙手等，考掠取证，但以实无其事，故锻炼不成而止。臣缘此惧祸乞出，连三任外补。"

其他喻体的对比中呈现出来。例如元丰元年（1078）徐州任上，苏轼曾作一首颇富政治意味的诗与黄庭坚唱和：

> 嘉谷卧风雨，稂莠登我场。陈前漫方丈，玉食惨无光。大哉天宇间，美恶更臭香。君看五六月，飞蚊殷回廊。兹时不少假，俯仰霜叶黄。期君蟠桃枝，千岁终一尝。顾我如苦李，全生依路傍。纷纷不足愠，悄悄徒自伤。①

此诗所涉意象多有寄托。嘉谷、稂莠以迥异的境遇出场，便提示君子小人之比的美刺传统复现。末尾又用《诗经·柏舟》"忧心悄悄，愠于群小"② 之意，讥讽当今进用者。小人既得进用，君子反无立锥之地，正值壮年而遭排挤外任的苏轼，对此深恨之外唯有无奈感慨。于是，他采取一双比喻，营造出安慰自己与对方的策略：将黄庭坚喻为蟠桃，进用虽迟而终有一尝之日；将自己喻为苦李，不为人赏识却因此免遭侵害。在苏轼为自己和朋友选择的喻体中，说与对方的多是鼓励安慰，留与自己的则是清醒自伤。与前文"池水"之喻的苦闷情绪略有不同的是，苦李之喻在不为所用的感慨外，多了一丝可得保全的自我安慰。无用以全生的思路，是苏轼借鉴《庄子》以自我开解的良药③，在仕途蹭蹬中安于无用之身，而不与功业之心多做纠缠，苦李的喻义正是这一心态的形象化表述。透过自

---

① 《次韵黄鲁直见赠古风二首》其一，《苏轼诗集》卷十六，第835—836页。
② （宋）朱熹集注：《诗集传》卷二，赵长征点校，中华书局2011年版，第22页。
③ 参见《庄子集释》卷二中《人间世第四》，第170—171页。《庄子·人间世》载："匠石之齐，至于曲辕，见栎社树。其大蔽数千牛，絜之百围，其高临山十仞而后有枝，其可以为舟者旁十数。观者如市，匠石不顾，遂行不辍。弟子厌观之，走及匠石，曰：'自吾执斧斤以随夫子，未尝见材如此其美也。先生不肯视，行不辍，何邪？'曰：'已矣，勿言之矣！散木也，以为舟则沈，以为棺椁则速腐，以为器则速毁，以为门户则液樠，以为柱则蠹。是不材之木也，无所可用，故能若是之寿。'"苏轼诗中曾多次使用"散木"之典，如《题过所画枯木竹石》其二："散木支离得自全，交柯蚴蟉欲相缠。"

喻，那些不可言明的处境与心境可被触及，而苏轼从倅杭到守徐时的情感变化也在"池水"与"苦李"喻体含义的差别中得以呈现。

苦李无用，是因其苦涩而不得赏味者青睐，正如苏轼直言政见不为当权者接纳，"旧学消亡，夙心扫地，枵然为世之废物矣"①。而老病的动物、枯朽的植物，则因其衰朽而丧失了存在的价值。它们未必不为所用，却力不从心。元丰八年（1085），苏轼自黄州量移汝州，随即得请归常州，正在这曲折徘徊的一程中，神宗英年早逝，朝局为之翻覆。在当年所作的《神宗皇帝挽词》中，他曾悲痛言道："病马空嘶枥，枯葵已泫霜。馀生卧江海，归梦泣嵩邙。"② 神宗一去，有志莫伸，无以自明。病马、枯葵的自喻，不仅慨叹自身年华衰朽，更与徒然的嘶呖、泫然而滴的泪水相附加，勾画出悲痛伤颓的形象。此时他对未来的预知尚停留于归老常州的打算，然而不久便始料未及地迎来了重归朝堂的元祐时期。在命运转折之际，他在与友人的诗中再次以自喻剖白心迹："可怜老骥真老矣，无心更秣天山禾。"③ 自谓面对宦途转机却无心进取。"老骥"之喻，暗含"老骥伏枥，志在千里；烈士暮年，壮心不已"④ 的寓意，这一喻体本与有志之士密切相关，苏轼却反用其意，以对衰老的强调，消解了勉力为之、壮心不已的可能。经历了乌台诗案、黄州之贬，深知宦海况味的苏轼心力已淡。选择以衰朽之物自喻，表露了他此时的自我认识：人生转机固然可喜，但自己不过是历经苦难、无心滞留朝堂的老病之人。然而无法违逆的任命，使得这类自喻一直延续到此后的还朝时期。

元祐二年（1087）、三年（1088），已为朝廷重臣的苏轼一再强调自己"老病当归"，这种仕宦态度往往借助自喻来表达。"眼花错

---

① 《题子明诗后》，《苏轼文集》卷六十八，第 2132 页。
② 《神宗皇帝挽词三首》其三，《苏轼诗集》卷二十五，第 1338 页。
③ 《次韵答贾耘老》，《苏轼诗集》卷二十五，第 1352 页。
④ （魏）曹操：《步出夏门行》，逯钦立辑校《先秦汉魏晋南北朝诗》魏诗卷一，中华书局 1983 年版，第 354 页。

莫鬓霜匀，病马羸骖只自尘。奉引拾遗叨侍从，思归少傅羡朱陈。"①"君如老骥初遭络，我似枯桑不受条。"②"衰迟何幸得同朝，温劲如君合珥貂。谁惜异才蒙径寸，自惭枯枿借凌霄。"③ "病马""羸骖"实可视为"老骥"的引申，苏轼通过病、羸等定语，凸显自身的衰弱状态，同时暗示曾有政治抱负的自己已然今非昔比。关于马的几种喻体，侧重于剖白壮志难再的内心。而"不受条"的"枯桑"，则意指自己不堪重回朝堂秩序之中，衰老之身已经无法承受仕宦的压力。"枯枿"即枯枝，苏轼借此表达还朝之举如借凌霄之力攀高，并非自身资质所应得。"自惭"固然是应答交际中的自谦之辞，但仍或多或少地反映出滞留朝堂的不安。元祐时期是苏轼集中表达出处焦虑的人生阶段之一，以自喻表明自己的衰老和不堪重负，形成了上书请辞、直接言归之外的有效补充。此时苏轼以衰朽之物自喻，已经不同于早年外任时无可奈何、心有不甘的姿态，而是切合老病之身和思归之愿的主动选择。

  伴随年华的无情流逝，更深重的政治打击加诸这个老病之身。晚年再贬惠、儋，苏轼只能在困境中面对自己真正的迟暮。此时他甚至失去了为滞留朝堂而焦虑的权利，衰老不必再是言归的方式，而成为一个单纯的事实，衰老的喻体随之成为垂暮之年的真实写照。在为园圃中的草药兴发吟咏时，苏轼由地黄能使老马光彩鉴人的效用，迅速申发为以马自喻："我衰正伏枥，垂耳气不振。"④ 这一特别的转折，仿佛作者为老骥之喻的出场而专意铺设。在"伏枥"的处境下，苏轼以"垂耳气不振"形容自己低迷的精神状态。过海之时，苏轼收到子侄的寄赠，颇为欣喜地作诗回应，又自喻为老牛：

---

① 《再和二首》其一，《苏轼诗集》卷二十八，第 1491 页。
② 《叶公秉、王仲至见和，次韵答之》，《苏轼诗集》卷三十，第 1621 页。
③ 《再和》，《苏轼诗集》卷三十，第 1622 页。
④ 《小圃五咏》其二《地黄》，《苏轼诗集》卷三十九，第 2157 页。

"我似老牛鞭不动，雨滑泥深四蹄重。"①"老牛"之喻与赋予诸子侄的"黄犊"之喻相对，凸显出暮年流落迁移之苦。但由于生还北归的万一之念尚存，对未来共同生活的设想仍可安慰彼此，故而此诗的情感基调并不一味低沉。在轻快风趣的笔触中，"老牛"之喻也被赋予几分自我调笑的色彩。晚年远谪的苏轼，更多在自喻中寄寓对垂暮生命的审视。至此，苏轼不再自视为仕途受挫的愤激官员，不再是出处之间焦虑不安的朝廷重臣，而只变为一个流放天涯的老人。喻体含义的变化，体现出苏轼各个人生阶段自我认识的不同侧重。

在上述例举的喻体中，"老骥"较为与众不同。较之老牛、枯木之喻对衰朽的偏重，马奔腾昂扬的形象使其即便衰老也少有卑弱之感，而"老骥"背后的典故，又使它与"志"的关系成为作者的言说重点。在朝时，苏轼有意消解老骥之志，是为了表明与仕宦的疏离；暮年以老骥伏枥比拟贬谪命运，意在道出政治压迫中的忧闷，而二者共同隐含的则是不能遵循本心的痛苦。尽管老骥之志总被真实地书写为不可实现的悲剧，但志向的存在本身也同时在自喻中不容忽视地展现。老骥的衰弱表象下，本有被现实羁縻的刚健之心，一如苏轼在衰病坎坷中仍然重视的独立人格。这一喻体在苏轼人生中的长期延续，不仅体现了悲感的难以释怀，还意味着自我肯定的长存。如果在老骥之喻中，后者尚是一层隐含的意思，那么通过以更高姿态的喻体表明心志的方式，苏轼自我定位的清高一面则更鲜明地呈现出来。

（二）束缚中的高洁之物与自伤中的清刚自守

病马、苦李、老牛、枯枝，固然揭示了一时的自伤，却并不意味着苏轼的自我认识就此低落到了尘埃里。同样是以马为喻，熙宁八年（1075）密州任上的苏轼这样描述自己："尘容已似服辕驹，

---

① 《过于海舶，得迈寄书、酒。作诗，远和之，皆粲然可观。子由有书相庆也，因用其韵赋一篇，并寄诸子侄》，《苏轼诗集》卷四十二，第2305页。

野性犹同纵壑鱼。"① 之前倅杭时尚且反复自称老病的他，在四十岁时的自我表达中却选择了少壮之马为喻，尽管这马已遭辕轭束缚，但诗意强调的重点却是不受束缚的"野性"。作者为这"野性"也找到了形象的描述，以自由腾跃于大壑间的鱼来喻之。此喻典出汉代王褒《圣主得贤臣颂》："上下俱欲，欢然交欣，千载一会，论说无疑，翼乎如鸿毛遇顺风，沛乎若巨鱼纵大壑。"② 强健有力的喻体凸显了作者在逆境中依然昂扬的精神，并暗含对君臣遇合的希冀。类似的例子也见于惠州时期。绍圣三年（1096）所作的《和陶岁暮作和张常侍》诗引曰："十二月二十五日，酒尽，取米欲酿，米亦竭。时吴远游、陆道士皆客于余，因读渊明《岁暮和张常侍》诗，亦以无酒为叹，乃用其韵赠二子。"③ 在此诗中，苏轼自喻道："我年六十一，颓景薄西山。岁暮似有得，稍觉散亡还。有如千丈松，常苦弱蔓缠。养我岁寒枝，会有解脱年。"④ 与"服辕驹"相类，"千丈松"的老练雄伟之姿，也不得不受制于藤蔓的苦缠。这些藤蔓可能是生活中各种细碎的寒窘，也可能是贬谪命运带来的诸般刁难。但作者如此述说，并不是为哀叹提供理由，而是为引出"养我岁寒枝，会有解脱年"的平和坚定。苏轼以高洁之物受到束缚自喻，在描述现实处境的同时，却更侧重于表明自己高昂的精神姿态，这正是此类喻体与衰朽无用之物在表达功能上的区别。

此类喻体中最为人熟知的当属"麋鹿"，此物高洁闲逸、优游山林的形象，使苏轼深为喜爱并反复以之自喻。苏轼在自我与麋鹿之间建立的联系，前人已从仕隐思想的角度作出了许多阐发。麋鹿之喻表达归隐之心，自然源于麋鹿之喜爱山林水泽与苏轼之向往归隐的契合，但苏轼笔下的麋鹿并非仅仅作为隐逸山林的指代物而出现，

---

① 《游庐山，次韵章传道》，《苏轼诗集》卷十一，第 619 页。

② （南朝梁）萧统编，（唐）李善注：《文选》卷四十七，中华书局 1977 年版，第 660 页。

③ 《和陶岁暮作和张常侍》，《苏轼诗集》卷四十，第 2217 页。

④ 《苏轼诗集》卷四十，第 2217 页。

更是对自我性情的一种形象化定义。早在熙宁五年（1072），苏轼便曾分析自己道："我本麋鹿性，谅非伏辕姿。"①"伏辕"意指身受束缚，既可指仕宦生涯的羁縻，亦可笼统理解为人生中的不由自主。那么与此相对的"麋鹿性"，也便既可理解为归隐之愿，又可含有不羁、灵动、向往自由的特质。关键在于，苏轼直接将其定义为自我之"性"，这种定义具有初始的、本质的意义。换言之，麋鹿性情中的各种特质，就是苏轼自我认可的人格特质、天然之性。

麋鹿既是深山中的灵物，那么山水游乐可以顺从其性情，也让作者自我感到舒畅："聊为山水行，遂此麋鹿性。"② 而还朝无疑是对这一性情的违逆："还朝如梦中，双阙眩金碧。复穿鹓鹭行，强寄麋鹿迹。"③ 如鹓鹭般秩序井然的朝官队伍，并不与麋鹿的自由性情相称，即使参与其中，也无法安顿内心。"强寄"终究不能长久，作者为此设想了摆脱束缚的方式："逝将江海去，安此麋鹿姿。"④ 苏轼对归处的理解本不拘于具体的地点，此处的江海与山林一样，只是可以随心安适之处。与其说麋鹿之喻是背弃朝堂指向归隐，不如说是背离一切人生束缚而向往自由。这种本性不只在仕隐之间发挥作用，更终生左右着苏轼的人生态度。晚年北归时，苏轼再次提及麋鹿之喻，对自我本质的表述更加透彻："嗟我本何人，麋鹿强冠襟。"⑤ 彻底将自己与麋鹿同质，而"冠襟"所代表的束缚对本性的勉强，是他对自身状态的总结。"我坐华堂上，不改麋鹿姿。"⑥ 面对格格不入的环境，苏轼自认始终采取坚守的姿态。通过反复以麋鹿自喻，他不断向自己和读者强调着本性，麋鹿这一美好事物成为苏轼赋予自己的另一个形象，并在一生中珍重视之。

---

① 《次韵孔文仲推官见赠》，《苏轼诗集》卷八，第 384 页。
② 《径山道中次韵答周长官兼赠苏寺丞》，《苏轼诗集》卷十，第 498 页。
③ 《次韵定国见寄》，《苏轼诗集》卷三十六，第 1920 页。
④ 《次韵钱穆父会饮》，《苏轼诗集》卷三十六，第 1928—1929 页。
⑤ 《和潞公超然台次韵》，《苏轼诗集》卷十四，第 681—682 页。
⑥ 《和陶饮酒二十首》其八，《苏轼诗集》卷三十五，第 1885 页。

经由此类喻体的分析，可以总结出作者的自喻思路：他选择形象高昂、寓意美好的事物作为喻体，首先体现出较高的自我定位。苏轼将这些事物置于各种束缚中，来比拟自己的人生状态，以喻体的身不由己表白自己的无奈，而喻体的高洁自持又表明自己虽处逆境却不曾改变的本心。

要之，以上两类自喻恰恰指向了苏轼自我认识的两面：难以消除的人生悲感与始终坚持的清刚自守。不难见出，两类喻体大致有各自的语境侧重，前者用于言说生命衰老和人生际遇，描述客观现实的内容；后者用于剖白本心，表达主观的思考和信念。从情感色彩而言，衰老迟暮、沉沦无用、不由自主，这些喻体总体上带有低回哀婉的情绪，在苏轼的自我认识中，他似乎更倾向于一个不合于时的多难之人，而非廊庙重臣或昂扬斗士。即便是姿态高昂的喻体，也均指向崇高的内心修养、高洁的精神境界，而并非炫示仕宦地位与政治成就。这一系列自喻提醒我们反观"凛凛群惊国士风"①的苏轼形象，他的行为所塑造的个人面貌与自喻体现的自我认识之间，可能存在着侧重点与评价标准的差异。

二　自我人生之喻

以人之个体为对象的自喻，尚不足以完成对自我的全面观照，苏轼也善用自喻来反观并总结人生这一动态过程。绍圣三年（1096），苏轼在惠州营造白鹤峰新居，凿井四十尺而遇磐石，颇费苦力，清泉乃现，特作诗记之：

> 海国困蒸溽，新居利高寒。以彼陟降劳，易此寝处干。但苦江路峻，常惭汲腰酸。矻矻烦四夫，硗硗斫层峦。弥旬得寻丈，下有青石磐。终日但迸火，何时见飞澜。丰我粢与醪，利

---

① （宋）释道潜：《东坡先生挽词》其十，傅璇琮等主编，北京大学古文献研究所编《全宋诗》卷九百一十九，第16册，第10801页。

汝椎与钻。山石有时尽，我意殊未阑。今朝僮仆喜，黄土复可抟。晨瓶得雪乳，暮瓮停冰湍。我生类如此，何适不艰难。一勺亦天赐，曲肱有馀欢。①

此诗本是记述实事，却因凿井过程中的所见所思而转变为对自己人生的喻示。无水的居住环境迫使人开岩凿井，难得有了些许收获，却又被磐石阻挡。斧凿锤击，与障碍之间的苦战仿佛无济于事，一点点消磨着信心。这个似曾相识的过程使苏轼想到自己荆棘遍布的人生之路，无论何时何地，总是险阻重重、无比艰难。以凿井喻人生，与"百年不易满，寸寸弯强弓"②的自喻异曲同工，揭示出"吾生多艰"的本质。然而凿井之难，更令一勺清泉带给人满足和欢喜；人生之难，便更应超脱其外而畅游其中。凿井、弯弓等动态比喻，使抽象的人生过程可感可触，而苏轼对人生的认知和态度，也在比喻的逻辑体系中自然呈现。

不过，这样的人生之喻，尚属自我对人生的客位审视。苏轼笔下精妙的"磨"之喻，却真正将个体与人生同时纳入了形象化的视域，不是单独总结人生的本质，而是通过构造喻体之间的关联，揭示出自我与人生的互动。这一比喻始出于黄州时期的《迁居临皋亭》一诗：

我生天地间，一蚁寄大磨。区区欲右行，不救风轮左。虽云走仁义，未免违寒饿。剑米有危炊，针毡无稳坐。岂无佳山水，借眼风雨过。归田不待老，勇决凡几个。幸兹废弃馀，疲马解鞍驮。全家占江驿，绝境天为破。饥贫相乘除，未见可吊贺。澹然无忧乐，苦语不成些。③

---

① 《白鹤山新居，凿井四十尺，遇磐石，石尽，乃得泉》，《苏轼诗集》卷四十，第2217—2218页。
② 《次前韵寄子由》，《苏轼诗集》卷四十一，第2248页。
③ 《苏轼诗集》卷二十，第1053—1054页。

苏轼自比为一蚁，身处对自己而言有如天地之大的磨盘上。这种小大之辨所蕴含的微渺之意，只要联系同出于黄州时期的"寄蜉蝣于天地，渺沧海之一粟"①，便可知是此期的一贯思考。然而天地、沧海只强调广大，却并无磨盘那般奇特的性质：反复无休地旋转，这便决定了作者想要表现的不只是个体形态的渺小，而大磨所比拟的也并非空间上的静止的天地，而是冥冥中不可控制的命运。蚁与磨的相反方向，凸显了自我与命运的抵触。蚂蚁即使拼命向右爬行，也无法以区区之力改变甚至延缓大磨的左转。这是生命个体深重的无奈，对自己而言艰苦卓绝的努力，原只是命运面前微不足道的挣扎。而一切徒劳的爬行、无情的转动，都在无休止地继续，似乎永无逃脱之日。这整个场景构成了苏轼的人生，他在开门见山的精警总结之后，将生涯中的苦难细细道来。生活寒窘，宦途受困，在漂泊羁旅中所见的山水风光过眼即逝，成为徒增伤感的回忆。归隐之心难以达成，一切自然之美、自由之乐，自己全部无力把握。而此时的黄州之贬，是九死一生的侥幸保全。面对人生第一次剧变，苏轼自然不敢再作他想，只以黄州是自己的终老之地。他将"废弃"视为随波逐流命运的结束，那么"废弃"于他自然反如解脱一般。以蚂蚁和大磨的互动为喻，苏轼在描述自己人生的同时也表达了关于命运的精微思考。自身之于命运的微茫无力、无法随心行止的人生状态，是"磨"之喻的第一层含义。

命运不仅具有裹挟个体的强力，还处在无限延续的动态中，可是辛劳的转动却未必能带来真正意义上的进步。大磨不断旋转却没有移动，那么绕磨苦行的牲畜亦难免徒劳而不自知。在佛家典故中，磨牛原本就是"身虽行道，心道不行"的懵懂之物②。这"团团"之态，正是苏轼借磨牛、磨驴以自喻的原因。"应笑谋生拙，团团如

---

① 《赤壁赋》，《苏轼文集》卷一，第6页。
② 尚荣译注：《四十二章经》第四十章，中华书局2010年版，第78页。

磨驴。"① 磨驴为谋生而遭此苦役，苏轼借以称自己的仕宦生涯也不过是维持生计的庸碌之劳。"团团"除埋头苦转的意味外，也指人生轨迹的形态。扬州知州任上，苏轼回顾过往变动不定的宦游经历，总结为"二年阅三州，我老不自惜。团团如磨牛，步步踏陈迹"②。元祐年间所经历的杭、颍、扬三州，皆是熙宁中曾宦游的故地。二十年后重新置身其中，其间所经历的内容如被简化，而人生仿佛完成了一个回环。从现实的宦游轨迹到虚化的人生轨迹，苏轼再次将行走的样态定义为"团团"，人生就此消耗在陈迹中，并未收获真正的进益。在这一人生样态中，自我不再是附着于大磨勉力挣扎的渺小生命，而是围绕大磨无益苦行的笨拙生命。由于意识到了这一点，以功业为指归的人生追求变得缺乏意义，是"不自惜"之举。磨的无谓转动，使这一喻体暗含了作者对仕宦乃至人生意义的追索。钱锺书先生在《管锥编》中探讨"圆喻之多义"时，便曾引苏轼磨牛、磨驴等喻，抉发其含义："体动而处未移，重复自落蹊径，固又圆转之事也。守故蹈常，依样照例，陈陈相袭，沉沉欲死，心生厌怠，摆脱无从。圆之可恶，本缘善于变易，此则反恶其不可变易焉。"③ 看似波折变动，实则因循刻板，碌碌人生的疲倦和无意义，是"磨"之喻的第二层含义。徽宗建中靖国元年（1101），暮年北归的苏轼在途中回应了当年的磨牛之喻："春来何处不归鸿，非复羸牛踏旧踪。"④ 此时遭废弃者重新起用，自己也得请归常州，苏轼如愿切换了另一种人生模式，不必再踏上宦海浮沉的旧途。"因磨牛般的重复盘旋而揭示更深沉的被动之苦，这样才进

---

① 《伯父送先人下第归蜀诗云：人稀野店休安枕，路入灵关稳跨驴。安节将去，为诵此句，因以为韵，作小诗十四首送之》其十四，《苏轼诗集》卷二十一，第1102页。
② 《送芝上人游庐山》，《苏轼诗集》卷三十五，第1899页。
③ 钱锺书：《管锥编》第三册《全汉文》卷二三，生活·读书·新知三联书店2001年版，第122—123页。
④ 《次韵法芝举旧诗一首》，《苏轼诗集》卷四十五，第2455页。

一步反省寻求真正的主体性。"① 显然，磨牛之喻中含有苏轼对自我人生状态的反思，该喻体语境的变化也寓示了苏轼自我认识的改变。

综上可见，苏轼笔下的自喻很大程度展现了他对自我状态的定义。一方面，在他眼中，艰辛、疲倦、不由自主，是自己人生的关键词。而另一方面，磨上之蚁的区区之愿，正如老骥的千里之志，麋鹿的未改之姿，彰显着他应对人生的态度。苏轼的才华和想象力，使自喻不再局限于以美好事物自表高洁的传统思路当中，而是在丰富、强烈的表达需求推动下，在较前人更宽广的诗歌题材的实践中，大大拓展了喻体的选用范围，进而赋予自喻之举十分鲜明的自我表达色彩，使之承担了传达多样情绪和人生体验的功能。正因如此，苏轼的自喻不仅具有艺术上的巧思，更婉曲而形象化地揭示了许多往往为人忽视的情感面相，提示读者关注苏轼个体与人生的丰富性，尽力触及其人格养成的真切历程。

第三节 自嘲与自许：自我评价的姿态

一 自嘲：举重若轻的体验传达

苏轼天性的开朗幽默，在其文学作品中常外化为戏谑姿态。他笔下大量的游戏之作，正是承担此类表达需求的载体。而作者的自嘲同样是含有戏谑意味的现象，它们未必出现在精心巧构的戏作中，或许只是普通诗文中兴之所至的一笔。由于被嘲谑者是自己，此类表达较之语涉他人时也更自由而少顾忌。专以自己为嘲谑对象，使那些看似非正式的表达，具有了包含作者自我认识的可能性。

（一）形象、性情与际遇的戏谑化自我揭示

当人们怀着戏谑的意图反观自身时，"形象"往往首当其冲成为自嘲的好素材，因其直观外现，富有夸张变形的空间，最易从嘲谑

---

① 王水照、朱刚：《苏轼评传》，第592页。

中发掘出趣味。苏轼便曾嘲谑过自己的形象："七尺顽躯走世尘,十围便腹贮天真。此中空洞浑无物,何止容君数百人。"① 七尺之躯而有十围之腹,便便之态一旦由文字转而浮现脑海,已觉敦厚可亲。"走世尘"的潇洒利落,遭遇"十围便腹"的重负,严肃姿态又在具有张力的场景中被解构。但这大腹便便丝毫不显累赘感,因为作者将其戏称为一个巨大的容器,其中贮存的却是不染"世尘"的天真,举重若轻地道出自己肚量的宽广。身为杭州通判的苏轼,正处于为朝政抑郁牢骚,笔端锋芒毕露的时期,其坚守自我人格的态度异常鲜明。在此基础上,再回顾"顽躯"一语道破的倔强气质、"天真"的自我形容,便知作者在看似不严肃的形象自嘲中,其实蕴含着对自我性情的评判,亦肯定着不为政治处境屈服、不为功利之心填充的自己。诗末二句用《世说新语·排调》典："王丞相枕周伯仁膝,指其腹曰:'卿此中何所有?'答曰:'此中空洞无物,然容卿辈数百人。'"② 这一自带调笑色彩的典故,因其调笑对象王导的高名而具有了自誉的意味。此诗本题于钱塘宝山僧舍壁上,苏轼曾特意作《记宝山题诗》一文辨清本事、驳斥妄传:"其后有数小子亦题名壁上,见者乃谓予诮之也。周伯仁所谓君者,乃王茂弘之流,岂此等辈哉!"③ 可见,作者的"容人之量"原是有所特指的,只有"王茂弘之流"才能与他的自嘲相配。透过此诗,一个笑抚便腹、耿介自尊的苏轼如在目前。尽管他对自身性情的揭示是以对形象的嘲谑而出之,但其表达自我认识的态度却不乏认真。

同样,苏轼的这份天真性情也在各种生活化的情境中被自我揭示:面对美味的螃蟹,他是不惜笔墨描写自己食指大动之态的"馋太守",因获得美食馈赠兴高采烈之余,才意识到为不加掩饰的饕餮形象略感羞涩,于是自我解嘲:"堪笑吴兴馋太守,一诗换得两

---

① 《宝山昼睡》,《苏轼诗集》卷九,第451页。
② （南朝宋）刘义庆著,（南朝梁）刘孝标注,余嘉锡笺疏:《世说新语笺疏》卷下之下,中华书局1983年版,第937页。
③ 《苏轼文集》卷六十八,第2149页。

尖团。"① 登山临水之间，他是童心未泯的老使君，于明丽景色中放浪形骸："使君年老尚儿戏，绿棹红船舞澎湃。一笑翻杯水溅裙，馀欢濯足波生隘。"② 打翻杯子、濯足水中，毫不老成持重的使君在"儿戏"中开心尽兴。元祐还朝时，苏轼常言老病依然不得归隐，无奈的他自嘲为"强镊霜须簪彩胜，苍颜得酒尚能韶"③，坦言自己看起来气色尚佳，不过是一番精心"伪装"后的假象。直至暮年远谪海南，他还不忘用这个老玩笑纠正孩子们对自己精神状态的误判："小儿误喜朱颜在，一笑那知是酒红。"④ 可见，身份限制、世事沧桑皆不能扭曲苏轼的赤子之心，也没能磨灭他处处生趣的眼光。他收到李公择赠送的高丽墨，兴致勃勃地记录道："李公择惠此墨半丸。其印文云'张力刚'，岂墨匠姓名耶？云得之高丽使者。其墨鲜光而净，岂减李廷珪父子乎？试复观之。劝君不好书，而自论墨拳拳如此，乃知此病吾辈同之，可以一笑。"⑤ 苏轼曾数度向友人推介自己"寓意于物而不可留意于物"的观点，书法自然也在不必耽溺的事物之列。然而字里行间全方位的仔细观察与不经意间流露出的暗自琢磨，已分明暴露了苏轼对此墨的浓厚兴趣。在一番研究过后，他忽然意识到自己的"过分投入"，于是立刻切换为解嘲的姿态，称自己也不能幸免地患上了与劝说对象同样的"病"。此类自嘲一方面展现出内省的眼光，另一方面却流露出与年龄无关的一派天真，这种性情被作者自己从那些充满善意的着眼点、那些明知可笑却不得不为之的举动中揭示出来。苏轼曾赞赏陶渊明"欲仕则仕，不以求之为嫌，欲隐则隐，不以去之为高，饥则扣门而乞食，饱则鸡黍以延客，古今贤之，贵其真也"⑥，实则也流露出自己的好尚。不为多

---

① 《丁公默送蝤蛑》，《苏轼诗集》卷十九，第 973 页。
② 《与胡祠部游法华山》，《苏轼诗集》卷十九，第 988 页。
③ 《叶公秉、王仲至见和，次韵答之》，《苏轼诗集》卷三十，第 1622 页。
④ 《纵笔三首》其一，《苏轼诗集》卷四十二，第 2327 页。
⑤ 《记李公择惠墨》，《苏轼文集》卷七十，第 2222 页。
⑥ 《书李简夫诗集后》，《苏轼文集》卷六十八，第 2148 页。

变的际遇斫伤天真,是苏轼的自我期许和一生的实践。

可是人生岂止包含这些单纯的快乐,平凡生活中尚有的不顺心,置于仕宦生涯中,更被放大为不自由的痛苦。冗长无聊的拜谒,因言获罪的惶恐,欲归不能的无奈,这些"折磨"以自嘲的口吻道出,婉曲传达出仕途中的心态。对苏轼而言,自嘲带来解颐一笑,是消解仕宦困苦的奇妙思路。同时,他把真正的自己藏在嘲谑的语气中,交由读者去分析认识。

嘉祐七年(1062)任凤翔府判官时,年轻的苏轼就初尝了仕宦之苦:

> 谒入不得去,兀坐如枯株。岂惟主忘客,今我亦忘吾。同僚不解事,愠色见髯须。虽无性命忧,且复忍须臾。①

这首题作《客位假寐》的诗,极为生动地展现了谒见上级的沉闷尴尬。苏轼自注曰:"因谒凤翔府守陈公弼。"简短的背景提示,透露出这位与苏轼颇不投缘的上司给下属们造成的压力。但王文诰对坐实陈、苏不合的注家不以为然,他认为:"此诗仅系解嘲之作,盖同僚有愠色者,故以是为戏耳。"② 严格说来,诗中的嘲谑并非典型的自嘲,而是意图将这一尴尬处境付之以调侃,以此安抚同僚的愠怒。但由于作者自身毕竟参与了这一情境,也不免被纳入解嘲对象中。在"有去无回"的拜谒中,面对主人的忽视,客人们枯坐久等,无聊困倦。苏轼借《庄子》典故,自称已入"忘我"之境,显然是对处境的自嘲。而久坐之苦居然联系上"性命之忧",更在小题大做中戏谑了拜谒长官的折磨。看似真诚的劝慰同僚之举,背后却隐隐可见一个同样牢骚不满的苏轼,其少年意气的一面让人倍感真切可亲。

遭遇严厉刻板的上司毕竟只是仕宦经历中的小烦恼,而"出处"

---

① 《客位假寐》,《苏轼诗集》卷四,第163页。
② 《苏轼诗集》卷四,第163页。

才是困扰终生的大节。无论在郡或在朝，苏轼的反复言归是身处仕宦中的自我提醒和明志的方式，他似乎有强烈的意愿来解释这种出处之间的无奈。然而当衷肠反复剖白，却始终无法转化为行动力时，作者的情绪便不由转向惭愧。元祐九年（1094），苏轼曾在与李之仪等人共览陶渊明诗时，感叹"以夕露沾衣之故而犯所愧者多矣"①，正是出于自愧的反思。因此，作者索性承认自己贪名逐利，仿佛这样具有贬义的自嘲会比无力的辩解略显真诚。此类行为实则含有自谦、自嘲、自责与无奈的混合意味。苏轼初入仕途时，为官凤翔，曾自怨"谁使爱官轻去国，此身无计老渔樵"②。所谓"爱官"显然并非实情，故作此语，乃为凸显思乡念归之情。"小人营糇粮，堕网不知羞。我亦恋薄禄，因循失归休。"③倅杭时，除夕夜因值班不能回家的苏轼，深感自己为生计而受到羁縻，与狱中失去自由的囚犯并无二致。"孤舟转岩曲，古寺出云坳。岸迫鸟声合，水平山影交。堂虚泉漱玉，砌静笋遗苞。我为图名利，无因此结茅。"④山野清净，林泉幽美，而自己为图名利只能奔波于仕途，无缘在喜爱之处结庐而居。面对作者诸多低姿态的自我贬抑，恐怕任何贪恋荣禄的指责都不忍再对其雪上加霜。从这一角度观之，自嘲收获了与自辩同样的效果，即通过自明心志，相当程度上减轻了出处选择的焦虑。当然，爱官、贪禄一类自嘲的反复出现，也恰恰透露了作者焦虑的心事。通过含有贬抑性质的自嘲，苏轼以非真实的自我评价，传达了真实的自我认识：自己受困于仕途却不能放弃价值追求，并非真是贪恋荣禄之人。了解苏轼生平行实的读者，自然能拨开自嘲的迷

---

① 《书渊明诗》，《苏轼文集》卷六十七，第 2112 页。

② 《题宝鸡县斯飞阁》，《苏轼诗集》卷四，第 168 页。

③ 《熙宁中，轼通守此郡。除夜，直都厅，囚系皆满，日暮不得返舍，因题一诗于壁，今二十年矣。衰病之馀，复忝郡寄，再经除夜，庭事萧然，三圄皆空，盖同僚之力，非拙朽所致。因和前篇，呈公济、子侔二通守》前诗，《苏轼诗集》卷三十二，第 1723 页。

④ 《和张均题峡山》，《苏轼诗集》卷四十八，第 2599 页。

雾看到这一点。

宦海浮沉的磨难，或许可以冲淡苏轼的政治热情，却未能熄灭他济世的关怀。对于自己"屡教不改"地言及时事，苏轼往往也以自嘲加以规箴。例如熙宁八年（1075）所作的《和顿教授见寄，用除夜韵》：

> 我笑陶渊明，种秫二顷半。妇言既不用，还有责子叹。无弦则无琴，何必劳抚玩。我笑刘伯伦，醉发蓬茅散。二豪苦不纳，独以锸自伴。既死何用埋，此身同夜旦。孰云二子贤，自结两重案。笑人还自笑，出口谈治乱。一生涴尘垢，晚以道自盥。无成空得懒，坐此百事缓。仄闻顿夫子，讲道出新贯。岂无一尺书，恐不记庸懦。陋邦贫且病，数米铢称炭。惭愧章先生，十日坐空馆。袖中出子诗，贪读酒屡暖。狂言各须慎，勿使输薪粲。①

陶潜之冲淡闲逸，刘伶之狂放不羁，本都为苏轼所欣赏。此诗却故作反语，将二位古人的性情嘲笑为多余做作，将贤者之名打翻在地，重新定论。倏尔笔锋一转，"笑人还自笑"揭穿了嘲谑的真意：方才大张旗鼓挞伐的可笑之处，原来都不及自己"出口谈治乱"的可笑。既被排挤外任，自己的治乱言论本无法左右朝堂，作者的自嘲实有对这种无力处境的调侃。而自己却仍然执着于此，不知悔改，与陶、刘执着于无用之事又有何不同？诗歌结尾用《汉书·刘辅传》典故，以刘辅反对成帝立后而被判鬼薪之事，道出因言获罪的可怕。透过自嘲，一个矛盾的苏轼浮现出来，他稍尝宦海况味，却毕竟壮心未灭。狂言之后的暗自警醒，流露出险恶时局下作者的不平与无奈，他努力将自己抑制入沉潜一途，似乎倾向于在仕宦人生中寻觅低姿态的自我定位。

---

① 《苏轼诗集》卷十三，第 626 页。

这种定位在苏轼为自己的画像所作的诗中也可寻觅一二。在诗文唱和中，他人笔下往往涉及对苏轼的评价与认识，而苏诗中的许多自我认识，正是对此的回应或纠正。与此性质相似，别人为苏轼所作的画像，亦能体现画者对苏轼的认识，但绘画艺术的形象直观，决定了它对画中人的表现不惟毫发毕现，更是整体、直接的形象展示，与文学性的描摹相比，较少有想象、联想的空间。作为被画者本人，苏轼更有权在赏画这一"照镜子"似的活动中表达出自我认识，以评判画者在理解与技艺方面是否准确传神。而自嘲这一非严肃的方式，恰可照应到自己与画者两个对象，在调侃自我形象时，又不致有失对画艺的赞美。熙宁七年（1074）九月，苏轼离杭赴密，途经苏州，何充求为其写真，苏轼赠诗道：

> 君不见潞州别驾眼如电，左手挂弓横捻箭，又不见雪中骑驴孟浩然，皱眉吟诗肩耸山。饥寒富贵两安在，空有遗像留人间。此身常拟同外物，浮云变化无踪迹，问君何苦写我真？君言好之聊自适。黄冠野服山家容，意欲置我山岩中。勋名将相今何限，往写褒公与鄂公。①

自身尚且等同外物，随浮云而无踪，那么画像存与不存更无足轻重。何充将苏轼画于山岩中，仿佛想赋予他一个"黄冠野客"的身份。这看上去符合苏轼自我期许的行为，却似乎并未获得被画者的明确认可。苏轼反而取杜诗"褒公鄂公毛发动，英姿飒爽来酣战"②之意，请画者以堪为凌烟阁功臣点染颜色的高超画艺，去为勋名将相写真。这一建议体现了有趣的心态。不必画自己，自然不是由于画者技艺不精，《图画见闻志》称何充"工传写，擅艺东南，无出其

---

① 《赠写真何充秀才》，《苏轼诗集》卷十二，第587—588页。
② （唐）杜甫：《丹青引赠曹将军霸》，（清）杨伦笺注《杜诗镜铨》卷十一，上海古籍出版社1980年版，第529页。

右者"①。苏轼也曾赞其"写真奇妙，见者皆言十分形神，甚夺真也"②，足证此点。然而苏轼首先在齐物的眼光中质疑画像的意义，此外亦认为自己并不比勋名将相更值得留像，表现了对政治身份的自知。正因如此，"黄冠野客"的形象才更倾向于画者"聊自适"的美好愿望，而并非羁縻宦途的苏轼可以轻易实现。对画者"意欲"的淡淡一笔说明，揭示了理想与现实的差距，那么弃置自己、转画将相的建议，也因此具有了自嘲的意味。通过解释为自己画像的"无意义"，苏轼将自己定义为既非仕途中的成功者，又不能实现山林之愿的无奈之人。

绍圣元年（1094），苏轼在惠州贬所写下《事不能两立》这篇小文，表达对自身处境的看法：

> 乐天作庐山草堂，盖亦烧丹也。欲成而炉鼎败。明日，忠州刺史除书到。乃知世间、出世间事不两立也。仆有此志久矣，而终无成者，亦以世间事未败故也。今日真败矣。《书》曰："民之所欲，天必从之。"信而有征。绍圣元年十月二十二日。③

苏轼以乐天旧事为依据，来说明入世与出世之事不可兼得，由此推断是入世之举阻碍了自己的出世之志。谁料上天竟让自己"如愿以偿"地获罪远谪，断绝入世的可能来成就出世理想。作者故意将"世间事败"说成是"民之所欲"，将贬谪岭南理解为上天的成全，这显然出于嘲谑，使一切艰苦在风趣的表述中变得云淡风轻。元符三年（1100），苏轼自海南北归途中，得见当年梅尧臣赠与门人欧阳阀之诗。梅诗以凤比喻欧阳阀，以示赞许，苏轼因此联想起自己年少时也曾受到过梅尧臣类似的赞誉，不禁感慨系之："圣俞没，今四

---

① （宋）郭若虚：《图画见闻志》卷三，俞剑华注释，江苏美术出版社2007年版，第150页。
② 《与何浩然一首》，《苏轼文集》卷五十九，第1795页。
③ 《苏轼文集》卷七十三，第2379页。

十年矣。南迁过合浦，见其门人欧阳晦夫，出所为送行诗。晦夫年六十六，予尚少一岁，须鬓皆皓然，固穷亦略相似。于是执手大笑，曰：'圣俞之所谓凤者，例皆如是哉！'天下皆言圣俞以诗穷，吾二人者又穷于圣俞，可不大笑乎？"① 当年意气风发的"雏凤"却毕生与艰难苦恨相伴，这具有反讽意味的命运落差令人无奈。作为一名诗才出众却沉沦下僚的"先驱"，梅尧臣的奖掖竟然也有一语成谶的作用，这件事在可笑之外又不免夹杂辛酸。苏轼的自嘲中含有对自身阅历的梳理与总结，心境可谓复杂。然而往事已矣，平生之事于回首间唯有付之一大笑。

及至暮年，在一首著名的自题画像诗中，苏轼又做出了自嘲式的剖析："心似已灰之木，身如不系之舟。问汝平生功业，黄州、惠州、儋州。"② 尽管苏轼在贬谪中实践了民胞物与的精神，收获了生平至高的文学成就，以之为"功业"并不枉然，但若对苏轼的贬谪体验作此实指，则未必妥帖。综观苏诗中"功业"的表述，多与北宋士大夫经世治国的理想相契，几乎不以之指涉文学成就，或是"不在其位而谋其政"的济民之举。建功立业的严肃用意，被联系上三次贬谪的人生低谷，其间的落差与张力制造出自嘲效果。这自嘲带着历练尽头的五味杂陈，并不轻快。苏轼并不真以贬谪为人生理想的达成，因为那毕竟意味着政治抱负无法实现，但也显然不以贬谪为耻，因为那是为坚持独立人格而付出的代价。在三个地名的依次吐露中，苏轼举重若轻地概括了一生。正是一处处荒僻的贬所断送了他的功业，同时丰富了他的人生，于严肃的功业自然是"失"，于戏谑的功业却未尝不是"得"。自嘲汇聚起的一层豪情掩盖了自伤的感慨，苏轼并未以仕宦成就定位自己，而是将定位角度指向人生低谷，从中勾勒自己的身心磨难与不悔心志。

要之，自嘲可以视为作者以自我为观照对象的分析和表达。但

---

① 《书圣俞赠欧阳阀诗后》，《苏轼文集》卷六十八，第 2158—2159 页。
② 《自题金山画像》，《苏轼诗集》卷四十八，第 2641 页。

其特有的嘲谑意味打破了严肃外壳，使苏轼更多自揭出如普通人一般鲜活真实的一面。在戏谑的目光下，自己性情的天真可亲、境遇的坎坷可叹，都被传达得生动有趣而余味婉转。在表达仕宦态度时，自嘲与自我贬抑之间的联系，透露出苏轼低回沉潜的心绪。与此同时，自嘲又以其特有的举重若轻之感，揭示出嘲谑意味背后，苏轼那一以贯之的严肃之处，即对自我人格的坚守。

（二）"吏民笑我"：自我认识的印证、反衬与自我定位的低姿态

文人的自嘲，终究可视为一种雅谑，由自己所掌握的分寸感保证了戏谑的无伤大雅。而以他人对自我之"笑"为题材，屡屡写入诗中，却是苏轼笔下有趣的现象。"被笑"本体现他人的态度，作者是被动接受的，而乐于将其入诗，便反客为主，可视为一种有意的自嘲了。借他人之笑印证自己的可笑之处，未尝不是一种特别的自嘲思路。

被苏轼自己屡屡调侃的天真性情，自然也会是他者眼中有趣的现象。熙宁八年（1075），时任密州知州的苏轼因见风雨摧花，回忆起了前年杭州的赏花盛况，作《惜花》一诗，揭示今昔之比。其中就曾描述自己行为狂放而引人发笑之事："沙河塘上插花回，醉倒不觉吴儿咍。"① 陶醉于花团锦簇中，插花满头、醉态可掬的苏轼，引得杭州百姓欢声一片。可他显然不认为此举不合身份或有辱斯文，反而在两年后仍津津乐道，并不介意将自己变为引百姓一乐的"笑点"。尽管这欢乐不免引发"岂知如今双鬓摧"② 的伤感，但从极富感情的描述中不难看出，官员百姓亲密无间、滑稽戏谑的场景是他喜闻乐见的。而醉酒插花的旷放性情，也使他颇感自得，反复回味。此后三年，苏轼再次以不胜酒力之态，为徐州百姓留下了难忘的笑柄：

---

① 《苏轼诗集》卷十三，第 625 页。
② 《惜花》，《苏轼诗集》卷十三，第 625 页。

醉中走上黄茅冈，满冈乱石如群羊。冈头醉倒石作床，仰看白云天茫茫。歌声落谷秋风长，路人举首东南望，拍手大笑使君狂。①

近千年后重读此诗，依然可见高朗景致中，醉得步履蹒跚的知州倒卧冈头，在开阔天地间自由放歌，响彻山谷。路人的"拍手大笑"流露出赞赏亲切之情，而这相知之意正是苏轼在"百姓笑我"中颇感自得的原因。对可笑之状、被笑之事的传神描摹，几乎令人感到苏轼享受这一被笑的过程，因为百姓和自己一起，深深喜爱着这可笑的性情。即使百姓们的理解偶尔不那么准确，他们善意的猜测也被苏轼忠实记录，以此展现他人眼中那个可笑可爱的自己。"我性喜临水，得颍意甚奇。到官十日来，九日河之湄。吏民笑相语，使君老而痴。使君实不痴，流水有令姿。"② 自己爱水成癖的文人性情，令务实的吏民倍感疑惑，议论纷纷。对于"老而痴"的嘲谑，苏轼丝毫不以为忤，耐心辩解道：我其实哪里是老糊涂了呢，只是因为流水太美，不忍离去嘛。可是吏民们误解式的嘲谑，并不能缺少于诗中，因为"老而痴"正是对苏轼爱水情状的最佳总结。同理，那些对醉态、痴态的善意嘲笑，都是印证作者天真性情的依据。通过肯定百姓之"笑"，苏轼借他人口眼，勾勒出生动可亲的自我形象。

与此相关，他人之笑也往往作为舆论的引证出现在诗中，借以支持自己的态度。元祐时期一心念归的苏轼，就曾以"人笑"证明自己与朝堂的格格不入："两翁留滞各幡然，人笑迂疏老更坚。"③ 自己不适宜朝堂的性情都已为人所嘲笑，若还继续滞留，未免太不自量力。"人笑"的笼统表述，仿佛制造了舆论的声势，逼迫作者做

---

① 《登云龙山》，《苏轼诗集》卷十七，第877页。
② 《泛颍》，《苏轼诗集》卷三十四，第1794页。
③ 《和林子中待制》，《苏轼诗集》卷三十三，第1763页。

出归老的选择。而事实上"人"与"我"目标的一致，在"早晚渊明赋归去，浩歌长啸老斜川"①的愿望中显露无遗。除了性情"迂疏"堪被嘲笑，体力不支而勉强应付，也可成为被嘲笑的理由。"乞郡三章字半斜，庙堂传笑眼昏花。上人问我迟留意，待赐头纲八饼茶。"②借朝臣之笑，苏轼为自己力不从心的状况寻找人证，从而表明滞留不归是荒谬之举。这与此期反复表白的"老病当归"契合，形成双管齐下的策略。援引他人的嘲笑态度，表面看来是声明舆论压力，实际却是以之为助力，推动自己言归的进程。"被笑"的内容，如迂疏、老病、不宜朝堂，正符合作者的自我认识。

然而，他人认识与自我认识亦未必时时趋同。以他人之笑入诗，有时是在理解的隔阂中揭示自我的悲感。"儿童笑使君，忧惕常悄悄。"③无忧无虑的童心，如何能理解使君为一场出猎所引发的青春易逝之感。在儿童不以为意的一笑中，苏轼持久的人生悲感更加触目惊心。他依然是被笑的对象，但原因却不再是可笑之事。作于黄州的《日日出东门》与此异曲同工：

> 日日出东门，步寻东城游。城门抱关卒，笑我此何求。我亦无所求，驾言写我忧。意适忽忘返，路穷乃归休。悬知百岁后，父老说故侯。古来贤达人，此路谁不由。百年寓华屋，千载归山丘。何事羊公子，不肯过西州。④

逐臣身份加重了人生虚幻的感触。"后之视今，亦犹今之视昔"，苏轼在"俯仰之间，已为陈迹"的沧桑感中，出游东门，凭吊古今。

---

① 《和林子中待制》，《苏轼诗集》卷三十三，第1763页。
② 《七年九月，自广陵召还，复馆于浴室东堂。八年六月，乞会稽，将去，汶公乞诗，乃复用前韵三首》其一，《苏轼诗集》卷三十六，第1974页。
③ 《人日猎城南，会者十人，以"身轻一鸟过，枪急万人呼"为韵，得鸟字》，《苏轼诗集》卷十八，第918页。
④ 《苏轼诗集》卷二十二，第1162页。

而对此并不敏感的守城卒，自然以此无目的之行为可笑。他的笑与作者之忧相对，这份不解增加了苏轼心境的孤独。不明就里的他人之笑，在诗中起到了反衬作用，使作者心态中的黯然一面更加清晰。

朝官、胥吏、百姓，各种身份阶层的人，都可将苏轼作为调笑的对象，意味着他并未在与他人的关系中筑起身份的壁垒。较之"被笑"的内容，这一现象本身揭示的自我定位或许更加明确。苏轼不介意以自身的滑稽为笑点"发民一乐"，自己也乐在其中，全不作官员姿态，这与北宋士大夫担任地方长官时的"与民同乐"相比，更加淡化了阶层的区隔。从此举的动机来说，苏轼之亲爱民众不止于"夫宣上恩德，以与民共乐，刺史之事也"① 的职责自觉，亦不完全由于"其志之在民"而有"以古人为师，使民不畏吏"② 的追求，他的"发民一乐"中有性情的天真作为背景，是以触处逢春、充满生趣的眼光将"己"与"民"纳入同一个舞台，使二者并为自己的观照对象，而非仅仅以客位视角有距离地审视民众。他也愿意将普通百姓对自己行为的评判记录诗中，即使对方只是对他的痛苦无知无觉的儿童和士卒。充满参与感的低位视角，帮助他在广阔交游外，拥有其他士大夫难以比拟的真正的民间。"我来无时节，杖屦自推扉。莫作使君看，外似中已非。"③ 正因如此，他可以在贬谪地与原住民同醉同醒，欢喜于他们的推搡轻慢，可以在被酒独行时得到黎家儿童口吹葱叶相送迎的待遇。对"被笑"的自觉记述，尤其是对普通百姓之"笑"的肯定态度，很大程度归因于对民间的喜爱。苏轼将自己视为一个普通个体，来看待自我与其他个体的互动。

至此，对自嘲现象的分析有必要收束到作者的表达动因和关于"自我"的表达内容上来。嘲谑是智慧者的游戏，首先赋予作品趣味

---

① （宋）欧阳修：《丰乐亭记》，洪本健校笺《欧阳修诗文集校笺》卷三十九，上海古籍出版社 2009 年版，第 1018 页。

② 《题〈秧马歌〉后四首》其三，《苏轼文集》卷六十八，第 2152—2153 页。

③ 《与王郎昆仲及儿子迈，绕城观荷花，登岘山亭，晚入飞英寺，分韵得"月明星稀"四字》其四，《苏轼诗集》卷十九，第 986 页。

和深意。自嘲因以自我形象、性情、心态等为处理对象，不免具有了与自我评价、自我剖析相关的作用，不仅表现出对自己的认识，也揭示了自己在各种境遇中的定位。而"被笑"是以认可他人之嘲谑为前提，以之代替自嘲。在自嘲以非严肃的形式婉曲揭示自我认识的功能之外，又加入一层视角的切换，使苏轼对自我的看法经由他人的看法道出。这一方式应用于不同的表述情境，发挥了揭示自我性格、印证自我认识、反衬自我心境的作用。

苏轼笔下的自嘲以其轻松的面貌和多样的情感内涵，有效地展现了作者丰富的心理体验。从形式上看，自嘲似乎本是最切合苏轼开朗性情的一种自我表达。然而回顾其细微语境，却会发现此类现象中并非只蕴含单纯的欢乐与游戏心态。仕宦的束缚，人与人之间理解的鸿沟，甚至有关时空的抽象思考，都为自嘲糅合进许多无奈与悲感。而自嘲之举中蕴含的低姿态自我定位，也未尝不是深刻自省的结果。既然苦难时不妨调侃，忧患中常怀通达，那么戏谑背后的五味杂陈，轻快背后的生命之重，便同样是苏轼的自嘲关于人生丰富性及个体丰富性的提示。

二 自许：自我评价的高昂姿态

在上文提及的《记宝山题诗》一文中，苏轼通过记述诗歌本事，辨清了自己"何止容君数百人"的肚量有着特定的指涉对象，绝非为那些不知自揆的小人而准备。作者不介意嘲谑自己的形象，却又颇为认真地规定着与此相匹配的受众，展现出了自嘲与自许并存的心态。自许行为中蕴含着的自尊、自信，仿佛与自嘲行为中低姿态的自我调侃形成了对比，而实际上二者往往有着共通的精神内核。许多情况下，恰恰由于充分的自我肯定，才能真正不以为意地使自身成为戏谑的对象。另一方面，不同于自嘲"举重若轻"的表达效果，自许常以更加清晰的态度表明较高的自我评价。具体到苏轼笔下，针对不同方面、以不同形式出现的自许，则以诸多细节性的表述，揭示出作者的真实性情，并补充了其自我认识的重要内容。

(一) 对士人身份与政绩的自许

自许既意味着较高的自我评价，又隐含着达成自我期许的前提。而苏轼对自身的认识、评价与期许，首先与身份这一要素密切相关，并往往通过对它的定位体现出来。个体的身份定义有多种角度，而身份本身也处在变化中，这使得自我身份的定位可能呈现不同的标准。例如"外似中已非"的太守、"老而痴"的使君，可以发民一笑、与民同欢，不以官职或阶层区隔为意，但这种"不持重"的自画像，却绝不意味着苏轼对士大夫身份的定位标准有所降低。清刚奋发、以天下为己任的士大夫人格，始终为苏轼所持守，这不仅能从他一生仕履中寻求证据，在其文学文本中也有所记录。除了前人已关注较多的那些正面表达之外，苏轼诗歌与自注的互动也是窥探其自许心态的有趣角度。

绍圣二年（1095），苏轼有感于岁贡物产劳民伤财，作《荔支叹》一诗，借古讽今：

> 十里一置飞尘灰，五里一堠兵火催。颠坑仆谷相枕藉，知是荔支龙眼来。飞车跨山鹘横海，风枝露叶如新采。宫中美人一破颜，惊尘溅血流千载。永元荔支来交州，天宝岁贡取之涪。至今欲食林甫肉，无人举觞酹伯游。（〔公自注〕汉永元中，交州进荔支龙眼。十里一置，五里一堠，奔腾死亡，罹猛兽毒虫之害者无数。唐羌，字伯游，为临武长，上书言状。和帝罢之。唐天宝中，盖取涪州荔支，自子午谷路进入。）我愿天公怜赤子，莫生尤物为疮痏。雨顺风调百谷登，民不饥寒为上瑞。君不见武夷溪边粟粒芽，前丁后蔡相笼加。（〔公自注〕大小龙茶，始于丁晋公，而成于蔡君谟。欧阳永叔闻君谟进小龙团，惊叹曰："君谟士人也，何至作此事！"）争新买宠各出意，今年斗品充官茶。（〔公自注〕今年闽中监司，乞进斗茶，许之。）吾君所乏岂此物，致养口体何陋耶。洛阳相君忠孝家，可怜亦

进姚黄花。（〔公自注〕洛阳贡花，自钱惟演始。）①

值得注意的是，此诗集中出现了四处自注，它们不仅作用于事件原委、作者观点的表达，还不同程度地涉及或体现了作者关于士人身份的认识。诗篇起始，苏轼以有关荔枝的汉唐旧事为铺垫，引发对上贡物产的看法，而第一处自注即详解了这两段史实，并揭示其惨酷。继而，提及"前丁后蔡"大兴贡茶之举，苏轼特意以自注补充了诗句中不便容纳的信息，不仅直陈丁谓、蔡襄二人姓名，更引用欧阳修的评论阐明自己对此事的态度。这句评论中，"士人"二字极其醒目地突入眼帘，可以想见在欧公语气中，这一身份也必是感叹的重点。"惊叹"的情状，表露出蔡襄的士人身份与其邀宠行为之间的巨大落差给予欧阳修的震动。此言尽管并非直接出自苏轼，却引自其敬慕的师长、士林领袖，苏轼的认可态度不言自明。由此足见，在欧、苏眼中，"士人"是一个极为高贵自重的身份，似蔡襄这般操行的缺失并非只是白璧微瑕，而是对这一身份的直接损伤。随后，诗意转入对当下之事的评论："今年闽中监司，乞进斗茶，许之。"被省略掉主语的"许之"二字颇可玩味，贡茶一事的首肯者自然是不宜明言的皇帝。自注完全可以止笔于对进茶者的抨击，而不甘舍去的"许之"二字，在全诗批评进贡的主线上，显然意味着对接受一方——哲宗允许进茶的批评态度。诗末又意犹未尽地举钱惟演贡牡丹一事，先扬后抑，以忠孝之家的传统对比进贡姚黄之举，凸显出士人操守的丢失。"洛阳相君"其人所指，对于时人绝非难解之谜，而苏轼却仍在自注中补充出钱惟演"始作俑者"的身份，使批评进一步强化。诗句中看似平淡的叙述，在自注中明白化为评论，诗意中看似温柔敦厚的婉讽，经由自注被尖锐揭示。不客气地指名道姓的"注释"，以及相对隐晦的"许之"，都证明作者并没有真诚地为长者、为君王讳，在政治地位已今非昔比的境况下，仍不惜在

---

① 《苏轼诗集》卷三十九，第 2126—2127 页。

自注中寓以批评，这不可不说是源于苏轼对士人气节的重视与持守。再回顾第一条自注中，作者特意提及唐羌的义举，此人身为官吏而能上书言状，以自身努力影响君王决策、百姓生计，对唐羌事迹的记录与颂扬，何妨视为苏轼自身价值观与身份意识的体现？四条自注，共同以针砭时弊为出发点，同时明确了士大夫品行的评判标准。而这一切评判具有的共同前提则是作者的自我肯定：苏轼自认能够恪守并相当爱重士人身份，其批评因此而具有立足之地。由此可见，无论仕进顺遂与否，是否有直接参与政治的权利，苏轼都自觉以士人身份自许、自律。使君、太守之类的官职并不与他的自我认识直接相关，而士人的自我要求却不曾因境遇改变而有所松懈。

明确士大夫身份，当然不仅限于心理上的、概念性的认识，更需借助仕宦活动外化于行。苏诗自注中关于个人功绩的记录，便揭示出作者完成职责后的自许之意。熙宁八年（1075），苏轼在密州知州任上作《和梅户曹会猎铁沟》，诗中言道："山西从古说三明，谁信儒冠也捍城。竿上鲸鲵犹未掩，草中狐兔不须惊。"[①] 在"鲸鲵"句下，作者自注四字："近枭数盗。""鲸鲵"比喻凶恶的敌人，作者是将自己捕盗的公务写入了诗中。诗歌言及公务本不足为奇，然而联系"谁信儒冠也捍城"一句的反问语气，便不难看出这简短的自注并不止于云淡风轻的解释作用。苏轼以"儒冠"之身，却能做"枭盗"的"捍城"之人，他不无得意地反问，这种情况自古难有，谁人肯信？对自己的勇义流露出褒扬之情。先言枭盗，后言抚民，亦颇有一力足济苍生的自信。那么自注中对此事的简短说明，也便不是平实的公务记述，而呈现几分有节制地点明个人功绩的意味。好在作者显然留意了表达的分寸感，这略一提及虽不难察觉，却并不致造成津津乐道的印象。而在元祐七年（1092）祝贺表弟程之元生日的诗作中，苏轼回顾自己与对方相似的外任经历，又忍不住在自注中补充几句："曾活万人宁望报，只求五亩却归耕。（〔公自注〕

[①]《苏轼诗集》卷十三，第648页。

君在楚州，予在杭州，皆遇饥岁，活数万人。）"① 杭州回忆屡见于苏轼诗中，其中不乏政务描述，这不仅源于宋诗题材的日常化倾向，亦体现了以诗文记载人生体验而传世的自觉意识。但此诗依旧略显特殊，是由于"曾活万人"不仅是普通的政务记录，更堪称功绩，这一事件在诗句中业已明言，在自注中再次得到补充强调，可见作者从中收获的巨大成就感。值得注意的是，诗中"宁望报"的态度颇显谦逊，而诗里诗外两次"活万人"的记述却分明是欲为人知。二者之间形成有趣的罅隙，供读者窥测其表达动机，可见不求回报并不意味着对功绩的低调处理。由于此诗是以程之元为吟咏对象，苏轼以褒扬对方的角度，巧妙地将自我褒扬隐藏于双方的共性之下。"宁望报"的高风亮节引出了彼此早日归隐的夙愿，而自身功绩则随对方功绩顺带得到了留传。

在苏轼看来，值得记录的不只"活数万人"的大事，有时为百姓福祉所做的一点贡献，也在留存之列。绍圣三年（1096）六月，苏轼为惠州僧道主持修建的东新、西新二桥赋诗，其中《东新桥》一首先以自己的口吻渲染了旧桥废坏、殒伤人命之苦，以及新桥落成百姓欢喜之貌，继而切换角度："使君饮我言，妙割无牛鸡。不云二子劳，叹我捐腰犀。（〔公自注〕二子造桥，吾尝助施犀带。）"② 有趣的是，捐助一事，是借使君之口"叹"出的，这不经意的一提，就仿佛规避了自夸的嫌疑。而作者的自注，亦顺理成为对使君之语的解释，实际却再次在诗句、自注两重形式中，记录了自己施捐犀带的功德。自注限于形式与作用，当然随其解释的对象出现，因此自注中记录的事迹，往往在诗句中已有提及。但诗歌限于体量、视角、对象、口吻，通常将此表达得较为委婉，而自注则以毋庸置疑的自我视角，以理所当然的解释功能，有效地记录了自己的功业作为，体现了塑造自我形象的自觉意识。恰在二者对读间，作者的主

---

① 《表弟程德孺生日》，《苏轼诗集》卷三十六，第1973页。
② 《两桥诗》其一《东新桥》，《苏轼诗集》卷四十，第2200页。

观意图更得以明确凸显。近千年之后翻检史籍，自然不难了解苏轼的功绩，但这与看到他在自注中主动留下的一笔记录，毕竟是不同的阅读体验。当然，若因这种有意记录，扭曲了苏轼为民谋利的初衷，未免低估了他性情中的一片赤诚。分析诗、注互动下的自许表述，意在探究更为丰富多面的苏轼。透过自注的笔墨，读者依稀可见一个努力抑制却又暗自得意的苏子，因那一点真实反而更加可爱。尤为重要的是，这些与政绩相关的自许，又为他增加了一种较高的自我定位。苏轼虽不以廊庙重臣自居，不以官职位阶为念，但他对士人身份所意味的高尚节操、对自身从政绩中获得的成就感却非常重视，并为仕宦责任的完成感到自豪。在他的自我认识中，自己是为匡时济民切实努力的人，他不仅骄傲于此，亦不吝将其诉诸笔端，留存后世。

（二）对才学声名的自信

除了身份认同和政治成就，苏轼笔下亦不乏关于才学、声名的自许之意，这些表述的语境更为丰富和生活化，笔触亦较轻松随意，往往在日常细节的记述中暗自流露。

苏轼的自许首先在才学方面展露端倪。元丰三年（1080），初至黄州的苏轼寓居定惠院，曾作诗记录自己月夜偶出，在无限清景中回顾惊心动魄的命运，不由生出心灰意冷之感。之后他复作一首次韵此诗，哀戚之情不减前篇。而值得注意的是，作者却以这样一句来书写不得归隐的痛苦："竟无五亩继沮溺，空有千篇凌鲍、谢。"[①]显然，苏轼本意在于通过二者的对比，来凸显归隐之计难以达成的无奈与失落，若不能效法长沮、桀溺那样躬耕陇亩，即便拥有超越鲍照、谢朓的文学成就，也是空无意义。然而由于此诗的感慨完全是针对自己的际遇而发，"千篇凌鲍、谢"之语恐怕也很难不被理解为自况。尽管作者真诚地表示这并不能为他带来真正的欢愉，但他认为自己有能力创作出许多优秀的篇章，当是可以确定的。在整体

[①]《次韵前篇》，《苏轼诗集》卷十一，第1034页。

的低沉情绪中，此句以常人难以企及的文学才华评判自己，却又伴以淡然的处理方式。联系全诗"忧患已空犹梦怕"① 的情感基调，我们几乎可以判断这种有趣的反差效果并非作者刻意制造，不过，正是这份无心而坦然的流露，反倒更加揭示出作者真实的自我评价。

若说诗中的无意流露仍可能遭遇误读的危险，那么在另一些材料中，苏轼则比较明白地传达出对才学的自信。如绍圣元年（1094）所作的《书松醪赋后》：

> 予在资善堂，与吴传正为世外之游。及将赴中山，传正赠予张遇易水供堂墨一丸而别。绍圣元年闰四月十五日，予赴英州，过韦城，而传正之甥欧阳思仲在焉，相与谈传正高风，叹息久之。始予尝作《洞庭春色赋》，传正独爱重之，求予亲书其本。近又作《中山松醪赋》，不减前作，独恨传正未见。乃取李氏澄心堂纸，杭州程奕鼠须笔，传正所赠易水供堂墨，录本以授思仲，使面授传正，且祝深藏之。传正平生学道既有得矣，予亦窃闻其一二。今将适岭表，恨不及一别，故以此赋为赠，而致思于卒章，可以超然想望而常相从也。②

苏轼南迁途中，作《中山松醪赋》，思及友人吴传正曾爱重自己的作品，便主动以精良文具手录新作寄之。"独恨传正未见"，并特意以对方相赠的佳墨书写，都显示出朋友间相知相契的美意，而主动分享新作的行为，则从另一角度说明苏轼充分自信作品必会得到友人的赞赏。"不减前作"这一出自作者的评价，意味着《中山松醪赋》毫不逊色于备受推崇的《洞庭春色赋》，愈加清晰地显示出苏轼以文才自许的一面。

在另一篇《跋退之送李愿序》中，作者不加掩饰的自许甚至制

---

① 《次韵前篇》，《苏轼诗集》卷十一，第 1034 页。
② 《苏轼文集》卷六十六，第 2071 页。

造出嘲谑的意味：

> 欧阳文忠公尝谓晋无文章，惟陶渊明《归去来》一篇而已。余亦以谓唐无文章，惟韩退之《送李愿归盘谷》一篇而已。平生愿效此作一篇，每执笔辄罢，因自笑曰："不若且放教退之独步。"①

苏轼称自己每每"宽宏大量"地收敛才华，只因己作一出，韩愈之文就无法独步天下了。这一表述很容易让人联想起欧阳修《与梅圣俞书》中所言："读轼书，不觉汗出，快哉快哉！老夫当避路，放他出一头地也。"② 欧公奖掖后进之心，却被苏轼依样施与前朝文宗韩愈，这当然并非妄自尊大，而是在玩笑中调侃自己屡屡搁置的仿作计划。能采取这一调侃方式却无狂妄之嫌，则说明调侃的语气中有着实至名归的自信。"自笑"与"自许"往往浑然一体，在这一例证中再次得到了很好的证明。

除此之外，苏轼对自己的书画水准及艺术见解亦颇为自得。他在向好友王巩述说黄州生活的近况时，便自许书画精进："近颇知养生，亦自觉薄有所得，见者皆言道貌与往日殊别，更相阔数年，索我阆风之上矣。兼画得寒林墨竹，已入神品，行草尤工，只是诗笔殊退也。"③ 在与挚友的书信中，苏轼十分通脱地给予自己的作品极高的评价，自认画艺、行草皆已步入精妙的境界。他还曾评论草书习得之法，并自言"吾书虽不甚佳，然自出新意，不践古人，是一快也"④，深以独具个人风格为荣。在惠州时，他在付与友人的信札中特意提及一件趣事，侧面反映了自己的书法广受欢迎的程度："辩禅师与余善，常欲通书，而南华净人，皆争请行。或问其故，曰：

---

① 《苏轼文集》卷六十六，第 2057 页。
② （宋）欧阳修：《与梅圣俞四十六通》其三十，《欧阳修全集》卷一百四十九，李逸安点校，中华书局 2001 年版，第 2459 页。
③ 《与王定国四十一首》其八，《苏轼文集》卷五十二，第 1517 页。
④ 《评草书》，《苏轼文集》卷六十九，第 2183 页。

'欲一见东坡翁，求数字，终身藏之。'"① 众人不辞劳苦甘为信使，只为慕名而来，求得东坡墨宝数字。作者虽未直言自己书法高超，但在向朋友讲述此事的字里行间，自得之情早已溢于言表。

才学为苏轼赢得了极高的声名，而后者需要经由他人的反馈得以体现，这不仅能使盛名由来显得有理有据，更有效地弱化了自夸之嫌。因此，借他人之口褒扬自己的思路，相对广泛地出现在自矜声名的文字中。如写于黄州的《与吴君采二首》其二：

> 近日黄州捕私酒甚急，犯者门户，立木以表之。临皋之东有犯者，独不立木，怪之，以问酒友，曰："为贤者讳。"吾何尝为此，但作蜜酒尔。②

文中那位仿佛与自己全不相关、事迹被娓娓道来的"犯者"，最后被作者"招认"为自己。那么酒友口中的"贤者"，自然也就是苏轼自己了。无论此言是否真的出自他人，苏轼故意撇清此事与自己的关系，以严肃记述他者言论的口吻，制造出客观公正的评价效果，然后顺水推舟出面接受，使贤者之誉实至名归。此类自许方式亦似曾相识地出现在《题李伯祥诗》一文中：

> 眉山矮道士李伯祥好为诗，诗格亦不甚高，往往有奇语。如"夜过修竹寺，醉打老僧门"之句，皆可爱也。余幼时学于道士张易简观中，伯祥与易简往来，尝叹曰："此郎君贵人也。"不知其何以知之。③

眉山道士的预言，侧面说明自己幼时便已展露不凡之气。尽管作者

---

① 《付龚行信一首》，《苏轼文集》卷六十一，第1899页。
② 《苏轼文集》卷五十八，第1749页。
③ 《苏轼文集》卷六十八，第2137页。

对道士的判断依据也不甚明了，但既然是否公布这些好评完全在于苏轼的选择，那么此类记录就相当程度地流露出有意的自我认可。

他人的热情反馈，往往使苏轼对自己的影响力表示诧异，例如以下两例记载：

> 芒鞋青竹杖，自挂百钱游。可怪深山里，人人识故侯。①

> 昔余与北使刘霄会食，霄诵仆诗，云："痛饮从今有几日，西轩月色夜来新。公岂不饮者耶？"虏亦喜吾诗，可怪也。②

两条材料中共同出现的"可怪"二字，生动揭示了作者诧异中又暗含几分得意的微妙情绪。他十分不解，平民装扮、地域阻隔竟也不能使自己的知名度稍减。在深山与异族这样的偏远之处，苏轼尚且声名卓著，那么即便以名满天下誉之，恐怕也是毫不为过的。"人人识故侯"的描述，使读者不难想象苏轼备受爱戴的场景，"虏亦喜吾诗"则活现了苏轼不经意流露出的惊喜。此类愉快的笔触，可谓细微地隐含着自许之意。

与此相较，《记游定惠院》中的自许之情则更为不动声色。"黄州定惠院东小山上，有海棠一株，特繁茂。每岁盛开，必携客置酒，已五醉其下矣。今年复与参寥师及二三子访焉，则园已易主，主虽市井人，然以予故，稍加培治。山上多老枳木，性瘦韧，筋脉呈露，如老人项颈。花白而圆，如大珠累累，香色皆不凡。此木不为人所喜，稍稍伐去，以予故，亦得不伐。"③ 身为市井之人的园主，本不具有培植花木的雅趣，而院中海棠得以培治，枳木得以不伐，完全是出于对苏轼的崇敬。苏轼自己也毫不讳言地点明这种影响力，文

---

① 《初入庐山三首》其三，《苏轼诗集》卷二十三，第 1210 页。
② 《记虏使诵诗》，《苏轼文集》卷六十八，第 2154 页。
③ 《苏轼文集》卷七十一，第 2257 页。

中两次言及"以予故",看似平淡叙述而已,却分明体现出强烈的自我意识。在苏轼笔下,自己不仅多为世人敬重,连鸟雀也为自己所折服。他曾在《书罗浮五色雀诗》中记录此事:

> 罗浮有五色雀,以绛羽为长,馀皆从之东西。俗云:"有贵人入山则出。"余安道有诗云:"多谢珍禽不随俗,谪官犹作贵人看。"余过南华亦见之。海南人则谓之凤皇。云:"久旱而见则雨,潦则反是。"及谪儋耳,亦尝集于城南所居。余今日游进士黎威家,又集庭下,锵然和鸣,回翔久之。余举酒嘱之,汝若为余来者,当再集也。已而果然。①

作者先引俗语交代了五色雀为贵人而出的标准,继而以自己亲见珍禽的事实,暗证自己亦是"贵人"。不仅如此,这些"不随俗"的雀鸟仿佛伴随苏轼走过迁谪之旅,直至儋耳,还以充满灵性的行为表示了它们为苏轼而出的诚意。这段文字巧妙地以鸟雀之举印证了自身的高洁,既然能与传说中消灾解困、明辨贤愚的祥瑞之鸟惺惺相惜,那么自己为人如何,理应不言自明。而余靖作为景祐三年(1036)朋党事件中为范仲淹据理力争而遭贬逐的"四贤"之一②,苏轼引用其"谪官犹作贵人看"一句,在自嘲中亦未尝没有一丝倔强的自许。

至此,回顾上文曾论及的"吏民笑我"的自嘲方式,不难发现,苏轼在借助他人评价来体现自我认识的思路上,似乎构成了有趣的呼应。而在自许方面,他人评价往往发挥了更强的印证作用。尽管苏轼多次反思"早窃人间之美仕,多收天下之虚名"③为自己招致

---

① 《苏轼文集》卷六十八,第2158页。
② 宋仁宗景祐三年,范仲淹因批评宰相吕夷简,而被对方责以朋党之论,贬知饶州。余靖、尹洙、欧阳修等人先后发声支持范仲淹,因此牵连遭贬。此后,蔡襄作《四贤一不肖诗》,赞颂四贤事迹,抨击缄口渎职的言官高若讷。四贤之一即余靖。
③ 《醮上帝青词三首》其一,《苏轼文集》卷六十二,第1901页。

的灾祸，感慨"我材濩落本无用，虚名惊世终何益"①，或辩称"吾今虽欲自以为不足，而众且妄推之矣"②，反复出现的"虚""妄"等字眼，似乎足可袒露作者不好名的心声，然而与这份自谦相伴随的，却恰恰是声名卓著的既成事实。从"天下""惊世"等程度描述中，一方面确可透视作者感受到的巨大压力，另一方面却可隐约感到某种"甜蜜的负担"。

无论是自负才学还是自矜声名，在苏轼笔下都有或隐或显、不同程度的体现。自许虽然并不是苏轼作品自我表达的主流情绪，却能揭示出作者复杂性格中的一个面相，因此不应忽视。对于苏轼而言，功名利禄不足以自许，甚至是他真心想要疏离的对象，但这可能并不意味着他对自我在相关方面的价值实现没有期许。士大夫的人格修养、官员的政治责任、文学与学术的成就，以及上述方面的出色表现所带来的良好声名，对于这些，苏轼是无法真正弃之不顾的，也并不要求自己做到"不以物喜"。这并不能被简单理解为作者曾经自嘲的"嚣嚣好名心"③，而是与他自我价值的达成密切相关。后文关于苏轼自我价值判断的探讨，或将有助于加深对其自许心态的理解。

---

① 《蒜山松林中可卜居，余欲僦其地，地属金山，故作此诗与金山元长老》，《苏轼诗集》卷十四，第 1277 页。
② 《稼说》，《苏轼文集》卷十，第 340 页。
③ 《浰阳早发》，《苏轼诗集》卷二，第 70 页。

第 二 章

苏轼仕宦生涯中的自主选择与书写

仕宦不仅是占据苏轼人生大半光阴的生活内容，也是他一生必须面对的最重要的对象。少年成名的苏轼，投入了较他人更多的时光去体验这条实现自我价值的必由之路，并在阅历积累中重新审视自我。他的观念、感受、行为、选择，几乎都被映上仕宦生涯的底色。因此，欲考察苏轼在人生实践中的自我认识，必须首先厘清他在宦途中形成的对自我品格、事功、存在价值的判断，而达成这一目标，则须从他如何在仕宦生涯的各个阶段、各种境遇中建立并调整对自我价值的认识入手。

第一节　功成身退：自主的人生设计

一　"功成身退"的价值追求

"功成身退"是苏轼在仕途之初便决定的，可以视为他对自我人生的预设。嘉祐五年（1060），苏轼与苏辙寓居怀远驿，便许下著名的"夜雨对床"之约。苏轼在嘉祐六年所作的《辛丑十一月十九日，既与子由别于郑州西门之外，马上赋诗一篇寄之》中回忆此事："寒灯相对记畴昔，夜雨何时听萧瑟。君知此意不可忘，慎勿苦爱高官职。"① 苏辙的记述则更为详细："辙幼从子瞻读书，未尝一日相舍。既壮，将宦游四方，读韦苏州诗，至'安知风雨夜，复此对床眠'，恻然感之，乃相约早退，为闲居之乐。"② "昔始宦游，诵韦氏诗。夜雨对床，后勿有违。"③ 怀远驿中，崭露头角的兄弟二人便曾共勉切勿耽溺仕途，以明志向不在于高官厚禄，而以功成身退为理想。尽管这个约定在他们此后的人生中常因遭际不顺而被提起，并在苏轼逝世后平添了怅恨与伤痛的意味，但并不是仕宦中的挫折催生了退意，在坎坷尚无法预见时，退隐已经是坚定的选择。

嘉祐八年（1063），二十八岁的苏轼在凤翔府签判任上。是年二月，他至长安见刘敞，并和其题薛周逸老亭诗。在此诗中，苏轼充分表达了对"善饮酒，未七十而致仕"的薛周的赞赏与歆羡之情：

> 近闻薛公子，早退惊常流。买园招野鹤，凿井动潜虬。自言酒中趣，一斗胜凉州。翻然拂衣去，亲爱挽不留。隐居亦何乐，素志庶可求。所亡嗟无几，所得不訾酬。青春为君好，白日为君悠。山鸟奏琴筑，野花弄闲幽。虽辞功与名，其乐实素侯。至今清夜梦，尚惊冠压头。谁能载美酒，往以大白浮。之子虽不识，因公可与游。④

诗中生动描述了薛周拂衣隐去、追求素志的过程，并且明确寄寓了作者对此举的价值判断：归隐几乎并没有使他失去什么，而他所获

---

① 《苏轼诗集》卷三，第 96 页。
② （宋）苏辙：《逍遥堂会宿二首并引》，《栾城集》卷七，《苏辙集》，陈宏天、高秀芳点校，中华书局 1990 年版，第 128 页。
③ （宋）苏辙：《再寄亡兄端明文》，《栾城后集》卷二十，《苏辙集》，第 1101 页。
④ 《和刘长安题薛周逸老亭，周善饮酒，未七十而致仕》，《苏轼诗集》卷四，第 164—165 页。

得的却无法计算。主人颇有余裕去经营园圃、纵享美酒,时光变得美好悠长,鸣鸟闲花无不自在从容。字里行间溢出的闲情逸趣,不仅是描述对方境况,也很能见出苏轼自己对这种生活的津津乐道。此间的快乐,完全值得抛却功名来换取,更何况仕宦之苦至今仍萦绕心头、扰人清梦呢?"虽辞功与名,其乐实素侯",无疑是苏轼所向往的理想人生。同样是在此次长安之行中,苏轼还游览了岐山令王绅家的中隐堂。许是为王绅祖上自蜀入秦的身世所感发,在对这座名动长安的私邸的描述中,诗人也道出了"退居吾久念,长恐此心违"① 的"素志",而此时距苏轼真正踏入仕途方不足两年。

若说退隐是一种初心,那么在其后漫长的仕宦生涯中,它则被种种因素不断巩固着。这种巩固作用首先源自苏轼自身的仕宦经历。苏轼年少得志却仕途坎坷,顺遂时不啻身为国士,危殆时却不免命如蝼蚁。大起大落最易摧折人的热情,使人在迅疾体验了荣辱况味后生出疲倦感,从而怀疑将自身价值寄托于仕途的意义。而苏轼仕宦经历的典型性尚不止于此,还在于终生的变动奔徙,随命运颠沛流离,从未有长时间的安定。仕宦生涯带给他的,是故乡的遥不可及,亲友的生离死别,必须不断适应各种新环境的心理准备,反复重建又推倒的安居乐业的希望,以及多变时局对政治理想的挫伤。凡此种种,强化着他寻求安定归宿的渴望,也日益明晰着他与仕宦相背离的倾向。是故,在苏轼一生各个为官阶段,都能频频看到表达退隐意向的诗歌,在苏轼眼中,故乡大多时候是最理想的退隐之地。倅杭时期,他即感慨"病眼不眠非守岁,乡音无伴苦思归"②,在徐州时,更生出"少年狂兴久已谢,但忆嘉陵绕剑关"③ 的沧桑之感,并号称"不须览镜坐自了,明年乞身归故乡"④。元祐间知杭

---

① 《中隐堂诗》其一,《苏轼诗集》卷四,第166页。
② 《除夜野宿常州城外二首》其一,《苏轼诗集》卷十一,第533页。
③ 《次韵子由与颜长道同游百步洪,相地筑亭种柳》,《苏轼诗集》卷十五,第736页。
④ 《赠写御容妙善师》,《苏轼诗集》卷十五,第772页。

州时，苏轼则明言归隐本是自己的夙愿："平生倾盖悲欢里，早晚抽身簿领间。笑指西南是归路，倦飞弱羽久知还。"① 及至身不由己的贬谪时期，"退隐"本是无从谈起的，然而苏轼口中的归乡、归田、卜居之念并未因此停止。在不胜枚举的诗歌中，苏轼以入仕者的身份反复强调着对仕宦的疏离，诠释着"身退"的期望，其词中亦时常出现"何日功成名遂了，还乡"② 的意愿。可见，"功成身退"不仅是未知世事时的一种预设，更是宦海浮沉中未改的志愿。

师友的仕宦经历与价值取向也促使苏轼产生了同知冷暖者的共鸣。在作于元丰二年（1079）的《贺赵大资少保致仕启》中，苏轼便曾因士林前辈赵抃的致仕生发出一段议论："窃谓富贵不为至乐，功名非有甚难。乐莫乐于还故乡，难莫难于全大节。历数当今之卿相，或寓他邦；究观自古之忠贤，少有完传。锦衣而夜行者多矣，狐裘而羔袖者有之。至若百行浑圆，五福纯备。当世所羡，非公而谁。"③ 苏轼以歆羡的口吻，描述了一种完美的人生设计，尽管有贺文中难免的溢美之词，但仍可见出他对"全大节"而"还故乡"的由衷赞赏。在这段评价中，功名富贵是被贬抑的对象，然而"百行浑圆"、恪尽职守的仕宦生涯则增添了衣锦还乡的荣光。在这篇文章中，苏轼以"念平生之百为，绝无可恨"来回顾赵抃的仕宦历程，概括他致仕之际的心态，而如此心境方是安然退隐的合理前提。苏轼还曾因好友王巩的归田之意勾连起有关自身的思考："定国求余为写杜子美《寄赞上人诗》，且令李伯时图其事，盖有归田意也。余本田家，少有志丘壑，虽为搢绅，奉养犹农夫。然欲归者盖十年，勤请不已，仅乃得郡。士大夫逢时遇合，至卿相如反掌，惟归田古今难事也。"④ 作者以自己的田家出身、少时志愿说明常年来请归不得的无奈。"古今难事"将归隐定义为某种规律性的困扰，与之相比，

---

① 《九日袁公济有诗，次其韵》，《苏轼诗集》卷三十二，第 1710 页。
② 《南乡子》（东武望余杭），《苏轼词编年校注》，第 90 页。
③ 《苏轼文集》卷四十七，第 1346 页。
④ 《跋李伯时卜居图》，《苏轼文集》卷七十，第 2216 页。

高官显位不过唾手可得。在夸张化的对比中，归隐之难被着重强调，而深重的失落感恰恰揭示出苏轼求归之迫切。

在苏轼关于出处进退问题的思考中，时常可见牵绊于仕途的欧阳修的身影。元祐五年（1090）三月八日，苏轼在刘景文处得见欧公手迹，作《题刘景文所收欧阳公书》曰："处处见欧阳文忠书，厌轩冕思归而不可得者，十常八九。乃知士大夫进易而退难，可以为后生汲汲者之戒。"① 身为门生的苏轼，自然深知欧阳修一生思归不得之苦，而此时自己也已年过半百，历经动荡升沉，对此当亦有切身之痛。"进易而退难"之慨，不仅是为欧公而发，更是自身仕宦体验的由衷表露。在另一次观赏欧公手书时，苏轼也从中看出先师得以退隐时的喜悦："欧阳公书，笔势险劲，字体新丽，自成一家。然公墨迹自当为世所宝，不待笔画之工也。文忠公得谢，其喜如此。以是知士非进身之难，乞身之难也。"② 对欧阳修书法的赞美，最终仍收束到"乞身之难"，可知对这份仕宦感受的敏锐感知与深刻理解，才是苏轼真正留意所在。从欧公无法抑制的欢喜中，苏轼却愈感士人出处选择之艰难，这番"求而不得"的慨叹，又更加凸显了退隐的可贵。同样是为欧阳修"释位归田"之愿所感发，在《跋欧阳文忠公书》中，苏轼对"功成身退"的人生设计给出了无比清晰的阐释：

> 贺下不贺上，此天下通语。士人历官一任，得外无官谤，中无所愧于心，释肩而去，如大热远行，虽未到家，得清凉馆舍，一解衣漱濯，已足乐矣。况于致仕而归，脱冠珮，访林泉，顾平生一无可恨者，其乐岂可胜言哉！余出入文忠门最久，故见其欲释位归田，可谓切矣。他人或苟以藉口，公发于至情，如饥者之念食也。顾势有未可者耳。观与仲仪书，论可去之节

---

① 《苏轼文集》卷六十九，第 2197 页。
② 《题欧阳帖》，《苏轼文集》卷六十九，第 2197—2198 页。

三，至欲以得罪、病告去。君子之欲退，其难如此，可以为欲进者之戒。①

"贺下不贺上"的"天下通语"，首先呈示出其时士人群体普遍的价值观念。寒窗苦读、砥砺品格以入仕的士大夫，却认为退隐远比仕进更值得祝贺，说明在这一群体的主流观念中，仕进绝非他们追求的终极价值。显然，苏轼对自我价值有着与此一致的判断。入仕的行为与退隐的追求看似南辕北辙，在仕宦实践中却能够合理地并存，苏轼的描述正为此提供了两全之道："释肩而去"的快乐，是以"外无官谤，中无所愧于心"的心安理得为基础的，正因有在任时的兢兢业业，卸任才成为富有成就感的美好结局。与此相较，安然致仕则更为圆满。为国事奉献毕生既无所保留，为自我葆有山林之乐亦了无遗憾，"顾平生一无可恨者"的磊落之感，帮助士大夫在仕宦生涯中最大限度地完善了清刚奋发的人格，印证了自我人生的意义。换言之，正是有所作为的仕宦生涯使得退隐之乐无所缺憾，在士大夫人生价值的设定中，"仕"与"隐"二者看似相悖却不可分割。

颇堪玩味的是，苏轼凡论及进退之道，几乎只偏论"退"之难，而极少揄扬"进"的价值，仿佛自己是一个追悔莫及的仕进者，总以亲身教训警诫那些不明就里的后人，这不免令人疑惑他对仕宦及自我的价值是否抱以消极的评判。然而，人们不仅能从苏轼的行为中看到他如何竭力投身于政事，在其有关理想人生的表述中，也往往隐含着对入仕意义的重视，视其为不可或缺的内容。苏轼表达中对"退"的侧重，一方面意味着宦海浮沉并不是种美妙的体验，另一方面则是为了强调"身退"才是自我人生的终极归宿。在苏轼眼中，身处仕宦束缚中的自己尽管真切地渴望归隐，但并非真以自我为反面教材去否认入仕的价值。他所警示的对象，是不曾在仕隐矛盾中理性判断的"汲汲于仕进者"，以一种进退失据的痛苦促使他们

---

① 《苏轼文集》卷六十九，第2204页。

深思熟虑，而这仍要系之于他对入仕与退隐价值的双双重视。苏轼在对他人仕宦经历的评判中，其实寄寓了有关自己仕宦人生的思考。

在上述分析中，苏轼展示了人生设计的两重彼此联系的要素：人生价值的实现必须以入仕作为途径，而终极归宿的选择却以离开朝堂为指向。这或许也可视为北宋士人普遍的人生理想。欧阳修等朝廷重臣、士林典范的致仕归老，正是使政治责任与田园之乐这看似不可得兼的二者，以功成身退的方式得到相对圆满的融合。这些与苏轼交谊深厚的师长，树立了他所认同的人生范式。苏轼在"奋厉有当世志"①的同时，也及早确立了"身退"的志愿，并在复杂的仕宦体验中强化着对它的渴望。要之，"功成身退"既是苏轼对自我人生的预设，也是延续终生的价值追求。

二 "功成"与"身退"的两难

退隐的意愿必须以完成报国责任为前提，个人选择才可能主动而从容，怀揣"功成身退"理想的士大夫们在努力加快完成这一进程。因此，当报国之愿迟迟难了，他们被迫滞留宦途时，这种处境便与自我期许相悖，形成了一种足以令人感到痛苦的张力。对于深怀济世之志而天性自由不羁的苏轼而言，尤其如此。若说他在一生的表达中始终强调退隐之难，那么在他的仕宦实践中，却是遭遇了"功成"与"身退"的两难。

在倅杭期间所作的《山村五绝》中，苏轼曾以自省的态度写道："窃禄忘归我自羞，丰年底事汝忧愁。不须更待飞鸢堕，方念平生马少游。"②此诗用《后汉书·马援传》典："封援为新息侯，食邑三千户。援乃击牛酾酒，劳飨军士。从容谓官属曰：'吾从弟少游常哀吾慷慨多大志，曰："士生一世，但取衣食裁足，乘下泽车，御款段

---

① （宋）苏辙：《亡兄子瞻端明墓志铭》，《栾城后集》卷二十二，《苏辙集》，第1117页。

② 《山村五绝》其五，《苏轼诗集》卷九，第439页。

马,为郡掾吏,守坟墓,乡里称善人,斯可矣。致求盈馀,但自苦耳。'当吾在浪泊、西里间,虏未灭之时,下潦上雾,毒气重蒸,仰视飞鸢跕跕堕水中,卧念少游平生时语,何可得也!'"① 苏轼表示,不必等到困于名利、招致自苦时方才悔悟,人生至此,而自己仍恋栈名禄不知归去,深感羞愧。此诗字里行间不仅可见政治怨怒,也非常深刻地嵌入了作者在出处间感到的困扰。不妨以此为微小的切入点,逐步揭示苏轼在仕宦中遭遇的自我价值实现问题。

"窃禄忘归"暗含的信息首先是政治作为与政治身份的不相称。如果置身宦途可以尽忠报国,那么朝廷所给予的利禄是理所应得的,何致有"窃禄"之说?回顾这一表述的语境:熙宁六年(1073),苏轼在杭州通守任上。其时新法推行,世事日益艰难,小人争进,各务谗毁,既不能合又不能容,故欲弃官隐居。此期是苏诗风格纵横气盛、锋芒毕露之时,而《山村五绝》这一组诗的前几首,正分别讥讽了盐法、青苗法、助役法,至此首可视为收束总结。所谓"窃禄",意指小人钻营逐利而不念民生,如同攫取朝廷利禄。而自己身为官员,被迫奉行不能苟同之法,报国无门,不免也如同尸位素餐。这样的情形下,自羞于"忘归",实则是"不如归去"之意。从不满新法到言归,是乌台诗案之前苏轼诗中常见的思路。"宠辱吾久忘,宁畏官长诘。飘然便归去,谁在子思侧。君能从我游,出郭及未黑。"② "冯夷窟宅非梁栋,御寇车舆谢辔衔。世事渐艰吾欲去,永随二子脱讥谗。"③ 在指向特定政治事件和人生处境时,言归往往包含了对政治立场和独立人格的坚守姿态。

朝堂毕竟不是一个可以恣意挥洒的舞台。在人生大部分光阴中,苏轼的政治才干都在倾轧、攻讦中被挤压。既然如此,便不难理解苏轼因无可作为而产生的羞愧感。在清高自律的士大夫眼中,无所

---

① (南朝宋)范晔撰,(唐)李贤等注:《后汉书》卷二十四《马援列传》,中华书局1965年版,第838页。
② 《自径山回,得吕察推诗,用其韵招之,宿湖上》,《苏轼诗集》卷七,第351页。
③ 《风水洞二首和李节推》其二,《苏轼诗集》卷九,第433页。

作为地滞留宦途是不具合法性的。嘉祐四年（1059）冬，苏轼二次入京途中所作的《浰阳早发》，呈现了入仕之初的出处态度：

> 富贵本无定，世人自荣枯。嚣嚣好名心，嗟我岂独无。不能便退缩，但使进少徐。我行念西国，已分田园芜。南来竟何事，碌碌随商车。自进苟无补，乃是懒且愚。人生重意气，出处夫岂徒。永怀江阳叟，种藕春满湖。①

有趣的是，诗人称自己不能免俗地具有"嚣嚣好名心"，因此为功名仕宦踽踽而行，内心深处却怀念着田园故土。细思诗意，既然提笔之始，便能对富贵的本质发出通透的质疑，那么"嚣嚣好名心"又何至于令人迷失呢？自嘲为"好名"，不过是为踏上仕途之举寻求一种非正式的解释。此举的真正目的，则藏在"自进苟无补，乃是懒且愚"的自省中。诗人肯定仕宦的合理性，是以有补于政事为前提的。

"窃禄忘归"还含有关于个人操守的反思，这在前文论述苏轼的自嘲动因时已有所涉及。从"从宦无功漫去乡"② 到"老去尚贪彭泽米"③，从"我谢江神岂得已，有田不归如江水"④ 的辩解，到随即推翻这一辩解的"山林饥饿古亦有，无田不退宁非贪"⑤ 的反诘，苏轼以不停歇的反思与自嘲，质疑着自我在备受阻滞的宦途中的价值。"忘归"并不能全然归因于"好名"、"窃禄"、贪恋荣华，作者反复如此表达，实际反映出在滞留宦途带来的痛苦中，一个重要的因素在于"不归"与"名利之心"的联系。贪慕名利值得诟病，而因名利忘记了"归"的初心，更与高节相悖。"下视官爵如泥淤，

---

① 《苏轼诗集》卷二，第70页。
② 《病中闻子由得告不赴商州三首》其一，《苏轼诗集》卷四，第156页。
③ 《自昌化双溪馆下步寻溪源，至治平寺，二首》其二，《苏轼诗集》卷九，第450页。
④ 《游金山寺》，《苏轼诗集》卷七，第308页。
⑤ 《自金山放船至焦山》，《苏轼诗集》卷七，第309页。

嗟我何为久踟蹰。"① 尽管苏轼极力表明名利于自己毫无吸引力，"久踟蹰"的现实依然足以让他的辩解苍白无力。简言之，无论是政治抱负还是个人品格，都已经不能在既有的仕宦环境中得以实现和保全，这使得苏轼无法安然地滞留朝堂。

然而选择归隐同样绝非易事。苏轼曾扪心自问："渊明赋归去，谈笑便解官。我今何为者，索身良独难。"② 当乞身的愿望面对报国未已的现状，个人期许便只能在自觉的责任感中湮没。"国恩久未报，念此惭且泚。"③ "报国何时毕，我心久已降。"④ 苏轼厌倦了宦途纷扰，可又不忍无视国事，在归隐中独善其身。他唯有通过辩解与剖白，一边申述着自己的归心，一边为不能达成而无奈。他频频述说衷肠，表示自己并非流连仕途，而只因报国未已、君恩未偿："眼看时事力难任，贪恋君恩退未能。迟钝终须投劾去，使君何日换聋丞。"⑤ "早岁归休心共在，他年相见话偏长。只因未报君恩重，清梦时时到玉堂。"⑥ "故山桃李半荒榛，粗报君恩便乞身。竹簟暑风招我老，玉堂花蕊为谁春。"⑦ 即使被贬黄州，已无仕途可流连时，他仍写道："世事饱谙思缩手，主恩未报耻归田。"⑧ 甚至从海南北归之际，他的感想中依然包括"喜归田之有渐，悼报国之无期。"⑨ 君恩、报国与士大夫的责任感密切相连，君恩深重也成为士大夫要求自己倾力报国的一层重压。相较于唐人"人生在世不称意，明朝散发弄扁舟"⑩的潇洒，北宋士大夫由于理性自持而无奈更深。

---

① 《将往终南和子由见寄》，《苏轼诗集》卷四，第181页。
② 《送曹辅赴闽漕》，《苏轼诗集》卷三十，第1593页。
③ 《自仙游回至黑水，见居民姚氏山亭，高绝可爱，复憩其上》，《苏轼诗集》卷五，第198页。
④ 《感旧诗》，《苏轼诗集》卷三十三，第1777页。
⑤ 《初到杭州寄子由二绝》其一，《苏轼诗集》卷七，第314页。
⑥ 《和章七出守湖州二首》其一，《苏轼诗集》卷十三，第651页。
⑦ 《玉堂栽花，周正孺有诗，次韵》，《苏轼诗集》卷二十八，第1476页。
⑧ 《喜王定国北归第五桥》，《苏轼诗集》卷二十二，第1180页。
⑨ 《答彭贺州启》，《苏轼文集》卷四十七，第1366页。
⑩ （唐）李白：《宣州谢朓楼饯别校书叔云》，瞿蜕园、朱金城校注《李白集校注》卷十八，上海古籍出版社1980年版，第1077页。

唐人的功业之心相对侧重于个人的成就感，而宋人在个人理想破灭的痛苦之外，更多地承受了社会责任感和自我约束，正因对士大夫身份的自觉恪守，他们才往往在处境极其尴尬时也无法轻易将仕宦生涯弃置，又因此经受着"贪禄不归"的自我谴责，内心的煎熬也随之持久不能消解。"少年狂兴久已谢，但忆嘉陵绕剑关。剑关大道车方轨，君自不去归何难。"① "君自不去"，仿佛意味着进退之间原是能够自主的，但这实际上说明苏轼非常清醒地认识到，阻力恰恰来源于自我内心价值追求的牵绊。政治抱负未能施展，使苏轼既耻于滞留宦途，又不能弃置宦途。

匡时济世与无可作为、淡泊明志与功名利禄交战的结果，依然是满心焦虑地滞留宦途。若将"功成身退"分视为政绩与品格两方面的成就，那么在苏轼的仕宦实践中，自己既无法葆有归隐的高节，又无法施展济世的才能，这意味着理想中的自我价值几乎无从实现。出处焦虑看似存在于报国责任与退隐夙愿之间，而实际上无论选择哪一方，终将归结为自我价值的失落。苏轼终生言归而终生未归，亦即他始终没能通过一种出处选择获得功成身退的圆满结局，打破价值失落的困境。那么，唯有依据仕宦状况重新定义自我价值，才能寻找自身存在的意义。在苏轼一生的仕宦经历中，我们既能看到对仕宦价值的持久认可，又看到了遇境而生的自我调适。在如何实现自我价值的问题上，苏轼的思考贯穿终生。

第二节 "用舍由时，行藏在我"：
言行之间的罅隙

熙宁七年（1074）十月，苏轼自海州赴密州任，不能绕道探望

---

① 《次韵子由与颜长道同游百步洪，相地筑亭种柳》，《苏轼诗集》卷十五，第736页。

为官齐州的苏辙，因中途作《沁园春》一首寄与他：

> 孤馆灯青，野店鸡号，旅枕梦残。渐月华收练，晨霜耿耿，云山摛锦，朝露漙漙。世路无穷，劳生有限，似此区区长鲜欢。微吟罢，凭征鞍无语，往事千端。　　当时共客长安。似二陆、初来俱少年。有笔头千字，胸中万卷，致君尧舜，此事何难。用舍由时，行藏在我，袖手何妨闲处看。身长健，但优游卒岁，且斗尊前。①

词中最引人瞩目之处，当是下阕回顾昔日少年意气、抒发如今洒脱心志的语句。苏轼兄弟年少成名，入仕之路异常顺遂，因此鲜有他人皓首穷经以求功名的来之不易感。既有才学的自信，又有"致君尧舜"的机遇，那么袖手旁观便不是由于做不到，而是不愿做，因为"似此区区长鲜欢"。入仕既然令人忧闷，何如弃之不顾，追求自我的安愉？从自身感受、自我评价到自主选择，此词的思路非常明确地围绕着"自我"展开。其时正是苏轼因反对新法而外任诸州时期，揣摩这里的"袖手"之意，既是不置评新法，也是不参与新法影响下的政事。"用之则行，舍之则藏"②本出自《论语·述而》，在其原意中，"行"与"藏"都只是被动接受"用"或"舍"的结果，而孔子尚且认为能安于此，已是只有自己与颜渊方能达到的难得境界。而苏轼却以"行藏在我"的宣称夺过了自身行为的主导权，将自我的主体性张扬到极致，不仅彻底断绝了朝堂对士大夫人生命运的主宰，仿佛也在观念中抛开了士人身份与责任的自觉约束，而将自我的意愿提高到堪比"时运"的地位。显然，苏轼在此词中明确地将"自我"视为仕宦生涯的主体，参与或抽身都可以视个人意

---

① 《苏轼词编年校注》，第134—135页。
② （宋）朱熹：《四书章句集注·论语集注》卷四《述而第七》，中华书局1983年版，第95页。

愿而定。然而，质诸苏轼的仕宦履历，却不难发现其言行之间的抵牾之处。"袖手旁观"是一时快意之语，还是有着长期思考的心理基础？不妨在这一声调的回响下，来考察苏轼青年外任时期对自我与仕宦之关系的认识①。

一 言论中的"疏离者"

苏轼词中的疏离政事之意在他的诗歌中亦屡见不鲜。自熙宁四年（1071）任杭州通判始，直至元丰二年（1079）乌台诗案发，考察这一阶段的苏诗创作，可知政事是最为常见的诗歌题材，而作者对其诗中涉及的政务却往往抱以"冷落"的姿态，形成了有趣的文本现象，提供了分析诗人心理体验的线索。

熙宁五年（1072）七月，苏轼出城公干，沿途游径山，回程中得友人吕仲甫诗，便次其韵以答。苏轼尽述收到来诗的欢喜，并兴致勃勃地招呼朋友：趁天未黑，快与我一道畅游西湖。在诗中，他给出了非常充分的游玩理由："古来轩冕徒，操舍两悲栗。数朝辞簪笏，两脚得暂赤。归来不入府，却走湖上宅。宠辱吾久忘，宁畏官长诘。"② 作者道出古来为官者在出处间惶恐纠结的窘境，称自己难得有几日暂逃这身份束缚。此次出城，本由于"循行属县"的公务，而自己完成归来却不立刻去汇报工作，反倒任性地直奔西湖美景而去。他以自己毅然的勇气和潇洒的姿态感染对方道：反正宠辱之事早就不为我所关心了，哪里还担心上司的批评呢？一次公务出行，便如此以无所顾忌的游玩结束。此诗的有趣在于诗人的随性，而除此之外，"宠辱"之被提及则流露出心境不平的底色。"宠辱两忘"意味着苏轼并不再关心仕宦生活中的升沉起落以及来自官方的评价，

---

① 乌台诗案后，苏轼的"用舍行藏"显然不可能再由自己决定，在此后的贬谪时期与还朝时期，由于心态变化与阅历积累，也再未见他对自己的仕宦选择发出如此直露张扬的论调。因此，本节将此视为乌台诗案前的阶段性心态，来考察苏轼言行之间的矛盾之处，作为管窥其仕宦观念的一个角度。

② 《自径山回，得吕察推诗，用其韵招之，宿湖上》，《苏轼诗集》卷七，第351页。

"随性"之举不过是顺从了自己的心意,他选择投身自然的同时也选择了对政事的暂时弃置。是年十二月,苏轼奉命至湖州相度捍堤利害,题诗赠与好友孙觉,言道:"作堤捍水非吾事,闲送苕溪入太湖。"① 作者明确声称自己并不欲参与"作堤捍水"之事,对此抱以不管不顾的态度,实与"袖手何妨闲处看"异曲同工。此语意谓自己并非大兴水利之人,实质上是讽刺水利扰民不便,对朝廷政策表达反对的声音。

除过不参与政事,闭口不谈"国是"则是更为常见的"袖手旁观"方式。屡屡被朋友劝诫"言多必失"的苏轼,也往往在这一时期的诗歌中自警甚或提醒他人,似乎非常清醒地保持着对政事的疏离。如湖州赠孙觉诗云:

> 嗟予与子久离群,耳冷心灰百不闻。若对青山谈世事,当须举白便浮君。②

世事不惟不可说,说亦说不尽。苏轼虽然对自己与友人不合于世、耳冷心灰的状态颇有感慨,但还是决定以浮一大白的方式来制止将要出口的世事之谈。在次韵友人顿起的诗中,他也曾调侃自己"出口谈治乱"③ 的可笑之举。熙宁十年(1077),苏轼告别即将赴南都的弟弟,作《初别子由》送之:"我少知子由,天资和而清。好学老益坚,表里渐融明。岂独为吾弟,要是贤友生。不见六七年,微言谁与赓。常恐坦率性,放纵不自程。……南都信繁会,人事水火争。念当闭阁坐,颓然寄聋盲。"④ 苏轼在诗中尽显身为兄长的爱护之情,为子由的坦率性情担忧,谆谆告诫他沉默自保,免于人事纷争。事实上,苏辙端稳持重,苏轼这番忧虑,不如视为从亲身经历

---

① 《赠孙莘老七绝》其二,《苏轼诗集》卷八,第 407 页。
② 《赠孙莘老七绝》其一,《苏轼诗集》卷八,第 407 页。
③ 《和顿教授见寄,用除夜韵》,《苏轼诗集》卷十三,第 626 页。
④ 《苏轼诗集》卷十五,第 757—758 页。

中吸取的教训。仕宦体验使他了解疏离政事、视而不见、闭口不言是保全自身的最佳选择，并以此与子由共勉。次年，他在《送孔郎中赴陕郊》中复劝友人道："讼庭生草数开樽，过客如云牢闭口。"① 愿争讼绝息，而时事莫挂于口。这既是对朋友的希冀、告诫，也不无自身仕宦体验的流露。

熙宁九年（1076），苏轼在密州任上，担负防治蝗灾的职责。他在《和赵郎中捕蝗见寄次韵》中记载了救灾之劳苦：

> 麦穗人许长，谷苗牛可没。天公独何意，忍使蝗虫发。驱攘著令典，农事安可忽。我仆既胼胝，我马亦款矻。飞腾渐云少，筋力亦已竭。苟无百篇诗，何以醒睡兀。初如疏畎浍，渐若决潺溃。往来供十吏，腕脱不容歇。平生轻妄庸，熟视笑魏勃。爱君有逸气，诗坛专斩伐。民病何时休，吏职不可越。慎毋及世事，向空书咄咄。②

不同于上述各例，此诗中的"不论政事"表现得很不坚定，几乎不像出自宣称疏离仕宦的苏轼之口。诗歌以大量篇幅记载政务、忧心民瘼，结尾用《世说新语》殷浩典："殷中军被废，在信安，终日恒书空作字。扬州吏民寻义逐之，窃视，唯作'咄咄怪事'四字而已。"③ 又据《晋书·殷浩列传》记载："浩虽被黜放，口无怨言，夷神委命，谈咏不辍，虽家人不见其有流放之戚。但终日书空，作'咄咄怪事'四字而已。"④ 苏轼在"慎毋及世事"的语境中使用此典，当不仅仅是用"书空咄咄"的叹息之意，还有表示自己也当如殷浩那般收敛起对世事的忧怨、闭口不言之意。然而这薄弱的自警，

---

① 《苏轼诗集》卷十六，第801页。
② 《苏轼诗集》卷十四，第685—686页。
③ 《世说新语笺疏》卷下之下《黜免第二十八》，第1015页。
④ （唐）房玄龄等撰：《晋书》卷七十七《殷浩列传》，中华书局1974年版，第2047页。

并不能隐藏他分明关心政务、怅恨无法便民的本心。此时的苏轼，全然不见两年前赴任途中那睥睨宦途、何妨袖手的态度。他诗中对政事民生的由衷挂心透露出言行之间的罅隙，提示读者关注苏轼仕宦实践中对自我价值的另一种评判。

值得一提的是，在宋人"开口揽时事，议论争煌煌"① 的风气中，"闭口不言"无疑表达了疏离政事的立场，但此举较之能够自主决定用舍行藏的"袖手旁观"，其中的心理意识已颇为不同。不言世事是一种相对消极的疏离姿态，它显然意味着，苏轼已意识到仕宦并非可以任意摆脱之物，而"不言"的自警中实际潜藏着"欲言又止"的情绪。同样的，若将此期的"袖手"与贬谪黄州之后的"世事饱谙思缩手"相对比，更容易见出苏轼仕宦心态与自我认识的变化痕迹。较之深知仕途凶险后的小心谨慎、如履薄冰、收敛自新，青年外任时期的苏轼是将"袖手"视作自主、高昂的抵抗姿态，而以充溢的自尊自信为基础。乌台诗案之后的苏轼，似乎再也没有凭借意气直面朝政表示拒绝，而是在反思过程中调整了自己的定位与表达策略。

二 行动中的"参与者"

在"何妨袖手"的激愤声调中，回顾苏轼青年外任时期的仕宦实践，会明显看到二者之间的不相契合。宣称袖手旁观的苏轼，不仅没有如他所言弃置政务，甚至连"闭口不言"也难以做到。对政事的记述与评论充斥于这一时期的诗歌中，揭示出他投身其中的实际行为。此类诗歌寄寓了苏轼仕宦观念的另一面，展示了他对自我"参与者"身份的认识，而这与上文"疏离者"的自我认识形成了有趣的对比和微妙的联系。

林语堂在《苏东坡传》中曾提醒读者，外任时期的苏轼并不总是纵享湖光山色，而往往是在棘手的政务面前疲于应对："因为还有

---

① （宋）欧阳修：《镇阳读书》，《居士集》卷二，《欧阳修诗文集校笺》，第 57 页。

一万七千囚犯，因无力还债、因贩卖私盐正待审判，有蝗灾尚待扑灭，有盐渠尚待疏浚，有饥馑尚待调查。"① 考察苏轼作品，会发现政事之困扰还不止于此。熙宁五年（1072）夏，苏轼到杭州通判任上大约半年，一日应蔡准邀约同游西湖，作《和蔡准郎中见邀游西湖三首》，其一曰：

> 夏潦涨湖深更幽，西风落木芙蓉秋。飞雪暗天云拂地，新蒲出水柳映洲。湖上四时看不足，惟有人生飘若浮。解颜一笑岂易得，主人有酒君应留。君不见钱塘游宦客，朝推囚，暮决狱，不因人唤何时休。②

在新法方行的背景下，苏轼称自己唯有接受召唤时，才能从"朝推囚，暮决狱"的繁忙公事中解脱出来。嘉朋美酒，能换得平日难得的"解颜一笑"，因此西湖之游决不可辜负。末句的自嘲意味，展现出作者平日不得停歇的无奈。是年十月，苏轼奉转运司檄，督开运盐河。他在《汤村开运盐河雨中督役》一诗中记述自己视察公事的场景："下马荒堤上，四顾但湖泓。线路不容足，又与牛羊争。"③不由羡慕能够"居官不任事"的萧散之人，不必亲历这公务之苦。熙宁十年（1077）十月，徐州遭遇洪灾，时任知州的苏轼引领吏民勉力抗洪。他听闻可以利用本郡东北荆山之下的田间沟渠排解水患，便与手下亲往勘察，却因当地多乱石，未能果行。回程中，他与二位下属以诗唱和，感叹自己"已坐迂疏来此地，分将劳苦送生涯"④。虽不无调侃之意，却道出为政事奔忙辛苦的实情。此后不

---

① 林语堂：《苏东坡传》，百花文艺出版社 2000 年版，第 163 页。
② 《苏轼诗集》卷七，第 338 页。
③ 《苏轼诗集》卷八，第 389 页。
④ 《有言郡东北荆山下，可以沟畎积水，因与吴正字、王户曹同往相视，以地多乱石，不果。还，游圣女山，山有石室，如墓而无棺椁，或云宋司马桓魋墓。二子有诗，次其韵，二首》其一，《苏轼诗集》卷十五，第 769 页。

久，他巡视吕梁悬水村，作《答吕梁仲屯田》勉励当地官员仲伯达，以筑城固堤之重任相委。在这首诗中，苏轼不仅回顾了黄河之水陡然泛滥、吞没万顷之地的可怕场景，描述了水灾去后自己与百姓由恍惚而至狂喜的情态，并且未雨绸缪，开始规划更长远的防灾措施："宣房未筑淮泗满，故道堙灭疮痍存。明年劳苦应更甚，我当畚锸先黥髡。付君万指伐顽石，千锤雷动苍山根。高城如铁洪口快，谈笑却扫看崩奔。农夫掉臂免狼顾，秋谷布野如云屯。还须更置软脚酒，为君击鼓行金樽。"① 作者设想固若金汤的城池堤坝拦阻洪水、保卫百姓平安的美好情景，虽深知公事将更加劳苦，仍表示自己要身先士卒，并以此鼓励对方勠力同心。此处"软脚酒"之典，恰巧回应了苏轼倅杭时向太守陈襄诉说开凿盐河之苦的诗句："耐寒努力归不远，两脚冻硬须公软。"② 当时亲身负责公务、须讨"软脚酒"来为自己"解冻"双脚的苏轼，此刻变成了向下属提供"软脚酒"以慰其劳的上司。尽管身份转换，这一调侃中蕴含的辛劳却一以贯之。在作于元丰元年（1078）的《祈雪雾猪泉，出城马上作，赠舒尧文》一诗中，苏轼回顾仕履，描述了自己公务出行中的心态："一为符竹累，坐老敲榜间。此行亦何事，聊散腰脚顽。"③ 显然，作者并非乐于目下的行政之事，然而途中宁静的乡村景致，却仍然勾连起他对农事的牵挂："薄雪不盖土，麦苗稀可删。愿君发豪句，嘲诙破天悭。"④ 上天并未慷慨赐雪以庇佑农人的收成，而这正是他此次出行的原因。尽管在政治环境中深感疲倦，祈雪的政务仍时刻不曾淡忘，这或许亦可视为苏轼在这一时期整体心态的缩影。

通过上述例证的分析，苏轼政事繁忙的实况与艰辛劳苦的无奈心情已经得到了初步的呈示。然而，天灾与政策迫使下的无奈并不是他心态的全部，在苏轼笔下有关政事的描述中，分明夹杂着某种

---

① 《苏轼诗集》卷十五，第 775 页。
② 《盐官部役戏呈同事兼寄述古》，《苏轼诗集》卷八，第 391 页。
③ 《苏轼诗集》卷十七，第 897 页。
④ 《苏轼诗集》卷十七，第 897 页。

真诚的"萦怀"。杭州任上,苏轼在祷雨时感慨"崎岖世味尝应遍,寂寞山栖老渐便。惟有悯农心尚在,起占云汉更茫然"①。纵使"崎岖世味"多半源于仕宦,悯农之心依然并未就此消磨。蝗灾过后,他深切惦记民生:"遗蝗入地应千尺,宿麦连云有几家。"② 在《次韵章传道喜雨》中,民瘼之忧可谓抒写到极致:

去年夏旱秋不雨,海畔居民饮咸苦。今年春暖欲生螟,地上戢戢多于土。预忧一旦开两翅,口吻如风那肯吐。前时渡江入吴越,布阵横空如项羽。农夫拱手但垂泣,人力区区固难御。扑缘鬒毛困牛马,啖啮衣服穿房户。坐观不救亦何心,秉畀炎火传自古。荷锄散掘谁敢后,得米济饥还小补。常山山神信英烈,挥驾雷公诃电母。应怜郡守老且愚,欲把疮痍手摩抚。山中归时风色变,中路已觉商羊舞。夜窗骚骚闹松竹,朝畦泫泫流膏乳。从来蝗旱必相资,此事吾闻老农语。庶将积润扫遗孽,收拾丰岁还明主。县前已窖八千斛,率以一升完一亩。更看蚕妇过初眠,未用贺客来旁午。先生笔力吾所畏,蹴踏鲍、谢跨徐、庾。偶然谈笑得佳篇,便恐流传成乐府。陋邦一雨何足道,吾君盛德九州普。《中和》、《乐职》几时作?试向诸生选何武。③

这首长诗记录蝗灾旱灾中的百姓之苦,其滔滔不绝之势,又使诗人因喜雨一至、灾害顿解的兴奋之情溢于言表。而值得留意的是诗中许多细节性、画面性的表述,无论是田地中多如尘土、转瞬间即将振翅横空扫荡一切的蝗虫,还是因束手无策只能面对惨况垂泣的百姓,抑或与官员探讨蝗灾经验的老农,皆纤毫毕现,非亲历者无以

---

① 《立秋日祷雨,宿灵隐寺,同周、徐二令》,《苏轼诗集》卷十,第 473 页。
② 《雪后书北台壁二首》其二,《苏轼诗集》卷十二,第 605 页。
③ 《苏轼诗集》卷十三,第 622—624 页。

出之。而作为郡守的自己无法救民于水火,急恨之下直欲以手去抚平疮痍的焦虑与痛苦,也同样如在目前。作者投身政事的辛劳已不待言,而他对民生的关怀则由衷表露。在转任徐州途中,苏轼路遇大雪,以此为丰年之兆,为旱情得解而深感欢喜:"三年东方旱,逃户连歉栋。老农释耒叹,泪入饥肠痛。春雪虽云晚,春麦犹可种。敢怨行役劳,助尔歌饭瓮。"① 民之所乐,让他甘愿承受行役之劳。可见在苏轼的价值判断中,勤于政务、济世救民本是应为之举,对此,他怀着真诚的愿望并努力践行之。

　　正由于这种关心政事的真诚,苏轼往往忍不住参与朝政的评论。例如在密州捕蝗时,一日山行疲惫,他忍不住在写给子由的诗中流露怨言:"新法清平那有此,老身穷苦自招渠。"② 诗中直言新法,并寓以鲜明的反讽之意,意谓无论百姓之灾还是个人之苦,皆由此而起。在外任诸州时期,苏轼议论新法何止于此,这一时期诗歌唱和、书信往来中或针砭朝政,或建言献策,实在不胜枚举。身为"参与者"的苏轼,仿佛时常淡忘"应当成为一个疏离者"的自我提醒。显然,不论从"百重堆案掣身闲"③ 的繁忙状况,抑或从"敢怨行役劳,助尔歌饭瓮"的内心愿望,还是从对朝政的密切关注、频频发言来看,苏轼在其实际的仕宦行为中并没有保持疏离政事的态度。

　　回顾本节起始分析的《沁园春》一词,金人元好问曾认为"如'当时共客长安,似二陆初来俱妙年。有胸中万卷,笔头千字,致君尧舜,此事何难。用舍由时,行藏在我,袖手何妨闲处看'之句,其鄙俚浅近,叫呼衒鬻,殆市驵之雄,醉饱而后发之,虽鲁直家婢仆且羞道,而谓东坡作者,误矣"④。今人曹树铭则讥元说"纯系腐儒之见。孰知东坡词中有我,有真性情,有真面目,一生壮志,尽

---

① 《除夜大雪,留潍州,元日早晴,遂行,中途雪复作》,《苏轼诗集》卷十五,第714页。
② 《捕蝗至浮云岭,山行疲苶,有怀子由弟二首》其一,《苏轼诗集》卷十二,第580页。
③ 《立秋日祷雨,宿灵隐寺,同周、徐二令》,《苏轼诗集》卷十,第473页。
④ (金)元好问:《东坡乐府集选引》,姚奠中主编,李正民增订《元好问全集》卷三十六,山西古籍出版社2004年版,第751—752页。

于此矣"①。在对苏轼"疏离者"与"参与者"两种自我定位略加探析的基础上,上述不同见解便自然引出一些有趣的问题:张扬自我、弃置仕宦与勤于政事、关心民生,究竟哪一种才是苏轼的"真性情"与"真面目"?他的"一生壮志"究竟为何?对仕宦的"疏离"与"参与"又为何能够并存?

元好问的批评,主要是从措辞与口吻的角度加以贬责。或许他认为苏轼即便心存怨怼,也应以文雅含蓄的方式表达,但似乎并未明确对"袖手旁观"这一想法表示不满。相反,历代论者多以此为苏轼豪放风采之所在。疏离宦途的合理性首先在于其表达语境与指涉对象:新法盛行,扰民不止,苏轼不仅无法发挥政治才干,反要以地方官的身份亲身奉行,这对他而言想必痛苦难忍。"古称为郡乐,渐恐烦敲搒。"②"平生所惭今不耻,坐对疲氓更鞭棰。"③"问囚常损气,见鹤忽惊心。"④ 此时他可选择的仕宦行为,大多与他的自我期许相背离,即所谓"年来事事与心违"⑤。他声称弃之不顾,正是出于对无法苟同又无法避免的政务行为的厌倦,以及由此衍生的对自己仕宦身份的反思。尽管这惊人之论很难在仕宦生涯中得以实践,但它无疑淋漓尽致地展现了尊重自我的主体意识。

同时,也正因不曾实现,"何妨袖手"的态度多被视为出自人之常情的牢骚之语,加之苏轼言行之间,甚至言论本身常有龃龉不合,此话更似并非含有严肃的意义。王水照曾指出"他不仅常常前后说法牴牾,而且甚至同一时期见解矛盾"⑥。林语堂也曾对他乌台诗案之后的心态表示疑惑:"问题是,他是否有意改过向善?他是否有意

---

① 转引自《苏轼词编年校注》第137页《沁园春》(孤馆灯青)注末参考资料引曹树铭《苏东坡词》卷一语。
② 《送钱藻出守婺州得英字》,《苏轼诗集》卷六,第242页。
③ 《戏子由》,《苏轼诗集》卷七,第325页。
④ 《临江仙》(自古相从休务日),《苏轼词编年校注》,第223页。
⑤ 《常润道中,有怀钱塘,寄述古五首》其二,《苏轼诗集》卷十一,第553页。
⑥ 王水照:《关于苏轼〈与滕达道书〉的系年和主旨问题》,《文学评论》1981年第1期。

要三缄其口，国事有错误也绝不批评吗？对不太亲密的朋友，他是一个回答法；对最好的朋友，他是另一个回答法。"① 言论往往出自不同的表达需求，而它之所以成为不能实现的"牢骚"，亦有其背后隐藏的心理动因。苏轼深知"独眠林下梦魂好"，无奈"回首人间忧患长"②。新法繁杂，自己尚且不堪重负，又如何坐观百姓去承受？毕竟经世济民方是他的入仕初衷与价值所在。苏轼曾在元丰二年（1078）所作的《灵壁张氏园亭记》中论及自己的仕宦观念，清晰地指出"出"与"处"各自的困扰："古之君子，不必仕，不必不仕。必仕则忘其身，必不仕则忘其君。譬之饮食，适于饥饱而已。然士罕能蹈其义、赴其节。处者安于故而难出，出者狃于利而忘返。于是有违亲绝俗之讥，怀禄苟安之弊。"③ 对二者弊端的努力规避，或许正可作为他一面耻于为政、一面因法便民的注解。

总之，"疏离者"与"参与者"两种身份的并存，恰恰揭示出苏轼在仕宦处境中定义自我价值的思路。"袖手旁观"是为了既不违心又可全身，投身政务却也是为了依从自己的价值判断。显然，他既无法跳出仕宦，内心也并不认同身处其中而无所作为。入仕、参政，并不是违逆苏轼本心的选择，却在新法严苛的背景下使他想要疏离。"行藏在我"的主体性似乎最终在另一种经世济民的主体性中销声匿迹，而二者在指向自我价值这一点上，却有着内在的一致。

第三节　处江湖之远而忧其民：
自我价值的实现

苏轼在一生中的贬谪时期仍不改对民生的关心，这被既往研究

---

① 林语堂：《苏东坡传》，第 201 页。
② 《捕蝗至浮云岭，山行疲苶，有怀子由弟二首》其二，《苏轼诗集》卷十二，第 580 页。
③ 《苏轼文集》卷十一，第 369 页。

者恰切概括为"不在其位而谋其政",向来被视为苏轼人格中最值得敬佩的要素之一。如果说身在仕途中的苏轼能够坚持政见,已然显示出保持独立人格的姿态,那么已丧失仕宦参与权的苏轼仍无法抑制地关怀政事,并尽其所能地作用于民生,无疑是在新的高度上彰显了自我的意志。我们欲深入了解此类行为基于怎样的心理意识,对苏轼自身而言又具有何种意义,便仍需从他如何认识自我价值的角度来探讨。

一 逐臣身份的自觉与对朝政民生的关怀

关注苏轼"不在其位而谋其政"的现象,不仅需要了解他所处境遇的边缘化,更值得强调的前提是他对这种境遇的"自觉"。倘若身在束缚之中而并不清醒自知,那么打破束缚的选择反而会轻松许多。可是,无论是乌台诗案的九死一生,还是岭南贬所的瘴疠之苦,都以残酷的方式强化着苏轼"逐臣"身份的自觉。在这种情况下,他的一切所作所为都蒙上了仕途险恶的阴影。

元丰三年(1080),苏轼被贬为黄州团练副使。在黄州的五年里,他屡屡在诗歌中提及自己被贬逐的处境,表现出惊弓之鸟般的心态。"饮中真味老更浓,醉里狂言醒可怕。闭门谢客对妻子,倒冠落佩从嘲骂。"① "饥寒未至且安居,忧患已空犹梦怕。穿花踏月饮村酒,免使醉归官长骂。"② 昔日"凛凛群惊国士风"的苏轼,如今却不惜自道出这般噤若寒蝉、任人呼喝的心绪,可见他在人生大难后的自我警醒。在《安国寺浴》一诗中,苏轼由一次沐浴联想到自身处境,希望沐浴不惟洗净身体的尘垢,也能抚平内心因荣辱而生的波澜,并不忘提醒自己"默归毋多谈,此理观要熟"③。此外,苏轼也曾在某些诗歌中直以"逐臣"自谓:"一双罗帕未分珍,林下

---

① 《定惠院寓居月夜偶出》,《苏轼诗集》卷二十,第 1033 页。
② 《次韵前篇》,《苏轼诗集》卷二十,第 1034 页。
③ 《苏轼诗集》卷二十,第 1034—1035 页。

先尝愧逐臣。"① 至绍圣元年（1094），苏轼自定州任上连下两职、追一官，贬谪惠州。他在《过汤阴市，得豌豆大麦粥，示三儿子》一诗中，再次明确了自己的身份："玉食谢故吏，风餐便逐臣。漂零竟何适，浩荡寄此身。"② 艰辛的路途即将开始，人生再次跌入深不可测的低谷，但值得注意的是，面对沿途吏民的馈饷与宽慰，苏轼发出了"实无负吏民"之慨。在仕宦受挫的苏轼眼中，给予他一饭一粥的百姓是他不可辜负的对象。

以上寥寥数例，几可呈现贬谪处境中的苏轼对自我身份的体认，而当他真正要僭越"不得签书公事"的身份去参与政事时，这种自我体认便展示出更为强大的阻力。苏轼常以书信与人商讨政事，这意味着他的思想言论将留下明白的证据，因此苏轼往往在文末缀以诚恳的解释与反省。例如《黄州上文潞公书》："轼在徐州时，见诸郡盗贼为患，而察其人多凶侠不逊，因之以饥馑，恐其忧不止于窃攘剽杀也。辄草具其事上之。会有旨移湖州而止。家所藏书，既多亡轶，而此书本以为故纸糊笼箧，独得不烧，笼破见之，不觉惘然如梦中事，辄录其本以献。轼废逐至此，岂敢复言天下事，但惜此事粗有益于世，既不复施行，犹欲公知之，此则宿昔之心扫除未尽者也。公一读讫，即烧之而已。"③ 甫经乌台诗案，苏轼心中动荡未平，此信写得至为痛切。当年殚精竭虑的谋划，不免沦为"笼箧"之纸，却终不忍舍弃初心。他将此文呈示文彦博，不过是对旧日心愿的一种了却，而阅后即焚的叮嘱又显示出他内心忧惧的一面。在惠州时，他时常借助表兄程正辅之力为民谋事，但内心亦深知此举不妥："不揆僭言，非兄莫能容之。然此本乞一详览，便付火，虽二外甥，亦勿令见。若人知其自劣弟出，大不可不可。"④ 作者忧国忧民之心溢于言表，但他的耿介孤忠并非无所忌惮，而是明知利害，

---

① 《食甘》，《苏轼诗集》卷二十二，第 1158 页。
② 《苏轼诗集》卷三十七，第 2025 页。
③ 《苏轼文集》卷四十八，第 1380 页。
④ 《与程正辅七十一首》其三十，《苏轼文集》卷五十四，第 1602 页。

犹不忍见民生多艰。事实上，这种清醒的认识与明知不可为而为之的态度，不仅出现在贬谪境地中，熙宁年间外任诸州时，深知自身处境堪忧的苏轼也在相似的心境下为民发声。如《上韩丞相论灾伤手实书》愤慨于贪官污吏蒙蔽视听，详述蝗灾情况，而不忘言"愿无闻于人，使孤危衰废之踪，重得罪于世也"①。《上文侍中论强盗赏钱书》中则言："轼愚蠢无状，孤危之迹，日以岌岌。夙蒙明公奖与过分，窃怀忧国之心，聊复一发于左右，犹幸明公密之，无重其罪戾也。"② 当时苏轼犹处于朝臣序列的边缘位置，尚且如此，贬谪之后大胆言事时的心态更可想而知。不在其位不谋其政，苏轼何尝不知这方是仕宦秩序中的常态，然而"诚不胜惓惓之心"③，因此在献上政论时，必须首先表示"逐臣"自省、自贬的态度。

这些谨慎的文字让我们看到苏轼如何看待自己的行为。在与他人谋划政事的书信中，几乎无一例外地出现有关"私密性"的反复叮嘱。他对自己"逐臣"身份的认识愈清醒，便说明他内心作用于民生的意愿愈强大，正是这种意愿的不可逆转使他甘于承受僭越的风险而必须顺从内心。他理性地看待自己的行为，却又对这行为的意义抱有纯粹的执着。

苏轼在贬所关心政事、出谋划策的举措，已为前人论述颇多④。具体到诗歌中，苏轼主要展现出关注时局与作用于民生这两种态度和行为。元丰四年（1081）十月，苏轼在黄州得到陈慥书报，得知种谔率军战胜西夏，连作《闻捷》《闻洮西捷报》二诗祝捷。他热情赞颂大宋将士之神勇，并兴奋地设想解除西戎威胁指日可待。在后诗中，他以"放臣不见天颜喜，但惊草木回春容"⑤ 表达了放逐

---

① 《苏轼文集》卷四十八，第1398页。
② 《苏轼文集》卷四十八，第1399页。
③ 《上知府王龙图书》，《苏轼文集》卷四十八，第1389页。
④ 如林语堂、王水照、朱刚、莫砺锋等学者所著苏轼传记，都曾对此有不同程度的论述。另外，探讨苏轼贬谪时期政治态度的论著也大都或多或少地涉及这一问题。
⑤ 《闻洮西捷报》，《苏轼诗集》卷二十一，第1090页。

于朝堂之外的自己对政局的殷殷关切。元丰六年（1083）正月二十日，苏轼遵循此前两年的惯例，出东门寻春。在是日所作诗歌中，他隐晦而恰切地流露出对时局的关注：

> 乱山环合水侵门，身在淮南尽处村。五亩渐成终老计，九重新扫旧巢痕。岂惟见惯沙鸥熟，已觉来多钓石温。长与东风约今日，暗香先返玉梅魂。①

历来注家对"九重新扫旧巢痕"之意多有注解。陆游为施元之《注东坡先生诗》所作序云："昔祖宗以三馆养士，储将相材，及官制行，罢三馆。而东坡盖尝直史馆，然自谪为散官，削去史馆之职久矣，至是史馆亦废，故云'新扫旧巢痕'。其用字之严如此。"② 而此前两年，神宗"对辅臣于天章阁，议行官制，既而中辍"③。此次议事中，神宗本欲除苏轼为著作郎，而终究未果。王文诰案云："公《历陈仕迹状》云：'先帝复对左右，哀怜奖激，意欲复用，而左右固争，以为不可。臣虽在远，亦具闻之。'此段语适当其时，正此句之本意所谓'暗香先返'者也。"④ 可见，虽为逐臣，苏轼对朝堂之事的了解与关注并未减少，亦未尝不为此牵动心绪。次年，苏轼再作《王中甫哀辞》⑤，在诗序中历数"仁宗朝以制策登科者十五人"，为当下"独三人存耳"的凄凉状况分外感伤。诗中结尾两句"堪笑东坡痴钝老，区区犹记刻舟痕"亦有所指，王文诰对此有细致辨析：

---

① 《六年正月二十日，复出东门，仍用前韵》，《苏轼诗集》卷二十二，第1154页。
② （宋）陆游：《〈施司谏注东坡诗〉序》，《渭南文集》卷十五，钱仲联等校注《陆游全集校注》，浙江教育出版社2011年版，第376页。
③ （宋）李焘：《续资治通鉴长编》卷三百一十九，上海师范大学古籍整理研究所、华东师范大学古籍整理研究所点校，中华书局1990年版，第7715页。
④ 《六年正月二十日，复出东门，仍用前韵》，《苏轼诗集》卷二十二，第1155页。
⑤ 《苏轼诗集》卷二十四，第1280—1282页。

熙宁三年，吕惠卿知举，叶祖洽以希合登上第。公时为编排官，奏黜不可。因《拟进士对御试策》以上，其《引状》云：科场之文，收者，天下莫不以为法。今始以策取士，而士以谄谀得之，臣恐相师成风，虽直言之科，亦无敢以直言进者，正人衰微，则国随之。其后惠卿即罢制科，冯京力争而不能救，其根实此状激成之也。故于《陈舜俞祭文》及此叙，别有胸中发不出一段心事在，但计算仁宗制科所存之人，其意自见。此乃公自了了，而注者、读者未易了了也。如谓所论不确，则此辞只须哀中甫，必不用"堪笑"二句作结，此是确证。①

此时是元丰七年（1084）八月，苏轼方得量移，前途尚一片茫然。但面对"正人衰微"的朝局，作者仍无法抑制地将对吕惠卿之流的怨怒寄寓诗中。他对朝政的牵挂，实不因境遇变动而有所消减。元符三年（1100）正月，年过花甲的苏轼在偏远的昌化军贬所听闻黄河已复北流，欣喜作诗。他怀想起自己在哲宗朝曾谏言不可强力使河水回东，而应因势利导使之北流，并因此为当权者嫉恨②。如今事实验证了自己的判断，然而自己终究是远谪荒蛮，不可能得到赦免。"三策已应思贾让，孤忠终未赦虞翻。"③ 尽心为国的孤忠并未改善自己的境遇，而正因矢志未改，这样的时政才使人既喜且悲。苏轼在贬谪中独自关怀着国事，似乎可视为对朝堂的遥远的回应。

贬谪也让苏轼真正意义上深入民间生活，周遭的民生状况成为他十分重视的对象。绍圣元年（1094），苏轼南迁惠州，过庐陵，曾

---

① 《苏轼诗集》卷二十四，第 1281 页。

② 参见《苏轼诗集》卷四十三《庚辰岁人日作，时闻黄河已复北流，老臣旧数论此，今斯言乃验，二首》题下王文诰引施注："东坡尝侍上读《祖宗宝训》，因及时事，曰：'黄河势方北流，而强之使东。'当轴者恨之。四年八月，子由在翰林，第四疏论必非东决，有曰：'臣兄轼前在经筵，因论黄河等事，为众人所疾，迹不自安，遂求引避。'"第 2341—2342 页。

③ 《庚辰岁人日作，时闻黄河已复北流，老臣旧数论此，今斯言乃验，二首》其一，《苏轼诗集》卷四十三，第 2343 页。

移忠以自己所作的《禾谱》出示。苏轼因作《秧马歌》①赠之,将自己昔日于武昌所见的简便农具推介给此间的百姓。他以诗句描述了"秧马"的形制与操作方法,尽述其"日行千畦"之便利,希望以此解除百姓佝偻劳作之苦。在另一些诗中,他盛赞惠州官员收葬暴骨的善举:"山下黄童争看舞,江干白骨已衔恩。"②也记录自己捐施犀带以赞助修桥、惠及百姓的事迹:"一桥何足云,欢传广东西。父老有不识,喜笑争攀跻。"③在儋州时,他有感于当地百姓不长于农耕,以致"所产秔稌,不足于食"④,因和陶渊明作劝农诗以谕之⑤。在诗中,苏轼不仅苦苦相劝,还指涉了有害民生的另一些因素,如"贪夫污吏,鹰挚狼食"⑥。可见他在关心农事的同时,其实对百姓的生存状况与政治弊端都有深入的体会和思考。

"不在其位"的苏轼,大多时候不能通过一己之力直接作用于民生,而往往恳请或敦促他人为之。例如在《两桥诗》中,他便劝说当地官员时常修葺桥梁,让它长为百姓所用:"我亦寿使君,一言听扶藜。常当修未坏,勿使后噬脐。"⑦除此之外,他也尝试以曲折途径尽可能触碰政治决策中心,如在黄州时作《代滕甫论西夏书》言边患兵事、作《代李琮论京东盗贼状》言治理盗贼,当然,这些行为都伴随着他对逐臣身份的自知。"虽谪守在外,不当妄言,然自念旧臣,譬之老马,虽筋力已衰,不堪致远,而经涉险阻,粗识道路,

---

① 《苏轼诗集》卷三十八,第 2051 页。
② 《詹守携酒见过,用前韵作诗,聊复和之》,《苏轼诗集》卷三十八,第 2084 页。
③ 《两桥诗》其一《东新桥》,《苏轼诗集》卷四十,第 2199 页。
④ 《和陶劝农六首》小引,《苏轼诗集》卷四十一,第 2255 页。
⑤ 参见苏辙《和子瞻次韵陶渊明劝诗》,《栾城后集》卷五,《苏辙集》,第 944 页。诗引云:"子瞻和渊明《劝农》诗六首,哀儋耳之不耕。予居海康,农亦甚惰,其耕者多闽人也。然其民甘于鱼鳅虾蟹,故蔬果不毓。冬温不雪,衣被吉贝,故艺麻而不绩,生蚕而不织。罗纨布帛,仰于四方之负贩。工习于鄙朴,故用器不作。医夺于巫鬼,故方术不治。予居之半年,凡羁旅之所急,求皆不获,故亦和此篇,以告其穷,庶或有劝焉。"
⑥ 《和陶劝农六首》其二,《苏轼诗集》卷四十一,第 2256 页。
⑦ 《两桥诗》其一《东新桥》,《苏轼诗集》卷四十,第 2200 页。

惟陛下哀悯其愚而怜其意。"① "臣虽非职事，而受恩至深，有所见闻，不敢暗默。谨录奏闻，伏候敕旨。"② 总之，苏轼的"不在其位而谋其政"，是在对自身处境的清醒认识与利害权衡中完成的自主选择，对此，他内心绝非无忧无惧，而恰恰是这种强大的忧惧，凸显了更加强大的个人意志。关注朝政、改善民生，不过是对自我意愿的因应之举。

二 职位与责任分离的观念

"其位"与"其政"的不对等，揭示出苏轼观念中对"职位"与"责任"之关系的理解。他的选择并不代表当时仕宦群体中的常情，也似乎不应视为贬谪境遇下催生出的无奈之举。某种个性化的选择，是否具有一贯的心理基础，这还须置于主体的观念中予以观照。

熙宁四年（1071），苏轼与刘攽、孙洙、刘挚三人会于扬州太守钱公辅座上，因作《广陵会三同舍，各以其字为韵，仍邀同赋》三首。在分咏刘攽、刘挚的两首诗中，苏轼分别称赏二人的雄辩之才与高尚风节，言及新法不便，讥刺执政者的谬戾，皆颇有同道者之感喟，唯独写与孙洙的一首却语含批评：

> 三年客京辇，憔悴难具论。挥汗红尘中，但随马蹄翻。人情贵往返，不报生祸根。坐令平生友，终岁不及门。南来实清旷，但恨无与言。不谓广陵城，得逢刘与孙。异趣不两立，譬如王孙猿。吾侪久相聚，恐见疑排掀。我褊类中散，子通真巨源。绝交固未敢，且复东南奔。③

---

① 《代滕甫论西夏书》，《苏轼文集》卷三十七，第 1054 页。
② 《代李琮论京东盗贼状》，《苏轼文集》卷三十七，第 1059—1060 页。
③ 《广陵会三同舍，各以其字为韵，仍邀同赋》其二《孙巨源》，《苏轼诗集》卷六，第 297—298 页。

本是以佐嘉会的诗歌，又是"各以其字为韵"这样颇富趣味与智性的写作，却充满了直率的、令人尴尬的谴责意味。《宋史·孙洙传》云："王安石主新法，多逐谏官御史，洙知不可，而郁郁不能有所言，但力求补外，得知海州。"① 苏轼此诗以责词激孙洙，告以直言抗击新法，不可仅外任求全，而罔顾言官之责。王文诰对诗意辨析甚明："是时公与贡父、莘老皆以攻法被出，风节凛然，独巨源在座，颓靡不振，可想见其惭然不终日矣。谏院如是，将焉用此言官为。公素与之厚，故勖之以义，然巨源究以求去自全，与纷然希进者不同，终不失为君子，故云'绝交固未敢'也。"② 王文诰并不以孙洙为"小人"，亦推想苏轼乃是"爱之深，责之切"之意，确是通达之论。事实上，孙洙的想法是典型的以"不在其位"而避免"谋其政"。苏轼何尝不解老友的苦衷，却依然要以严厉甚至尖刻的言辞去反对这种行为，不仅批评对方"在其位而未谋其政"的旧事，还要激发起孙洙心底被压抑的价值判断。果然，"其后巨源在海州，与使者力争免役，皆此诗一激之力"③。可见，在因新法而外任之初，苏轼已将士大夫的忧国为民视为并不以职位变化为转移的责任。

元丰七年（1084），自黄州量移汝州的苏轼途经金陵，拜会王安石。这次相见甚欢的重逢，又因苏轼有关政事的诘问而变得严肃起来：

> 子瞻曰："某欲有言于公。"介甫色动，意子瞻辨前日事也，子瞻曰："某所言者，天下事也。"介甫色定，曰："姑言之。"子瞻曰："大兵大狱，汉、唐灭亡之兆。祖宗以仁厚治天下，正

---

① （元）脱脱等：《宋史》卷三百二十一《孙洙传》，中华书局1977年版，第10422页。
② 《广陵会三同舍，各以其字为韵，仍邀同赋》其二《孙巨源》题下王文诰案语，《苏轼诗集》卷六，第297页。
③ 《广陵会三同舍，各以其字为韵，仍邀同赋》其二《孙巨源》题下王文诰案语，《苏轼诗集》卷六，第297页。

欲革此。今西方用兵，连年不解，东南数起大狱，公独无一言以救之乎？"介甫举手两指示子瞻曰："二事皆惠卿启之，某在外安敢言！"子瞻曰："固也，然在朝则言，在外则不言，事君之常礼耳。上所以待公者非常礼，公所以事上者岂可以常礼乎？"介甫厉声曰："某须说。"又曰："出在安石口，入在子瞻耳。"①

苏轼以"不救天下事"责问已经退居金陵的王安石，并对对方"在外则不言"的理由不以为然，明确地反对了"不在其位不谋其政"的思路。而甫从黄州之贬脱身的苏轼自己，又在此义正词严地议论国事，恰恰是对这一观念的最好诠释。值得注意的是，此时的"国事"与"君恩"一道，构成了"不在其位而谋其政"的理据，也正是后者真正点燃了身受重恩的王安石的热血。

元祐六年（1091），苏轼在京城接到了赴颍州的任命，与子由仅仅相聚数月，又将离别，感慨离合之下，作《感旧诗》述说衷肠。他自道出处进退之迹，回忆了相约早退的往事，而末四句则耐人寻味："怜子遇明主，忧患已再尝。报国何时毕，我心久已降。"② 面对满朝谗毁之声，苏轼深感疲惫，不复以朝堂为念。他称自己此去外任，便打算请郡归乡，而子由既已身在朝堂，亦足以达成当初二人的报国志愿。"盖公自此以后，惟以及民为事，而国是则委之子由，子由则尚冀公还，而徐俟后命。此两公心事，各行其所安者。"③ 王文诰抉发此层，或许意味着苏轼已逐渐不以立身朝堂为唯一的指归，而转以"及民"为事。

在颍州任上，他赞赏本无吏责而参与祷雨公务的陈师道："念子

---

① （宋）邵伯温：《邵氏闻见录》卷十二，李剑雄、刘德权点校，中华书局1983年版，第127—128页。
② 《苏轼诗集》卷三十三，第1777页。
③ 《苏轼诗集》卷三十三，王文诰按语，第1777页。

无吏责,十日勤征鞍"①,便是由于后者有悲悯饥民的情怀,而不以"不在其位"推脱之。这一时期,苏轼还曾在与好友王巩的尺牍中表露了政治逆境中应持有的心态:"谤焰已息,端居委命,甚善。然所云百念灰灭,万事懒作,则亦过矣。丈夫功名在晚节者甚多,定国岂愧古人哉!某未尝求事,但事入手,即不以大小为之。在杭所施,亦何足道,但无所愧恨而已。"②逃开了谤毁的压力,却不能万事懒作,还要争取于晚节树立功名。"不以大小为之"意味着无论何种职权,都不能改易有为之心,总须尽其所能发挥价值。历经了乌台诗案、黄州之贬、避祸外任,苏轼依然不能认同"百念灰灭,万事懒作"的态度,一切只为"无所愧恨"四字而已。那些已成典范的古人,虽能鉴照出今人的羞愧,却并不能真正地左右他们的选择,真正需要面对的终归是自我的本心。不难见出,在对"报国""及民"等事的价值认知中,苏轼并未将之系于某种特定的职位或身份,而是在诸多不同的境遇中都以自我的责任为念。"职"与"责"二者的不对等在他的仕宦生涯中持续存在并被践行,也成为他身处江湖之远却不甘庸碌无为的因素之一。

三 "功名如幻":剥离仕宦的形式

有趣的是,苏轼对好友"于晚节立功名"的勉励,似乎并没有完全适用于自己。自乌台诗案后至元祐还朝,再至惠、儋之贬,苏轼对"功名"一事的认识因宦途的屡次剧变而逐渐稳定成熟。元丰七年(1084),苏轼离开黄州,在京口作诗送别将赴广南的沈遘,中有"功名如幻何足计,学道有涯真可喜"③之句。在"我方北渡""君复南行"④的宦游生涯中,苏轼认识到苦苦追求功名最终往往换来失落,在目下的苍茫与当初的少年得意之间,大半生已转瞬而过,

---

① 《次韵陈履常张公龙潭》,《苏轼诗集》卷三十四,第 1826 页。
② 《与王定国四十一首》其二十一,《苏轼文集》卷五十二,第 1524 页。
③ 《送沈逵赴广南》,《苏轼诗集》卷二十四,第 1270 页。
④ 《送沈逵赴广南》,《苏轼诗集》卷二十四,第 1270 页。

自己却两手空空。这一语境下的鄙弃功名，毕竟还带有"以壮行色"的宽慰之意。还朝之后，面对请郡亦无法避开的政敌攻讦，苏轼真正感到功名之争只会带来无谓的纷扰。在杭州太守任上，他面对自己苦心经营、终于疏浚的西湖，向几位同僚表示了谢意和倦意："老病思归真暂寓，功名如幻终何得。从来自笑画蛇足，此事何殊食鸡肋。"① 此时的苏轼，在阅历中经过了沉淀与反思，已经能够正视"当时功名意，岂止拾紫青"② 的曾经的自己，也深深体会到"事既喜违愿，天或不假龄"③ 的艰难现实，而并非再像青年时那般轻易说出"功名一破甑，弃置何用顾"④ 的豪言壮语了。元祐时期的苏轼曾官至翰林学士知制诰，是当之无愧的廊庙重臣，若以"功名"论之，应当可谓已实现了少年时的追求。然而在他这一阶段的诗歌表达中，极少流露自矜之意，更多见的反而是"竟无丝毫补，眷焉谁汝令"⑤ 的反思。可见，苏轼对自己的期许并非通过仕宦中的功名可以达成，而是更着意是否"有补"于国事。换言之，形式上的高爵显位并不足以成为自我价值实现的标志，而所谓"功名"如果缺乏"有补于世"的实质，也便不再具有意义。

伴随着对"功名"价值的质疑，原本作为获取功名之依托的仕宦、朝堂便也不再那么必要。甫经黄州之贬的苏轼曾因两个年轻人的仕宦观念有感而发，特意作诗分享自己的仕宦体验。元丰七年（1084），秦观的朋友刘发顺利登第，秦观以诗贺之。此前刘发未应试时，秦观一日忽梦见刘发去世，被置于灵柩中即将安葬。由于

---

① 《与叶淳老、侯敦夫、张秉道同相视新河，秉道有诗，次韵二首》其一，《苏轼诗集》卷三十三，第1754页。
② 《次韵子由送家退翁知怀安军》，《苏轼诗集》卷二十八，第1496页。
③ 《次韵子由送家退翁知怀安军》，《苏轼诗集》卷二十八，第1497页。
④ 《与周长官、李秀才游径山，二君先以诗见寄，次其韵二首》，《苏轼诗集》卷十，第488页。
⑤ 《次韵子由送家退翁知怀安军》，《苏轼诗集》卷二十八，第1497页。

"将莅官而梦棺"① 的古语，秦观以此为吉兆，后来刘发中试，仿佛果然印证了这个预兆。苏轼得闻此事原委，却以忧心忡忡的口吻向二人泼冷水："二生年少两豪逸，诗酒不知轩冕苦。故令将仕梦发棺，劝子勿为官所腐。涂车刍灵皆假设，著眼细看君勿误。时来聊复一飞鸣，进隐不须烦伍举。"② 他以仕宦之苦相警醒，劝此刻满怀政治理想的二人切勿沉溺于官职，也不要被功名利禄所遮蔽。"过来人"的眼光虽不合时宜，却出自对仕宦生涯的切身体悟。在苏轼眼中，仕途的虚幻与危险显而易见。与之相反，疏离仕宦则使人倍感自如。"朝市日已远，此身良自如。三杯软饱后，一枕黑甜馀。"③ 这不纯是故作轻松的自我安慰之语，简陋清苦的生活的确换来一举一动的相对自由。"少年苦嗜睡，朝谒常匆匆。爬搔未云足，已困冠巾重。何异服辕马，沙尘满风鬃。雕鞍响珂月，实与杻械同。解放不可期，枯柳岂易逢。谁能书此乐，献与腰金翁。"④ 岭南之贬固然带来了生活中的折磨，于他而言却也似脱掉了重枷，反觉安适。此时的苏轼虽无法决定自己的命运，却可以决定日常具体的行为，而这一切已经与"轩冕冠巾"无涉了。

在仕宦观念与现实处境的双重作用下，"功名"中原本含有的官方认可的奖掖意义，已经不被需要，苏轼无论在自我价值抑或其实现方式的判断中，都表现出不必以朝堂为依归的指向，而形成"处江湖之远而忧其民"的状态。这与范仲淹所树立的"居庙堂之高则忧其民，处江湖之远则忧其君"⑤ 的行为典范似乎并不相同。范仲

---

① 《晋书》卷七十七《殷浩传》："或问浩曰：'将莅官而梦棺，将得财而梦粪，何也？'浩曰：'官本臭腐，故将得官而梦尸。钱本粪土，故将得钱而梦秽。'时人以为名言。"第 2043 页。

② 《秦少游梦发殡而葬之者，云是刘发之柩，是岁发首荐。秦以诗贺之，刘泾亦作，因次其韵》，《苏轼诗集》卷二十四，第 1274 页。

③ 《发广州》，《苏轼诗集》卷三十八，第 2067 页。

④ 《谪居三适三首》其一《旦起理发》，《苏轼诗集》卷三十九，第 2285 页。

⑤ （宋）范仲淹：《岳阳楼记》，《范仲淹全集》卷八，李勇先、王蓉贵校点，四川大学出版社 2007 年版，第 194 页。

淹所说的两种情形，当并不是互文关系，而有其各自的情境侧重。在"家天下"的时代，"忧君"与"忧民"原本浑然一体，但"忧君"更倾向于一种理念，它需要通过"忧民"来体现。在现实的政治生活中，"忧民"是具体、可操作的实践。但"忧民"的权利和实践需要与朝臣的身份相依托，一旦丧失了这种身份，便只能遥远地寄希望于君王贤明执政，以使生民受济。王安石回应苏轼诘问的"某在外安敢言"也正是此一思想的例证。苏轼当然并未全然否认朝堂的作用，但在不具备职权的情形下，他并不仅仅满足于关心政策，寄望于君权，同时也尽可能地参与政事，这种超出了同时代士人普遍标准的选择，相当程度地体现了个体的自主意识。这也意味着，单纯从时代文化风气的角度去解释苏轼的行为或许是有缺陷的。一代士风固然提供了某种潜移默化的大导向，但它距离个人的具体选择往往并没有想象的那么近，在许多情况下，主体性才是最终的关键因素。

若从性格角度言之，自尊也许是较高自我期许的重要根基。乌台诗案后，苏轼出狱不久，便以昂扬的姿态宣称"平生文字为吾累，此去声名不厌低"[1]，设想着经此一难的自己，即将因忠直敢言得到士林与民间的称许。这分明不止逃过一劫的喜出望外，反有"求仁得仁"的心安理得。在黄州贬所，他以诗向朋友倾诉因久旱导致的生计困难，尽管情况狼狈，仍称自己"形容可似丧家狗，未肯聃耳争投骨"[2]。虽是苦涩的自嘲，亦可见出苏轼秉持气节的自觉。这一点在元丰三年（1080）写与李常的信中也可见一斑："吾侪虽老且穷，而道理贯心肝，忠义填骨髓，直须谈笑于死生之际。……兄虽怀坎壈于时，遇事有可尊主泽民者，便忘躯为之，祸福得丧，付与造物。"[3] 这封写与挚友并叮嘱阅后即焚的书信，应当可以帮助我们

---

[1]《十二月二十八日，蒙恩责授检校水部员外郎黄州团练副使，复用前韵二首》其二，《苏轼诗集》卷十九，第1006页。
[2]《次韵孔毅父久旱已而甚雨三首》其一，《苏轼诗集》卷二十一，第1122页。
[3]《与李公择十七首》其十一，《苏轼文集》卷五十一，第1500页。

管窥苏轼对自身价值的真实判断。李常在来信中担忧苏轼长困黄州，遂以道理相规劝，却引发后者这番议论。即便在仕宦挫折中，他也未曾降低自我期许，"忘躯为之"依然是值得坚守的姿态。对自我的尊重，使苏轼主观上不以倚傍外部条件作为自己行为的基础。陆游曾赞曰："公不以一身祸福，易其忧国之心，千载之下，生气凛然。"① 与忧国之心同样生气凛然的，是个体对自我价值的充分彰显。

王水照曾指出"苏轼不在其位而谋其政，把方外的慈悲与人世的事业结合在一起"②，确为的见，然而这一行为或许不仅仅可向仁民爱物中寻求解释，也与苏轼对个人价值的理解有关。风云际会既不可得，便转而独立地向自我负责。在饱尝世味之后，他将经世济民的实质从仕宦的形式中剥离出来，作为自我价值的依托。正因对这种价值的重视与笃信，他不仅"行于所当行"③，在"不可不止"时也不能自已。"进退皆忧"的选择并非单纯为"尊主""忧君"而作，它们直接地作用于百姓，而最终指向自我的心安。

第四节　自言衰病与仕宦心态

苏轼诗文中常常可见自称"衰病"的现象。"自言衰病"是作者对自身状态的评估，它意味着身与心的双重不适。涉及这一现象的苏诗，其中一部分主要描述身体状况，诗意并未作过多延伸，另一部分则在心理动机的参与下，糅入了作者对目下处境的感受。后者是本节关注的主要对象。具体看来，衰病与际遇的关系又可大体分为两种情形。其一，由际遇坎坷导致某种整体的衰颓状态，此时

---

① （宋）陆游：《跋东坡帖》，《陆游全集校注》卷二十九，第 220 页。
② 王水照、崔铭：《苏轼传：智者在苦难中的超越》，第 375 页。
③ 《与谢民师推官书》，《苏轼文集》卷四十九，第 1418 页。

的衰病可能并无具体所指，相较于身体病痛，其实更偏重于心理感受的低落。其二，身体的病痛与衰老引发了生命无常、人生艰难的感慨，然后星火燎原般勾起了际遇感怀。由于仕宦是苏轼一生际遇无法脱离的背景，故而他的自言衰病之举亦可能有着与仕宦相关的语境和用意，这便为读者提供了管窥苏轼仕宦体验的契机。

苏诗中的老病之叹贯穿作者一生各个阶段，而以倅杭与元祐两个时期尤多[1]。衰病与仕宦体验的联系，同样相对集中、鲜明地出现于这两个人生阶段，而其衰病表达的用意、侧重则各有不同，以下即各举数例分论之。

一 倅杭时期的自言衰病与政见表达

熙宁四年（1071），苏轼因不满新法而遭排挤，出任杭州通判。此期他以刚过而立之年频发老病之叹，是十分引人注目的现象。如《初到杭州寄子由二绝》：

> 眼看时事力难任，贪恋君恩退未能。迟钝终须投劾去，使君何日换聋丞。
>
> 圣明宽大许全身，衰病摧颓自畏人。莫上冈头苦相望，吾方祭灶请比邻。[2]

被权力中心放逐、初到外任地的忧闷心情，通过诗人的自我评价表达出来。迟钝、衰病、摧颓、力不能任，这些与其生理年龄不符的

---

[1] 有关苏轼涉病诗的创作情况，可参张子川《苏轼涉病诗研究》（硕士学位论文，江西师范大学，2014年）。该文以量化统计的方式考察了苏轼涉病诗的时空分布，得出其涉病诗创作中年时多、青年和老年时较少的概况，并以熙宁六年（1073）与元祐七年（1092）为两个峰值。据该文的统计情况可知，这两个峰值所对应的倅杭时期与元祐时期，也是涉病诗创作较多的两大时段。

[2] 《苏轼诗集》卷七，第314—315页。

状态，实质是由挫折而催生的心理感受。"时事"当指推行新法，那么所谓"力不能任"其实是不愿附和、无从施展。在与至亲至信的子由的对话中，苏轼真诚地感念皇恩，但仍以自称衰病、无力任政的方式表达对现状的不满，明显流露出对"时事"的抵抗姿态。诗歌以去官卜居结尾，看似是从衰病无能到理应归隐的自然延伸，其实却暗含了从"无法苟同"到"不如求去"的逻辑。

倅杭时期的苏轼涉世未深、血气方刚，诗意较为直露。"老病当归"本是避免直陈不满的委婉方式，但苏诗却往往露出痕迹。"近来愈觉世路隘，每到宽处差安便。嗟余老矣百事废，却寻旧学心茫然。问龙乞水归洗眼，欲看细字销残年。"① 一次平常的径山之游，却被苏轼收束于"世路狭隘"的哀叹中。其时新学兴盛，故诗中以自己所"寻"为旧学。诗人自称衰老无用，而乞龙井水洗眼又暗指眼疾。诗意似言自己老病之下壮心全无，只欲了此残年，可是荒废的事业、遍寻无着的"旧学"，分明揭示出茫然心绪的真正来源。"我今贫病常苦饥，分无玉碗捧蛾眉。且学公家作茗饮，砖炉石铫行相随。不用撑肠拄腹文字五千卷，但顾一瓯常及睡足日高时。"② 翁方纲注云："是时甫用王安石议，改取士之法，罢诗赋、帖经、墨义，专以策，限定千言。"③ 苏轼说自己贫病而废书不读，只愿闲散睡足，实则语含讥刺。在回答知州陈襄对他"屡不赴会"的责怪时，苏轼以"我生孤僻本无邻，老病年来益自珍。肯对红裙辞白酒，但愁新进笑陈人"④ 为自己辩解。"老病"仿佛是日渐疏于应酬的原因，然而真正制造烦恼的却是那些与自己格格不入的"新进"。

上述三首诗都比较明确地指涉新法，而往往与老病同出，以牢骚口吻表达了自己的政治态度。此外，许多看似并未直接关系朝政

---

① 《游径山》，《苏轼诗集》卷七，第 350 页。
② 《试院煎茶》，《苏轼诗集》卷八，第 371 页。
③ 《苏轼诗集》卷八，第 371 页。
④ 《述古以诗见责屡不赴会，复次前韵》，《苏轼诗集》卷十，第 513 页。

的诗歌，亦在口口声声的老病之叹中隐含着仕途挫折的底色："衰鬓镊残欹雪领，壮心降尽倒风旌。"① "老来厌伴红裙醉，病起空惊白发新。"② "老病逢春只思睡，独求僧榻寄须臾。"③ "迟暮赏心惊节物，登临病眼怯秋光。"④ "白发长嫌岁月侵，病眸兼怕酒杯深。"⑤ "青春不觉老朱颜，强半销磨簿领间。"⑥ 多不胜数的老病之叹编织出此期忧闷、抵触的仕宦心态。联系这一时期苏轼针砭时弊的诗歌，便更能深入理解作者的"衰病"生发于何种怨愤而无奈的心境下。"岂知白梃闹如雨，搅水觅鱼嗟已疏。"⑦ "农夫罗拜鸦飞起，劝农使者来行水。"⑧《画鱼歌》与《鸦种麦行》暗喻新法扰民、苛取无道，此外尚有许多直抒胸臆之叹："龚黄满朝人更苦，不如却作河伯妇。"⑨ "岂是闻韶解忘味，迩来三月食无盐。"⑩ "龚、黄侧畔难言政，罗、赵前头且眩书。"⑪ 诗中对朝政之讽刺，实与衰病而"力不能任"的态度有着一致的心理内涵。当苏轼以功业实现自我价值的设想受到打击，以反对新法而出，却偏要去做奉行新法之官，此时言行中的"不合作"恐怕是唯一可行的坚持独立政见、不偏离自我价值判断的选择。限于身份，抵触情绪必须以较为含蓄的方式表达，而"老病当归"恰恰提供了相应的方式。简言之，倅杭时期苏轼频言衰病，怀有以"不作为"抵抗朝政的意味。

---

① 《次韵柳子玉二首·地炉》，《苏轼诗集》卷七，第 315 页。
② 《正月二十一日病后，述古邀往城外寻春》，《苏轼诗集》卷九，第 428 页。
③ 《寒食未明至湖上，太守未来，两县令先在》，《苏轼诗集》卷九，第 443 页。
④ 《初自径山归，述古召饮介亭，以病先起》，《苏轼诗集》卷十，第 504 页。
⑤ 《九日，寻臻阇黎，遂泛小舟至勤师院，二首》其一，《苏轼诗集》卷十，第 506 页。
⑥ 《同曾元恕游龙山，吕穆仲不至》，《苏轼诗集》卷九，第 442 页。
⑦ 《画鱼歌》，《苏轼诗集》卷八，第 399 页。
⑧ 《鸦种麦行》，《苏轼诗集》卷八，第 400 页。
⑨ 《吴中田妇叹》，《苏轼诗集》卷八，第 404 页。
⑩ 《山村五绝》其三，《苏轼诗集》卷九，第 438—439 页。
⑪ 《次韵孙莘老见赠，时莘老移庐州，因以别之》，《苏轼诗集》卷九，第 443 页。

二 元祐时期的自言衰病与归隐之愿

元丰八年（1085）十月，苏轼抵登州任，诏以礼部郎中召还。原本已作归老计的诗人，意料之外地重归朝堂。此时苏轼年近半百，历经乌台诗案、黄州之贬的摧折，"老病"已不复倅杭时的激愤寓意，转而成为真实的生命状态。他曾向诸多友人表达自己老来还朝，心力已淡，例如《次韵周邠》：

> 南迁欲举力田科，三径初成乐事多。岂意残年踏朝市，有如疲马畏陵坡。羡君同甲心方壮，笑我无聊鬓已皤。何日西湖寻旧赏，淡烟疏雨暗渔蓑。①

苏轼充分描述了自己面对这一宦途转折时意外、疲倦、忧惧兼具的心理。朝廷任命不可违逆，唯有以鬓发斑白之年强撑还朝，而内心却早已向往淡烟疏雨的西湖了。在《送表弟程六知楚州》一诗中，他描述了自己年迈而应付政事的无力感："子方得郡古山阳，老手生风谢刀笔。我正含毫紫微阁，病眼昏花困书檄。"② 还朝后的老病之叹，更为真挚、稳重而显出迟暮之意。若说年轻时的频言衰病倾向于表明政治姿态，那么此时诗人真正因宦海浮沉而生出了倦意。衰病既是实情，更主要作为"当归"的理据，在诗中反复吟咏："眼花错莫鬓霜匀，病马羸骖只自尘。奉引拾遗叨侍从，思归少傅羡朱陈。"③ "告归谢先手，求去悔不勇。岂云慕廉退，实自知衰冗。"④ 元祐三年（1088），苏轼在《卧病逾月，请郡不许，复直玉堂。十一月一日锁院，是日苦寒，诏赐宫烛法酒，书呈同院》一诗中描述了自己寒冬锁院的情状：

---

① 《苏轼诗集》卷二十六，第 1402 页。
② 《苏轼诗集》卷二十七，第 1434 页。
③ 《再和二首》其一，《苏轼诗集》卷二十八，第 1491—1492 页。
④ 《送周正孺知东川》，《苏轼诗集》卷三十，第 1585 页。

微霰疏疏点玉堂，词头夜下揽衣忙。分光御烛星辰烂，拜赐宫壶雨露香。醉眼有花书字大，老人无睡漏声长。何时却逐桑榆暖，社酒寒灯乐未央。①

诗题以其强大的叙事性交代了这个寒冬之夜的背景。微雪疏落而下，点点清冷飘坠玉堂。皇帝的词头深夜而至，诗人在苦寒中陷入忙碌。御赐的宫烛法酒明亮清香，驱散了寒意。自己因眼花写出的字不由自主地变大，完成了公务又因年迈不易入睡，只好默数总也不尽的更漏声。在清冷的办公场所，诗人思及自己卧病逾月，应对政事实已力不从心，可是请郡不许、归乡不得，何时才能享有闲适和美的生活呢？寒夜的案牍劳形引起了诗人的滞留朝堂之悲。衰老、疾病最是消磨心气，当人在面对生活时不得不时时处处感受到时光、精力的掣肘，生活也就失去了原本的光彩。切换另一种生活方式或许才是此情此境下重拾希望的良方。老病之叹引出"当归"，一面表达了归的意愿，一面倾吐了欲归不得的焦虑。王文诰曾关注这种现象："公凡应制体，必要阁进曾经流落老病当归两层，此其情性所发，亦当日风气使然，并不以为忌讳也。"② 可知时人不仅在私下交流中抒发此心，在应制体中亦普遍申明这种态度。对苏轼而言，这不仅侧面印证了归隐是他始终追求的价值归宿，也提示出"曾经流落"的仕宦体验与"老病当归"之间的关系。宦海浮沉加剧了人生的沧桑感，促使苏轼更加迫切地走向归隐，而在位高权重的元祐时期急流勇退，也可以视为实现"功成身退"的良机。因此，这一时期的自言衰病，既出于对仕宦生涯的疲倦，也是为达成自我价值所作的努力。

---

① 《苏轼诗集》卷三十，第 1600—1601 页。
② 《苏轼诗集》卷二十八《次韵曾子开从驾二首》其二，王文诰按语，第 1491 页。

苏诗中"老病当归"的思路，与他曾在《跋欧阳文忠公书》中提及的欧阳修"至欲以得罪、病告去"①的想法颇为一致，而二者所言的衰病与政治诉求的关联又有所不同。身为清刚奋发的士大夫人格楷模，"生涯半为病侵陵"②的欧阳修内心确有敏感、愁苦、衰颓的底色，老病之苦是他具体而真诚的生命感触③。他因此身心疲惫、渴望归隐，"他人或苟以藉口，公发于至情，如饥者之念食也"④。相较于欧阳修，苏轼笔下频繁出现的老病似乎并不十分痛切可感。除了少数对具体病状的描写，如眼花、臂痛、痔疾等，"病"作为一个笼统表述，指称了苏轼因身体与心灵的种种因素引发的痛苦不适，并且与其仕宦处境、政治立场密切相连，倅杭时期的自言衰病尤其可见这种倾向。这与诗文中古已有之的"叹老嗟卑"传统有所差别。在沉沦下僚的文人的慨叹中，叹老往往是嗟卑的方式，无论是美人迟暮还是将军白发，被人生的速朽激发出的都是现实境遇与理想地位的落差。但苏轼感慨衰病，却极少有"及时当勉励，岁月不待人"⑤之感，衰病的存在，反而使得退隐这一选择最大限度减弱了消极色彩，获得了逻辑自洽。从这一角度言之，"叹老嗟卑"与"老病当归"是两种不同的"时不我待"，前者急于追求的是功业、成就、进取的时机，而后者恰恰具有相反的指向，求取的是摆脱仕宦焦虑的宁和心境。

苏轼早年赴任凤翔，与子由别于郑州西门之外，曾言："亦知人

---

① 《苏轼文集》卷六十九，第 2205 页。
② （宋）欧阳修：《病告中怀子华原父》，《欧阳修诗文集校笺》卷十三，第 400 页。
③ 有关欧阳修生命意识及对待衰病的心态问题，可参见陈湘琳《欧阳修的文学与情感世界》（复旦大学出版社 2012 年版）、韩世中《论欧阳修的生命意识与人生实践》（硕士学位论文，北京大学，2015 年）。
④ 《跋欧阳文忠公书》，《苏轼文集》卷六十九，第 2204—2205 页。
⑤ （晋）陶渊明：《杂诗十二首》其一，《陶渊明集》卷四，逯钦立校注，中华书局 1979 年版，第 115 页。

生要有别，但恐岁月去飘忽。"① 他所担忧太过飘忽的岁月，是别后不能相聚的岁月。因为这岁月飘忽而逝，吞噬了有限人生中太多的光阴，意味着退隐闲居的时间将被挤压得更加短暂。治平元年（1064）冬天，他再次与子由感叹："人生不满百，一别费三年。三年吾有几，弃掷理无还。长恐别离中，摧我鬓与颜。"② 同样是此意。寄身江海的高远志趣会否随逐渐衰老的生命无疾而终，苏轼对此总是充满忧虑："我亦江海人，市朝非所安。常恐青霞志，坐随白发阑。"③ "吾生如寄耳，归计失不早。故山岂敢忘，但恐迫华皓。"④ 苏轼将自己定义为"江海人"，唯恐年华老去，致使归愿不得达成。"我少即多难，邅回一生中。百年不易满，寸寸弯强弓。"⑤ 这是后世印象中乐观豁达的苏轼对自我人生的清醒认知。在"逝者如斯夫，不舍昼夜"的生命悲感传统中，"百年不易满"的感受显得很特别。对于人们普遍哀叹短促的"百年"，他却觉得太难走完，只因人生过多的苦难使每一步都如履薄冰。可见，苏轼的叹老并非真正忧惧生命的流逝，而是在意它以何种样态流逝，能否来得及享有安心闲适的生活、拥有骨肉团聚的亲情之乐和自我心灵的自由。

正如上文所言，衰病之叹几乎贯穿于苏轼一生，除了衰病与仕宦心态之联系表现突出、各有侧重的倅杭、元祐两个阶段，其他时期也散见不少在自言衰病中隐含仕宦体验的诗歌。不妨以苏轼初至密州时所作的《除夜病中赠段屯田》一诗再窥其心境：

龙钟三十九，劳生已强半。岁暮日斜时，还为昔人叹。今年一线在，那复堪把玩。欲起强持酒，故交云雨散。惟有病相

---

① 《辛丑十一月十九日，既与子由别于郑州西门之外，马上赋诗一篇寄之》，《苏轼诗集》卷三，第96页。
② 《和子由苦寒见寄》，《苏轼诗集》卷五，第215页。
③ 《送曹辅赴闽漕》，《苏轼诗集》卷三十，第1593页。
④ 《过云龙山人张天骥》，《苏轼诗集》卷十五，第749页。
⑤ 《次前韵寄子由》，《苏轼诗集》卷四十一，第2248页。

寻，空斋为老伴。萧条灯火冷，寒夜何时旦。倦仆触屏风，饥鼯嗅空案。数朝闭阁卧，霜发秋蓬乱。传闻使者来，策杖就梳盥。书来苦安慰，不怪造请缓。大夫忠烈后，高义金石贯。要当击权豪，未肯觑衰懦。此生何所似，暗尽灰中炭。归田计已决，此邦聊假馆。三径粗成资，一枝有馀暖。愿君更信宿，庶奉一笑粲。[1]

苏轼笔下如此语气灰败的表达并不多见。将至不惑之年的苏轼，不仅并未展露"不惑"的神采，反而显出一派龙钟的老态。在这个除夕夜，"病"竟成为唯一愿意"惠顾"相寻的伙伴，而周遭一切凄冷之物都变得极具存在感，即便是暮气沉沉的心灵也能察觉到灯火的清冷、寒夜的无际、饥鼯的窸窣响动。这份枯寂不仅源于衰病带来的自怜自伤，从诗人书写生命短暂、故交散落的短短笔墨中，亦不难体会到某种由心底出之的深重的疲倦。他以刚健有为的志向去劝勉友人，却以"暗尽灰中炭"来总结自己正值壮年、尚未经历政治变故的人生，并在心绪衰颓中决计归隐。苏轼在此体现了复杂而矛盾的价值观念：他既认可担负社会责任的价值，却又宁愿向归隐中寻求解脱之道。这种对仕进的既认可又疏离的态度，可能正源于仕宦阅历一方面挫伤了他施展抱负的志愿，另一方面又更使他深感仕宦的责任与意义，只是他自身已很难热情地投入其中。诗末坚定的"归田之计"，勾画出一幅美好图景，那才是诗人此刻所向往的价值归宿。衰病、仕宦、言归三者往往以彼此缭绕的面貌，呈现着苏轼内心关于出处选择的思考，记录着他对自我价值的定义和取舍。

综上所述，自言衰病不仅是由仕宦经历生发的感怀，更寄寓着仕宦态度与自我价值判断。在苏轼诗歌的衰病表达中，"老病"与"归"的如影随形是表白心迹的自然思路。通过述说自己迟暮无用、病痛缠身，诗人不仅暗寓政治立场，坚守独立人格，亦充分传递出

---

[1] 《苏轼诗集》卷十二，第607—608页。

自己深受煎熬而厌弃仕途的诚恳，并因这"力不从心"的理由使得自己的急流勇退易于获得理解。可以说，在衰病与归心的关系中，前者成了后者的理据与表达方式。

需要指出的是，衰病当然并不仅仅是一种仕宦心境的反映或政治见解的委婉表达，更多时候则是一种真实存在、无法逃避、必须切身感受的痛苦。本节从仕宦的角度分析苏轼诗歌的衰病书写，仅仅是为挖掘其中潜藏的仕宦感受与自我思考，而绝非怀疑诗人述说此类人生体验的真诚。衰病消磨意志，无疑为本已艰难的自我价值实现之路雪上加霜。苏轼如何认识并接纳这种状态，甚至从中发掘自我内心的强大力量，这也将作为重要的论题，在后文中予以特意关注。

第五节 "逆人"与"逆己"：不可违逆的本心

在上文的分析中，我们以苏轼面临的问题与选择为角度，并融入了对其各个人生阶段的关注。无论是居官时的愤激之语与务实之举、贬谪时的不在其位却谋其政、还朝时的位高权重与兴味索然，还是一生不得归而屡屡言归，苏轼在仕宦中的选择仿佛总与他的境遇呈现某种分裂，而这也为他带来了"不合于时"的仕宦体验。顺着苏轼的目光去审视仕宦中的种种问题，会发现他在看待这些事物的同时，往往伴随着"应如何看待自己"的思考。是否符合自我价值的判断，往往构成出处进退种种选择的标准，这也将"坚持自我"与"随世俯仰"置于尖锐的对立中。面对此种情势，苏轼如何自处，又如何在仕宦环境中自我定位？以上各节的论述，帮助我们将思路汇聚到这一问题上来。

若论苏轼在仕宦生涯中展现的面貌，最深入人心的莫过于直言敢谏的抗争姿态。前人曾分析苏轼此类言行的心理动因："（他）自幼崇拜东汉时因反对宦官而死的名士范滂；平时常以'忘躯犯颜之士'自居；考制举，又以贤良方正直言敢谏取人第三等，他想'使某不言，谁当言者？'在舍身报国的精神鼓舞下，苏轼决心坚守'危言危行、独立不回'的政治操守，作为反变法派的代言人，为他所认定的真理进行倔强的争执。"① 这些论述梳理了苏轼"忘躯犯颜"思想成熟深化的过程，也为苏轼的行为表现所印证。而从细微的心理状态来看，"忘躯犯颜之士"的身份设定却未必是一以贯之的，它也可能遭遇过动摇或被质疑的危险。

元丰六年（1083）苏轼在黄州所作的《与滕达道书》，曾引起学者对其主旨的一番热烈讨论②。前人探讨的重点，主要在于这封书信是否表现了苏轼对反对新法以致招祸的忏悔和反思，以及由此衍生的苏轼的政治立场问题。对这一问题的准确辨析并非本书力所能及的范围，而若从苏轼审视自我境遇的角度来看，此文却明确表达了对周遭仕宦环境的忧虑。"若变志易守以求进取，固所不敢，若哓哓不已，则忧患愈深。"③ 苏轼并未因贬谪而改变自己的价值判断，仍不肯"变志易守，以求进取"，但现实的打击发挥了不可低估的效用，则是可见的。乌台诗案前，他虽也设想坚持己见可能带来的种种后果，也曾为此远离朝堂外任诸州，但始终不及亲身蒙难带来的创伤之深。当时诗文表达中的千般磨难，甚至增添了少年意气的悲壮感，而距离真正的痛苦尚有隔膜。如熙宁六年（1073），时任杭州通判的苏轼作诗回应朋友章传道的劝告。对方在来函中劝自己稍稍放低姿态，以合时宜，苏轼则表示不敢苟同：

---

① 王水照、崔铭：《苏轼传：智者在苦难中的超越》，第51—52页。
② 关于这一问题的讨论主要集中于20世纪80年代，如王水照《关于苏轼〈与滕达道书〉的系年和主旨问题》（《文学评论》1981年第1期）、曾枣庄《苏轼〈与滕达道书〉是"忏悔书"吗？》（《文学评论》1980年第4期）、张海滨《苏轼〈与滕达道书〉系年、主旨之探讨——与王水照先生商榷》[《宁夏大学学报》（社会科学版）1981年第2期]等，嗣后，林继中《苏轼的两难选择》等论文也涉及对这篇文章主旨的探讨。
③ 《与滕达道六十八首》其八，《苏轼文集》卷五十一，第1478页。

嗟我昔少年，守道贫非疚。自从出求仕，役物恐见囿。马融既依梁，班固亦事窦。效颦岂不欲，顽质谢镌镂。仄闻长者言，婞直非养寿。唾面慎勿拭，出胯当俯就。居然成懒废，敢复齿豪右。子如照海珠，纲目疏见漏。宏材乏近用，巧舞困短袖。坐令倾国容，临老见邂逅。吾衰信久矣，书绝十年旧。门前可罗雀，感子烦屡叩。愿言歌《缁衣》，子粲还予授。①

苏轼以"唾面慎勿拭，出胯当俯就"之不堪来比拟勉强求合的屈辱，对于朋友的善意相劝，也几乎以不近人情的方式严词拒绝。纪昀评此诗云："锋芒太露，而纵横之气，自为可爱。"② 然而较之"唾面自干"，台狱中的屈辱才真正痛切可感。向时视作苟且、激烈抨击的人与事，却有能力将自己置于忧患之地，这种打击促使苏轼反思已往所为的意义与尺度，以及自己在仕宦中表现出的姿态。从这一角度视之，乌台诗案与黄州之贬真正是苏轼仕宦观念与自我定位的转捩点。

这种反思的影响延续到苏轼此后的仕宦生涯。元祐三年（1088），苦于政敌攻讦的苏轼上书请郡："臣欲依违苟且，雷同众人，则内愧本心，上负明主。若不改其操，知无不言，则怨仇交攻，不死即废。伏望圣慈念为臣之不易，哀臣处此之至难，终始保全，措之不争之地。"③ 在违逆本心与触怒政敌之间，苏轼感到实难自处，他试图避开争斗，不仅为了保全自身，也是通过离开两难之境，不使持守本心的努力受到威胁。作于元祐六年的《杭州召还乞郡状》与此如出一辙："臣每自惟昆虫草木之微，无以仰报天地生成之德，

---

① 《次韵答章传道见赠》，《苏轼诗集》卷九，第424—425页。
② 《苏轼诗集》卷九，第426页。
③ 《乞郡札子》，《苏轼文集》卷二十九，第829页。

惟有独立不倚，知无不言，可以少报万一。……因亦与司马光异论。""臣若贪得患失，随世俯仰，改其常度，则陛下亦安所用。臣若守其初心，始终不变，则群小侧目，必无安理。"① 可见，苏轼采用避离的方式，是为了不在"群小侧目"的朝局中丧失"独立不倚，知无不言"的"初心"。从元祐时期数次言辞诚恳的请郡、乞身，我们可以看出苏轼不仅十分清楚"逆人"的后果，也并不享受直面争执的过程，宁愿采取较内敛的姿态避免纷争。但他言辞中屡屡出现、不可愧对的"本心""初心"，又意味着他需要最大限度地顺从自己的意愿。"有道难行不如醉，有口难言不如睡。先生醉卧此石间，万古无人知此意。"② 如果不能按照自己的意愿发表见解、有补于世，那么唯有不去直面扭曲的世事。苏轼并非在其一生中都以廊庙重臣自居，尤其是乌台诗案后，他更多时候倾向于一种相对低沉的自我定位。

然而在其仕宦实践中，这一定位却往往不可真正达成。这首先源于苏轼直率外露的性情。"东坡性不忍事，尝云：'如食中有蝇，吐之乃已。'"③ 在元丰元年（1078）所作的《思堂记》中，苏轼则有更明确的自我评价："嗟夫，余天下之无思虑者也。遇事则发，不暇思也。未发而思之，则未至。已发而思之，则无及。以此终身，不知所思。言发于心而冲于口，吐之则逆人，茹之则逆余。以为宁逆人也，故卒吐之。"④ 苏轼善于思考，但自认不是瞻前顾后、思虑周详之人。十余年后，他因一首陶诗而心有戚戚，再次想起了自己这番言论：

"清晨闻扣门，倒裳自往开。问子为谁与？田父有好怀。壶浆远见候，疑我与时乖。褴缕茅檐下，未足为高栖。一世皆尚

---

① 《苏轼文集》卷三十二，第 913、914 页。
② 《醉睡者》，《苏轼诗集》卷四十八，第 2593 页。
③ （宋）朱弁：《曲洧旧闻》卷五，孔凡礼点校，中华书局 2002 年版，第 158 页。
④ 《苏轼文集》卷十一，第 363 页。

同,愿君汩其泥。深感父老言,禀气寡所谐。纡辔诚可学,违己谁非迷。且共欢此饮,吾驾不可回。"此诗叔弼爱之,予亦爱之。予尝有云:"言发于心而冲于口,吐之则逆人,茹之则逆予,以谓宁逆人也,故卒吐之。"与渊明诗意不谋而合,故并录之。①

此次引用旧论,苏轼不再是分析自己的性情,而是用以申明自己与前贤一致的态度。陶渊明婉拒了父老的好意,表示自己的心意不可回转,宁可"与时乖"而不肯"违己"。苏轼喜爱这首诗,可见他也十分欣喜于与古人的异代相知。与陶渊明一样,苏轼不可"逆己"的选择不仅出自天性,更以仕宦体验为基础。不同的是,陶渊明选择以远离仕宦、归隐田园保持本心,而怀有入世价值观的苏轼,很难拥有如此宁和的选项,只能以犯颜直谏的"逆人"来对自己的内心负责。

投身国事本是士大夫实现自我价值的津梁。当国事出现危机,苏轼无法不以"逆人"来换取政见的表达与正确的决策。这一选择促使他在仕宦中展现出积极而高昂的面貌,同时,为国为民的公心也给予了个人自我定位的崇高感。元祐时期,外任杭州的苏轼曾道:"伏念臣早缘刚拙,屡致忧虞。用之朝廷,则逆耳之奏形于言;施之郡县,则疾恶之心见于政。虽知难每以为戒,而临事不能自回。"②"轼既条上二事,且以关白漕、宪两司,官吏皆来见轼,曰:'此固当今之至计也,然恐朝廷疑公为漕司地奈何?'轼曰:'吾为数十万人性命言也,岂恤此小小悔吝哉?'"③ 不难看出,当"自我"被用之朝廷、施之郡县,发挥才能、为民请命之时,那些避免纷争的忧惧与顾虑消失了,苏轼从避离政治中心的低沉姿态转而变为独力承

---

① 《录陶渊明诗》,《苏轼文集》卷六十七,第 2111 页。
② 《杭州谢放罪表二首》其一,《苏轼文集》卷二十三,第 675 页。
③ 《上吕仆射论浙西灾伤书》,《苏轼文集》卷四十八,第 1403 页。

担责任、不畏与权力中心沟通的高昂姿态。由于要遵循自己的价值判断，他不惜频发逆耳之言，在"逆人"与"逆己"中明确地选择了前者。正因自我本心的不可违逆，"逆人"虽然并不是苏轼心目中最好的选择，却往往成为其"本心"的最终体现。苏轼在扬州任职时，与朋友谈论政事，随后感慨道："事之济否，皆天也，君子尽心而已。"① 曾有研究者将苏轼的不合时宜归因于"尽人事"的思想②，自然是合理之论，但这一思想恐怕仍有更深的根源，并非"尽力"而已，而须至于"尽心"，应尽力获得自我内心的满足与安宁，而这甚至比自己的所为究竟能否达成实效更加重要。

元祐六年（1091），苏轼在《次韵王滁州见寄》一诗中，对"逆人"与"逆己"的价值作出了高下之判：

> 斯人何似似春雨，歌舞农夫怨行路。君看永叔与元之，坎轲一生遭口语。两翁当年鬓未丝，玉堂挥翰手如飞。教得滁人解吟咏，至今里巷嘲轻肥。君家联翩尽卿相，独来坐啸溪山上。笑捐浮利一鸡肋，多取清名几熊掌。丈夫自重贵难售，两翁今与青山久。后来太守更风流，要伴前人作诗瘦。我倦承明苦求出，到处遗踪寻六一。凭君试与问琅邪，许我来游莫难色。③

此诗起首化用唐代许敬宗典故④，以十分贴切的春雨之喻来说明人可

---

① 《与毅父宣德七首之三》，《苏轼文集》卷五十七，第1718页。
② 参见阮延俊《苏轼的人生境界及其文化底蕴》（世界图书北京出版公司2014年版）第一章中有关"尽人事论"的论述，以及周晓音《淑世与超旷：苏轼仕杭时期活动与创作评析》第六章也涉及苏轼"尽人事"的思想（浙江工商大学出版社2013年版）。
③ 《苏轼诗集》卷三十四，第1833—1834页。
④ 《苏轼诗集》此诗下引冯应榴《苏诗合注》转引柯其楷云："唐太宗谓许敬宗曰：'朕观诸卿中，惟卿最贤，有人言卿之过者，何也？'敬宗对曰：'春雨如膏，农人喜其润泽，行人恶其泥泞。'"第1833页。

能面临的不同评价。作者列举欧阳修与王禹偁这两位曾罢知滁州的前辈，前者是苏轼最为敬慕的师长，后者则是以刚直著称的朝堂重臣，二人德高望重，却亦不免一生遭受攻讦排挤。然而较之他们在滁州留下的教化与功绩，那些攫取富贵之徒又是多么不值一哂。苏轼以士林前贤的坎坷遭际与身后公论，来道出自己对士大夫立身大节的评判标准。"浮利"自然是违逆本心、随波逐流便可获得的，而"清名"却须不惜"逆人"，与俗流相抗。鸡肋与熊掌之比，实已暗含苏轼的取舍。"丈夫自重贵难售"体现了苏轼对士人身份的自知之明，正因重视自身的节操与价值，所以必会因坚持自我而"逆人"，难以遇到顺遂的时机，但其生存一世，便可与青山同样不朽。此诗虽是与当时滁州太守的酬唱之作，却借称美前贤，诠释了苏轼"自重"的价值追求。

苏轼对仕宦价值与政治道德的理解，也含有重视个体价值的观念。绍圣三年（1096），谪居惠州的苏轼作《和陶咏三良》：

> 此生太山重，忽作鸿毛遗。三子死一言，所死良已微。贤哉晏平仲，事君不以私。我岂犬马哉，从君求盖帷。杀身固有道，大节要不亏。君为社稷死，我则同其归。顾命有治乱，臣子得从违。魏颗真孝爱，三良安足希。仕宦岂不荣，有时缠忧悲。所以靖节翁，服此黔娄衣。①

这首一反陶诗原意的和作，彰显了臣子身份所能拥有的主体性。他批评三良为秦穆公殉葬之举，认为三良之死是以重如泰山的生命付与轻如鸿毛的意义，浪费了生命个体原本贵重的价值。他强调臣子不应愚忠于君王，而必须有自己的价值判断和行为标准。无论是"我岂犬马哉，从君求盖帷"的独立思想，还是"仕宦岂不荣，有时缠忧悲"的真实感慨，都不难见出苏轼自身仕宦体验的影子。宋

---

① 《苏轼诗集》卷四十，第 2184—2185 页。

高宗《苏文忠公赠太师制》称赞他"不可夺者，巍然之节"①，君权尚可违逆，自我的意志与尊严却须昂然矗立，正是对自我价值的执着追求为这份气节注入了坚定的内涵。

要之，苏轼的自我定位建立在重视自我价值的基础上，而又与其仕宦体验直接相关。一方面，"忧患半生联出处"②，仕宦是苏轼毕生的事业与最大的困扰。在这一过程中，身心束缚、命运跌宕是他不能自主的，他时常为此陷入低落自伤。而另一方面，价值追求不能放弃，本心不可违逆，又促使他在各种条件下忘躯犯颜、逆人救世，凸显出兀傲的自我形象。林继中《苏轼的两难选择》一文曾简洁概括道："苏轼大半辈子所做的思考就是：如何在逆境中求生存且保自尊。"③ 尊重自我必然以宦途多"忧悲"为代价，而仕途蹭蹬又会加剧自我期许与实际能力之间的落差。从这个意义上说，苏轼在仕宦中的矛盾处境，低沉与高昂兼具的自我定位，都与他对自身价值的理解与认可密切相关。

吉川幸次郎曾言："而摆脱悲哀，是宋诗最重要的特色。使这种摆脱完全成为可能的是苏轼。……通过从多种角度观察人生的各个侧面的宏观哲学，他扬弃了悲哀。""明确地承认悲哀是人生不可避免的要素，是人生必然的组成部分，而同时把对这种悲哀的执著看作是愚蠢的，这才是由苏轼独创的新的看法。"④ 扬弃悲哀的确闪耀着苏轼的智慧光芒，但也正因苏轼总是处于真实地陷入某种悲哀和努力挣脱某种悲哀的过程中，他表达中的抵牾、多变便成为走近其内心时最大的障碍。对于仕宦这一对象而言，尤其如此。苏轼因对仕宦价值的肯定而努力走入仕途，却遭遇了既无法实现个人价值，

---

① （宋）苏轼著，（宋）郎晔注：《经进东坡文集事略》卷首《苏文忠公赠太师制》，四部丛刊初编影印乌程张氏南海潘氏合藏宋刊本。
② 《次韵子由五月一日同转对》，《苏轼诗集》卷三十，第1578页。
③ 林继中：《苏轼的两难选择》，《宋代文化研究》2009年第1期。
④ ［日］吉川幸次郎：《关于苏轼》，《中国诗史》，章培恒等译，复旦大学出版社2001年版，第270、275页。

亦难以保全独立自我的困境。他在疏离与参与之间感到困惑，并随境遇调整着实现自我价值的方式。"百川日夜逝，物我相随去。惟有宿昔心，依然守故处。"① 在这一过程中未曾改变的，不仅是早日退隐的夙愿，更是"淑世"这一价值设定与对本心的持守。

---

① 《初秋寄子由》，《苏轼诗集》卷二十二，第1169页。

第 三 章

"阅世走人间":苏轼在社会关系中的自我认知

社会关系是苏轼一生中面临的重要问题,他的仕宦经历、情感际遇、人生体验,几乎都与社会关系的处理息息相关。苏轼在不同类别的人群中体会情感的交流与冲突,他对自身的了解在这一过程中逐渐建立,同时又作用于社会关系的形成。对苏轼而言,亲友、同僚、百姓等对象,既可能是温暖的来源,也未尝不是孤独感产生的缘由。从探究苏轼自我认识的目的出发,他在面临各种社会关系时如何定位自己,如何与之互动,收获何种体验,皆是值得关注的内容。

第一节 "情累"的担负者:亲情中的自我

在社会关系的层级中,亲情通常与个体联系最为紧密。苏轼笔下有关亲情的记录与表达,呈现出作者细节化、生活化的情感面相。既有研究多将兄弟友爱、夫妻情深作为苏轼家庭关系的简单写照,而较少从苏轼自我的角度审视亲情带来的具体感受,以及他自身在亲情关系中扮演的角色。苏轼一生动荡流离,常须面对亲人的离合聚散，亲情在给予他温暖与宽慰的同时，也不可避免地带来困扰和羁绊。此类文学书写提供的信息，以其各自的意义展现了苏轼在亲情关系中的细微体验与自我认知。

一 苏轼笔下的亲情书写

（一）"四海一子由"

苏轼作品中留存最多的亲情痕迹，无疑是与苏辙交互应和的篇章，仅苏诗题目及正文中语涉子由者即百余处。苏轼与苏辙一同长大，友爱甚笃，后在未及而立之年、崭露头角的辉煌时刻痛失双亲，此后三十年间，二人相互扶持、共同进退，而彼此命运动荡，聚少离多，也造就了兄弟之间频密的文字往来，为世人留下追觅其亲情的线索。针对二人的文学唱和与情感交流，前人已不乏梳理研究①，而本书从苏轼自我认识的角度，更欲着眼于他如何看待兄弟关系中的自己，以及从中获得的情感体验。

不妨先从苏轼的诗歌表达中一窥子由之于他的重要意义："嗟予寡兄弟，四海一子由。"②"我年二十无朋俦，当时四海一子由。"③对比四海之广大，子由在诗中的身影总不免被涂抹上孤清兀立的色彩，而兄弟二人相依为命之意也隐现于字句中。"吾从天下士，莫如与子欢。"④苏辙的存在，仿佛在给予苏轼唯一的亲密伙伴的同时，

---

① 苏轼与苏辙之间的交流互动是既有研究关注较多的话题，其主要成果诸如：赵晓星《论苏轼、苏辙唱和诗》（硕士学位论文，吉林大学，2007年）、黄莹《苏轼苏辙兄弟唱和诗研究》（硕士学位论文，广西大学，2008年）、梁益萍《苏轼苏辙的兄弟之情及对苏轼文学创作的影响》（硕士学位论文，宁波大学，2012年）、王书华《苏轼苏辙对荆公新学的批判》（《河北大学学报》2005年第3期）、潘殊闲《苏轼苏辙李杜比较观述评》（《蜀学》2011年）、袁津琥《与君世世为兄弟——苏轼与苏辙的宦海浮沉》（《文史知识》2016年第4期）等。此外，林语堂、王水照、朱刚、莫砺锋等学者所作的苏轼传记中也均不同程度地涉及苏轼兄弟的关系。
② 《送李公择》，《苏轼诗集》卷十六，第816页。
③ 《送晁美叔发运右司年兄赴阙》，《苏轼诗集》卷三十五，第1896页。
④ 《和子由苦寒见寄》，《苏轼诗集》卷五，第215页。

也给予了他孤独的自我定位。愈是强调子由的独一无二，愈是凸显了苏轼内心知己难求的落寞情绪。然而，即便这唯一至亲的弟弟，也常常由于宦海浮沉而不得团聚，致使苏轼笔下屡屡出现骨肉分离的感喟。熙宁四年（1071）九月，苏辙因上书言事忤逆王安石，除河南推官。适逢张方平出知陈州，将其辟为教授。其时苏轼接到通判杭州的任命，出京来陈，苏辙将兄长送至颍州，一同谒见退居于此的欧阳修，之后作别。此次分离相隔既远，又夹杂着受挫外任的情绪，格外令人怅惘。苏轼为此所作的《颍州初别子由二首》，描述了离别时的感受，其二道：

> 近别不改容，远别涕沾胸。咫尺不相见，实与千里同。人生无离别，谁知恩爱重。始我来宛丘，牵衣舞儿童。便知有此恨，留我过秋风。秋风亦已过，别恨终无穷。问我何年归？我言岁在东。离合既循环，忧喜迭相攻。语此长太息，我生如飞蓬。多忧发早白，不见六一翁。①

此诗字里行间难掩分离的深切伤感，而又糅入颇具思辨色彩的慰解之语。如若不能相见，咫尺与千里便并无分别，那么又何须为远别而格外伤心呢？如若没有离别之苦，人们又如何感知亲情之深？同理，自己始来陈州时的团聚之喜，便注定了今时的分离之悲。手足情深与聚散无常之间的矛盾，增益了苏轼关于人生的思考，使他抽绎出其中循环交替的本质。

元丰三年（1080），苏轼贬谪黄州，苏辙自南都赶来，二人于陈州相会三日而别。苏轼为此感叹："夫子自逐客，尚能哀楚囚。奔驰二百里，径来宽我忧。"② 王文诰曾评首二句云："二语破涕为笑，若得之于不意中者，然真乃张皇失措不辨头路时语也。公既就逮，

---

① 《苏轼诗集》卷六，第280—281页。
② 《子由自南都来陈三日而别》，《苏轼诗集》卷二十，第1018页。

家累方寄食于子由，至是，子由坐罪，亦欲就道，真乃城门失火殃及池鱼之时。诗却以此十字，一齐卷过，下便自说自话矣。"① 苏辙受兄长连累，不仅毫无怨怼，还远道驱驰前来宽慰，"破涕为笑"四字确是此刻苏轼内心的精准写照。兄弟之情驱散了命运低谷中的阴霾，平添了分离时的豪壮气魄，因此苏轼才能以"此别何足道，大江东西州。畏蛇不下榻，睡足吾无求。便为齐安民，何必归故丘"②来慰解彼此，尽管慷慨语气背后仍有无限酸辛。约四个月之后，苏辙护送兄长家眷抵达黄州，苏轼十分欣喜，在《晓至巴河口迎子由》一诗中，他记述了自己早早来到河边翘首盼望，设想着"行当中流见，笑眼清光溢"③的场景，满篇尽是由衷的愉悦。可是二人盘桓同游之际，苏轼却流露出挥之不去的愁思："与君聚散若云雨，共惜此日相提携。……我今漂泊等鸿雁，江南江北无常栖。幅巾不拟过城市，欲踏径路开新蹊。却忧别后不忍到，见子行迹空馀凄。"④ 分别之时未到，作者已无法尽情享受团聚的快乐，而不禁忧惧别后的痛苦，这样的情感走向再次切合了"离合既循环，忧喜迭相攻"的感受。苏轼曾在与朋友的书信中言及："官满本欲还乡，又为舍弟在京东，不忍连年与之远别，已乞得密州。风土事体皆佳，又得与齐州相近，可以时得沿牒相见，私愿甚便之。但归期又须更数年。瞻望坟墓，怀想亲旧，不觉潸然。"⑤ 兄弟之情与怀乡之情无法两全，苏轼不忍与子由远别，便须滞留异乡，乞得密州也不过是喜忧参半。共同还乡的约定成为他们笔下长久的话题，而归根究底，一切矛盾处境皆源于仕途的羁绊，因此"出处"也就成为二人交流中十分重要的内容。在苏轼笔下，手足之情、还乡、归隐三者往往相互交织，而子由无疑成为此类情感最理想，也是唯一能够完全理解的分享

---

① 《子由自南都来陈三日而别》，《苏轼诗集》卷二十，第1018页。
② 《子由自南都来陈三日而别》，《苏轼诗集》卷二十，第1019页。
③ 《苏轼诗集》卷二十，第1053页。
④ 《与子由同游寒溪西山》，《苏轼诗集》卷二十，第1055页。
⑤ 《与杨济甫十首》其七，《苏轼文集》卷五十九，第1810页。

对象。

　　子由身上首先寄寓着苏轼对故乡、童年等美好记忆的怀想。苏轼在凤翔为官时，适逢早春，子由寄诗来，谈及蜀地踏青、蚕市的风俗，勾起绵绵乡思。他津津有味地加入回忆的行列，述说兄弟俩儿时被蚕市的热闹吸引、逃学出去见识的趣事："忆昔与子皆童丱，年年废书走市观。市人争夸斗巧智，野人喑哑遭欺谩。诗来使我感旧事，不悲去国悲流年。"① 作者以悲感结尾，使前文的兴高采烈陡然降温。去国岂不足悲？然而与此相比，如今自己与子由羁縻仕途不得相聚，当年一同废书出游的纯真时光一去不返，这才是怀旧时真正的感伤之处，尽管真挚的手足之情并不因年岁渐长而稍减。元祐三年（1088）农历十月，时任翰林学士的苏轼曾作《出局偶书》一诗，来记载一件有关兄弟情谊的小事：

　　　　急景归来早，穷阴晚不开。倾杯不能饮，留待卯君来。②

这日他提早下班，眼见浓云至晚不散，即将下雪，便急急赶回家中，取出酒倒好，耐心等待从户部晚归的子由回来一同品尝。苏轼自题此诗后云："今日局中早出，阴晦欲雪，而子由在户部晚出，作此数句。忽忆十年前在彭城时，王定国来相过，留十馀日，还南都，时子由为宋幕。定国临去，求家书，仆醉不能作，独书一绝与之，云：'王郎西去路漫漫，野店无人霜月寒。泪尽粉笺书不得，凭君送与卯君看。'卯君，子由小名也。今日情味虽差胜彭城，然不若同归林下，夜雨对床，乃为乐耳。"③ 苏辙生于己卯年，苏轼因以"卯君"呼之。他在等待子由的片刻想起这亲切的小字，原是因为勾连起十年前徐州任上与弟弟分隔两地的旧事。如今虽然能够团聚，却始终

---

① 《和子由蚕市》，《苏轼诗集》卷四，第 163 页。
② 《苏轼诗集》卷四十八，第 2622 页。
③ 《书出局诗》，《苏轼文集》卷六十八，第 2142 页。

第三章 "阅世走人间"：苏轼在社会关系中的自我认知　　153

比不上共同归乡隐居那样自由快活。绍圣元年（1094），政治打击再次袭来，苏轼在贬谪岭南的苦况中，仍不忘为子由贺寿，以檀香观音像、新合印香、银篆盘赠之："缭绕无穷合复分，绵绵浮空散氤氲。东坡持是寿卯君，君少与我师皇坟。旁资老聃释迦文，共厄中年点蝇蚊。晚遇斯须何足云，君方论道承华勋。我亦旗鼓严中军，国恩未报敢不勤。但愿不为世所醺，尔来白发不可耘。"① 苏轼从礼物中阐发精神力量，激励子由不从流俗、无须忧惧。此时他们都已年近花甲，苏轼又一次称呼子由的小字，将彼此从目下的坎坷中抽离出来，好似又回归儿时的纯真，兄弟之情成为面临忧患时内心的重要支点。

　　不仅如此，子由还是苏轼仕宦体验的分享者，他们的交流常常作用于彼此仕宦观念的形成。尽管二人性情不同，苏轼却由衷感佩子由处世方面的沉稳端方，在他笔下，屡屡可见对弟弟品性的评价和赞赏："我少知子由，天资和而清。好学老益坚，表里渐融明。"② "门前万事不挂眼，头虽长低气不屈。"③ "余观子由，自少旷达，天资近道，又得至人养生长年之诀，而余亦窃闻其一二。"④ "子由之达，盖自幼而然。方先君与吾笃好书画，每有所获，真以为乐。唯子由观之，漠然不甚经意。今日有先见，固宜也。"⑤ 在《颍州初别子由二首》其一中，他曾明确对比子由与自己的性格："念子似先君，木讷刚且静。寡辞真吉人，介石乃机警。至今天下士，去莫如子猛。嗟我久病狂，意行无坎井。有如醉且坠，幸未伤辄醒。从今

---

① 《子由生日，以檀香观音像及新合印香银篆盘为寿》，《苏轼诗集》卷三十七，第 2015—2016 页。
② 《初别子由》，《苏轼诗集》卷十五，第 757 页。
③ 《戏子由》，《苏轼诗集》卷七，第 325 页。
④ 《子由将赴南都，与余会宿于逍遥堂，作两绝句，读之殆不可为怀，因和其诗以自解。余观子由，自少旷达，天资近道，又得至人养生长年之诀，而余亦窃闻其一二。以为今者宦游相别之日浅，而异时退休相从之日长，既以自解，且以慰子由云》，《苏轼诗集》卷十五，第 745 页。
⑤ 《子由幼达》，《苏轼文集》卷七十二，第 2296 页。

得闲暇，默坐消日永。作诗解子忧，持用日三省。"① 与弟弟相比，苏轼自愧过于狂妄外露，招致祸端，表示此去外任要默省自身。在他眼中，子由不仅是一位优秀的交流对象，更时时给予自己诚恳的劝诫："岂独为吾弟，要是贤友生。不见六七年，微言谁与赓。常恐坦率性，放纵不自程。"② 而苏轼也不忘提点子由："南都信繁会，人事水火争。念当闭阁坐，颓然寄聋盲。"③ 这与其视为劝告，倒不如理解为共勉。苏轼一方面从子由沉静的气质中催生出自我反思，另一方面也将这种反思回馈于与子由的交流当中。

艰辛的仕宦体验影响着苏轼与苏辙的人生规划，而兄弟之间的休戚与共，使得退隐的选择更加坚定并具有吸引力。"早晚青山映黄发，相看万事一时休。"④ "此邦疑可老，修竹带泉石。欲买柯氏林，兹谋待君必。"⑤ "遥想茅轩照水开，两翁相对清如鹄。"⑥ 他曾在诗中回望二人早年的约定：

百川日夜逝，物我相随去。惟有宿昔心，依然守故处。忆在怀远驿，闭门秋暑中。藜羹对书史，挥汗与子同。西风忽凄厉，落叶穿户牖。子起寻夹衣，感叹执我手。朱颜不可恃，此语君莫疑。别离恐不免，功名定难期。当时已凄断，况此两衰老。失途既难追，学道恨不早。买田秋已议，筑室春当成。雪堂风雨夜，已作对床声。⑦

面对历历可数的往事，苏轼表明自己不忘退隐宿志，"别离恐不免，

---

① 《苏轼诗集》卷六，第 279—280 页。
② 《初别子由》，《苏轼诗集》卷十五，第 757 页。
③ 《苏轼诗集》卷十五，第 758 页。
④ 《今年正月十四日，与子由别于陈州，五月，子由复至齐安，以诗迎之》，《苏轼诗集》卷二十，第 1052 页。
⑤ 《晓至巴河口迎子由》，《苏轼诗集》卷二十，第 1053 页。
⑥ 《别子由三首兼别迟》其二，《苏轼诗集》卷二十三，第 1226 页。
⑦ 《初秋寄子由》，《苏轼诗集》卷二十二，第 1169 页。

功名定难期"是由多年宦海浮沉得出的沉痛判断,如今时不我与,应当及早践约。子由为同僚排挤,苏轼寄诗开解,劝其不妨早退:"少学不为身,宿志固有在。虽然敢自必,用舍置度外。天初若相我,发迹造宏大。岂敢负所付,捐躯欲投会。宁知事大谬,举步得狼狈。我已无可言,堕甑难追悔。子虽仅自免,鸡肋安足赖。"[1] 通过述说彼此的少年壮志和不幸遭际,苏轼再次将自己与子由置于共同进退的紧密联系中,并提出"时哉归去来,共抱东坡耒"[2] 的美好设想。苏轼对弟弟的情感,不仅以深厚的血缘关系和共同成长的经历作为基础,还伴随着二人共同的价值判断、政治见解与人生理想而出现,并因这种默契的持守而日益笃厚。正如《宋史·苏辙传》所云:"患难之中,友爱弥笃,无少怨尤,近古罕见。"[3]

要之,"兄友弟恭"并不足以概括苏轼在兄弟情谊中的所感所得。苏轼与子由的深情,首先促使他对聚散离合产生了深刻的情感体验。宦途之中,苏轼从子由处获得了同声同气、相互砥砺的伙伴关系,也从他身上映照出自己切直外露的性格缺失。子由既带来慰藉,也促成反思,无论对苏轼感知亲情、思考人生还是了解自我,都发挥了不可低估的作用。可以印证这一点的是,苏轼对子由的情感表达最为频密,方式亦最为直白。他不仅在多首诗题中道出思念子由之意,也径直以"忆弟"之语入诗:"忆弟泪如云不散,望乡心与雁南飞。"[4] "无人可诉乌衔肉,忆弟难凭犬附书。"[5] 作者并不掩饰内心的强烈思念,而这样直抒胸臆的方式,却很少见于对其他亲人的表达当中。在一生宦游中,子由几乎是他唯一时刻牵挂的亲

---

[1] 《闻子由为郡僚所捃,恐当去官》,《苏轼诗集》卷二十二,第1171—1172页。

[2] 《苏轼诗集》卷二十二,第1172页。

[3] 《宋史》三百三十九《苏辙传》,第10837页。

[4] 《壬寅重九,不预会,独游普门寺僧阁,有怀子由》,《苏轼诗集》卷四,第151页。

[5] 《捕蝗至浮云岭,山行疲苶,有怀子由弟二首》其一,《苏轼诗集》卷十二,第580页。

人,从这个意义上说,"四海一子由"可谓实至名归。

(二) 父母、妻妾、子侄:"稀薄"的亲情记录

苏轼笔下关于父母、妻妾、子侄的直接记述并不多见。苏轼对父亲的记录,偶尔以有感而发的形式出现,例如恰逢父亲忌辰,或经过与父亲有关的地方:"先君昔爱洛城居,我今亦过嵩山麓。"①抑或在谈及子由时将父亲作为对照的角色:"念子似先君,木讷刚且静。"② 读者从中固然可以得知苏洵卜居的理想、沉静的性格,却无法借助有限的信息生动勾勒其风貌。绍圣元年(1094),苏轼贬谪惠州途中,经过父亲昔年曾游的故地,作《天竺寺》一诗。诗前引文交代了父亲与此地的渊源:

> 予年十二,先君自虔州归,为予言:"近城山中天竺寺,有乐天亲书诗云:一山门作两山门,两寺原从一寺分。东涧水流西涧水,南山云起北山云。前台花发后台见,上界钟清下界闻。遥想吾师行道处,天香桂子落纷纷。笔势奇逸,墨迹如新。"今四十七年矣。予来访之,则诗已亡,有石刻存耳。感涕不已,而作是诗。③

这段文字记录了少年时代的自己与父亲之间的往事,语调间隐含伤痛。此时践履陈迹,苏轼不仅有物是人非的沧桑之慨,心境中更有个人遭遇的凄伤底色。仕途偃蹇导致天涯流落,贬谪之苦更兼怀念亡父,在逆境中,思亲念旧之心无疑更为敏感脆弱,以至于"感涕不已"。仕宦、亲情、怀旧三者,构成相互关联的复杂情绪,作者对父亲的深沉情感也在其中难得地有所流露。对于母亲程氏夫人,苏轼的记录见于《记先夫人不残鸟雀》《记先夫人不发宿藏》两篇杂

---

① 《别子由三首兼别迟》其二,《苏轼诗集》卷二十三,第1226页。
② 《颍州初别子由二首》其一,《苏轼诗集》卷六,第279页。
③ 《苏轼诗集》卷三十八,第2056页。

记中。前一篇记述了母亲诫令儿童婢仆不得捕取鸟雀,使得桐花凤翔集庭院之事,而此文以"苛政猛于虎"收束,显然意在政治隐喻,而并非单纯以亲情为主题。后一篇记录了母亲端严的品行:

> 先夫人僦居于眉之纱縠行。一日,二婢子熨帛,足陷于地。视之,深数尺,有一瓮,覆以乌木板。夫人命以土塞之,瓮中有物,如人咳声,凡一年而已。人以为有宿藏物,欲出也。夫人之侄之问闻之,欲发焉。会吾迁居,之问遂僦此宅,掘丈馀,不见瓮所在。其后吾官于岐下,所居古柳下,雪,方尺不积雪,晴,地坟起数寸。吾疑是古人藏丹药处,欲发之。亡妻崇德君曰:"使先姑在,必不发也。"吾愧而止。①

母亲既无贪求之念,也无过分的好奇之心,这些美德促使苏轼自省自愧。值得注意的是,文中还提及了亡妻借母亲事迹告诫自己的行为,王弗集贤妻、诤友于一身的角色也因此得以体现。

尽管如此,夫妻之情依然并非苏轼作品中的常见题材。他最为著名的吟咏妻子的篇章,便是千古悼亡名作《江城子·乙卯正月二十日夜记梦》。在苏轼为妻妾所写的文字中,"小轩窗,正梳妆,相顾无言,惟有泪千行"大约是少有的可与初别子由时"登高回首坡垄隔,但见乌帽出复没"②的生动细节相媲美的感人描述,区别在于前者毕竟不是现实场景,而是追忆亡妻时的梦中所见。不仅对发妻王弗,苏轼专为续弦王闰之、侍妾王朝云而作,并且正面提供其信息的诗文,也大都是她们逝世后的悼亡之作,包括墓志铭以及含有佛家思想的赞、颂等文体。这些文字尽管简要记录了妻妾们的生平,却少有事迹行实的具体描写,限于文体,似乎也不便以生动的

---

① 《记先夫人不发宿藏》,《苏轼文集》卷七十三,第 2373—2374 页。
② 《辛丑十一月十九日,既与子由别于郑州西门之外,马上赋诗一篇寄之》,《苏轼诗集》卷三,第 95 页。

形象刻画、真切的情感流露为主旨。而在三位妻妾生前，苏轼却甚少将与她们的交流形诸文字。是故，后世对苏轼爱情生活的描述，唯有从只言片语中拼凑得来。

王弗与苏轼情深而缘浅，她为人称道的行为举止，均见于苏轼《亡妻王氏墓志铭》记载。在这篇盖棺定论的文章中，苏轼以"谨肃""敏而静"赞誉王弗，并且均选择了妻子警示、告诫自己的事例，以体现她为人处世的明智。这样的安排，不仅表达了自愧不如之意，更在实际上坦承自己是一个需要被提点的对象，隐含着在这段夫妻关系中的自我定位。王弗之死，加剧了苏轼的"永无所依怙"[①]之悲，足见他对妻子的情感依赖。但是在文字表达方面，除了悼亡词，似乎也只有"东阿在何许，寒食江头路。哀哉魏城君，宿草荒新墓"[②]之句约略流露出多年后的伤感。王闰之与苏轼同甘共苦二十五年，相较其他两位妻妾，有幸留下了些许即时性的记录。苏轼曾向章惇夸奖她治愈牲畜的医术：

> 某启。仆居东坡，作陂种稻，有田五十亩，身耕妻蚕，聊以卒岁。昨日一牛病几死，牛医不识其状，而老妻识之，曰："此牛发豆斑疮也，法当以青蒿粥啖之。"用其言而效。勿谓仆谪居之后，一向便作村舍翁。老妻犹解接黑牡丹也。言此，发公千里一笑。[③]

又如《题和王巩六诗后》所云：

> 仆文章虽不逮冯衍，而慷慨大节乃不愧此翁。衍逢世祖英睿好士，而独不遇，流离摈逐，与仆相似。而衍妻悍妒甚，仆

[①] 《亡妻王氏墓志铭》，《苏轼文集》卷十五，第472页。

[②] 《伯父送先人下第归蜀诗云：人稀野店休安枕，路入灵关稳跨驴。安节将去，为诵此句，因以为韵，作小诗十四首送之》其八，《苏轼诗集》卷二十一，第1100页。

[③] 《与章子厚二首》其一，《苏轼文集》卷五十五，第1639页。

少此一事，故有"胜敬通"之句。①

不难看出，在苏轼眼中，老妻的魅力在于贤惠的性情和质朴的生活智慧。两条材料中，他皆以向朋友"炫耀"的幽默语气，暗寓对妻子的赞许。王闰之并不称得上见识过人，但勤俭平实，她会在大祸陡降时手足无措，也会在丈夫苦中作乐的打趣中破涕为笑②，会调侃"有西北村落气味"③的大麦和小豆混合饭为"新样二红饭"，会为身处贬所的苏轼收藏好几坛美酒，以备他兴之所至的出游之需。她陪伴苏轼年月最久，可是同样只在为数不多的侧面记述中存留下共同生活的痕迹。"敏而好义"的朝云，被视为苏轼晚年的红颜知己，苏轼写有与她相关的诗、词、文十余篇，而仍以悼亡之作最多。这些文字多称赞她的忠敬若一、善解人意以及佛学方面的颖悟，而几乎不曾涉及日常生活的细节。大约唯有在痛失幼子时所作的哭儿诗中，朝云以肝肠寸断的母亲形象出现在苏轼笔下："母哭不可闻，欲与汝俱亡。故衣尚悬架，涨乳已流床。"④ 这番至为惨痛的情态，恰恰是对朝云唯一面目清晰的描述。总体而言，从苏轼的记载中，一方面能够感知他对三位妻妾的赞赏和尊重，另一方面，他却甚少留下关于她们的真切记录或具体描写。在一生的相处中，她们与苏轼共同经历了怎样的悲欢离合，又在其生命中发挥过何种作用，大都无法经由苏轼自己的笔触而得知。这或许也是探讨苏轼亲情观念时不应忽视的一种表象。

子侄是苏轼亲情关系中另一类主要对象，苏轼对他们多施以父

---

① 《苏轼文集》卷六十八，第 2132—2133 页。
② 参见《苏轼文集》卷六十八《题杨朴妻诗》："余在湖州，坐作诗追赴诏狱，妻子送余出门，皆哭。无以语之，顾老妻曰：'子独不能如杨处士妻作一诗送我乎？'妻不觉失笑。予乃出。"第 2161 页。
③ 《二红饭》，《苏轼文集》卷七十三，第 2380 页。
④ 《去岁九月二十七日，在黄州，生子遁，小名幹儿，颀然颖异。至今年七月二十八日，病亡于金陵，作二诗哭之》其二，《苏轼诗集》卷二十三，第 1240 页。

辈的关爱鼓励。他曾颇为得意地记载长子苏迈文思别致：

> 儿子迈，幼时尝作《林檎》诗云："熟颗无风时自脱，半腮迎日斗先红。"于等辈中，亦号有思致者。今已老，无他技，但亦时出新句也。尝作酸枣尉，有诗云："叶随流水归何处，牛载寒鸦过别村。"亦可喜也。①

苏轼也曾在与王巩的书信中称赞苏过相随贬谪惠州且能安贫乐道的心性，难掩虎父无犬子的自豪之情："某既缘此绝弃世故，身心俱安，而小儿亦遂超然物外，非此父不生此子也。呵呵。"② 他们在才学性情方面的修为，都使苏轼由衷欣喜。即便是未期年而夭折的幼子苏遁，苏轼也在回忆中称许道："幼子真吾儿，眉角生已似。未期观所好，蹁跹逐书史。摇头却梨栗，似识非分耻。"③ 作为关爱子侄的长辈，在苏轼看来，他们的陪伴常带给自己重要的情感慰藉。元丰四年（1081），苏轼堂兄苏不疑之子安节至黄州探望他，临别时苏轼以诗送行，因亲人远隔和此次相聚而感慨万千："瞻前惟兄三，顾后子由一。近者隔涛江，远者天一壁。今朝复何幸，见此万里侄。忆汝总角时，啼笑为梨栗。今来能慷慨，志气坚铁石。"④ 当年不懂事的儿童已摇身一变为慷慨志士，子侄的成长慰解了苏轼的迁谪之苦与离散之悲。元丰七年（1084）端午，苏轼在苏辙三子陪伴下游大愚山真如寺，高谈欢聚，十分开怀，他在纪行诗中感叹："归来一调笑，慰此长龃龉。"⑤ 在哭儿诗中，苏轼也曾表达老年得子带给自己的快乐，以

---

① 《书迈诗》，《苏轼文集》卷六十八，第 2155 页。
② 《与王定国四十一首》其四十，《苏轼文集》卷五十二，第 1531 页。
③ 《去岁九月二十七日，在黄州，生子遁，小名幹儿，颀然颖异。至今年七月二十八日，病亡于金陵，作二诗哭之》其一，《苏轼诗集》卷二十三，第 1240 页。
④ 《冬至日赠安节》，《苏轼诗集》卷二十一，第 1097 页。
⑤ 《端午游真如，迟、适、远从，子由在酒局》，《苏轼诗集》卷二十三，第 1225 页。

及失去这一精神支柱时的巨大痛苦:"吾老常鲜欢,赖此一笑喜。忽然遭夺去,恶业我累尔。"① 亲情的意义,在"龃龉""鲜欢"的仕宦生涯中得到了凸显。

苏轼往往将自己从仕宦经历中提炼出的价值观寄寓在对后辈的希冀中。自己险恶的一生,使苏轼并不愿看到后辈们重蹈覆辙。他曾对子由和侄子苏迟说道:"两翁归隐非难事,惟要传家好儿子。忆昔汝翁如汝长,笔头一落三千字。世人闻此皆大笑,慎勿生儿两翁似。不知樗栎荐明堂,何似盐车压千里。"② 苏轼称,千万不要让孩子们效法自己兄弟二人,虽是以玩笑的语气道来,可是末句所用的典故,分明表达了对庸才官居高位、贤才屈沉于下的不公世道的怨愤之情。而这一切,无不出自苏轼自身的体验和教训。老年得子时,他曾戏作洗儿诗云:"人皆养子望聪明,我被聪明误一生。惟愿孩儿愚且鲁,无灾无难到公卿。"③ 这与众不同的希望中,不仅含有玩世嫉俗的情绪,也夹杂着深刻的自我剖析。当子由喜获孙儿时,他也延续了这一观点:"但令强筋骨,可以耕衍沃。不须富文章,端解耗纸竹。"④ 多年的所见所感,已促使苏轼反思砥砺才学、入仕报国的选择,尽管上述诗歌中的戏作成分,意味着他未必真的更改了自己的初衷,但可以肯定的是,他因深知其中况味,便不希求以同样的道路作为后辈的人生设计。

除此之外,苏轼也鲜少将自己置于亲情的包围之中,细致描摹家庭生活的场景。较为难得的是作于熙宁十年(1077)的《初别子由》,其时苏辙赴彭城与兄长相会百日,即将赴应天府判官任。临别之际,苏轼多有劝诫宽慰之语。此诗涉及家庭生活的内容虽不易引人注意,细看起来却很鲜活有趣:"森然有六女,包裹布与荆。无忧

---

① 《去岁九月二十七日,在黄州,生子遁,小名幹儿,颀然颖异。至今年七月二十八日,病亡于金陵,作二诗哭之》其一,《苏轼诗集》卷二十三,第1240页。
② 《别子由三首兼别迟》其三,《苏轼诗集》卷二十三,第1226—1227页。
③ 《洗儿戏作》,《苏轼诗集》卷四十七,第2535页。
④ 《借前韵贺子由生第四孙斗老》,《苏轼诗集》卷四十二,第2303页。

赖贤妇，藜藿等大烹。使子得行意，青衫陋公卿。明日无晨炊，倒床作雷鸣。"① 这段描述生动揭示了和美的家庭如何去除了一个即将远行之人的后顾之忧。妻女勤劳简朴，体贴入微，安排好衣食，让子由可以睡个好觉，不必为明日的早餐费心。有如此温情脉脉的家人，即便饮食粗陋、生活清贫，内心的快乐也可睥睨公卿。这种温馨的家庭生活，也为暮年流落海南的苏轼所憧憬。他曾向诸子侄描述自己万一得以归乡之后的理想图景："岂惟万一许生还，尚恐九十烦珍从。六子晨耕箪瓢出，众妇夜绩灯火共。"② 对此时的苏轼而言，亲人共聚、男耕女织的田园生活是莫大的奢望，然而只能存在于设想当中，相反，他真正拥有过的家庭生活却很少载入诗文。

至此，苏轼笔下有关亲情的表述已得到大致梳理。苏轼的亲情书写虽然涉及各类人物，但比重差异很大。兄弟之情无疑是其中最浓墨重彩的部分，与此相比，苏轼与其他亲人的直接交流、互动细节、生活场景则较少得到记录。而正如上文已经分析的，从苏轼对子由的情感表达中，可知后者并不仅仅提供了手足之情，还是一个共同进退的政治伙伴，是促使苏轼坚定自身价值观念的精神支持者。换言之，苏轼眼中的子由具有超越亲情之外的意义，这或许是兄弟二人交流特多的原因之一。而整体上亲情书写的"稀薄"，一方面可能说明亲情并不是苏轼惯于触及的题材，另一方面，有意无意间颇为克制的笔墨，也难以清晰勾勒苏轼作为家庭成员所扮演的角色。在这样的背景下，我们不妨进一步考察苏轼对于亲情这一对象的看法。

二 "扫叶"与"除草"：扫除"情累"

在《初别子由》一诗中，苏轼曾以如下诗句作结："妻子亦细事，文章固虚名。会须扫白发，不复用黄精。"③ 此话虽有宽慰离人

---

① 《苏轼诗集》卷十五，第758页。
② 《过于海舶，得迈寄书、酒。作诗，远和之，皆粲然可观。子由有书相庆也，因用其韵赋一篇，并寄诸子侄》，《苏轼诗集》卷四十二，第2305—2306页。
③ 《苏轼诗集》卷十五，第758页。

的特定语境，但也一定程度地流露出妻子、文章等事皆不必过于挂怀的观念。有趣的是，此诗前文中刚刚描写了子由妻女的贤惠可爱，最终却思路回转，视她们为"细事"，仿佛略有龃龉。这样的意脉中蕴含着何种亲情观念，值得思考。

事实上，此类表述在苏轼笔下并非偶然。绍圣二年（1095），苏轼身处惠州，唯有幼子苏过一人相伴。他在写与堂兄之婿王庠的书信中介绍了自己的近况，其中有云："轼少时本欲逃窜山林，父兄不许，迫以婚宦，故汩没至今。南迁以来，便自处置生事，萧然无一物，大略似行脚僧也。近日又苦痔疾，呻吟几百日，缘此断荤血盐酪，日食淡面一斤而已。非独以愈疾，实务自枯槁，以求寂灭之乐耳。初欲独赴贬所，儿女辈涕泣求行，故与幼子过一人来，馀分寓许下、浙中，散就衣食。既不在目前，便与之相忘，如本无有也。"① 其中有关亲情的部分便值得玩味。苏轼叙述了自己初赴贬所时告别亲人的凄酸场景，而自己来到惠州之后，时日渐长，似乎也就不再惦念他们，甚至像原本没有这段血缘一般。此番言论接续在自己清心寡欲休养身心的内容之后，苏轼对亲情报以如此态度，显然也是追求"寂灭之乐"的一种努力。亲情本能带给人内心的喜悦，而苏轼在远谪岭南的境遇下，却甘愿遗忘亲情之乐，选择枯槁的状态，这自然并非标新立异，而是针对"不在目前"之困扰的自解之道。

人生短促易逝，变化无常，亲人之间的生离死别往往带来莫大的伤痛。亲情愈深，分离之苦也愈发难以承受。换言之，求之不得的亲情不再单纯给人慰藉，反而可能折磨心灵。那么如若视之为负累，就仿佛使失去亲情变得易于接受，使人免于长久沉溺于痛苦。对于这一想法，苏轼有深刻的感知和纯熟的运用，尤其是在与他人的交流中，往往表露出不以亲情为意的观念，并时常以此开解友人。例如《答李琮书》：

---

① 《与王庠五首》其一，《苏轼文集》卷六十，第1820页。

> 近闻公有闺门之戚，即欲作书奉慰，既罕遇的便，又以为书未必能开释左右，往往更益凄怅，用是稍缓。今辱手教，惭负不已。窃计高怀远度，必已超然。此等情累，随手扫灭，犹恐不脱，若更反覆寻绎，便缠绕人矣。望深以明识照之。①

苏轼自称没有能力消减对方的哀戚，却提供了一种开解的思路。他将朋友所失去的夫妻之情视为"情累"，认为应当随手扫除。他形容这种感情会纠缠人心，难以摆脱，因此更没有道理去主动寻觅，增加痛苦。在安慰蔡景繁的丧女之痛时，他同样发表了此番见解："惊闻爱女遽弃左右，切惟悲悼之切，痛割难堪，奈何！奈何！情爱着人如黐胶油腻。急手解雪，尚为沾染，若又反覆寻绎，便缠绕人矣。区区，愿公深照，一付维摩、庄周令处置为佳也。"② 苏轼以"黐胶油腻"为喻，说明情爱之累人，避之唯恐不及，较前例更为生动可感。此外，苏轼还明确给出了解脱痛苦的法门，即将情累置于佛、道思想的观照下。在写与王子高的尺牍中，苏轼亦称："某惊闻大郎监簿，遽弃左右，伏惟悲悼痛裂，酸苦难堪，奈何！奈何！逝者已矣，空复追念，痛苦何益，但有损尔。窃望以明识照之，纵不能无念，随念随拂，勿使久留胸中。"③ 对方"不能无念"的自然是失去亲情的悲恸，苏轼认为即使不能避免想起，也要随时拂除这些念头，长久沉浸其中则会有损身心。

以上三例，可以帮助我们一窥苏轼对亲情的认识：难以摆脱而又必须随时去除。扫、解、拂等动词，使亲情被暗喻为一个好似具有实体的对象。在苏轼的其他作品中，我们尚可看到十分类似的表述。在黄州时，苏轼写信给毕仲举，论及自己阅读佛书的收获："佛书旧亦尝看，但暗塞不能通其妙，独时取其粗浅假说以自洗濯，若

---

① 《苏轼文集》卷四十九，第 1434 页。
② 《与蔡景繁十四首》其十二，《苏轼文集》卷五十五，第 1664 页。
③ 《与王子高三首》其二，《苏轼文集》卷五十七，第 1714 页。

农夫之去草，旋去旋生，虽若无益，然终愈于不去也。"① 作者以除草之喻说明自己借佛家思想化为己用、祛除烦扰的观点。建中靖国元年（1101），苏轼奉诏北还，与黄师是言："尘埃风叶满室，随扫随有，然终不可废扫，以为贤于不扫也。"② 苏轼坦言自己并未融通佛理，做到心无杂念，但仍不能放弃自濯心灵的努力。"旋去旋生""随扫随有"的杂草、落叶，比喻内心各种困扰和欲念，虽并非直指亲情，而对于历经漂泊的苏轼，其中自然免除不了亲人离散之苦。扫叶、除草之喻，不仅形象地展现了苏轼对佛道思想的态度和应用方式，也赋予苏轼眼中的亲情某种清晰的定位。着意扫除并不能说明苏轼不很重视亲情，但至少在自我开解的思路中，他选择了不对其报以执着的态度。

　　苏轼与亲情相关的书写虽然笔墨多寡不同，但其中一以贯之的是和睦的情感。记录亲人的事迹，书写自己与他们的情感交流，其实正揭示了"情累"的来源。苏轼自认并未摆脱这种情累，但也未放弃超脱情累的努力，这或可在一定程度上解释他在有限的记录中享受亲情，同时又并不着意书写亲情的行为。

　　如果说扫除"情累"一方面隐含着亲情对苏轼的羁绊，那么另一方面，亲情带来的现实困扰恐怕也是这一观点的某种根源。苏轼几乎终身处在变动不居的状态中，随时面对奔波与迁徙，而他同时又主导着整个家庭的命运走向。对于背负如此责任的苏轼来说，亲眷的确是现实意义上的负累，使他无法潇洒面对困难的旅程和艰苦的生活。尤其是在自身难保的贬谪时期，迫于生计，甚至家人来到贬所与他团聚，也会引起苏轼内心的忧虑。元丰三年（1080），苏轼谪居黄州时，曾在与章惇的书信中谈及生活的艰难："黄州僻陋多雨，气象昏昏也。鱼稻薪炭颇贱，甚与穷者相宜。然轼平生未尝作活计，子厚所知之。俸入所得，随手辄尽。而子由有七女，债负山

---

① 《答毕仲举二首》其一，《苏轼文集》卷五十六，第 1671 页。
② 《与黄师是五首》其一，《苏轼文集》卷五十七，第 1742 页。

积，贱累皆在渠处，未知何日到此。见寓僧舍，布衣蔬食，随僧一餐，差为简便，以此畏其到也。"① 此时初至黄州，苏轼自己也不过在寺庙勉强寄身，家眷暂托子由照料，但不日即将到来。原本贬谪异乡之际，亲人团聚当是莫大的幸事，然而苏轼想到即将担负一大家人口的生计，便觉得还不如只身在此落得轻松，喜悦之情反被冲淡了。他在惠州时写给林天和的书信中，也能发现同样的愁苦："示谕幼累已到，诚流寓中一喜事。然老稚纷纷，口众食贫，向之孤寂，未必不佳也。可以一笑。"② 这次苏轼倒是承认了亲眷到来是一件值得安慰的喜事，但仍然认为比起在这种状况下照料家庭，还是孤身一人更好些。语气虽似玩笑，却未必没有真切的感触。因生计问题而视亲人为负累，揭示了苏轼在困窘境遇中真实的心理体验。

在上文所引苏轼与章惇的书信中，他曾承认自己不善经营，似乎也未曾关心过家庭的生计问题，没有节俭、积蓄的意识，"俸入所得，随手辄尽"。及至贬谪黄州，断绝了经济来源，方才对此有所考虑。他甚至写信劝说受自己牵连远谪的王巩："此外又有一事，须少俭啬，勿轻用钱物。一是远地，恐万一阙乏不继。二是灾难中节用自贬，亦消厄致福之一端。"③ 似乎颇有体会，对自己的生活状况也有所判断："穷达得丧，粗了其理，但禄廪相绝，恐年载间，遂有饥寒之忧，不能不少念。然俗所谓水到渠成，至时亦必自有处置，安能预为之愁煎乎？"④ 苏轼一方面预感到很快就有饥寒之忧，然而事情毕竟尚未临头，因此转瞬间这种忧虑就被乐观所取代，而乐观并非源于有效的解决方法，只是出于"水到渠成"的设想。他也曾对秦观表述相似的心态："初到黄，廪入既绝，人口不少，私甚忧之。但痛自节俭，日用不得过百五十，每月朔便取四千五百钱，断为三十块，挂屋梁上，平旦用画叉挑取一块，即藏去叉，仍以大竹筒别

---

① 《与章子厚参政书二首》其一，《苏轼文集》卷四十九，第1412页。
② 《与林天和二十四首》其十二，《苏轼文集》卷五十五，第1632页。
③ 《与王定国四十一首》其三，《苏轼文集》卷五十二，第1514页。
④ 《与章子厚参政书二首》其一，《苏轼文集》卷四十九，第1412页。

贮用不尽者，以待宾客，此贾耘老法也。度囊中尚可支一岁有馀，至时，别作经画，水到渠成，不须预虑。以此，胸中都无一事。"① 苏轼在这段文字中展示了节省日用的方法，而那根每每取完钱便要藏好的画叉，依然暴露了他不善节俭的花销习惯。苏轼再次以"水到渠成"的理由获得了内心的轻松，尽管这可能含有免除朋友担忧的用意，但同时也不失为自我减压的良方。

然而，声称"必有处置""别作经画"的苏轼，除过躬耕东坡，似乎也未能提供更多开源节流的措施来改善家庭的生活状况。翻检他描写黄州日常生计的篇章，屡屡可见寒窘之色："空庖煮寒菜，破灶烧湿苇"②，"空床敛败絮，破灶郁生薪"③，"先生年来穷到骨，问人乞米何曾得"④。他派长子赴荆州打听购置田产一事，最终未能成交，苏轼记录此事的文字中流露出少见的悲感："吾无求于世矣。所须二顷稻田，以充饘粥耳。而所至访问，终不可得。岂吾道方艰难时无适而可耶？抑人生自有定分，虽一饱，亦如功名富贵不可轻得也耶？"⑤ 衣食之忧暂时剥离了苏轼身上往往散发的昂扬斗志，显示出他面向命运的无力喟叹。元丰七年（1084），他在与朋友的信中提及长子苏迈得授德兴尉，对此的感想却是"且令分房减口而已"⑥。这个特别的关注点反映出家庭重担施与苏轼的压力，只有依靠儿子谋得一官半职稍稍减轻。"经画"的确非他所长，应对这一切困窘的，不过是超越常人的乐观性情与强大的适应能力。这固然成为后世读者心目中独具魅力之处，但苏轼确乎不善在家庭关系中承担关键的责任。及至离黄赴汝时，苏轼一家的生活境况已十分凄凉："但以禄廪久空，衣食不继。累重道远，不免舟行。自离黄州，风涛

---

① 《答秦太虚七首》其四，《苏轼文集》卷五十二，第1536页。
② 《寒食雨二首》其二，《苏轼诗集》卷二十一，第1113页。
③ 《大寒步至东坡赠巢三》，《苏轼诗集》卷二十二，第1160页。
④ 《蜜酒歌》，《苏轼诗集》卷二十一，第1116页。
⑤ 《书田》，《苏轼文集》卷七十一，第2259页。
⑥ 《与沈睿达二首》其二，《苏轼文集》卷五十八，第1745页。

惊恐，举家重病，一子丧亡。今虽已至泗州，而资用罄竭，去汝尚远，难于陆行。无屋可居，无田可食，二十馀口，不知所归，饥寒之忧，近在朝夕。"① 即便是力求打动圣意的文字，却也如实反映了困苦的情状。苏轼早年赴任杭州时，舟行洪泽遭遇风阻而返，曾以"妻孥莫忧色，更典箧中衣"② 来安慰家人。透过这微含辛酸的调侃，可见当时囊中羞涩的情景。元丰二年（1079），被羁押在御史台大狱的苏轼留下将死之言，其中有"眼中犀角真吾子，身后牛衣愧老妻"③ 之句。自己一世浮沉，却只能带给亲人清贫险恶的生活，这对亲情的一点愧疚，折射出苏轼在亲情关系中的自我审视与反省。

第二节　友朋交游中的心理体验

　　苏轼作品中关于亲情的记述远远不及与朋友的交流那么多见。交游广阔是后世读者对苏轼人际关系的认识，无疑也是从苏轼自己的记述中总结出的实情。然而，这似乎并不能完全等同于苏轼对友朋关系的自我评估。在苏轼看来，自己究竟是不是一个朋友遍天下的人物？他在友朋交游中的心理感受如何？这些问题的答案，实际上都从人际关系的侧面反映着苏轼的自我观照。

　　苏轼开朗豪爽，广结善缘，这不仅是人们的普遍印象，也是既有研究中论及较多的方面。在他的作品中，的确留下了许多与朋友之间或深情或风趣的事迹。不妨稍举数例加以说明。文同与苏轼意气相投，彼此欣赏。文同擅画墨竹，而性情不羁，苏轼曾为其画作跋，云：

　　　　昔时，与可墨竹，见精缣良纸，辄愤笔挥洒，不能自已，

---

① 《乞常州居住表》，《苏轼文集》卷二十三，第657页。
② 《发洪泽，中途遇大风，复还》，《苏轼诗集》卷六，第293页。
③ 《予以事系御史台狱，狱吏稍见侵，自度不能堪，死狱中，不得一别子由，故作二诗授狱卒梁成，以遗子由，二首》其二，《苏轼诗集》卷十九，第999页。

第三章 "阅世走人间"：苏轼在社会关系中的自我认知　　169

坐客争夺持去，与可亦不甚惜。后来见人设置笔砚，即逡巡避去。人就求索，至终岁不可得。或问其故。与可曰："吾乃者学道未至，意有所不适，而无所遣之，故一发于墨竹，是病也。今吾病良已，可若何？"然以余观之，与可之病，亦未得为已也，独不容有不发乎？余将伺其发而掩取之。彼方以为病，而吾又利其病，是吾亦病也。熙宁庚戌七月二十一日，子瞻。①

文同起初不吝惜画作，而后却不肯轻易作画与人，他自称心中的不适之意已经排遣干净，所以无须再发之于墨竹。苏轼却表示不以为然，称文同的病还没痊愈，必有再画的机会，而自己正虎视眈眈等待取得画作。作者在调侃对方中不失自嘲，将二人的亲密关系显露无遗。"君知远别怀抱恶，时遣墨君解我愁。"② 在二人分别的日子里，文同的画作也使苏轼见而忘忧。二者皆善嘲谑，往往是对方笑点的最佳分享者，而不能分享有趣的想法则使苏轼非常怅恨："予平生好与与可剧谈大噱，此语恨不令与可闻之，令其捧腹绝倒也。"③

同样有趣的关系也存在于苏轼与黄庭坚之间。苏轼在黄州时曾作《题子明诗后》，说堂兄子明昔日颇能饮酒，而自从专心刑名政事之后，政声极高，酒量却大不如前。他由此联想到自身："吾少年望见酒盏而醉，今亦能三蕉叶矣。然旧学消亡，夙心扫地，枵然为世之废物矣。乃知二者有得必有丧，未有两获者也。"④ 苏轼在酒量与仕途际遇间寻找到了此消彼长的规律，而黄庭坚看到此跋，却复作一跋来拆台："东坡自云饮三蕉叶，亦是醉中语。余往与东坡饮一人家，不能一大觥，醉眠矣。"⑤ 他无视苏轼的际遇感慨，而是无情地

---

① 《跋文与可墨竹》，《苏轼文集》卷七十，第 2209—2210 页。
② 《送文与可出守陵州》，《苏轼诗集》卷六，第 251 页。
③ 《跋文与可论草书后》，《苏轼文集》卷六十九，第 2191 页。
④ 《苏轼文集》卷六十八，第 2132 页。
⑤ 《题子明诗后》所附鲁直跋《跋子瞻题子明诗后》，《苏轼文集》卷六十八，第 2132 页。

揭露其酒量之小，使得苏轼看似严肃深沉的表达变成了掩盖实情的"醉中语"。黄庭坚剑走偏锋的关注点制造了二人之间有趣的互动，实质上解构了苏轼的身世之悲①。这样的开解有时是反方向的。绍圣初，苏轼获罪贬惠州，参寥从杭州派人前往探访，并捎去诗文表达关切之意。苏轼回信云："专人远来，辱手书，并示近诗，如获一笑之乐，数日慰喜忘味也。某到贬所半年，凡百粗遣，更不能细说，大略只似灵隐天竺和尚退院后，却住一个小村院子，折足铛中，罨糙米饭便吃，便过一生也得。其馀，瘴疠病人。北方何尝不病，是病皆死得人，何必瘴气。但苦无医药。京师国医手里死汉尤多。参寥闻此一笑，当不复忧我也。"② 机智幽默的笔调，将贬谪生活的艰苦一变而为妙趣横生，而瘴疠病人的苦况与京师国医手里的冤魂相较，似乎也就没那么可怕了。苏轼奇妙的类比令人捧腹，从而有效地荡涤了朋友心中的牵挂担忧。

除过轻松幽默的互动，苏轼与友人之间亦不乏情感深沉的记述。元祐五年（1090），苏轼在杭州见到颜复的笔迹，想起了朋友间的一些往事：

> 故人杨元素、颜长道、孙莘老，皆工文而拙书，或不可识，而孙莘老尤甚。不论他人，莘老徐观之，亦自不识也。三人相见，辄以此为叹。今皆为陈迹，使人哽噎。③

三位朋友书法不佳的烦恼十分有趣，孙觉努力辨识自己笔迹的样子还如在目前，此情此景却不复能见。苏轼记录朋友的笔触笑中有泪，感慨情真。另如《黎檬子》一文：

---

① 类似因饮酒而起的题跋互动也见于苏轼与章惇之间，参见《苏轼文集》卷七十《跋醉道士图》及所附《章子厚跋》，第 2220 页。苏轼与朋友的跋文形成有趣的复沓交锋结构，显示出彼此之间的亲密关系。
② 《与参寥子二十一首》其十七，《苏轼文集》卷六十一，第 1864—1865 页。
③ 《题颜长道书》，《苏轼文集》卷六十九，第 2194 页。

> 吾故人黎錞，字希声。治《春秋》。有家法。欧阳文忠公喜之。然为人质木迟缓，刘贡父戏之为黎檬子。以谓指其德，不知果木中真有是也。一日，联骑出，闻市人有唱是果鬻之者。大笑，几落马。今吾谪海南，所居有此木，霜实累累。然二君皆已入鬼录。坐念故友之风味，岂可复见。刘固不泯于世者；黎亦能文守道不苟随者也。①

故人黎錞的绰号竟然真与一种水果同名，这巧合的事件曾带给苏轼很大的欢乐。而当他在海南亲见这种果树时，自己固然已是废弃之身，绰号事件的两位当事人也均已逝去。在这两段材料中，昔日之乐遭遇物是人非之悲，愈发凸显了深切的友谊带给人的心灵感触。

苏轼的物是人非之慨，也十分常见于对欧阳修的怀念中。欧、苏之间既有师生之谊，又为同道之交。欧阳修去世后，苏轼曾屡次回忆他的音容笑貌，感人至深。例如《跋欧阳文忠公书》道："欧阳文忠公用尖笔干墨，作方阔字，神采秀发，膏润无穷。后人观之，如见其清眸丰颊，近趋裕如也。"② 苏轼由其字想见其人风采，而"清眸丰颊，近趋裕如"的勾画，不仅活现出欧公高朗舒缓的神韵，也吐露了作者内心的无限追慕。在另一篇为欧公书法所作的题跋中，苏轼体会到欧阳修"厌轩冕思归而不可得"之意，并记录了一个令人感伤的细节："元祐五年三月八日，偶与杨次公同过刘景文。景文出此书，仆与次公，皆文忠客也。次公又效其抵掌谈笑，使人感叹不已。"③ 两位欧公门人在一起回忆师长旧事，谈论中不由模仿老师生前的样子，这段描

---

① 《苏轼文集》卷七十二，第 2298 页。
② 《苏轼文集》卷六十九，第 2185 页。
③ 《题刘景文所收欧阳公书》，《苏轼文集》卷六十九，第 2197 页。

述字句简朴却感人至深，苏轼对欧阳修的怀思之情被展露得深沉绵长。

上述事例中的人物与苏轼的交情，都可在后世传为佳话。可是与这些友人的愉快相处，并不能抵消苏轼诗文中时常可见的友朋疏离之悲。在许多情境下，苏轼都难以感到来自众多朋友的志同道合的力量，其中原因则不尽相同。苏轼在任时，便数次感慨故交或因政治风波而离散，或因出处选择而分道扬镳。例如熙宁四年（1071），时任秘书丞的刘恕因公开反对王安石而遭嫉恨，自请监南康军酒。苏轼在写给他的赠别诗中针对王安石表达了鲜明的政治态度，既痛心忠直之士纷纷离去，也伤感于对方与自己的孤身支撑："交朋翩翩去略尽，惟吾与子犹彷徨。世人共弃君独厚，岂敢自爱恐子伤。"① 自熙宁二年至四年，苏轼诗中所指的"交朋"即包括吕诲、刘琦、钱顗、范纯仁、刘述、富弼、张方平、孙觉、吕公著、赵抃、李常、司马光、欧阳修等人，先后遭贬或致仕，这一批朝中故交的四散天涯，使苏轼顿感身处朝堂的孤独，何况此时面对的是"世人共弃"的局面。再如元丰元年（1078）作于徐州的《送李公择》云："故人虽云多，出处不我谋。弓车无停招，逝去势莫留。仅存今几人，各在天一陬。"② 此处的"故人"，是如今已难以志同道合、进退与共的昔日好友。苏轼与李常皆因新法而被出，情谊甚笃，在送别这位老友时，他无法不念及那流落各地的同道之士，和掌控时局却已然情谊不再的故人。尽管现下的朋友也并非公择一位，但"多"与"仅存"的差别，仍显露出苏轼孤独感的来源。类似的情感还出现在同一年所作的《次韵王巩留别》中："去国已八年，故人今有谁？当时交游内，未数蔡克儿。岂无知我者，好爵半已縻。争为东阁吏，不顾北山移。"③ 旧友故交已半为利禄吸引，忘却了士

---

① 《送刘道原归觐南康》，《苏轼诗集》卷六，第259—260页。
② 《苏轼诗集》卷十六，第816页。
③ 《苏轼诗集》卷十七，第878—879页。

大夫的操守。面对此种情形，虽有李常、王巩等人惺惺相惜，苏轼依然无法感到"吾道不孤"。这种孤独感是由政治打击和友朋凋零叠加所致的内心感受。

　　苏轼周遭的友情往往建立在共同的政治立场和价值观之上，当苏轼所持政见遭到排斥，不仅他自身可能被放逐于政治中心之外，昔日朋友若非改变立场，便是同样难以自保。无论是客观上距离遥远还是主观上避免交往，能够坚持存续的友情都非常奢侈。早在通判杭州时，苏轼便曾与范祖禹感慨"亲友疏阔，旅怀牢落"①，若说此时的寂寥主要由于地缘因素而非情感疏离，那么随着政局向不利的方向转变，苏轼笔下的友情被书写得愈发脆弱。外任密州时，他曾向两位朋友吐露内心的孤独感："亲友如抟沙，放手还复散。羁孤每自笑，寂寞谁肯伴。"② 不难推想，这一时期情感慰藉的缺乏，使他对亲友关系的无常有着透彻的认识。元祐间，他为避离攻讦而外任，在杭州收到钱勰寄来的江瑶，十分感动，同时也催生了伤心之叹："北方书问几绝，况有苞苴见及乎？"③ 外任颍州时，苏轼曾写信给王巩，描述自己动辄因言得罪的可怕状况："自公去后，事尤可骇。平生亲友，言语往还之间，动成坑阱，极纷纷也。"④ 由于自身陷入巨大的危机之中，无论是朋友有意离弃，还是自己主动躲避，友情疏离似乎都在所难免。总之，外任时期的苏轼往往对自己的朋友交往抱以并不乐观的判断，将自己定位成被人离弃的孤独个体。

　　及至夺官遭贬，这种境况有增无减，苏轼眼中的自己，已至于"亲友疏绝"的地步。"倒冠落帻谢朋友，独与蚁雷共圭荜。故人嗔我不开门，君视我门谁肯屈。"⑤ "轼顷以蠢愚，自贻放逐。妻孥之

---

① 《与范梦得十首》其二，《苏轼文集》卷五十六，第1700页。
② 《二公再和亦再答之》，《苏轼诗集》卷十三，第615页。
③ 《与钱穆父二十八首》其九，《苏轼文集》卷五十一，第1504页。
④ 《与王定国四十一首》其二十六，《苏轼文集》卷五十二，第1526页。
⑤ 《次韵孔毅父久旱已而甚雨三首》其一，《苏轼诗集》卷二十一，第1122页。

所窃笑，亲友几于绝交。"① "平生亲友无一字见及，有书与之亦不答。"② "某仕不知止，临老窜逐，罪垢增积，玷污亲友。"③ 这些描述都道出了孤独凄苦的内心体验。由于朋友问询鲜少，偶尔有人寄赠诗文、物品或表示关心，自己便往往生出难得被眷顾的感激，这是苏轼贬谪时期经常表达的心态。例如在黄州时，他便与朋友杜道源道："谪寄穷陋，首见故人，释然无复有流落之叹。衰病迂拙，所向累人，自非卓然独见，不以进退为意者，谁肯辱与往还。每惟此意，何时可忘。"④ 逆境遇故友，无疑带给苏轼极大的安慰。他在与章惇的信中亦吐露心声："轼自得罪以来，不敢复与人事，虽骨肉至亲，未肯有一字往来。忽蒙赐书，存问甚厚，忧爱深切，感叹不可言也。"⑤ 字里行间的感激之意，侧面衬托出孤寂之苦，并凸显了不离不弃者可贵的特殊性。不过，这种表达并非针对某个特定的对象，而是不妨多次施用。如作于元丰四年（1081）的《答陈师仲主簿书》云："自得罪后，虽平生厚善，有不敢通问者，足下独犯众人之所忌，何哉？……诗文皆奇丽……其间十常有四五见及，或及舍弟，何相爱之深也。"⑥ 由黄州量移汝州途中，苏轼作《与大别才老三首》，其三云："衰疾无状，众所鄙远。禅师超然绝俗，乃肯惠顾，此意之厚，如何可忘。"⑦ 在惠州时，他又与程全父道："便舟来，辱书问讯既厚矣，又惠近诗一轴，为赐尤重。流转海外，如逃深谷，既无与晤语者，又书籍举无有……某与小儿亦粗遣，困穷日甚，亲友皆疏绝矣。公独收恤加旧，此古人所难也。"⑧ 从岭海北归时，这种感慨依然延续："索居八年，未尝一通问，每以惭负。屡得许下

---

① 《祭徐君猷文》，《苏轼文集》卷六十三，第1946页。
② 《答李端叔书》，《苏轼文集》卷四十九，第1432页。
③ 《与王庠一首》，《苏轼文集》卷六十，第1822页。
④ 《与杜道源二首》其一，《苏轼文集》卷五十八，第1757页。
⑤ 《与章子厚参政书二首》其一，《苏轼文集》卷四十九，第1411页。
⑥ 《苏轼文集》卷四十九，第1428页。
⑦ 《苏轼文集》卷六十一，第1897页。
⑧ 《与程全父十二首》其十一，《苏轼文集》卷五十五，第1627页。

儿侄书云，比来亲族或断往来，唯幼安昆仲待遇加厚。"① 在上述材料中，强调亲友疏绝是用以反衬对方惠顾之举的独特性，称赞朋友重情重义，非同一般。与此略有不同，苏轼还曾向米芾感叹身处贬所的孤独，但用意却是表达自己对对方的牵挂："岭海八年，亲友旷绝，亦未尝关念。独念吾元章迈往凌云之气，清雄绝俗之文，超妙入神之字，何时见之，以洗我积年瘴毒耶！"② 同样强调"亲友旷绝"，同样给予对方独特的定位，友情的施与方向却恰好相反。不难看出，此类表达中的"唯独"之意，并不完全等同于实际情况，而是为显示友情之难得所特意采取的艺术化的表达方式。

既然朋友们关顾之举的独特性并不可坐实理解，那么作者反复强调的"亲友疏绝"也便值得考量。试考苏轼一生交游情况，为官时交游广阔自不待言，多有朋友寄赠礼品、唱和诗文。即便贬逐荒蛮，也不乏挚友门生、地方官员及其他仰慕者照拂看顾。以下仅以苏轼诗歌与尺牍为依据，对苏轼贬谪黄州、惠州、儋州期间的朋友交往情况做一粗略统计。不妨以表3-1、表3-2略观之：

表3-1　　苏轼贬谪黄、惠、儋时期诗歌中涉及的朋友交往情况③

时期	涉及对象	交往行为	对象身份	所据篇目	在《苏轼诗集》中的卷次及页码
黄州	乐京	唱和	监黄州酒税	《次韵乐著作野步》	卷二十，1037
	乐京	赠酒	监黄州酒税	《次韵乐著作送酒》	卷二十，1043

---

① 《答王幼安三首》其一，《苏轼文集》卷五十九，第1807页。
② 《与米元章二十八首》其二十五，《苏轼文集》卷五十八，第1783页。
③ 该统计以《苏轼诗集》卷二十至卷二十三（黄州时期）、卷三十八至卷四十（惠州时期）、卷四十一至卷四十三（儋州时期）的诗歌为据，大致考察了苏轼贬谪黄州、惠州、儋州时期与朋友交往的情况。交往行为只限于苏轼诗中涉及的内容，其他材料中记载的其他行为则不作考述。由于同一人物之于苏轼可能兼具多重身份，因此表中"对象身份"一栏的定义标准难以统一。此处仅尽量依据苏轼介绍这些对象的口吻或看待他们的态度，予以粗略的描述。

续表

时期	涉及对象	交往行为	对象身份	所据篇目	在《苏轼诗集》中的卷次及页码
黄州	杜沂	赠酴醾花、菩萨泉	世交同乡	《杜沂游武昌,以酴醾花菩萨泉见饷,二首》	卷二十,1044
	陈慥	来访	旧友	《陈季常自岐亭见访,郡中及旧州诸豪争欲邀致之,戏作陈孟公诗一首》	卷二十,1057
	定惠院颙师	为开啸轩	黄州定惠院僧人	《定惠院颙师为余竹下开啸轩》	卷二十,1058
	何长官(名字失考)	唱和	黄冈县长官	《和何长官六言次韵五首》	卷二十,1059
	柳真龄	赠铁拄杖	闽人	《铁拄杖》	卷二十,1063
	徐大受、孟震	礼遇	黄州太守、通守	《太守徐君猷、通守孟亨之,皆不饮酒,以诗戏之》	卷二十一,1088
	王复、张弼、辩才、无择等	赠荔枝、红螺酱、茶	杭州故人,方外友人	《杭州故人信至齐安》	卷二十一,1090
	陈慥	来访	旧友	《陈季常见过三首》	卷二十一,1109
	不明	赠云巾、方舄	不明	《谢人惠云巾方舄二首》	卷二十一,1110
	徐大受	赠新火	黄州太守	《徐使君分新火》	卷二十一,1113
	杨绘	唱和	杭州僚友	《次韵答元素》	卷二十一,1114
	陈慥	赠揞巾	旧友	《谢陈季常惠一揞巾》	卷二十一,1117
	大冶长老	赠桃花茶	方外友人	《问大冶长老乞桃花茶栽东坡》	卷二十一,1119
	孔平仲	唱和	旧友	《次韵孔毅父久旱已而甚雨三首》	卷二十一,1121
	王巩	唱和	旧友	《次韵和王巩六首》	卷二十一,1126
	孔平仲	唱和	旧友	《次韵孔毅父集古人句见赠五首》	卷二十二,1155
	巢谷	来访,赠元修菜	同乡故人	《元修菜》	卷二十二,1160
	黄庭坚	唱和	旧友	《和黄鲁直食笋次韵》	卷二十二,1170
	王巩	唱和	旧友	《次韵王巩南迁初归二首》	卷二十二,1172
	孔平仲	唱和	旧友	《孔毅父以诗戒饮酒,问买田,且乞墨竹,次其韵》	卷二十二,1175
	蔡承禧	唱和	同年	《和蔡景繁海州石室》	卷二十二,1178

续表

时期	涉及对象	交往行为	对象身份	所据篇目	在《苏轼诗集》中的卷次及页码
黄州	秦观	唱和	旧友	《和秦太虚梅花》	卷二十二，1184
	道潜	唱和	方外友人	《再和潜师》	卷二十二，1185
	曹九章	唱和	苏辙亲家	《次韵曹九章见赠》	卷二十二，1187
	道潜	唱和	方外友人	《和参寥》	卷二十三，1202
惠州	詹范	唱和	惠州太守	《惠守詹君见和，复次韵》	卷三十八，2078
	詹范	来访，赠酒	惠州太守	《詹守携酒见过，用前韵作诗，聊复和之》	卷三十八，2083
	许毅	同游	进士	《惠州近城数小山，类蜀道。春，与进士许毅野步，会意处，饮之且醉，作诗以记。适参寥专使欲归，使持此以示西湖之上诸友，庶使知予未尝一日忘湖山也》	卷三十九，2102
	守钦长老	唱和	苏州定慧禅院僧人	《次韵定慧钦长老见寄八首》	卷三十九，2114
	周彦质	唱和	循州太守	《答周循州》	卷三十九，2151
	章楶	寄书信，赠酒	旧友	《章质夫送酒六壶，书至而酒不达，戏作小诗问之》	卷三十九，2155
	刘湜	唱和	高要县令	《次韵高要令刘湜峡山寺见寄》	卷四十，2188
	郭祥正	唱和	旧友	《和郭功甫韵送芝道人游隐静》	卷四十，2191
	吴复古、昙秀、陆惟忠	唱和	旧友，方外友人	《吴子野绝粒不睡，过作诗戏之，芝上人、陆道士皆和，予亦次其韵》	卷四十，2213
	方子容、周彦质	唱和	惠州、循州太守	《次韵惠循二守相会》	卷四十，2220
	方子容、周彦质	来访	惠州、循州太守	《又次韵二守同访新居》	卷四十，2221

178　苏轼的自我认识与文学书写

续表

时期	涉及对象	交往行为	对象身份	所据篇目	在《苏轼诗集》中的卷次及页码
儋州	吴复古	来访	旧友	《去岁，与子野游逍遥堂。日欲没，因并西山叩罗浮道院，至，已二鼓矣。遂宿于西堂。今岁索居儋耳，子野复来，相见，作诗赠之》	卷四十二，2309
	张中	来访	儋州太守	《观棋》	卷四十三，2310
	葛延之	赠龟冠	仰慕者	《葛延之赠龟冠》	卷四十三，2354

表 3-2　苏轼贬谪黄、惠、儋时期尺牍涉及的朋友交往情况[①]

时期	苏轼所作尺牍付与对象及篇数	该时期尺牍付与对象人数及苏轼所作尺牍篇数
黄州	司马温公（1）范蜀公（4）范子丰（2）腾达道（22）李公择（8）文郎（1）王定国（15）秦太虚（1）陈季常（14）李方叔（4）王元直（1）王文甫（1）章质夫（2）章子厚（2）塞授之（6）杨元素（9）杨康功（1）李昭玘（1）蔡景繁（14）刘器之（1）舒尧文（1）毕仲举（1）杜子师（1）程怀立（1）陈大夫（8）江惇礼（5）几宣义（1）任德翁（1）陈朝请（1）石幼安（1）赵晦之（4）上官彝（3）刁景纯（2）王佐才（1）徐得之（11）李通叔（4）彦正判官（1）吴将（2）苏子平（2）李格非（2）李先辈（1）徐十二（1）吴子野（6）吴秀才（1）沈睿达（2）高梦得（1）孟亨之（1）程彝仲（1）欧阳晦夫（2）杜道源（2）杜孟坚（3）严老（1）杜几先（1）朱康叔（20）钱世雄（1）王庆源（2）蒲传正（1）乐推官（1）胡道师（1）参寥子（4）佛印（2）圆通禅师（4）宝月大师（3）言上人（1）开元明座主（2）无择（1）大别才老（3）	67人 238篇

[①] 该统计以《苏轼文集》卷五十至卷六十一的尺牍类为据，考察了苏轼贬谪黄州、惠州、儋州时期与朋友的书信来往情况。统计仅以可与苏轼视为朋友关系的人物为范围，统计数据为苏轼单方面写给他人的尺牍数量。苏轼接到量移命令离开黄州以及从海南北归时期所作尺牍均不计算在内，而南迁途中这一时期所作尺牍则计算在内。为便于与《苏轼文集》中的尺牍题目相对应，题目中涉及的人物称呼在表中依然沿用，不作改动。此外，贬所当地的普通百姓也与苏轼相处融洽，有所过从，但由于后文有专节涉及，此处尽量不参与统计。

续表

时期	苏轼所作尺牍付与对象及篇数	该时期尺牍付与对象人数及苏轼所作尺牍篇数
惠州	范纯夫（2）王定国（2）黄鲁直（2）张文潜（4）钱济明（2）陈伯修（3）张嘉父（1）陈季常（1）毛泽民（5）程全父（8）林天和（24）章质夫（1）杜子师 孙志康（2）王敏仲（17）徐得之（2）吴秀才（2）翟东玉（1）欧阳知晦（4）周文之（1）游嗣立（2）朱振（2）萧世京 萧朝奉（1）罗秘校（2）曹子方（5）陆子厚（1）参寥子（4）南华辩老（13）泉老（1）僧隆贤（2）龚行信（1）	32人 121篇
儋州	范元长（8）程全父（4）程秀才（3）刘元忠（1）郑靖老（2）程德孺（1）王敏仲（1）姜唐佐（6）周文之（3）张景温（2）张逢（6）罗秘校（2）林济甫 杨济甫（2）	14人 43篇
南迁	曾子宣（1）张元明（2）孙子发（3）范梦得（1）徐仲车（3）陈承务（2）冯大均（2）庄希仲（4）参寥子（5）	9人 23篇

以上统计虽十分粗疏，但仍能据此一观苏轼在贬谪时期与朋友交往的大略情况。首先，尺牍与诗歌所反映的一个共同现象是，苏轼与朋友的交往的确随贬所的愈加偏远而有所减少。其次，从这些时期交往友人的身份构成来看，其中既包括旧日同僚好友、方外故人，也包括到贬所之后新结交的朋友。朋友类型的变化倾向则是，黄州时期交游仍多以故旧为主，惠、儋时期则以当地官员和知识分子为主，故友逐渐退场。对上述现象，需要考虑的是，贬谪岭南之后，由于地域阻隔，通信极为不便，加之当时苏轼已至暮年，许多朋友相继离世，这些都是导致问询鲜少的客观原因。而苏轼的相关书写中，比较强调的则是朋友"避忌"这一主观动因，"谴居穷陋，往还断尽"[1]。苏辙的描述也可为佐证："绍圣初，予以罪谪居筠州，自筠徙雷，徙循。予兄子瞻亦自惠再徙昌化。士大夫皆讳与予兄弟

---

[1] 《与言上人一首》，《苏轼文集》卷六十一，第1892页。

游，平生亲友无复相闻者。"① 可见"被疏远者"是此时真实的心理定位，并不仅仅是为突出朋友的关顾之举而刻意强调的客套之语。表中最后提供的重要信息是，在贬谪期间，尤其是黄州的五年间，仍然有许多朋友与苏轼保持着不同程度的往来。他们不仅并未与苏轼"疏绝"，反而在精神与物质方面都给予支持。他们寄赠的财物在尺牍中较诗歌中记载得更为详细，其种类包括粮食、蔬果、茶叶、花木、酒、文具、衣帽、赏玩器物等，可见朋友对苏轼生活的体贴周济亦不在少数。综上，我们可以认为，"亲友疏绝"一方面揭示了由于距离阻隔、时运不济导致亲人故友与自己联系减少、关系疏远的真实状况，另一方面却似乎较为忽略了那些其实仍然保持关怀的朋友，以及遭贬之后重新建立的友情。"故人情义重，说我必西向。一年两仆夫，千里问无恙。"② "足下昆仲，曲敦风义，万里遣人问安否，此意何可忘。"③ 诸如此类情深义重之举，苏轼分明有所记载，却视之为孤独中的一点温暖，而并未能改变整体的孤绝心态。换言之，亲友疏绝既是苏轼真实的内心体验，却又不完全符合其际遇的实情。

苏轼对友情的感受，构成了一对自我表述与实际状况的矛盾。这恰似体感温度与实际温度的差别，在看似热闹的友朋交游中，苏轼内心对友情的感受却较为"清淡"。指出这种孤独感，并不意味着否定苏轼拥有并享受珍贵的友情，相反，在名动四海、从者甚众的情况下，苏轼却经常表达孤独的感受，才更值得玩味。这种感受的差异揭示了苏轼复杂的心理体验，以及通常会被忽视的不太积极的情感面相。我们或许可以用苏轼的一句诗来作为解释和反思："穷途不择友，过眼如乱云。"④ 乱云般熙攘的人群绝大部分只是过眼即逝

---

① （宋）苏辙：《巢谷传》，《栾城后集》卷二十四，《苏辙集》，第1139—1140页。
② 《杭州故人信至齐安》，《苏轼诗集》卷二十一，第1091页。
③ 《与王庠一首》，《苏轼文集》卷六十，第1822页。
④ 《丙子重九二首》其二，《苏轼诗集》卷四十，第2204页。

的萍水之交，长久诚挚的关怀却终究难求。苏轼的命途多舛使友情来之不易，而坦率的性情又使他很难深思熟虑地考量友情。发妻王弗在世时，已时时担忧苏轼的一派天真会为人欺骗利用，"轼与客言于外，君立屏间听之，退必反覆其言曰：'某人也，言辄持两端，惟子意之所向，子何用与是人言？'有来求与轼亲厚甚者，君曰：'恐不能久，其与人锐，其去人必速。'已而果然"①。结尾四字不仅证实了妻子的眼光，也表明苏轼果真遭遇了不纯粹的友情。当他念及此事，语气中除过对妻子的钦佩怀思，也未尝没有自愧与失落。"子由晦默，少许可，尝戒子瞻择交"，却也在后者不以为然的豪爽之语面前无可奈何②。情谊真伪殊难辨别，而苏轼显然并未有效地接纳亲朋关于慎重择友的劝告，由此招致的伤心后果，则在长久的仕宦生涯中啃啮着苏轼对友朋关系的美好期许。外任杭、密期间，他便体察到了"旧交新贵音书绝"③ 的世故人情，何况落难之时，"然异时相识，但过相称誉，以成吾过，一旦有患难，无复有相哀者"④。这或许也成为苏轼对友朋关系作出自我评价时深感低落的一个原因。

第三节 "取疾于人"：同僚关系中的自我因素与反思

在社会关系中，"僚"与"友"往往互有交集，对于士大夫而言，同僚尤其是交游对象中极重要的部分。相较于普通友朋，此类社会关系中利益更为复杂、竞争更为激烈、对仕宦人生更具影响。

---

① 《亡妻王氏墓志铭》，《苏轼文集》卷十五，第 472 页。
② （元）陶宗仪：《南村辍耕录》卷二十引《漫浪野录》语，中华书局 1959 年版，第 249 页。"子由晦默，少许可，尝戒子瞻择交。子瞻曰：'吾眼前见天下无一个不好人，此乃一病。'"
③ 《醉落魄》（苍颜华发），《苏轼词编年校注》，第 114 页。
④ 《与章子厚参政书二首》其一，《苏轼文集》卷四十九，第 1412 页。

在上节论述中，某种不甚乐观的自我评价已在友朋关系中初露端倪，那么在同僚关系中，苏轼的自我体认便更加值得关注。关于苏轼同僚关系的既有研究，实已涉及两个方面，既考察了苏轼坦率至诚的性情如何帮助他获得良好的风评和同僚之谊，也曾关注到与同僚的敌对和交恶如何将他推入险境，而二者在肯定苏轼人格这一着力点上则可谓殊途同归。

前类研究以同僚交往中比较美好的方面来呈现苏轼的人格魅力[1]。苏轼诗文中的确不乏同僚友善、部属得力的记载。在朝堂上，他与股肱之臣共同进退，在外任期间也十分惦念他们："屡得蜀公书，知佳健。二家兄书云，每去辄留食，食倍于我辈，此大庆也。频得潞公手笔，皆详悉精好。富公必时见之，闻其似四十许人，信否？君实固甚清。安得此数公无恙，差慰人意。"[2] 倅杭时的陈襄、杨绘等，是他反复忆念的西湖故人，颍州时如赵德麟、陈师道等，也与他彼此交好、配合无间。苏轼自称"上可以陪玉皇大帝，下可以陪卑田院乞儿……吾眼前见天下无一个不好人"[3]。而他人的评价也可印证此言："东坡先生，人有尺寸之长，琐屑之文，虽非其徒，骤加奖借。……至于士大夫之善，又可知也。"[4] 苏轼待人诚恳、处事坦荡，在公务处理中不贪功诿过，亦使人折服。这既是前人关注的主要方面，也已得到了比较透彻的阐发，因此本书不欲赘述。后

---

[1] 有关苏轼与同僚和谐相处的论述，几乎在各种苏轼传记类著作中均有涉及，而关于苏轼历任各地的阶段性考察则相对较多地论及他与同僚之间的关系。专门以此为研究对象者，例如喻世华《苏轼与同僚的相处之道及其启示——以居官杭州期间为例》（《徐州师范大学学报》2012年第4期）。更多研究者则关注苏轼与某一同僚身份的具体对象的交游，例如张昶《苏轼与欧阳修关系研究》（硕士学位论文，吉林大学，2012年）、祁琛云《苏轼与曾巩兄弟交往关系考述——立足于进士同年关系的考察》（《井冈山学院学报》2009年第3期）等。

[2] 《与范梦得十首》其二，《苏轼文集》卷五十六，第1700页。

[3] 《南村辍耕录》卷二十引《漫浪野录》语，第249页。

[4] （宋）张表臣：《珊瑚钩诗话》，《宋诗话全编》，江苏古籍出版社1998年版，第2601页。

一类研究则或在同僚斗争中透视苏轼的仕宦命运，或侧重于苏轼与其敌对者交恶的政治因素与历史考察，其结论大多落脚于称扬苏轼光明磊落的人格①。尽管论者通常亦不讳言苏轼性格与行为中的缺失，但此类研究总体上甚少像在研究融洽的同僚关系时所分析的那样，深入考察苏轼自身在不理想的同僚关系中发挥了何种作用，如何述说自己的感受，可曾有过反思或改善的愿望。而事实上，从自我评价的角度来看，苏轼笔下频频出现的"取疾于人""多难畏人"之语，已然显露出人际关系的某些缝隙。关注此类现象，或许有助于在看待苏轼的社会关系时建立更加全面的评估标准。是故，我们有必要以文字表达中的自我感受为切口，来探讨苏轼在同僚关系中的角色及其引发的心理体验。

一 "不喜应接人事"

在同僚关系的维系中，除了公务协作，应酬交际便是稳固私谊必不可少的方式。而苏轼虽喜爱结交朋友，却并不享受官场上的人事纷扰，曾数次强调自己疲于应对的苦况。宋人朱彧《萍洲可谈》卷三

---

① 此类研究中较为重要者如莫砺锋《苏轼的敌人》（《学术界》2008年第2期），该文将苏轼的敌对者以时段、身份分类评介，梳理他们与苏轼的交恶缘由，并分析苏轼针对不同对象有所区分的应对策略，提供了理解苏轼人格的反衬视角。另如刘成国《王安石与苏轼关系新论：兼论宋学流变中新学与蜀学之争》（《抚州师专学报》2001年第2期）、徐丽《苏轼与章惇交游考》（《蜀学》2010年）、喻世华《千秋功罪任评说：苏轼与王安石关系及其评价的审视》（《南京林业大学学报》2010年第3期）、《关于章惇历史定位的再认识：兼论苏轼与章惇几方面的异同》（《广西师范大学学报》2011年第1期）、《坚守与宽容：苏轼与章惇的交往及身后两极化评价探析》（《扬州大学学报》2011年第1期）、王连旗《苏轼与章惇交往关系初探》（《开封大学学报》2011年第1期）、祁琛云、齐丹锋《进士同年：党争与士人关系——立足于苏轼与章惇关系考述》（《石河子大学学报》2011年第4期）、《进士同年：党争与士人关系——立足于苏轼与同年吕惠卿关系的考察》（《焦作师范高等专科学校学报》2013年第3期）、刘森《苏轼与王安石政治关系研究》（硕士学位论文，吉林大学，2012年）、朱飞镝《苏轼与章惇之恩怨述略》（《乐山师范学院学报》2013年第3期）等文则分别探讨了苏轼与政敌中的具体对象之间的关系。

记载："东坡倅杭，不胜杯酌……疲于应接，乃号杭倅为酒食地狱。"①苏轼虽不胜酒力，却是性喜饮酒并喜人饮酒的，自认"天下之好饮，亦无在予上者"②。即便杭州官员的饮宴极大地挑战了苏轼的酒量，真正让他苦不堪言的应当还是频繁聚会中往来应对的一套人情世故、官场作风。在为官湖州时写给朋友的信中，他将这种感受昭示得更为清晰："轼天资懒慢，自少年筋力有馀时，已不喜应接人事。其于酬酢往反，盖尝和矣，而未尝敢倡也。近日加之衰病，向所谓和者，又不能给，虽知其势必为人所怪怒，但弛废之心，不能自克。"③苏轼称"不喜应接人事"是自己少而有之的天性，并且清楚地知道此种性情势必招致同僚的责怪，正所谓"人情贵往返，不报生祸根"④，但依然无法强行违逆本心。加之政治形势时常令人烦恼，每每陷入无力救治疮痍的痛苦中，更加无心迎来送往，"湖山虽胜游，而浙民饥歉，公帑窘迫，到郡但闭阁清坐而已，甚不为过往所悦。然老倦谋退，岂复以毁誉为怀"⑤。

然而翻检苏轼诗文可知，他历任各地时与同僚诗酒优游、酬唱往来本是等闲之事，相关记载亦屡见不鲜。他在抱怨人事纷扰时，大抵并未将这些愉快的感受包括其中。宋人的一条记载或可解释其中原委："东坡待过客，非其人，则盛列妓女，奏丝竹之声聒两耳，至终宴不交一谈者，其人往返，更谓待己之厚也。值有佳客至，则屏去妓乐，杯酒之间，惟终日笑谈耳。"⑥可以想见，苏轼之不喜应对人事可能出于两层原因，其一是所交往者"非其人"，即许多普通

---

① （宋）朱彧撰：《萍洲可谈》卷三，李伟国校点，上海古籍出版社 2012 年版，第 59 页。
② 《东皋子传后》，《苏轼文集》卷六十六，第 2049 页。
③ 《答舒尧文二首》其一，《苏轼文集》卷五十六，第 1670 页。
④ 《广陵会三同舍，各以其字为韵，仍邀同赋》其二，《孙巨源》，《苏轼诗集》卷六，第 297 页。
⑤ 《与张君子五首》其一，《苏轼文集》卷五十五，第 1648 页。
⑥ （宋）施彦执：《北窗炙輠》卷下，丛书集成初编本，中华书局 1985 年版，第 24—25 页。

的同僚并不能视为好友，无法带来相知的愉悦；其二则是伎乐满筵的聚会只是应酬场合，并非坦诚交流的方式。在其诗文中展现出的极具交际魅力的形象之外，苏轼却表示出与之相左的自我评价，自称不善也不愿应付虚浮的人事关系。他不仅直陈此言，在行为中也如是表露，这显然无益于赢得"酬酢往返"的泛泛之交的好感。在这样的前提下，重新审视苏轼在同僚交往中的自处之道，我们会很自然地关注他释放个性的举动如何对同僚关系发挥了负面影响。

二 "取疾于人"：同僚私交中的失当之举

苏轼性情直率广为人知，在公务场合表现为直言敢谏，往往为坚持政见而与同僚交章辩论乃至面折廷争，在私下生活中，自然也不能完全摒除这一习惯作风。由于见识高超，思维敏捷，苏轼总有强烈的表达欲望，将胸中见解毫无保留地吐露，一旦发之于口，便往往成为臧否的言论。宋人曾敏行《独醒杂志》记载："客有谓东坡曰：'章子厚日临《兰亭》一本。'坡笑曰：'工摹临者，非自得，章七终不高尔。'"[①] 章惇早年与苏轼相交甚厚，尽管苏轼此言是谈论练习书法之道而非有意针对老友，但一定要直白地给予对方较低的评价，且是在背后对他人言及，未免有欠考量。从这段描述中，亦不难察觉苏轼神情语气中的不屑之意。同样的批评也曾加诸同朝为臣的蔡卞身上："蔡卞日临《兰亭》一过，东坡闻之曰：'从是证入，岂能超胜？盖随人脚跟转，终无自展步分也。'"[②] 苏轼对自己关于书法的理解十分自信，曾自许"自出新意，不践古人"[③]，因此对章惇、蔡卞临摹古人之作的习得方法颇有鄙薄之意。然而他在书法品鉴之中未免隐含着对能力、见识的批评，加之言辞犀利，足以引人不快。

---

① （宋）曾敏行：《独醒杂志》卷五，朱杰人标校，上海古籍出版社1986年版，第40页。

② （明）李日华：《紫桃轩杂缀》卷三，凤凰出版社2010年版，第290页。

③ 《评草书》，《苏轼文集》卷六十九，第2183页。

不仅如此，品藻人物也常见于苏轼言行之中，而此举本身便容易引发误解和矛盾。有时即使是褒扬之词，也未必会得到对方的理解与认同。苏轼曾记载自己赞扬张方平、对方却并不领情一事：

> 王巩云，张安道向渠说："子瞻比吾孔北海、诸葛孔明。孔明则吾岂敢，北海或似之，然不若融之蠢也。"吾谓北海以忠义气节冠天下，其势足与曹操相轩轾，决非两立者。北海以一死挥汉室，岂所谓轻于鸿毛者？何名为蠢哉！①

苏轼本意是以孔融之气节比拟张方平，孰料老前辈对这个比拟对象不以为然，并未认真领会其中的褒扬之意。苏轼听说这一误解，只好作文解释自己的初衷。他以极富气势的寥寥几笔申明孔融的忠义气节，以此为自己"平反"，结尾两处反诘语气则尽显牢骚不平之意。可以想见，倘若张方平之后看到了这番辩解，恐怕不仅会重新理解苏轼的用意，也难免感受到其中不太委婉的语气。尽管此事源出好意，但恰恰从反面说明了臧否人物可能招致的风险。

"苏轼的机敏和才智，使他在歌筵酒席之上游刃有余。"② 然而正是这份帮助自己不落下风的机敏和才智，反而使他未必能在僚友相处中应对得宜。如果说臧否人物时的直言无忌尚可理解为就事论事的品评，即便过于直率，但若非有失公允，终不致伤害对方而招致记恨，那么苏轼的聪明善谑便往往使他不能自已地在取笑他人中制造乐趣，甚至时而混淆戏谑与嘲讽的界限。叶梦得《石林燕语》载："吕丞相微仲，性沉厚刚果，遇事无所回屈；身干长大而方，望

---

① 《张安道比孔北海》，《苏轼文集》卷七十二，第 2292 页。按，此段引文《苏轼文集》原本标点为：王巩云："张安道向渠说，子瞻比吾孔北海、诸葛孔明。孔明则吾岂敢，北海或似之，然不若融之蠢也。"根据文意，应为王巩向苏轼转述张方平告诉自己的话，因此"渠"应为苏轼指称王巩的第三人称，若一并括入引号中，则变为王巩之语，容易引起混淆，故此处加以改动。

② 王水照、崔铭：《苏轼传：智者在苦难中的超越》，第 297 页。

之伟然。初相，苏子瞻草麻云：'果毅而达，兼孔门三子之风；直大以方，得坤爻六二之动。'盖以戏之。微仲终身以为恨，言固不可不慎也。"① 尽管衔恨终身的程度未必确切，但吕大防性格沉厚质朴，想必不能欣赏苏轼对自己身材庞大的调笑之辞。不仅缺乏幽默感的吕丞相如此，即便嘲谑能力与苏轼势均力敌的刘攽，也难免受到苏轼锋利言辞的伤害。"贡父晚苦风疾，鬓眉皆落，鼻梁且断。一日，与子瞻数人小酌，各引古人语相戏。子瞻戏贡父曰：'大风起兮眉飞飏，安得壮士兮守鼻梁。'座中大噱，贡父恨怅不已。"② 当众以他人深感痛苦的疾病为戏，使当事人"怅恨不已"，可见苏轼的言行已然超过了戏谑的限度，何况这样的嘲谑还反复为之：

> 世以癞疾鼻陷为死证，刘贡父晚有此疾，又尝坐和苏子瞻诗罚金。元祐中，同为从官，贡父曰："前于曹州，有盗夜入人家，室无物，但有书数卷耳。盗忌空还，取一卷而去，乃举子所著五七言也。就库家质之，主人喜事，好其诗不舍手。明日盗败，吏取其书，主人赂吏而私录之。吏督之急，且问其故。曰：'吾爱其语，将和之也。'吏曰：'贼诗不中和他。'"子瞻亦曰："少壮读书，颇知故事。孔子常出，颜、仲二子行而过市，而卒遇其师。子路趫捷，跃而升木，颜渊懦缓，顾无所之，就市中刑人所经幢避之，所谓石幢子者。既去，市人以贤者所至，不可复以故名，遂共谓'避孔塔'。"坐者绝倒。③

刘攽精心编排了一个曲折的故事，不过最终将苏轼调笑为"贼"，而

---

① （宋）叶梦得：《石林燕语》卷十，宇文绍奕考异，侯忠义点校，中华书局1984年版，第149页。
② （宋）王辟之：《渑水燕谈录》卷十，吕友仁点校，中华书局1981年版，第125页。
③ （宋）陈师道：《后山谈丛》卷五，李伟国校点，上海古籍出版社1989年版，第54页。

苏轼却抓住对方的鼻陷之症，使刘攽全无还手之力。尽管是彼此戏弄，以疾病和生理缺陷为由仍未免有失温厚。

此类事迹，后人视之往往只欣赏苏轼机智有趣，然而许多史料皆可证明宋代士大夫并不堪容忍这种玩笑，几乎视之为当众受辱。《挥麈后录》引陆游语云："赵正夫丞相元祐中与黄太史鲁直俱在馆阁，鲁直以其鲁人，意常轻之。每庖吏来问食次，正夫必曰：'来日吃蒸饼。'一日，聚饭行令，鲁直云：'欲五字从首至尾各一字，复合成一字。'正夫沈吟久之，曰：'禾女委鬼魏。'鲁直应声曰：'来力敕正整。'叶正夫之音，阖坐大笑。正夫又尝曰：'乡中最重润笔，每一志文成，则太平车中载以赠之。'鲁直曰：'想俱是萝卜与瓜虀尔。'正夫衔之切骨。其后排挤不遗馀力，卒致宜州之贬。一时戏剧，贻祸如此，可不戒哉。"① 又据《邵氏闻见后录》记载："刘贡父呼蔡确为倒悬蛤蜊，盖蛤蜊一名壳菜也。确深衔之。"② 黄庭坚以赵挺之乡籍习俗为戏，刘攽以蔡确姓名谐音为戏，竟至引来切骨之恨，那么苏轼直言无忌的隐患便可想而知。诸如此类缺乏分寸感的玩笑，不应都"为贤者讳"地归之于"直率"，而不免有逞才使性的嫌疑。

苏轼常将臧否寓于戏谑之中而故意语含讥刺，这在对王安石的评论中表现得最为明显。除了或隐或显地抨击新法外，苏轼杂记中也时常可见关于荆公的轶事。例如《宰相不学》云："王介甫先封舒公，后改封荆。《诗》云：'戎狄是膺，荆舒是惩。'识者谓宰相不学之过也。"③ 王安石熙宁八年（1075）先封舒国公，元丰三年（1080）改封荆国公，而这两个封号叠加恰是《诗经》中被打击的古国名。尽管苏轼嘲笑的对象是拟定封号者，但封号持有者王安石显然也顺带被揶揄。他还常针对王安石的学识见解出语讥笑：

---

① （宋）王明清：《挥麈录》后录卷六，中华书局1961年版，第157页。
② （宋）邵博：《邵氏闻见后录》卷三十，刘德权、李剑雄点校，中华书局1983年版，第239页。
③ 《苏轼文集》卷七十二，第2292页。

第三章 "阅世走人间":苏轼在社会关系中的自我认知　189

　　王介甫多思而喜凿,时出一新说,已而悟其非也,则又出一言而解释之。是以其学多说。尝与刘贡父食,辍箸而问曰:"孔子不撤姜食,何也?"贡父曰:"《本草》,生姜多食损智,道非明民,将以愚之。孔子以道教人者也,胡不撤姜食,将以愚之也。"介甫欣然而笑,久之,乃悟其戏己也。贡父虽戏言,然王氏之学实大类此。庚辰二月十一日,食姜粥,甚美,叹曰:"无怪吾愚,吾食姜多矣。"因并贡父言记之,以为后世君子一笑。①

在苏轼笔下,王安石喜好穿凿,却俨然是后知后觉的迟钝之人。此处借刘攽之口调笑他,与自己嘲笑"波者,水之皮"② 之法实在异曲同工。不仅如此,苏轼还表示自己在食姜粥时也领悟了这番谬论,还特意记下以为后世笑谈,嘲谑之意甚明。苏轼又曾为王氏《华严经解》作跋,批驳王安石所谓"佛语"与"菩萨语"有别的观点:"予曰:'予于藏经取佛语数句置菩萨语中,复取菩萨语置佛语中,子能识其是非乎?'曰:'不能也。''非独子不能,荆公亦不能。予昔在岐下,闻汧阳猪肉至美,遣人置之。使者醉,猪夜逸,置他猪以偿,吾不知也。而与客皆大诧,以为非他产所及。已而事败,客皆大惭。今荆公之猪未败尔。屠者买肉,娼者唱歌,或因以悟。若一念清净,墙壁瓦砾皆说无上法,而云佛语深妙,菩萨不及,岂非梦中语乎?'宝国曰:'唯唯。'"③ 苏轼以"猪肉之别"比附荆公见解,评价其为"梦中语",言下之意颇不以为然。其寓言式的巧思固然俏皮可喜,但幽默中亦含尖刻嘲讽。以上几例都是私人交往场合的言论记录,内容无涉公务,可见苏轼并未将对王安石的成见终

---

　　① 《刘贡父戏介甫》,《苏轼文集》卷七十二,第2292—2293页。
　　② (宋)罗大经:《鹤林玉露》卷三,王瑞来点校,中华书局1983年版,第53页。
　　③ 《跋王氏华严经解》,《苏轼文集》卷六十六,第2060页。

止于朝堂。如果说苏轼的政敌不少是由私怨转移到朝堂攻讦,那么苏轼对王安石的调侃,又何尝不是因思想、政治、学术、性格的不合而转至个人化的褒贬。

同样的情形还见于著名的"鏖糟陂里叔孙通"事件,苏轼或许也是将"素疾程颐之奸"① 的长期不满寓之于嘲谑。有趣的是,苏轼躬耕东坡时,曾言"邻曲相逢欣欣,欲自号鏖糟陂里陶靖节"②,愉快地将自己置身"鏖糟陂里",也就是说,他不过是将用之于自身的戏谑加诸程颐身上,而内心未必视其为严重的人身攻击。不惮自嘲者往往喜欢嘲谑他人,其中不乏炫示才智的动机,然而施加者自身的不以为意却未必能获得承受者的谅解,他因此招致了程颐门生贾易等人的大肆挞伐便是明证。在苏轼与他人的言语交锋中,他也力争以机敏立于不败之地。"吾有诗云:'日日出东门,步寻东城游。城门抱关卒,怪我此何求。吾亦无所求,驾言写我忧。'章子厚谓参寥曰:'前步而后驾,何其上下纷纷也?'仆闻之曰:'吾以尻为轮,以神为马,何曾上下乎?'"③ 苏轼这番辩解被参寥评为"文过有理",并且言辞颇为轻浮随意。强行文过虽无可厚非,但足以体现其逞才的锋芒。可以作为旁证的是,苏轼对水准低下、行为可笑之人也多作嘲讽之语。"司马长卿作《大人赋》,武帝览之,飘飘然有凌云之气。近时学者作拉杂变,便自谓长卿,长卿固不汝嗔,但恐览者渴睡落床难以凌云耳。"④ 又讥笑唐人李赤:"赤见《柳子厚集》,自比李白,故名赤。卒为厕鬼所惑而死。今观此诗,止如此,而以比白,则其人心恙已久,非特厕鬼之罪。"⑤ 尽管并非针对具体对象或同时代人,但字里行间居高临下的视角与辛辣讽刺的表述体现出苏轼自负才学的一面,这种性情在人际交往中很难不招致非议。从

---

① 《杭州召还乞郡状》,《苏轼文集》卷三十二,第913页。
② 《与王定国四十一首》其十三,《苏轼文集》卷五十二,第1521页。
③ 《记所作诗》,《苏轼文集》六十八,第2130页。
④ 《书拉杂变》,《苏轼文集》卷六十六,第2062页。
⑤ 《书李白十咏》,《苏轼文集》卷六十七,第2096页。

上述事例中，我们可以看到苏轼的自嘲、自许与臧否他人往往互为表里。而在公事之外的私交领域，嬉笑中寄托怒骂不仅有失温厚，也难以刚直誉之，更徒添许多无谓的祸端。因此黄庭坚特意警示后学"东坡文章妙天下，其短处在好骂，慎勿袭其轨也"①。深恨苏轼兄弟的贾易则如是评价："尚书右丞苏辙，厚貌深情，险于山川，诐言殄行，甚于蛇豕。……轼之为人，趋向促狭，以沮议为出众，以自异为不群。趋近利，昧远图，效小信，伤大道。"② 贾易对二者的行为固然刻意曲解，但针对其各自性格特点的判断却不完全是无据妄言。亲者、仇者的描述互为参照，大抵能够呈现苏轼性格、行为中"促狭""好骂"的失当之处。

三 "性刚"：自知与反思

苏轼看似有趣而锋芒毕露的言行在其人际关系中发挥了负面的影响。私交场合的戏谑过当虽是细故，却有可能在政见、性情不合的基础上促使同僚关系一步步恶化，甚至带来仕途与命运的转变。对于这些后果，屡遭排挤的苏轼当有深刻体验，而对自身言行也很难没有一定程度的自知。回到研究对象的主体视角，他如何评价同僚关系及自己在其中的表现，如何判断自身因素对同僚关系的影响，则是进一步探析苏轼自我认识所需考察的重要内容。

首先应当关注的是苏轼对同僚关系的感受。在他的笔下，同僚甚少作为一个明确的群体独立出现，而往往被包含于笼统的人际关系中，即便如此，我们仍可发现同僚是苏轼感知与思考的重要对象。苏轼曾作一篇题为《送张道士叙》的文章。此文本为送行而作，却不赠以言，反而以十余个提问结构全篇，其内容皆是自己的人生疑惑。在送行篇章中勾连起自己的身世之慨并不罕见，

---

① （宋）黄庭坚：《答洪驹父书》，《黄庭坚全集》正集卷十八，刘琳、李勇先、王蓉贵校点，四川大学出版社2001年版，第474页。

② （宋）李焘：《续资治通鉴长编》卷四百六十三，第11054—11056页。

但此文接连发问的语气却很有意思,其中涉及人际关系的部分尤其值得注意:

> 自念明于处己,暗于接物,其不可,至死以不喜,故讥骂随之,抑足恤乎?将从从然与之合乎?身且老矣,家且穷矣,与物日忤,而取途且远矣,将明灭如草上之萤乎?浮沉如水中之鱼乎?陶者能圆而不能方,矢者能直而不能曲,将为陶乎?将为矢乎?山有蕨薇可羹也,野有麋鹿可脯也,一丝可衣也,一瓦可居也,诗书可乐也,父子兄弟妻孥可游衍也,将谢世路而适吾所自适乎?抑富贵声名以偷梦幻之快乎?行乎止乎?迟乎速乎?①

透过一连串问句,苏轼满怀疑惑的神情如在目前。这些疑问最终归结于出处选择,此时的苏轼显然在"行止迟速"中颇为纠结,而引发出处焦虑的则是前半部分关于人际关系的感受。苏轼首先便对自身特质作了清晰描述,自认"明于处己,暗于接物"并且无法勉强改变,但这种处世之道是对是错,他却未有明确判断。明灭、浮沉、圆方、直曲纷纷以对立面貌出现,意味着苏轼胶着于立身准则、未来走向的困惑中。不难感知,这段文字中的苏轼仿佛孤身面对一个庞大的势力群体,他只能选择"从从然"地融入或者"与物日忤"地疏离。而揣度文意,在仕途之中足以同化或排挤个体的,唯有官僚群体。苏轼一连串两难的疑问、"谢世路"的考虑实际流露出对同僚关系的不佳判断。他意识到自己不适合这种复杂的人际交往,在坚持自我与违心从众之间,已显示价值倾向。

历经多年仕宦磨砺,在朝与外任的阅历加深了苏轼对仕途和同僚关系的认识,也引发其对自身行为的审视。这在他写给密州

---

① 《苏轼文集》卷十,第328页。

僚友赵成伯的《密州通判厅题名记》中有明确表达："余性不慎语言，与人无亲疏，辄输写腑脏，有所不尽，如茹物不下，必吐出乃已。而人或记疏以为怨咎，以此尤不可与深中而多数者处。"① 苏轼曾数次以"茹物不下"形容自己坦率直言，这个比喻中的坚定果断之意，再不复当年困惑之貌。"性不慎语言"是一种批评性的反思，但此处苏轼从失败的同僚关系中得出的结论却是不可与城府深沉者交往。换言之，他虽分析了自身性格因素，但在清晰的自我认识基础上仍不改初衷，并最终将关系不合的原因归为敌对者的阴险卑鄙。在苏轼眼中，自己在同僚关系中的表现不过是坚持本我的自然之举。

元丰八年（1085），苏轼受命量移汝州。经过黄州之贬，他着实心灰意冷，上《乞常州居住表》请求归老，其中自然会提及继续滞留宦途的危险："重念臣受性刚褊，赋命奇穷。既获罪于天，又无助于下。怨仇交积，罪恶横生。群言或起于爱憎，孤忠遂陷于疑似。中虽无愧，不敢自明。"② 这篇表文言辞沉痛，避离朝堂之意十分真诚，而其中令苏轼深感忧虑的一大原因便是同僚构陷。他表示"与其强颜忍耻，干求于众人；不若归命投诚，控告于君父"③。"众人"自然指朝廷众臣，苏轼将与他们的交往描述为"强颜忍耻"，揭示了双方的对立位置。怨仇、群言、孤忠，更充分呈现了十分险恶的同僚关系。除此之外，苏轼的自我分析也值得关注。他使用了"刚褊"一词，在单纯的正直坦率之外加入了刚愎独断、自以为是之意，从这带有贬义色彩的自我定义中，我们或可一窥他遭受严重政治打击之后的心态变化。需要考虑的是，受限于文体与上呈对象，此文中态度较为谦卑，反省自愧的语气亦较重，但作者对同僚关系的感受、对自我性格的认识当较乌台诗案之前更为深刻清醒，应无疑义。

---

① 《苏轼文集》卷十一，第 376 页。
② 《苏轼文集》卷二十三，第 658 页。
③ 《苏轼文集》卷二十三，第 657 页。

尽管苏轼努力疏离，同僚关系却避无可避。还朝后，政敌攻讦又扑面而来："伏念臣志大而才短，论迂而性刚。以自用不回之心，处众人必争之地。不早退缩，安能保全。是以三年翰墨之林，屡遭飞语；再岁江湖之上，粗免烦言。"① 身居高位并没能改变糟糕的同僚关系，这次苏轼对自己的表现也评价较低，其中当然有不堪胜任的谦虚姿态，而"性刚"依然是自我描述的关键词。苏轼一方面诉说自己受人攻击之苦，另一方面却高调表明了"自用不回之心"。他将自己定位为众矢之的，但依旧不肯对性格、观点、言行加以修正。元符三年（1100），自海南北归的苏轼在《答刘沔都曹书》中概括了自己因言语文字招致的得失："轼平生以文字言语见知于世，亦以此取疾于人。"② 在沧桑感慨之余，却仍有一丝兀傲之气。直至建中靖国元年（1101），苏轼还作《刚说》一文高度赞扬性格刚直的朋友孙介夫，并批判了"刚者必折"之说。他以自身经验总结道："吾平生多难，常以身试之，凡免我于厄者，皆平日可畏人也，挤我于险者，皆异时可喜人也。吾是以知刚者之必仁，佞者之必不仁也。"③ 亲身体验具有无比强大的说服力，我们可以想见"刚者必仁"的理念会如何坚定了苏轼对自身性情的持守。此文得到了晁补之、张耒的支持响应，二者皆以"刚"为美德，不以"太刚"为病，张文称："苏公行己可谓刚矣，傲睨雄暴，轻视忧患，高视千古，气盖一世，当与孔北海并驱。"④ 在一生受困之后，苏轼仍不改"刚"之性，并引以为荣。

不难注意到，苏轼在上述语境中的自我评价是整体性的："性刚"是一种笼统的性格描述，这种性格在政事中可能表现为犯颜直谏，在私交中则可能缺乏委婉。在公事中因直言遭到嫉恨是不必自

---

① 《谢兼侍读表二首》其二，《苏轼文集》卷二十三，第 685 页。
② 《苏轼文集》卷四十九，第 1429 页。
③ 《苏轼文集》卷十，第 338 页。
④ （宋）张耒：《书东坡先生赠孙君刚说后》，《张耒集》卷五十四，李逸安、孙通海、傅信点校，中华书局 1990 年版，第 823 页。

责的,在私交中出口无忌却不无可商。同僚关系与政治的密切联系决定了其复杂性,它不同于普通的亲友关系,而涉及公、私两种领域,二者虽不能截然分割,却不可一概而论。苏轼的自我分析并未在公事与私交领域分别讨论,这使得上述语境中的"性刚""刚褊""性不慎语言"等自我评价,看似是一种反思,却落脚于坚持自我、不可违逆本心的态度,反而凸显了自身的刚直磊落,并没有呈现真正的反省姿态。这种反思有时甚至是一种自矜,例如在《与叶进叔书》中,苏轼向一位讨厌的后进展示自己的本来面目,表示自己与对方并非同道①。其中有言:"仆闻有自知之明者,乃所以知人。有自达之聪者,乃所以达物。自知矣可以无疑矣,而徇人则疑于人。自达矣可以无蔽矣,而徇物则蔽于物。今足下自知自达而无可疑可蔽矣,岂仆所以得人与物之说耶?至以谓仆之交,不能把臂服膺以示无间,凡此者,非疑非蔽也,乃仆所以为狷介寡合者。"② 此文意在讥刺缺乏自知之明的叶进叔,而无论是自称"狷介寡合之人"还是表示"亦思而改之耳",都因加入反讽而并非严肃的反思之语。简言之,苏轼对不理想的同僚关系及其中的自身性格因素不无自知,但由于他的反思以认可自己在政治、道德方面的正义立场为前提,其中的自伤自矜便往往大于自责自愧之意。

四 私交语境中同僚关系的调整:以王安石与章惇为例

由于在评价同僚关系中的自身因素时,苏轼往往没有提供公私分明的语境,所以在苏轼诗文中很少见到针对私交领域失当言行的反思。从这一角度,不妨引入苏轼同僚关系中的两个重要案例——王安石与章惇来略作补充。他们是苏轼的强劲政敌,却因与后者微

---

① 参见李之亮笺注《苏轼文集编年笺注》,巴蜀书社 2011 年版,第 344 页:"据文意,此叶进叔乃后进之辈,偶与东坡相逢,有书信指责东坡与人交往不甚亲热,更多是指责东坡对他不够亲热。东坡似不喜其轻狂无知之态,故全文嬉笑讥讽,无所不至,以还进叔不知天高地厚之狂言也。"

② 《苏轼文集》卷四十九,第 1421 页。

妙的关系而有别于纯粹的投机小人。章惇曾为苏轼挚友，后来却直欲置他于死地。王安石因政治主张牵制打压苏轼半生，却也曾有私交时的惺惺相惜。前人对这两段关系论之甚详，大多视苏王二人金陵会面、章惇窜逐海南之际苏轼回复章援书信予以宽慰为两段关系的和解，并着眼于赞扬苏轼宽容坦荡。值得注意的是，双方交恶源于政治立场的敌对，而表现出和解则是在苏轼自身结束贬谪，而对方或因退居，或遭放逐远离朝堂之时。换言之，这两段关系的演变是在公私领域的切换中完成的。

　　同僚关系中的公私之分首先体现在政见与人格的区分上。苏、王在性格、观念、政治见解中存在深刻的对立①，但在本质的品性上却不存在使对方深恶痛绝的卑鄙之处。章惇虽阴鸷狠辣，但多是为达成政见和巩固地位而排除异己，并不等同于见风使舵之流。苏轼在为吕惠卿所作的贬词以及弹劾李定的奏疏中，都尽揭其恶，不曾有过"穷寇莫追"的怜悯。两相对比之下，他对待王安石的评价与章惇的遭贬则并未抱以公私领域一致的敌对态度。其次，从苏轼在双方"和解"之际写与二者的诗文中，也能清楚地看到作者对私交的侧重表述。如作于金陵之会时的《次荆公韵四绝》其三云："劝我试求三亩宅，从公已觉十年迟。"② 宋人笔记中对其本事多有记载，而大略是说苏、王论诗谈艺，十分欢洽，乃至相约卜邻③。可见无论是交流内容还是日后期许，都属于文学、艺术和个人生活领域，无关朝政。当双方都除去政治身份坦然相对，原本因政事而生的怨怼也被消减，反而能以平静的心情欣赏对方的优长，思量宿昔情谊。同样，在写与章惇之子章援的书信中，苏轼表示："某与丞相定交四

---

　　① 参见喻世华《千秋功罪任评说：苏轼与王安石关系及其评价的审视》，《南京林业大学学报》（人文社会科学版）2010 年第 3 期。
　　② 《苏轼诗集》卷二十四，第 1252 页。
　　③ 参见孔凡礼《三苏年谱》卷三十五元丰七年（下）之资料辑录，北京古籍出版社 2004 年版，第 1512—1515 页。

十馀年，虽中间出处稍异，交情固无所增损也。"① "出处"是政治选择，"交情"则是从长年交往中建立而来。政事上生死相搏不可能对私交全无影响，苏轼特意将二者区分开来，并强调后者"无所增损"，固然是为照顾章援的感受，但也说明他对公私维度的确并不等同视之。乌台诗案后，苏轼曾在与章惇的信中反思："平时惟子厚与子由极口见戒，反覆甚苦。而轼强狠自用，不以为然。……然异时相识，但过相称誉，以成吾过，一旦有患难，无复有相哀者。惟子厚平居遗我以药石，及困急又有以收恤之，真与世俗异矣。"② 章惇不因苏轼遭贬而离弃，且是昔日顺境中为数不多的诤友，这段笃厚的私交想必也让苏轼难以忘怀。不仅如此，这两篇诗文中其实都暗含着对既往的回望和梳理，无论是迟来十年的过从，还是四十年中的恩怨，都使人产生不堪回首之感。"但以往者，更说何益，惟论其未然者而已。"③ 岁月、命运施加给人同样的沧桑，淡化了他们之间的对立，在对彼此生活的回顾和理解中，也加入了关于自身的反视和感慨。苏轼在北归途中身染瘴毒不久于世的情况下，以自身贬谪经验安慰章援并提供保养建议，不仅仅体现了仁厚之心，"书至此，困惫放笔，太息而已"④，也隐藏着对彼此坎坷命运的共同悲悯。

要之，苏轼与王安石、章惇关系的变化，并不完全缘于双方境遇的改变，也并非一味仰赖苏轼的宽容。王安石与章惇在政事方面的举措并不指向人格的卑劣，这是双方可能缓和的前提。此外，抛开政治立场而进入私交的语境中，双方更容易搁置争议，更轻松地表达认同，并从自身阅历出发给予对方理解的同情。尽管现有文献难以复现苏轼在这两段同僚关系的演变中经历了怎样的自我调整，但他虽无明确反省却态度平和、言辞恳切的表述，未尝不能体现他对自我和同僚关系的重新审视。

---

① 《与章致平二首》其一，《苏轼文集》卷五十五，第1643页。
② 《与章子厚参政书二首》其一，《苏轼文集》卷四十九，第1411—1412页。
③ 《与章致平二首》其一，《苏轼文集》卷五十五，第1643页。
④ 《苏轼文集》卷五十五，第1644页。

回顾苏轼有关同僚关系的自我表达,"不喜应接人事"与"取疾于人"二者可以说共同源于"性刚"的特点。同僚关系中不容乐观的自我评价,很大程度上是强烈的自我意识导致的后果。由于不能压抑个性、收敛锋芒,在同僚相处中,苏轼除了公务领域正道直行之外,在私交场合也不乏逞才使性的失当言行,从而埋下了隔阂甚至嫉恨的隐患。苏辙在《亡兄子瞻端明墓志铭》中道:"其于人,见善称之,如恐不及;见不善斥之,如恐不尽;见义勇于敢为,而不顾其害。用此数困于世,然终不以为恨。"① 子由对苏轼的了解之深举世无匹,寥寥数语便揭示出苏轼一生受困于人际关系的原因。尽管他的分析并无批评之意,却恰恰点明了苏轼自身因素在人际关系尤其是同僚关系中的作用和所需承担的责任。我们能从中看到苏轼臧否人物时的率易恣肆、淋漓尽致,而"终不以为恨"意味着九死不悔的坚持自我的姿态。这在政事上源于他并未改变原则与立场,在私交中则源于他终究未能真正服膺于自己"约束个性"的反思。

第四节 "混迹"民间:有意识地追求平凡

相较于复杂的同僚关系,"民间"对苏轼而言无疑是十分亲切和美的对象。苏轼在文学文本中为民间留下的大量篇幅,以及形诸笔端的与百姓的亲密互动,构成了后世为他定义的人格范型中的重要方面,也是他拥有广泛影响力与持久魅力的原因之一。因此,苏轼对民间的感知、与民间的关系,也成为值得探讨的话题。相关的既有研究或从民本思想的角度立论,从苏轼的亲民、爱民、利民之举中探析其思想渊源,透视其高尚人格,或考察苏轼逐渐走入民间、

---

① (宋)苏辙:《栾城后集》卷二十二,《苏辙集》,第1127页。

走向"平民化"的过程，比较清晰地呈现了苏轼仁民爱物的思想及他与民间的融洽关系①。而以民间作为对象来了解苏轼的自我认识，则是与此不同的研究路径。

在本书第一章讨论苏轼的自嘲现象时，曾关注苏轼以"吏民之笑"入诗来婉曲自嘲的思路，并以许多乐于发民一笑的事例论证了他平和的自我定位。而在第二章，我们则从苏轼对自我价值的认识这一角度，论述了他在朝、外任、贬谪期间救济百姓的举措。不论是密州捕蝗还是徐州抗洪的篇章，其中呈现的焦虑、痛苦与欢欣都超出了官员责任感所能导致的程度，这并非一种单纯的"垂怜"，而含有同知冷暖的共情。在此基础上，本节将专意探讨苏轼投身民间的主体意志与自我思考。

一 "混迹"民间

除了出仕之前的故乡生活，外任与贬谪便是苏轼得以深入接触民间的主要契机。尽管在这两种阶段，苏轼都是因外界因素而不能自主地置身民间，但他并不为此感到痛苦，而是以"正中下怀"的姿态愉快地投入与普通百姓的交往之中，并且乐于涂抹掉不同身份群体之间的界线。这一变被动为主动的行为，自然是管窥苏轼自我

---

① 王水照、朱刚合著《苏轼评传》探讨了民间之于苏轼思想进益及自我定位的意义，提出了富有见地的结论，认为贬谪岭海的苏轼"舍弃了端笏立朝的大臣形象，而在一般士民当中找到属于自己的位置"（第117页）。"仕途中的东坡义无反顾的践履臣节，贬居中的东坡则进入更宽广的'人'的境界。"（第433页）廖秀勇《试论苏轼的平民化》（《德阳教育学院学报》2000年第3期）较为全面地关注了苏轼走向平民角色的过程并分析其成因，关注到了苏轼晚年"自编于民"的心理变化，认为苏轼在此过程中实现了人生价值的重塑与确定。朱玉书《苏东坡的南荒交游》一文（《朱玉书文集》，作家出版社2001年版，第64—75页）考察了苏轼在儋州的交游对象及其基本情况。朱靖华《苏轼是旷世无双的全能文士》一文（《朱靖华古典文学论集》，吉林文史出版社2003年版，第40—48页）简要论述了苏轼在各个贬所享受"编于民"之乐趣。朱靖华《论苏轼晚年诗词中的"野性"》一文（《朱靖华古典文学论集》，第194—203页）则从苏轼晚年贬谪惠、儋时期与百姓融洽相处的行为中透视其性情。

认识与主体选择的极佳入口。

（一）"莫作官长看"

苏轼一生历任多地，地方长官的角色决定了他的行为势必牵系民生，同时也不可避免地划分了他与吏民的区隔。苏轼在任所虽亲力亲为治理民政，而主要的交游对象却终究是由同僚、地方贤达、方外之士等构成。在百姓眼中，苏轼固然可亲可敬，但并不能视若等闲，作为"太守""使君"的苏轼仍是众人关注和讨论的对象。前文有关自嘲的部分，曾提及百姓对使君之举动表示极大兴趣的例子，便是明证。而从苏轼自身的角度来看，这种引一方百姓瞩目的体验尽管十分有趣，但植根于百姓观念中的官民之分却非他所愿。在此前的论述中，我们已经展示了他如何以自由随性的生活方式改写了地方官员的常态，以出人意表的有趣行为刷新了百姓对官员的认识，有意塑造着"年老尚儿戏"的自我形象，并满意地将百姓对此的亲密认可载入诗中。除过以戏谑口吻拉近自己与百姓的距离外，苏轼也会正面宣称对此种身份之别不以为意。

元丰二年（1079），苏轼曾与长子苏迈、苏辙之婿王适及其弟王遹同游湖州飞英寺，在记游诗中，他尽述对山水美景的喜爱，并表示自己为官清闲，可随意来去："我来无时节，杖屦自推扉。莫作使君看，外似中已非。"① 苏轼有意强调自己的随心所欲、不拘小节，以"自由散漫"尽可能地解构使君的威严，引出对这一身份的否认。在苏轼眼中，既然治下平安无事，斗讼日稀，而自己俨然成为寄情山水的游客，那么所谓使君便不过是一个外在的标签，无须抱以严肃的态度。更何况，自己的本心并不希求官员的尊贵，反而更愿意像一名熟稔此地的普通百姓那样自在。需要注意的是，"莫作使君看"这样的祈使语气显然有明确的表达对象，在此处恐怕不仅是展示给同游的子侄，更是说与寺中的接待者乃至湖州百姓，表示自己

---

① 《与王郎昆仲及儿子迈，绕城观荷花，登岘山亭，晚入飞英寺，分韵得"月明星稀"四字》其四，《苏轼诗集》卷十九，第 986 页。

与他们并无不同。

　　这种对官员身份的主动淡化还曾借他人之事来表达。元祐三年（1088），苏轼作诗赠与一位年迈致仕的同乡，赞扬他在地方官任上造福百姓、退居后放怀自得的风节。诗中有云："青衫半作霜叶枯，遇民如儿吏如奴。吏民莫作官长看，我是识字耕田夫。"① 此诗以戏谑手法塑造出一位备受爱戴的循吏形象，句中之"我"虽是受赠对象的口吻，却未尝不可视为苏轼"自道"。从他仔细描述对方清廉爱民以及退居之后百姓仍然争相扶助的笔触中，足见苏轼对这种"遇吏民如家人"的行事作风抱以十分赞许的态度。这一次他明确地向吏民宣称"官长"身份无足轻重，"识字耕田夫"既切合这位退休官员的真实状况，亦是苏轼面对民间时所采取的自我定义。

　　不难发现，苏轼在自觉地将"使君""官长"等身份与真正的自我剥离开来，并强调后者是可与百姓混融一体、无所区分的。在不胜枚举的事例中，苏轼一面恪尽职守，一面努力打破官员身份形成的固定约束，重构一个脱离于严肃身份之外的自我形象。这并非为融入民间而刻意采取的手段，而是开朗性情的自觉袒露。嘉祐五年（1060），苏轼自蜀返京途中，曾以诗歌记录一段与陌生人的萍水相逢：

　　　　古驿无人雪满庭，有客冒雪来自北。纷纷笠上已盈寸，下马登堂面苍黑。苦寒有酒不能饮，见之何必问相识。我酌徐徐不满觥，看客倒尽不留滴。千门昼闭行路绝，相与笑语不知夕。醉中不复问姓名，上马忽去横短策。②

---

　　① 《庆源宣义王丈，以累举得官，为洪雅主簿，雅州户掾。遇吏民如家人，人安乐之。既谢事，居眉之青神瑞草桥，放怀自得。有书来求红带，既以遗之，且作诗为戏，请黄鲁直、秦少游各为赋一首，为老人光华》，《苏轼诗集》卷三十，第1581页。
　　② 《大雪独留尉氏，有客入驿，呼与饮，至醉，诘旦客南去，竟不知其谁》，《苏轼诗集》卷二，第85页。

青年苏轼笔下的这场偶遇，颇有"落地为兄弟，何必骨肉亲"① 的古风。当时苏轼刚刚结束三年服丧之期，虽尚未授职，也已是即将重返朝堂的国之栋梁。他在驿站中遇见风尘仆仆的北方来客，与之欢饮达旦，爱其豪爽英姿，彼此却不知姓名，不问底细，相比于眼前的交情，"身份"对于他们似乎不值一提。与陌生人之间的惺惺相惜正是苏轼"泛爱天下士"的极佳注脚，它不仅说明苏轼性格中坦荡外向、待人心无芥蒂的一面少而有之，同时也显示了苏轼并不以身份差别在人际关系中制造隔阂，而这与他不愿被百姓视作官长的心态是相一致的。

吉川幸次郎曾在《中国诗史》中留意到苏轼在杭州除夕夜所作的都厅题壁诗。诗云：

> 除日当早归，官事乃见留。执笔对之泣，哀此系中囚。小人营糇粮，堕网不知羞。我亦恋薄禄，因循失归休。不须论贤愚，均是为食谋。谁能暂纵遣，闵默愧前修。②

"把自己和狱中的囚犯相比，说'不须论贤愚'，这并不是统治阶级的温情。他经常拒绝承认自己是高人一等的人，而是希望作为一个市民来生活。他迁谪黄州时，与市民、农民交朋友，自己耕种'东坡'的土地，见于组诗《东坡八首》。晚年身居海南岛，他越发真切地希望'躬耕'，即以一介农夫的身份亲自耕作。"③ 以此为例，吉川幸次郎意在指出苏轼对所有人都拥有的"广泛的爱情"，并注意

---

① 《杂诗十二首》其一，《陶渊明集》卷四，第115页。

② 《熙宁中，轼通守此郡。除夜，直都厅，囚系皆满，日暮不得返舍，因题一诗于壁，今二十年矣。衰病之馀，复忝郡寄，再经除夜，庭事萧然，三圄皆空，盖同僚之力，非拙朽所致。因和前篇，呈公济、子侔二通守》前诗，《苏轼诗集》卷三十二，第1723页。

③ [日]吉川幸次郎：《关于苏轼》，《中国诗史》，第283—284页。

到"自编于民"①的观念在他迁谪之后得到了更为身体力行的实践。同时，回顾苏轼这一有关自己与囚犯的思考，不能忽视的信息是，苏轼在杭州通判之任时便看到了人们看似有别的身份之下某种相同的处境，而此后的仕途挫折无疑使这种思考之旅日益深远。

（二）"自喜渐不为人识"

如果说想以"官长"身份混迹民间，还需要苏轼有意识地淡化身份区隔，并努力说服百姓接纳他的自我定义，那么去除这一身份显然有助于获得更好的效果。"宦游到处身如寄，农事何时手自亲。"②在官员身份的束缚下，"识字耕田夫"的自称毕竟深显无力，而贬谪则为苏轼亲身体验民间生活提供了真正的契机。

黄州之贬是苏轼以逐臣身份深入民间的开始。作为丧失职权的戴罪之身，苏轼面对艰辛的生活只会比普通百姓更感捉襟见肘。"我虽穷苦不如人，要亦自是民之一"③，在饥饿、贫困与天灾面前，苏轼只好如此自我安慰。不过，这一自我定义中却未必尽然是低落的情绪。他在写给李之仪的信中说道："得罪以来，深自闭塞，扁舟草履，放浪山水间，与樵渔杂处，往往为醉人所推骂。辄自喜渐不为人识。"④初至黄州的苏轼有如惊弓之鸟，在这封信中，李之仪的称赏曾引起他大段惶恐的辩白。而唯一值得高兴的却是醉汉无礼的推骂，因为这意味着自己不再是值得关注的焦点，终于能够杂处平民之中，真正从形迹上消弭了与普通百姓的区别。在此文的语境中，苏轼对旁人的关注避之不及，自然主要出于惧祸的心理，但从中仍能感到他对"扁舟草履，放浪山水间"的自在生活的确怀有由衷的

---

① 《和子瞻次韵陶渊明劝农诗》（《栾城后集》卷五，《苏辙集》，第944页）有"我迁海康，实编于民"之句。论者往往借"编于民"来描述苏轼南迁之后的心理和生活状态。
② 《至济南，李公择以诗相迎，次其韵二首》其一，《苏轼诗集》卷十五，第715页。
③ 《次韵孔毅父久旱已而甚雨三首》其一，《苏轼诗集》卷二十，第1122页。
④ 《答李端叔书》，《苏轼文集》卷四十九，第1432页。

喜爱。在《黄泥坂词》中，苏轼再次表达此意，他描述自己全然以平民百姓的状貌嬉游于雪堂和黄泥坂之间，"释宝璐而被缯絮兮，杂市人而无辨。路悠悠其莫往来兮，守一席而穷年。时游步而远览兮，路穷尽而旋反。朝嬉黄泥之白云兮，暮宿雪堂之青烟。喜鱼鸟之莫余惊兮，幸樵苏之我嫚。"① 苏轼说自己被酒行歌，有了醉意便倒地而眠，直至父老好意前来唤醒，担心他被过路的牛羊踩伤。苏轼以饶有兴味的笔触讲述这漫无目的、兴之所至的出游，使得整首诗都充满舒缓逍遥的气韵。他的关注点很有趣地放在所遇之人与物的反应上：浑然不觉的市人、未受惊扰的鱼鸟、态度轻慢的樵夫、对自己视而不见的牛羊，甚至那自顾自落下沾湿他衣裳的露水，不为所动地升起的月亮，一切事物都以自己原有的轨迹行进，丝毫不因苏轼的参与而有所改变，而苏轼却以"喜"与"幸"的态度处之。"幸"字流露出宦海生波带来的心有余悸和如今得以保全、与世无争的一丝庆幸，"喜"字则表达了终可与环境融合的欣慰。诗中的忽视、轻慢之举中都隐含着熟悉与亲密的前提，对于民间而言，苏轼终于不再是"异己"。他的一切悠然自得之感都系之于身份的消失，唯有剥离外在的声名，才可能与周遭人物之间拥有如此平静宁和的关系。

　　上述两例显示出的一种现象是，相对于外任时期努力淡化官与民的身份区隔，贬谪时期的苏轼则更侧重于降低自己的存在感，即便是作为一个并无特殊身份的个体，他似乎也不愿表现得与众不同。渡海之后，面对风俗迥异的黎族百姓，他虽致力于改善某些陋习，但在衣食住行方面则宁愿入乡随俗："携儿过岭今七年，晚途更着黎衣冠。白头穿林要藤帽，赤脚渡水须花缦。不愁故人惊绝倒，但使俚俗相恬安。"② 苏轼声称自己应依照黎民装扮，以此与周边百姓和谐相处，即便这身装束可能引发旧友"绝倒"也没有关系。他往往被酒独行，随心所欲地寻访黎族友人。酒醉迷路时，百姓指点给他

---

① 《苏轼诗集》卷四十八，第 2643 页。
② 《欧阳晦夫遗接䍦琴枕，戏作此诗谢之》，《苏轼诗集》卷四十三，第 2372 页。

看似鄙俗却最有效的方法,"半醒半醉问诸黎,竹刺藤梢步步迷。但寻牛矢觅归路,家在牛栏西复西。"① 苏轼很自然地接纳了这种民间经验,并不加修饰地录入诗中,完全不以士人的文雅形象为念。他采用当地百姓的酿酒之法,虽然并不十分精巧,却丝毫无损与朋友一道品尝的兴致:"华夷两樽合,醉笑一欢同。……愁颜解符老,寿耳斗吴翁。"② 通过诗文表达,苏轼一直在审视并勾勒身处民间的自我形象,反复明确自己与百姓等同的位置,并通过投合民俗,尽力使自己的存在不显突兀。在晚年苏轼眼中,民间成为自己最重要的情感来源。诚如他所感受的那样,"久安儋耳陋,日与雕题亲"③,即使异族风土也并未带给苏轼过多的情感隔阂,他依旧渴望成为百姓日常交往中平凡的参与者。

无论由于外任还是贬谪而身处民间,远离政治中心的苏轼反而展示出如鱼得水的姿态。他努力将自己视作人群中的一员,并不以官僚或士人身份建立区隔。与这种平和定位相一致的是,他非常享受日常生活中"混迹"民间而并不受到特殊关注的状态,并在诗文中反复表达这种希冀。梳理苏轼身处民间时的自我认识,并回顾此前章节中论及的亲民利民之举,我们可以看到,苏轼对民间的深厚情感既出于开朗亲和、泛爱天下的性情,也出于儒家学说中的民本思想,但是这些尚不能完全解释他"混迹"民间的愿望。民间这一对象显然独具魅力,而苏轼对民间何以建立强烈的归属感,便是需要进一步探讨的话题。

二 民间生活的美感

对于士大夫而言,因仕途挫折而遁入民间,本难免带着失意的情绪。然而苏轼与民间的相遇并不如预想中那般惨淡,反而为他在

---

① 《被酒独行,遍至子云、威、徽、先觉四黎之舍,三首》其一,《苏轼诗集》卷四十二,第 2322—2323 页。

② 《用过韵,冬至与诸生饮酒》,《苏轼诗集》卷四十二,第 2325 页。

③ 《和陶与殷晋安别》,《苏轼诗集》卷四十二,第 2321 页。

仕途阴霾之外开启了另一番明朗的天地，至少在苏轼自身的体验中的确如此。他留下了相当浓重的笔墨来书写百姓与民间带给自己的感受与触动，而这些恰恰能够清晰地解释民间的吸引力所在。

（一）百姓的友善

民间的美好首先来源于生活在其中的主体，即普通百姓的友善。苏轼在诗文中多次记录了百姓对自己的厚待，对此颇怀感念之情。他外任地方官时，与当地民众相处融洽，获得了良好的政声。而苏轼往往将治下清平归功于吏民的配合，多在诗中表达感激。"吏民哀我老不明，相戒无复烦鞭刑。"① "吏民怜我懒，斗讼日已稀。能为无事饮，可作不夜归。"② 诗人声称是吏民体谅自己年迈慵懒，自己才可能抽身于繁重公务之外，得享优游山水之乐。不难发现，此类表达往往是一种自嘲，其实质是借吏民之口委婉地调侃自己，吏民的心理活动大多出自作者的想象而并非实有其事，但苏轼愿意在表达中将其视为百姓的好意。这一方面体现了官民之间的和睦关系，另一方面则很有趣地透露出诗人的自我认识：他相信自己在百姓心中是值得爱戴的官员，以至于为了不给自己增添烦恼，百姓们自愿遵纪守法。倘若不存在这一前提，百姓们的体贴便无所附着了。

与这种自信的感受相一致，离任之时，百姓的依依不舍既带来莫大的感动，也赋予苏轼重要的成就感。元丰二年（1079），苏轼自徐州移知湖州，临行之际，百姓感念他亲率吏民治水之功，不忍送别，气氛颇为凄伤，以至于诗人不得不悉心劝解，并用幽默之语来化解送别者的伤感：

吏民莫扳援，歌管莫凄咽。吾生如寄耳，宁独为此别。别离随处有，悲恼缘爱结。而我本无恩，此涕谁为设。纷纷等儿

---

① 《次韵答刘泾》，《苏轼诗集》卷十六，第821页。
② 《与王郎昆仲及儿子迈，绕城观荷花，登岘山亭，晚入飞英寺，分韵得"月明星稀"四字》其四，《苏轼诗集》卷十九，第986页。

戏，鞭镫遭割截。道边双石人，几见太守发。有知当解笑，抚掌冠缨绝。①

苏轼称，人生别离本是寻常之事，何况自己对百姓并未称得上有什么恩德，何必如此执着苦留，甚至像小孩子一样破坏马鞭马镫，使我不能行路？他以道旁石人为戏，说它们对送别习以为常，若能看到眼前这番痴缠场景，定会嘲笑不已。苏轼的开解语气十分轻松，但此次送别显然给他留下了深刻的印象，他寄诗向子由细述百姓如何自发前来表示感恩，"父老何自来，花枝袅长红。洗盏拜马前，请寿使君公。前年无使君，鱼鳖化儿童"②。尽管苏轼对百姓的回应中充满戏语与谦辞，但依旧不能掩饰获得百姓爱戴的欣慰之情。这意味着他造福于民的价值观得到了认可，那些在仕途中、朝堂上可能遭到扭曲、攻讦的理念和举措，在民间获得了理解。元丰八年（1085），苏轼被朝廷召还，途中重经密州超然台，与旧时百姓有过一番亲切的重逢。"昔饮零泉别常山，天寒岁在龙蛇间。山中儿童拍手笑，问我西去何当还。十年不赴竹马约，扁舟独与渔蓑闲。重来父老喜我在，扶挈老幼相遮攀。当时襁褓皆七尺，而我安得留朱颜。"③作者回忆起当年离任时，孩童天真询问归期。转眼重游故地，百姓并未忘却旧日官长，依旧扶老携幼前来问候。然而离别的十年间，自己其实已经历不堪回首的磨难。个中物是人非、冷暖自知的况味，都在与百姓家常话题的交谈中化作一片动人的温情。

朝局有如翻云覆雨，许多利益相关的情谊随之改变，唯有茫然远离政治的百姓，反而能不那么在意苏轼身份的失去，凭借单纯的情感对一个政治失意者不离不弃。绍圣元年（1094），苏轼再遭贬

---

① 《罢徐州，往南京，马上走笔寄子由五首》其一，《苏轼诗集》卷十八，第936页。

② 《罢徐州，往南京，马上走笔寄子由五首》其二，《苏轼诗集》卷十八，第936—937页。

③ 《再过超然台赠太守霍翔》，《苏轼诗集》卷二十六，第1381—1382页。

黜，开始艰辛的迁谪之路。携三子过汤阴时，百姓送上豌豆大麦粥，苏轼以诗记之："玉食谢故吏，风餐便逐臣。漂零竟何适，浩荡寄此身。争劝加餐食，实无负吏民。"① 早在熙宁二年（1069），苏轼赴杭州通守任途中，在洪泽行船遇到风阻，无奈返回，他曾记载百姓前来问询售酒的细节："居民见我还，劳问亦依依。携酒就船卖，此意厚莫违。"② 百姓的厚意总能在苏轼受挫的心境中增添稳健坦然之气，他以"无负吏民"为动力，提醒自己从愁苦中抽离并振作精神。

抵达贬所之后，当地百姓的热情更让迁客倍感温暖。初至惠州，"吏民惊怪坐何事，父老相携迎此翁"③，百姓对他深表敬爱，所遇人物皆生出一见如故之感。在儋州时，"父老争看乌角巾，应缘曾现宰官身"④，苏轼与百姓彼此提供了新奇有趣的素材。当物资匮乏，备尝饥饿之苦时，苏轼盘算着"明日东家当祭灶，只鸡斗酒定膰吾"⑤，他能对邻居的慷慨如此笃定，是因为亲身体验着"邦君助畚锸，邻里通有无"⑥ 的淳朴民风。除过物质生活中的扶助，百姓也是可与他交流情感、纾解心事的对象。远谪岭南，再谪海外，苏轼深怀无可逃避的家山之悲，而百姓日日如常的生活则将他置身于最平凡的语境之中，得到了与回归家园相似的人情抚慰。苏轼在《白鹤峰新居欲成，夜过西邻翟秀才，二首》其一中表达了这种幽微的感受：

> 林行婆家初闭户，翟夫子舍尚留关。连娟缺月黄昏后，缥缈新居紫翠间。系闷岂无罗带水，割愁还有剑铓山。中原北望

---

① 《过汤阴市，得豌豆大麦粥，示三儿子》，《苏轼诗集》卷三十七，第 2025 页。
② 《发洪泽，中途遇大风，复还》，《苏轼诗集》卷六，第 293 页。
③ 《十月二日初到惠州》，《苏轼诗集》卷三十八，第 2071 页。
④ 《纵笔三首》其二，《苏轼诗集》卷四十二，第 2328 页。
⑤ 《纵笔三首》其三，《苏轼诗集》卷四十二，第 2328 页。
⑥ 《和陶和刘柴桑》，《苏轼诗集》卷四十二，第 2311 页。

无归日,邻火村春自往还。①

望着月色下山林之间隐现的新居,苏轼心中既有终可安定的欣喜,又岂无终不可归的愁闷。可是天涯望断终无益,而刚刚闭户休息,或还为客人留着门的左邻右舍,却带来一种余温尚存的人间烟火气息。读者似可想象,静谧的一夜过后,明日林行婆、翟夫子又会笑容可掬地与苏轼相见。与他们的熟识,使苏轼暂且放下了无望的北归之念,转而怜取眼前这"邻火村春"的温暖。在海南时,苏轼因节序风俗而引发悲感:"海南人不作寒食,而以上巳上冢。予携一瓢酒,寻诸生,皆出矣。独老符秀才在,因与饮,至醉。符盖儋人之安贫守静者也。"② 由于涉及上冢这一最具亲缘情感的传统习俗,作者触景伤情之感分外深重。"老鸦衔肉纸飞灰,万里家山安在哉!"③ 在这一日,黎族友人几乎都外出祭奠亲人,唯有自己孤苦飘零,遥想家乡坟茔寂寞,内心清冷可想而知。好在老秀才符林的出现解救了落魄的苏轼,使他携带的一瓢酒有了可与对饮之人,满腹乡愁与仕途感慨也得以倾吐。在另一首诗中,苏轼叙述自己梦归惠州白鹤峰住所,醒后触发乡愁。他由自己不能忘归却不敢思归写起,写到对惠州居所"敝帚自珍"式的痛惜,情绪十分黯然。但他在梦中也未忘记百姓的善意,"梦与邻翁言,悯默怜我哀"④,诗人真的因此受到了安慰,终于将情绪收束到"往来付造物"的平静之中。

总之,在与百姓的往还中,苏轼有关仕宦命运的自怜自叹往往得到慰解。人情之浓是民间不同于朝堂的重要特质,百姓对苏轼的友善与关怀,时常闪烁平凡人性中的光辉。基于这种亲身体验,苏

---

① 《苏轼诗集》卷四十,第2214—2215页。
② 《海南人不作寒食,而以上巳上冢。予携一瓢酒,寻诸生,皆出矣。独老符秀才在,因与饮,至醉。符盖儋人之安贫守静者也》,《苏轼诗集》卷四十二,第2308页。
③ 《苏轼诗集》卷四十二,第2309页。
④ 《和陶还旧居》,《苏轼诗集》卷四十一,第2251页。

轼不仅建立起对民间的亲切感情,也在与百姓的互动中重新审视与评估自己的过往,并对成为民间的平凡个体心生认同。

(二) 平凡之美与自足之乐

百姓对待苏轼的亲善态度直接影响了他对民间的感受,而除此之外,苏轼眼中的民间生活本就充满平凡却安宁、渺小却温暖的气息。当置身民间的苏轼时而作为观察者、时而亲身参与这种生活方式当中时,他常常从中体会到独有的动人之处。

苏轼本具有敏锐的感受力及良好的幽默感,这些优长在他与民间的相遇中更显示出重要性,帮助他毫无遗漏地收集起日常生活中的乐趣与美感。在黄州时,苏轼对当地朋友家自制的食物颇感兴趣,兴致勃勃地赋予米饼和家酿古怪的名称:"刘监仓家煎米粉作饼子,余云为甚酥。潘邠老家造逡巡酒,余饮之,云:莫作醋,错著水来否?"① 甚至携家眷出游时,还不忘向对方索取:"野饮花间百物无,杖头惟挂一葫芦。已倾潘子错著水,更觅君家为甚酥。"② 作者以戏谑注入其中,从制作食物、分享、命名等一系列日常琐事中发现乐趣。在惠州时,苏轼曾"偶与数客野步嘉祐僧舍东南野人家,杂花盛开,扣门求观。主人林氏媪出应,白发青裙,少寡,独居三十午矣。感叹之馀,作诗记之"。这次散步让苏轼结识了他在当地一位重要的平民友人,诗中如是描述道:"缥蒂缃枝出绛房,绿阴青子送春忙。涓涓泣露紫含笑,焰焰烧空红佛桑。落日孤烟知客恨,短篱破屋为谁香。主人白发青裙袂,子美诗中黄四娘。"③ 一位孀居三十年的村野妇人,却在花木葱茏中惊艳出场,明丽与素净的色彩彼此衬

---

① 《刘监仓家煎米粉作饼子,余云为甚酥。潘邠老家造逡巡酒,余饮之,云:莫作醋,错著水来否? 后数日,携家饮郊外,因作小诗戏刘公,求之》,《苏轼诗集》卷二十二,第1190页。
② 《苏轼诗集》卷二十二,第1191页。
③ 《正月二十六日,偶与数客野步嘉祐僧舍东南野人家,杂花盛开,扣门求观。主人林氏媪出应,白发青裙,少寡,独居三十午矣。感叹之馀,作诗记之》,《苏轼诗集》卷三十九,第2100—2101页。

托出女主人潇洒爽利之风。苏轼以充满意趣的笔触展现出林氏媪简朴生活中的精巧与整饬,意味着民间的平凡生活也可被打理得充满美感。不仅如此,林氏行事慷慨,苏轼在惠州日用拮据时常向她赊酒,以至于渡海之后仍对这份情谊感念不忘:"林行婆当健,有香与之,到日告便送去也。"①

即便置身天涯海角,苏轼也时时感动于民间风情。他作诗描绘"暗麝着人簪茉莉,红潮登颊醉槟榔"②的黎女之美,将民俗书写得生动活泼,将时人眼中的蛮荒之民展现得娇俏动人。普通百姓常在不经意间给予他触动,赵令畤《侯鲭录》记载:"东坡老人在昌化,尝负大瓢行歌于田间。有老妇年七十,谓坡曰:'内翰昔日富贵,一场春梦。'坡然之。里人呼此媪为春梦婆。"③ 田间老妇未必博学高才,但她在人生阅历中淬炼出通透眼光,其洞察世事的智慧,使聪明如苏轼也深以为然。而黎家儿童则以他们最天然的举动,打通了苏轼心中关于至高至乐境界的联想:"总角黎家三四童,口吹葱叶送迎翁。莫作天涯万里意,溪边自有舞雩风。"④ "童子三四人"简单纯真的快乐,几乎复现了"浴乎沂,风乎舞雩,咏而归"的自在畅怀,这使苏轼深感内心之愉悦并非地域可以悬隔阻断。在这些例子中,苏轼不仅感受到民间之美,更将其内化为自己的精神体验。凡俗生活中时常有细微却动人心神的美感,凡俗人事中往往流露平实而深刻的智慧,苏轼在具体的民间生活与抽象的思想成果之间找到了此种关联。

而更为苏轼所欣赏的则是民间生活的自足,这既包括知足常乐的状态,也包括自给自足带来的内心安宁。早在入仕之初,苏轼便曾多次歆羡田园山林中普通百姓的生活方式,例如在《夜泊牛口》

---

① 《与周文之四首》其四,《苏轼文集》卷五十八,第1761页。
② 《题姜秀郎几间》,《苏轼诗集》卷四十八,第2670页。
③ (宋)赵令畤:《侯鲭录》卷七,孔凡礼点校,中华书局2002年版,第183页。
④ 《被酒独行,遍至子云、威、徽、先觉四黎之舍,三首》其二,《苏轼诗集》卷四十二,第2322页。

一诗中,他曾细致描述深山居民其乐融融的场景:"居民偶相聚,三四依古柳。负薪出深谷,见客喜且售。煮蔬为夜飧,安识肉与酒。朔风吹茅屋,破壁见星斗。儿女自咿嗄,亦足乐且久。"① 如此贫乏简陋的生活,却有不足为外人道的自足之乐。即便当时壮志萦怀的苏轼,见此情景也不禁转入反思,在他们"置身落蛮荒,生意不自陋"的反衬下,自己的入仕之旅似乎显得庸碌奔忙。只是当时苏轼尚无法通过融入其中来延续这种思考。贬谪黄州后,他再次见识到民间奇妙的自足之道:"脯青苔,炙青蒲,烂蒸鹅鸭乃瓠壶。煮豆作乳脂为酥,高烧油烛斟蜜酒,贫家百物初何有。古来百巧出穷人,搜罗假合乱天真。"② 物质贫乏却能够激发出创造力,百姓善于找到替代物来满足口腹之欲,从中获得的愉悦并不输于甘美肥鲜。深怀生计之忧的苏轼自然被吸引成为自食其力队伍中的一员,他终于不再是一个旁观者,而得以亲身体验辛苦与自足之间的平衡。

亲身劳作带来了自给自足的快乐,苏轼自述躬耕心得道:"某见在东坡,作陂种稻,劳苦之中,亦自有乐事。有屋五间,果菜十数畦,桑百馀本,身耕妻蚕,聊以卒岁也。"③ 这种乐趣不仅源于可得温饱,更是由于亲自经营生活能够换来心安理得之感。"不缘耕樵得,饱食殊少味。再拜请邦君,愿受一廛地。知非笑昨梦,食力免内愧。"④ 安居乐业是民间生活中最高的期望,苏轼每至贬所,也都立意营造住宅。惠州白鹤峰新居的建成对苏轼而言便意义重大,他在《白鹤新居上梁文》中,以极富民俗传统的形式表达了对未来生活的美好祝愿。异乡定居使苏轼真正感到自己能够开始安定、独立、自足的生活,他的欢喜之情溢于言表。在此文结尾,他亲切地将祝福广泛施与所有前来帮忙助兴的百姓,"气爽人安,陈公之药不散;

---

① 《苏轼诗集》卷一,第9—10页。
② 《又一首答二犹子与王郎见和》,《苏轼诗集》卷二十一,第1116—1117页。
③ 《与李公择十七首》其九,《苏轼文集》卷五十一,第1499页。
④ 《籴米》,《苏轼诗集》卷四十一,第2254页。

年丰米贱,林婆之酒可赊"①,这祝愿中的内容一为健康、一为生计,我们可以看到作者的关注点落在朴实的生存需求之上,换言之,苏轼的价值判断中体现了民间的视角和观念,健康温饱可以使人心满意足。然而白鹤峰未及久居,苏轼旋即渡海,他在儋州作《和陶和刘柴桑》一诗,其中对自足的认识更加进益:"漂流四十年,今乃言卜居。且喜天壤间,一席亦吾庐。……一饱便终日,高眠忘百须。自笑四壁空,无妻老相如。"② 此时所谓卜居不过是潦草栖身,不能与营造惠州新居相比。"一席""一饱"表示生存需求极尽简化,但得以温饱,诗人便安之若素,高枕无忧。这些产生于民间生活中的自足之感有着浓郁的凡俗气息,无关宏图大志,却无疑是人生在世最基本的快乐。苏轼一面肯定生存需求的重要性和自力更生的意义,一面降低"自足"的物质标准,这使他在简朴的民间生活中感受到精神愉悦而过滤掉物质匮乏的痛苦。

苏轼所到之处,几乎无不受到爱戴与照拂,无处不可与平民建立新的友谊。百姓给予他仕宦生涯中难得一见的朴素温情,民间让他见识到凡俗之美与自足之乐。在民间这一对象的感召下,苏轼较以往更加深刻地思考某种与仕宦非常不同的生活方式与价值取向。他的关注点逐渐转向平凡的生存欲求,诗文中更多地探讨民间生活的价值并予以肯定。他并不鄙弃世俗生活的粗陋,相反在其中寻觅到可以坦然安放精神世界的理由。同时,上述过程也伴随着苏轼对自我形象、自我价值的重新认定,并不可避免地以仕宦生涯中的自我作为对比。

三 "脱冠还作扶犁叟":本质的复归

对一类群体的主动融入往往意味着对另一群体的疏离。对苏轼而言,仕宦生涯中的沉痛体验将他推离依归朝堂之路,而民间则容

---

① 《苏轼文集》卷六十四,第 1989 页。
② 《苏轼诗集》卷四十二,第 2311 页。

纳了他疲倦的身心。在这一过程中，苏轼对投身仕宦与混迹民间之价值的重新考量十分值得关注。

元丰三年（1080），初至黄州的苏轼在《答李端叔书》中剖白心事："谪居无事，默自观省，回视三十年以来所为，多其病者。足下所见皆故我，非今我也。"① 已有论者据此指出政治遭遇是苏轼平民化形成的关键，这一过程伴随着"故我"到"今我"的反省和对仕宦价值的否定②。这一见解虽不无道理，但是在苏轼的表述中，"故我"与"今我"的思考源自政治挫折之后对仕宦态度与出处选择的反思，与民间生活的影响则并无直接关系。苏轼混迹民间意愿的主动性、持续性与深入程度不同于普通的归隐田园，因此仅仅以否定仕宦价值、疏离仕途来解释他追求平凡的主体意识，恐怕仍欠缺说服力。这一过程中可能存在阐发不足的环节，这便是主体自我认识的变化。

苏轼在作于黄州的《又一首答二犹子与王郎见和》中曾言："诗书与我为曲糵，酝酿老夫成缙绅。质非文是终难久，脱冠还作扶犁叟。"③ 诗书教育自幼注入经世的观念，培养自己走上仕宦之路，奈何这种价值导向的浸染并未能深入骨髓而改变自己的本质。"质非文是"之表述与"莫作使君看，外似中已非"异曲同工，亦即作者自认本质上并非官员，曾有的身份不过是外部的文饰。这又容易令人联想到"麋鹿强冠襟"的自喻，可见苏轼对自身闲散自由、不宜朝堂的本质有着一贯的认识，而"脱冠"代表去除政治身份，"还作扶犁叟"则意味着对本质的回归。

简言之，苏轼对仕宦价值的思考、对民间价值的认可、对自我

---

① 《苏轼文集》卷四十九，第 1432—1433 页。
② 参见廖秀勇《试论苏轼的平民化》一文，《德阳教育学院学报》2000 年第 3 期。作者指出苏轼乐意投入平民生活，也由于不良的仕宦体验激发了苏轼少时在家乡体味到的和谐人际关系这一"早期经验"的回归，并认为苏轼所言之"今我"是感受到了民间温暖的"我"。
③ 《苏轼诗集》卷二十一，第 1117 页。

本质的反思都具有相当的持续性,"故我"并非没有意识到自己的"麋鹿之性",因此在任之时也表露出混迹民间的愿望;"今我"并非完全因民间生活的历练而改变,而是在自我思考的长期积累与际遇变化的多重作用下,完成了对人生价值及自我本质的重新确认。是故,苏轼之混迹民间不能仅仅视为一种出处选择,而是在明确自我认识的基础上作出的价值观念的调整。苏轼并非由于仕途受挫、心灰意冷而"退居"民间,而是意识到民间是自己真正的归属,是怀着对"适性"之处的理解主动投入其中的,是充满主体意志的选择。

更进一步说,苏轼对自我与百姓之关系的思考中,尚含有某种类似"齐物"的观念。在苏轼的表述中,无论"均是为食谋"之悲,抑或"醉笑一欢同"之乐,与这些本质的共性相比,阶层、民族、身份等外在之别都无足轻重。正因如此,他才总是强调淡化人际之间的区隔,并建立普适性的价值判断。对自身本质的发掘和对民间生活价值的认可,也影响了苏轼关于"至乐"的理解,这一问题将在后文加以延伸探讨。

第五节 "我与世疏宜独往":自我与"世"之关系的判断

前此四节考察了苏轼与不同类别交往对象之间的关系,展现了他在社会关系中所扮演的诸多角色。而在苏轼的表达中,尚有一种笼统的对象,似乎也可被纳入社会关系的考察视域之中,这便是其笔下屡屡提及的"世"。苏轼往往将自己与"世"如影随形地并举于自我表达的语境中,并且经常将二者置于对立的位置,这是一个值得关注的现象。从字面意义来看,"世"仿佛是一个广阔的空间概念,但苏轼的处理使它与"自我"构成了一对相处关系上的矛盾,那么这一对象的内核便并非普通的事物,而在相当程度上包含了能够参与并主导社会关系的人。苏轼的表述也可以印证这一点，他曾自道，"轼平生以文字言语见知于世，亦以此取疾于人"①，"世"与"人"在这一语境中的互文，意味着作者所谓的"世"不是指广义的世界，而是会对自己的言语文字作出反应的人群。苏诗中又有"阅世走人间，观身卧云岭"②之句，可见"卧云岭"与"走人间"分别是"观身"与"阅世"的方式。这说明苏轼笔下的"世"与"人"往往有着密切的联系，因此，将作者对"世"的态度视作社会关系考察的一个角度，应当是具有合理性的。此外，在具体表述中，"世"又有不同的侧重和所指，这又会带来作者对"世"之态度的调整。苏轼对自我与"世"之关系的判断，将有助于解读他对于社会关系的整体感受与身在其中的自我认识。

一 具有负面意义的"世"

苏轼笔下频频闪现关于"世"的描述，意欲探讨作者对它的认识，则有必要先行了解苏轼提及"世"时所指涉的对象及整体的情感态度。

作于嘉祐四年（1059）的《夜泊牛口》是能够反映苏轼初仕心态的一首诗作，前文已从不同论述角度揭示了诗中青年苏轼因山林生活引发的感想，而在此处，尤需关注的则是"人生本无事，苦为世味诱"③的论断。"世味"既可作"人世滋味"理解，又可专指仕宦感受。在此诗语境中，它显然绝非深山百姓的俗世生活之味，而是以功名利禄诱惑人们改变人生选择的"宦情"，它所带来的是"富贵耀吾前，贫贱独难守"④的结果。正在侍父还朝途中的苏轼，明确地视"世味"为丢失人生平和之乐的原因。这时他尚未对"世"产生深入的感知，上述感受可能只是由于百姓生活的自足与

---

① 《答刘沔都曹书》，《苏轼文集》卷四十九，第1429页。
② 《送参寥师》，《苏轼诗集》卷十九，第906页。
③ 《苏轼诗集》卷一，第10页。
④ 《苏轼诗集》卷一，第10页。

自己汲汲奔走的状态形成了鲜明的对比，促使诗人思考人生选择的价值。而真正投身其中之后，他对"世味"的负面感受更加得到了印证。熙宁初，时知陈州的张方平因反对新法，不愿屈己事人，为全己志，力请南都留台而归。苏轼的送行之作气韵慷慨而深藏痛惜之情。他钦佩对方四十年来坚守气节，为其设想归隐后悠然自怡、鄙弃世俗的生活，以此给予老前辈安慰与支持。然而忠直者的离去毕竟带给苏轼难以掩饰的凄凉，他以"我亦世味薄，因循鬓生丝"① 来表达同知冷暖的哀伤，说明"世味"之于苏轼已是可厌却难以摆脱之物。此后不久，苏轼因忤逆当权而外任杭州通守，在立秋日的一次祷雨公事中，他怀想自己目下的处境，不禁被秋意勾起愁绪，感慨道："崎岖世味尝应遍，寂寞山栖老渐便。"② "百重堆案"丝毫不给人喘息之机，与之对比鲜明的却是公务繁忙之余的极度孤清。一叶坠落的铿然之声，侵入窗中、蔓延至床前的冰冷月光，阶前泠泠泉水，唯有这些冷寂之物陪伴着孤榻独卧的诗人，为他营造了回顾浮生的深邃心境。苏轼以"崎岖"形容"世味"，是亲身体验仕途挫折后的真实感受，此时的"世味"之于他，想必已经不复有当年的诱惑力，因此诗人表示自己的体验已经足够，应逐渐安于寂寞，只是暂且不能放弃造福于民的政治理想。然而此后的仕途艰险表明苏轼过早地估计了自己对"世味"的尝试。绍圣三年（1096），他在次韵友人的诗歌中再次评价了"世味"："故人老犹仕，世味薄如縠。"③ 这一次苏轼以自己的陋邦贬谪与"故人"身陷"世"中的境遇相比，坚定表达了安于贬所的态度。而那寡淡无情的"世味"究竟是何等滋味呢？诗中"骨销谗口铄，胆破狱吏酷"④ 之语恐怕恰好是对此的精确描述。这说明"世味"其实与仕宦中人的具体行为密切相关，换言

---

① 《送张安道赴南都留台》，《苏轼诗集》卷六，第270页。
② 《立秋日祷雨，宿灵隐寺，同周、徐二令》，《苏轼诗集》卷十，第473页。
③ 《次韵高要令刘湜峡山寺见寄》，《苏轼诗集》卷四十，第2189页。
④ 《苏轼诗集》卷四十，第2189页。

之,"世味"在某种程度上是苏轼对仕途中社会关系的感知。这一语境中的"世"因此针对性地指向仕宦中所接触的人与事,并被赋予艰苦、崎岖、凉薄的性质。

不仅如此,翻检苏轼提及"世"的文字,其中大多都因隐含着仕宦体验而呈现负面的意义。熙宁三年(1070),曾巩通判越州,苏轼有诗送行。此时新法推行正盛,苏轼屡次上书建言献策均难被采纳,张方平、司马光等人力荐苏轼兄弟,亦因新党阻挠而未果,因此苏轼可谓深知"世论"的险恶。这种感慨也自然地被带入送别同道时的抑郁情绪中:"醉翁门下士,杂遝难为贤。曾子独超轶,孤芳陋群妍。……但苦世论隘,聒耳如蜩蝉。安得万顷池,养此横海鳣。"① 苏轼高度称扬曾巩的卓尔不群,却又担忧并没有与之匹配的广阔天地可供施展,"超轶"反而只会导致他在聒噪、充满敌意的"世论"中无处容身。另如熙宁八年(1075),苏轼在密州作《上韩丞相论灾伤手实书》,揭露蝗灾实情,抨击新法之弊。书信结尾有云:"愿无闻于人,使孤危衰废之踪,重得罪于世也。"② 以苏轼的耿介,尚不能对隐瞒灾情、漠视民生之"世"无所忌惮,足见他深刻感受到对方的强大势力。苏轼往往着意强调"世"这一对象狭隘、逼仄的空间感:"近来愈觉世路隘,每到宽处差安便。"③ "乳瓯十分满,人世真局促。"④ 前者出自倅杭时期的《游径山》一诗,后者则是谪居黄州时寄诗并茶叶给朋友时的一点慨叹。无论是在游玩中触景生情,还是借茶器暗喻人世,苏轼借题发挥式地嵌入了个人的仕宦体验,形象化地呈示出"世"为自己造成的压迫感。面对这一对象,苏轼无法不感到"嗟余老矣百事废"⑤ 的心灰意冷,或是选择做疏离世事的幽闭之人。

---

① 《送曾子固倅越得燕字》,《苏轼诗集》卷六,第 245—246 页。
② 《苏轼文集》卷四十八,第 1398 页。
③ 《游径山》,《苏轼诗集》卷七,第 350 页。
④ 《寄周安孺茶》,《苏轼诗集》卷二十二,第 1166 页。
⑤ 《游径山》,《苏轼诗集》卷七,第 350 页。

局促的人世是由"世人"营造出的,这一群体的风气、性情似乎也与他们的思想、议论同样令人鄙薄。在《次韵孔文仲推官见赠》一诗中,苏轼曾以"世俗人"之举动反衬孔文仲以诗相赠的盛情:"怜我枯槁质,借润生华滋。肯效世俗人,洗刮求瘢痍。"① 赵壹《刺世嫉邪赋》云:"所好则钻皮出其毛羽,所恶则洗垢求其瘢痍。"② 苏轼引用此典,实已蕴含对以一己好恶褒贬他人之世俗风气的痛斥,而直指当时进用投机小人、大力排除异己的新党人士。"世人"之所指,在苏轼赠与钱安道的诗作中有更明确的表示。熙宁初,钱安道曾因上书弹劾王安石、曾公亮贬监衢州监税,苏轼倅杭期间与之在秀州重遇,十分赞赏他不为政治打击而消磨精神的气度:"怪君颜采却秀发,无乃迁谪反便美。天公欲困无奈何,世人共抑真疏矣。"③ "天公欲困"自是命途多舛之意,可是寻常世人岂会集体打压一位朝臣?此处的"世人"显然限定在朝野之内,意谓钱安道历经贬谪反而神采焕发,自然使政敌的"共抑"之举效力全失。除过毫无意义地打击贤良,"世人"还有着苏轼不能苟同的价值取向。熙宁六年(1073)五月,苏轼与一众好友泛湖游山,并在记游诗中提及了自己与"世人"迥异的志趣:"世人骛朝市,独向溪山廉。此乐得有命,轻传神所殲。"④ 在喧嚣朝市与清幽山林的对比中,揭示的不仅仅是自己与"世人"审美旨趣的不同,更隐含着一层出处选择的趋异。世人趋之若鹜的朝市是繁华竞逐的名利场,而自己宁愿独向山林中寻求自得之乐。领略其中乐趣之后,亦不必与蒙昧的世人分享。苏轼将自己独出于"世人"之外,否定后者所持的价值观,意味着"独"与"众"、"我"与"世"对峙的图景已在此诗中稍

---

① 《苏轼诗集》卷八,第385—386页。
② (清)严可均校辑:《全上古三代秦汉三国六朝文·全后汉文》卷八十二,中华书局1958年版,第915页。
③ 《至秀州,赠钱端公安道,并寄其弟惠山老》,《苏轼诗集》卷八,第411页。
④ 《五月十日,与吕仲甫、周邠、僧惠勤、惠思、清顺、可久、惟肃、义诠同泛湖游北山》,《苏轼诗集》卷九,第453页。

见端倪。

　　要之,通过分析与"世"相关的语境,我们能够对苏轼笔下的"世"产生某种整体印象:它不同于"世界",大多时候并不包含苏轼喜爱的自然与给他温暖的人群,而是多与负面的仕宦经验相连。"世事方艰便猛回,此心未老已先灰。"① "世上功名何日是,樽前点检几人非。"② "世衰道微士失已,得丧悲欢反其故。"③ 在苏轼看来,"世"充斥功名追求却挫伤政治理想,其中道义衰微、善恶失序,这无疑是苏轼自身感受与仕宦命运在诗歌中的投射。当"世"被建构为一个庞大、笼统而含有负面意义的对象,苏轼作为一个独立个体作出的价值判断与自处之道便格外引人注目。

二　自我与"世"的对立

　　上述例证中,"世"的负面含义已经暗寓苏轼对人世的体验和品评,不过作者尚未让自己以对立者的姿态公然出场。在更多情况下,苏轼惯于将"我"与"世"并立设置,以清晰突出二者的关联与冲突,这是苏轼揭示自我与"世"之关系的主要方式。

　　这一方式并非苏轼所独有。川合康三在《终南山的变容》一书中,曾举屈原《渔父》"举世皆浊我独清,众人皆醉我独醒"之语为例,指出"这两句表现出的作为文学主体的'我',与围绕着他的众人相对立的构图,形成中国古典文学一个谱系"④。从表达形式来看,苏轼诗文中"我"与"世"的对立,自然也是这谱系中的一员,但这并不意味着苏轼的表达仅止于对这一传统的承续,只是文人自表高洁而缺乏情感内核的姿态,而是与其生平经历密切结合的

---

　　① 《送柳子玉赴灵仙》,《苏轼诗集》卷十一,第545页。
　　② 《常润道中,有怀钱塘,寄述古五首》其二,《苏轼诗集》卷十一,第554页。
　　③ 《秦少游梦发殡而葬之者,云是刘发首柩,是岁发首荐。秦以诗贺之,刘泾亦作,因次其韵》,《苏轼诗集》卷二十四,第1273页。
　　④ [日]川合康三:《终南山的变容》,刘维治、张剑、蒋寅译,上海古籍出版社2007年版,第202页。

个人化体验，有着感情生发的具体情境。

(一)"我"与"世"

苏轼入仕不久，便开始在弊病重重的"世"中察觉到不适。他在《入峡》一诗中自言："尘劳世方病，局促我何堪。尽解林泉好，多为富贵酣。试看飞鸟乐，高遁此心甘。"① 联系诗意，此处的"世"依然是与林泉相反的富贵之所。"我"与"世"被安排在对应的位置，形成暗寓压迫感的相持局面，但二者尚未在诗中正面交锋。及至外任杭、密、徐诸州，由于不满新法却无力与之抗衡，苏轼的怨愤之情在这一时期集中宣泄，"我"与"世"的冲突也因之前所未有地尖锐凸显，密集而明确地诉诸笔端。在《送岑著作》一诗中，苏轼曾自叹"我本不违世，而世与我殊"②。其中的心境颇可玩味。此诗创作的熙宁五年（1072），苏轼初至杭倅任上。从政治中心流落外任，不仅使他感到牢骚不平，也真正引发了关于自身行为与仕宦观念的反思。"懒者常似静，静岂懒者徒？拙则近于直，而直岂拙欤？"③ 自认行止无愧却遭到排挤，这促使苏轼向自己的内心反复求证。他自幼树立报国之志，以入仕为指归，这一切岂会与仕宦价值观相违背？然而当他怀着这样的初衷步入朝堂，却发现自己与主掌权力的群体格格不入、立场殊异。这两句自我分析，意在表明自己并无特立独行的主观意愿，旁人眼中犯颜直谏的"轻狂"，不过是源于对忠直的执着。可惜这种心态并不被"世人"理解，反而为自己招致孤立，因此并非"我欲违世"，而是"世与我疏"。

如果说此时的苏轼身处"我"与"世"的矛盾中，尚感到些许委屈与无奈，那么之后日益增长的仕宦经验则使他更深入地了解了"世"之荒唐，坚定了自我认可的立场。"我与世疏宜独往，君缘诗

---

① 《苏轼诗集》卷一，第33页。
② 《苏轼诗集》卷七，第329页。
③ 《苏轼诗集》卷七，第329页。

好不容攀。"① "嗟我昏顽晚闻道,与世龃龉空多学。"② "嗟我本狂直,早为世所捐。独专山水乐,付与宁非天。"③ "我"与"世"的龃龉不合逐渐成为苏轼所接受的客观事实,尽管他提及此事时仍往往伴随着伤感的嗟叹。独游佛寺、登山揽胜、怀念西湖,都可能引发关于"我"与"世"之关系的思考,从记游、怀旧到感慨身世成为苏诗的自然思路,说明在苏轼内心深处,此事可谓时时萦怀。然而细究诗意却不难发现,在看似自怨自艾的关系判断之后,紧接的却往往是某种微妙的意思反转:在第一例中,"我"的与世疏隔固然流露孤独之意,然而与之形成对应的却是友人因诗才高绝而令人望尘莫及。在称颂对方之余,这种微妙的对应关系使"我与世疏"也平添了几分难以言喻的超凡之姿。第二例中,作者感叹自己"与世龃龉",落脚点却在"空多学"。此语的主要含义虽是无从施展、辜负了所学,但从某种角度而言,却未尝不暗寓着对才能的自信。同样的,第三例中,"我"尽管早就被"世"捐弃,却正因此能够独享天所赋予的山水之乐。在这样的语境下,"昏顽""狂直"等看似自贬的词汇也便含有了桀骜的意味。

出于对世态与自身性情的清醒认识,苏轼不愿也无法随世俯仰,而是选择与"世"彼此离弃。他宣称自己既不容于世,便可向田园山林、江海缥缈之处寻求归属,脱离"世"的作用范围。然而这一想法并不易实现。元祐七年(1092),苏轼在《次韵范淳甫送秦少章》一诗中开篇即作慷慨之辞:"宿缘在江海,世网如予何。"④ 诗人豪气干云,说自己注定是流荡江海之人,不受"世"之束缚。可事实似乎并非如此。在接下来的诗句中,苏轼即感叹"嗟我久离群,

---

① 《病中独游净慈,谒本长老,周长官以诗见寄,仍邀游灵隐,因次韵答之》,《苏轼诗集》卷十,第474页。
② 《再游径山》,《苏轼诗集》卷十,第502页。
③ 《怀西湖寄晁美叔同年》,《苏轼诗集》卷十三,第644页。
④ 《苏轼诗集》卷三十五,第1892页。

逝将老西河。后生多名士，欲荐空悲歌"①。意指自己不能亲近朝堂，故并无推荐贤才的机会，眼见他们不得进用，唯有惋惜悲叹。显然，与"世"的关系分明阻碍了苏轼政治理念的实施。此后不久，他又在另一首诗中吐露了深受"世"之困扰的心声："误落世网中，俗物愁我神。"②而在作者看来，结束这种状态的唯一方法是辞官归隐，"愿挂神虎冠，往卜饮马邻"③。此二诗同样以"网"喻"世"，强化了"世"的束缚力与难以逃脱的特质。值得注意的是，诗人一面睥睨世网，说它对自己无可奈何，一面却又抱怨陷落其中十分伤神。在同一时期，对"世"之于自己的影响却有全然不同的判断，这种不稳定正显示出苏轼内心的矛盾与难以把握自身处境的状态。在上述例证中，"我"与"世"无不出现在对立的位置，"世"不仅与自己毫不投契，还似虎视眈眈地布下罗网，阻止着"我"的逃离。同时，在描述"世"与"我"之关系的过程中，作者的态度、立场、应对方式甚至自我认识也逐渐显露。

（二）"身"与"世"

另一种展现自我与"世"之关系的形式是"身"与"世"的伴随出现。"身"作"自身"理解，与"我"本属同意，然而细究二者在各自语境中的表达效果，却并非全无差别。与"我"相比，"身"这一指称制造出作者跳脱其外来看待自我的意味，"身"与"世"像两种外物一样并举于诗中，仿佛苏轼成为外在于二者的第三方。此类表述提供了很好的视角，来探究苏轼怎样以较为客观的姿态描绘自己与"世"的相处模式。

熙宁四年（1071）十月，苏轼出任杭倅，过临淮，作《泗州僧伽塔》一诗。诗人由泗州佛塔回忆起治平三年（1067）护送父亲灵柩舟行还蜀，遭遇风阻而向灵塔祷告，风向随即改变的经历。但在

---

① 《苏轼诗集》卷三十五，第1892页。
② 《次韵王定国书丹元子宁极斋》，《苏轼诗集》卷三十六，第1970页。
③ 《苏轼诗集》卷三十六，第1970页。

此诗中，往事引发的却并非得偿所愿之感，反而是对祷告行为的反思："耕田欲雨刈欲晴，去得顺风来者怨。若使人人祷辄遂，造物应须日千变。今我身世两悠悠，去无所逐来无恋。得行固愿留不恶，每到有求神亦倦。"① 在这段文字中，"身世"两句提供了关键的信息。王文诰对此辨析甚明："公以攻新法被出，反去为奉行新法之官，是此官无可做也。此句是通篇主脑，却不道破，其在广陵与刘贡父诗有'吾邦正喧哄'句，即'去无所逐'四字注脚也。"② 换言之，苏轼在忧愤的情绪中，对此去外任杭州并不期待，所以行程顺利与否，于他都无关紧要。他表示不再像当年那样通过求神祷告来满足愿望，看似是由于领悟到大自然不能一日千变适应万物的不同需求，因此个体应随遇而安的道理，其实却是出于彼时与此刻的心境差异。至此，再反观"身世两悠悠"之语，便会理解这正是"去无所逐来无恋"的情感前提。"身"与"世"被明确划分为两种对象，而"悠悠"一词含义丰富，则可产生多种解读。此身遭受排挤、前途未卜，此世也由于新党当道而动荡不安，"身"与"世"皆是飘荡不定的悠悠之态。而从"身"与"世"的关系来看，苏轼因反对新法离开朝堂，无论从现实距离、政治见解还是情感认同上都无疑与"世"渐行渐远，两相"悠悠"。

作于熙宁六年（1073）的《八月十五日看潮五绝》其三中同样提到了"江边身世两悠悠，久与沧波共白头"③。逝水与年华具有同样流动不返的时间感，观潮因此容易引起人生短促之叹，进而生发为对自身际遇的回顾。不仅如此，较之与自己更为协调一致的自然物，"身"与"世"的疏离感愈加凸显。"此身与世真悠悠，苍颜华发谁汝留。"④ 此句的"悠悠"则明确地形容"身"与"世"之间的关系，揭示出二者的难以亲近。除此之外，苏轼还曾更决绝地表

---

① 《苏轼诗集》卷六，第 290—291 页。
② 《苏轼诗集》卷六，第 290—291 页。
③ 《苏轼诗集》卷十，第 485 页。
④ 《代书答梁先》，《苏轼诗集》卷十五，第 763 页。

达过它们之间的对立。例如南迁途中所作《过大庾岭》一诗有云："今日岭上行，身世永相忘。仙人拊我顶，结发受长生。"① 苏轼暮年贬谪岭南瘴疠之地，实已怀着或无归期的认识。大庾岭作为一种标志，不仅隔绝了逐臣与往日的荣光，也将此身与世事喧嚣、与以往熟知的生活内容隔绝开来。苏轼甚至以一种奇幻的方式宣示了"身"与"世"的彻底告别，使得二者的纠葛如前尘旧梦，一并抛却。及至寓居惠州合江楼，他一面享受风物之美，一面又发身世之慨："我今身世两相违，西流白日东流水。"② 作者以两种背道而驰、毫无交集的喻体来比拟"身""世"之间相违背的关系，从某种解读角度，这正说明即便是在贬逐之后，自己与"世"依然难以做到真正的相互忘却。现实中的疏离虽可达成，但由于本心坚守不改，二者终究难免形成对立的姿态。

　　山本和义曾以"身世悠悠之歌"为题，来讨论苏轼诗歌中身与世的关系。他受到吉川幸次郎对杜甫的研究以及川合康三对白居易之阐释的启发，认为"苏轼认识到要努力悬隔'身'和'世'，使其互不影响，尽量使自己心情平和"，并通过细致解读苏诗中许多相关表述，指出它们"最终并没有表现出诗人苦于'身'和'世'倾轧的苦涩一面来"③。这一见解建立在对苏轼情感表达的细腻体察之上，但或许更着意捕捉"悠悠""相忘"的平和之感，而稍稍忽视了看似淡漠的疏离、忘却的态度背后，"身"与"世"彼此违逆的情感前提。当然，苏轼展现两相忘却，甚至"我今忘我兼忘世"④ 的姿态，确乎是弃置龃龉、求得内心平静的一种方式。一个有趣的现象是，不同于"我"与"世"在诗歌外在形式与内在含义上的疏离感，"身"与"世"却往往以连接紧密的形式并峙于诗中，仿佛二者既对立，又具有可以并举的意义。这或

---

① 《苏轼诗集》卷三十八，第 2057 页。
② 《寓居合江楼》，《苏轼诗集》卷三十八，第 2072 页。
③ ［日］山本和义：《诗人与造物》，第 216—217 页。
④ 《哨遍》（为米折腰），《苏轼词编年校注》，第 389 页。

许意味着，作为外在形迹的"身"亦被与"自我"区别看待。较之"我与世疏"直接呈现自我的视野，"身世两相违"则将孤立之身与宏阔之世置于同一幅画面中，更加清晰地呈现个体对抗群体的孤独身影。

三　自处之道

经由上述分析，我们已经大致梳理了苏轼眼中自我与"世"的对立关系，这应当说是苏轼表达当中二者相处的主要格局。建立这种不容乐观的认识之后，苏轼又应如何自处，如何由与世对立的现象中反观自身，则应当得到进一步的思考。

关于自我与世的关系，苏轼诗文中不仅有所表露，也不乏对其成因的剖析。"与世疏"之类表达出现在文中虽远少于诗中，却往往能得到更加明确的申述。元丰元年（1078），苏轼因徐州抗洪一事受到褒奖，作《徐州谢奖谕表》上呈，其中有"伏念臣学无师法，才与世疏"①之语。此类文字限于体制，多有颂圣之辞而姿态谦卑，不过"才与世疏"四字依然值得留意。才能本应经世致用，又为何会与世疏离？是由于这种才能并不符合"世"之需求，还是才能特出导致为"世"侧目？作者并未说明缘由，但"才"在"我"与"世"的不良关系中显然发挥了某种作用。而在此之前的治平二年（1065），苏轼在《谢馆职启》中也曾写过颇为相似的话："虽曰功名富贵所由之途，亦为毁誉得丧必争之地。名重则于实难副，论高则与世常疏。"②这段解读可谓透彻抉发了仕途的残酷性质。作者明确地将"论高"视为"与世疏"的原因，仿佛恰好补充了"才与世疏"的逻辑关系。已经感到与世不合的他，未尝没有在其中暗寓某种自我定义。正如曾巩那样的"横海鳣"无法容于狭隘的"世论"，与世疏离的责任并不应由正直的个体来

---

① 《苏轼文集》卷二十三，第 652 页。
② 《苏轼文集》卷四十六，第 1326 页。

承担。

　　乌台诗案是苏轼与"世"之矛盾的激烈体现，而黄州之贬则制造了他思考自我与"世"之关系的契机。元丰四年（1081），苏轼在《答陈师仲主簿书》中自言："处世龃龉，每深自嫌恶，不论他人。"① 此言是在获罪初贬黄州，连平生亲厚亦不敢通问的境遇下有感而发的，为世孤立之感异常强烈地冲击着苏轼的内心，恶劣的处境淡化了此前尚存的不随世俯仰的矜持与孤傲，致使他或多或少地面向自身去追问沦落至此的原因。于是在此时的表达中，"与世龃龉"的姿态不复含有某种悲壮的美感，而转变为"深自嫌恶"的诱因。同作于这一时期的《与高梦得一首》中也记录了苏轼关于"龃龉于世"的看法："仆举动疏谬，龃龉于世，既悉相知，惟当教语其所不逮，反更称誉如此，是重不肖之罪也。"② 在此文中，苏轼仍将不合于世的原因归结于自身，并且郑重表达不愿接受他人称誉，唯恐再增嫉恨。可见此期的苏轼更加谨慎地面对与"世"的关系，常以自省的态度示人。必须指出的是，此二封书简的交流对象，一为钱塘主簿，一为黄州时初识的秀才，查考交游，体味措辞，皆并非与苏轼十分亲厚之人。因此，我们无法保证据此可以触及苏轼内心的真实想法，也难以判断作者是否有意彰显或保留了某些部分，但苏轼自我表述中的侧重变化的确清晰地呈现眼前，加之闭门谢客、少作诗文的实际举动，使读者有理由相信，仕途挫折至少在策略上改变了他与世相处的方式。

　　在上述两个阶段，苏轼自我分析的态度似乎稍有不同。乌台诗案之前的外任诸州时期，苏轼已经认识到自我与"世"的格格不入，然而那时他将主要原因归为自身出众的才能招致了忌恨。"才与世疏"在看似悲观的关系评价中，却隐含着自尊与自负的色彩。黄州时期的例子则显示，"世"与"我"的恶劣关系使苏轼开始了对自

---

① 《苏轼文集》卷四十九，第 1428 页。
② 《苏轼文集》卷五十八，第 1749 页。

身性格、行为的反思。在外在的表达中,"我"与"世"恶劣关系中的责任方逐渐从对方转变为自我,这应当可以体现与"世"的关系一定程度地影响了苏轼的自我认识。

需要补充说明的是,苏轼所谓的"世"在其"仕宦生涯中的人与事"这一主要义项之外,尚有其他不同的含义。元丰四年(1081),苏轼以戴罪之身上书文彦博,呈上昔年自己在徐州所作治理盗贼之方策,并自剖心路道:

> 轼在徐州时,见诸郡盗贼为患,而察其人多凶侠不逊,因之以饥馑,恐其忧不止于窃攘剽杀也。辄草具其事上之。会有旨移湖州而止。家所藏书,既多亡轶,而此书本以为故纸糊笼篚,独得不烧,笼破见之,不觉惘然如梦中事,辄录其本以献。轼废逐至此,岂敢复言天下事,但惜此事粗有益于世,既不复施行,犹欲公知之,此则宿昔之心扫除未尽者也。公一读讫,即烧之而已。①

此信至为痛切,饱含忧惧之情,正因如此,作者坚持建言献策的动机才更值得重视,简言之,不过是"但惜此事粗有益于世"。类似表述也见于元祐七年(1092)所作的《扬州上吕相公论税务书》中:"轼已买田阳羡,归计已成。纷纷多言,深可悯笑。但贪及相公在位,求治绳墨之外,故时效区区,庶小有益于世耳。"② 这两处"世"都是在讨论民政的语境下出现的,苏轼力争去改善的显然并非仕宦之"世",而是以百姓为主体的社会。"世"不仅并非他刻意疏离的对象,相反,即便是自身已被废逐或计划归隐时也不能忘怀。语词的多义性使得在苏轼的表达中,自我与"世"的关系仿佛十分

---

① 《黄州上文潞公书》,《苏轼文集》卷四十八,第1380页。
② 《苏轼文集》卷四十八,第1405页。

纠缠。他不断哀叹着自己与"世"的疏离，却又视"世"为无法不去顾及的对象。实际上，"世"在不同语境中各有其侧重的所指，然而作者通称为"世"，似乎又意味着这些对象终不能截然区分。"偶怀济物志，遂为世所縻。"① 苏轼赠别张方平的痛惜之语未尝不是揭示了彼此共同的心声，因怀有济世之志所以落入宦海浮沉中，这恰恰是苏轼有意裨补之"世"与身受羁縻之"世"之间的关系。面对此种情势，苏轼选择疏离后者而心系前者，这种自处之道皆由对自身价值的判断出发。

要之，"世"作为一个看似笼统的概念，并未能涵盖苏轼社会关系的各个方面，却提供了观察其与"人世"（尤其是仕宦生涯中所接触人群）之关系的一个角度。"与世疏"并不是为了凸显自己清峻孤高的泛泛之词，也不仅仅是对"举世皆浊我独清"之自我意识的承继，而是苏轼社会关系体验的真实写照。此类表述的反复出现，吐露了苏轼内心孤立于人世的自我定位。由此再回顾他关于亲友、同僚、百姓的情感表达，则可能获得通常所论之外，苏轼对自身社会关系的另一些印象。在我们较少关注的角落，"泛爱天下"的苏轼往往在对人际关系的感知中忧闷自伤。他以仕宦身份所处的群体关系复杂多变，加之出众的才华与外露的性格，使他在其中往往进退失据。亲友之情固然给人温暖，却并非总能通向心灵，反而可能在长期离散、仕途偃蹇中凸显出自身的孤独。在各类对象面前，苏轼都对自己与对方的关系有着不同程度的自知，这有时会引发由衷的反思，有时却更加巩固了他坚持自我的理念。"觉察到与周围人的异质，很容易转向自我意识的觉醒。"② 苏轼的社会关系，尤其是他称之为"世"的部分，便十分典型地发挥了这一方面的作用。有趣的是，在历经觉醒过程，完成自我

---

① 《送张安道赴南都留台》，《苏轼诗集》卷六，第270页。
② ［日］川合康三：《终南山的变容》，第202页。

价值的重新确认之后,他努力融入最平凡的百姓群体,涂抹掉与周围人的异质来寻求归属。苏轼晚年和陶诗云:"凡圣无异居,清浊共此世。"① 在万物中寻求同质,而"世"也不必再与清者相斥。"阅世走人间"的苏轼在与人世的交往中映照出自身,这无疑成为他了解自己、增益智慧的重要途径之一。

---

① 《和陶桃花源》,《苏轼诗集》卷四十,第 2197 页。

第 四 章

"观身卧云岭"：苏轼自然观照中的自我

在纷繁复杂的人世之外，自然界也是人生而需要面对的另一重要对象。从存在的空间而言，自然与人世往往互有交集，却时常带给人迥然不同的审美体验。静默无声、亘古长存的节律，风吹草动、消长起落的变化，被苏轼饱含兴味地赋予多样的表现方式。对自然物的描摹记录、对自然规律的体悟感知、从自然现象中发掘理趣，都成为苏轼观照、书写自然的不同角度。而其中一个值得重视却较少受到关注的方面，则是苏轼往往在自然书写中寓以自身的境遇、情感、人生体验，并以充满主体性的解读，赋予自然物某些与自身密切相关的意义。此类处理，实际在自然观照中融入了反观自我的态度，不仅造就了苏轼作品个性化的面貌，也体现了作者较强的自我意识。

吉川幸次郎曾评论宋诗中的自然描写："宋诗总体上是对人兴味浓厚的诗，因此对吟咏自然态度冷淡，而且使人觉得不擅于此道。"[①] 但他同时也注意到，宋诗"把自然也拉入人的世界，是件趣事"[②]。在这一方面，苏轼的作品尤为典型。他以不限于诗歌体裁的

[①] [日]吉川幸次郎：《宋元明诗概说》，李庆、骆玉明等译，复旦大学出版社2012年版，第34页。

[②] 《宋元明诗概说》，第34页。

文学实践，通过投入与自然的互动而非旁观性的审视，将自然与自我人生密切融合，使之在很大程度上承载了作者的自我体认，从而恰好提供了向苏轼内心探幽索微的途径。具体而言，苏轼与自然物的相处之道，被自然催生出的情感体验，以及面对自然带来的种种困扰时，如何以主体性的努力予以消解，都将是本章讨论的题中之义。

第一节　水与月：走出永恒映衬下的渺小自我

水与月是苏轼文学作品中较为常见而独具意义的两种自然意象。在中国古典文学传统的发展历程中，它们各自积淀出不同的经典意义，而彼此之间又颇有相通，其中最具代表性的方面应属变动消逝而又亘古长存的时空感。"涵流光于流波，溶逝景于逝水"①，月的阴晴圆缺、冷眼孤悬，都极易引发物是人非的感喟。水与月以自身的强大与恒常凸显着世间生命的渺小与短暂，这使它们有别于文学书写中的其他自然意象，而与历史、人生及作者自我取得了更多的关联。

因此，水与月作为经典意象的含义及表达功能早已得到了许多探讨。具体到苏轼的作品中，既有研究对这两种事物所寓情感的分析，大致可归结为思乡念归、托意怀人、历史感慨、人生思考等。此外，亦有研究者关注苏轼以水与月作为譬喻来说明诗学理论或表达哲学思考的现象②。整体而言，研究者在论述水与月所引起的人

---

① 钱锺书：《管锥编》第三册《全汉文》卷二四，第132页。
② 关于苏轼作品中"水"与"月"意象的研究，例如钱锺书《管锥编·全汉文卷二四》"逝水喻时光"一条，便曾举苏轼诗词为例加以辨析。梁银林《佛教"水观"与苏轼诗》(《西南民族大学学报》2005年第3期)一文主要分析了苏轼融摄佛教水观内容的诗歌，探讨他在佛教文学化的艺术实践方面的探索。阮堂明《论苏轼对"水"的诗意表现与美学阐发》(《文学遗产》2007年第3期)一文，探讨了苏轼写水的特

生思考及其与苏轼内心的契合之处时，虽不无涉及苏轼的自我观照，但尚少以此为主要对象加以深入考察。面对这两种宏大时空之力的代表物，苏轼与它们的相处方式、因之展开的反思及其之于文学创作的影响，均值得重视。本节试图针对水与月规律性变化却恒久存在的特质，分析其出现的语境及意义，了解苏轼在自然与个体、永恒与短暂、广大与渺小的对比中，如何处理这种力量悬殊的感受，如何看待自身的存在，又如何诉诸个性化的文学表达。

此外，在既有研究范式中，水与月通常被作为两种诗歌意象分别得到阐述。事实上，无论是从自然形态、所引发的感受还是被赋予的象征意义来看，水与月都颇有相通之处。除了同样具有强烈的时空感外，月光与水在形态上皆给人以流动之感，苏轼在《记承天夜游》中描写月下的庭院"如积水空明"①，诗中亦有"可怜明月如泼水，夜半清光翻我室"② 之句。从视觉与触觉感受言之，水与月共有清明澄澈的特点。"谁为天公洗眸子，应费明河千斛水"③，在苏轼想象中，月之清亮是由于经过了水的洗濯。甚至在自然节律方面，水与月的变化也往往相互感应。二者之间存在的思维关联不仅源于日常的生活经验，更在苏轼笔下甚为多见，并且在投射作者自

点、从水中汲取的生命智慧与借水阐发的文艺美学思想。刘洋《苏轼文学作品中的水意象研究》（硕士学位论文，延边大学，2011 年）较为系统地讨论了苏轼文学作品中水意象的内容分类、审美情趣及文化意蕴。该文对水意象的定义较为宽泛，将水之变化形态如云雨霜雪等皆纳入视域，并作出量化统计。然而此类事物作为文学意象时，恐仍应与"水"有所区分，作者创作之时，亦未必主观意识到它们与水在自然属性上的关联。刘艳飞《从苏轼词中的酒、月、水意象看苏轼的人品追求》（硕士学位论文，辽宁大学，2012 年）以苏词为范围，分别剖析酒、月、水意象反映出的人格追求。刘禾《月在苏词——论苏轼词中"月"的意象》[《现代语文》（学术综合版）2013 年第 5 期] 一文总结出月之皎洁、辉耀、澄静三个基本特征，分析了这些物态特征与词人内心世界的契合。

① 《苏轼文集》卷七十一，第 2260 页。
② 《次韵孔毅父久旱已而甚雨三首》其一，《苏轼诗集》卷二十一，第 1122 页。
③ 《中秋见月和子由》，《苏轼诗集》卷十七，第 862 页。

我观照的方面往往体现相似的意义①。鉴于此，本节依据苏轼对水与月的阐释角度来结构篇章，而不专意将二者区分讨论。

一　东去与西流

自从孔子在河川之上发出"逝者如斯"的喟叹，逝水与时光之间的关联几乎已成思维定式。苏轼对水的描述和联想，首先并未颠覆其传统的象征意义。无论"大江东去，浪淘尽、千古风流人物"②，抑或"良辰不可系，逝水无留骋"③，都延续了人有情而速朽、水无情兀自东流的普遍感受。不过，这并非苏轼面对流水时所生发的唯一思路。他极善于从水的东流中发掘特别的意味，使这一现象不仅止于非情的自然规律，而是与自我形成良好的互动。

江河之水东流入海，必须经过许多地方，从而形成一定的地理路线。士大夫的宦游生涯同样是奔徙各地，以双脚勾画人生行迹。苏轼巧妙地在自己的路线与水的流向中找到共性，使自己与流水变为同行的伙伴。"我家江水初发源，宦游直送江入海。"④苏轼的故乡眉山地处长江上游，他因宦游离开家乡，来到长江下游的杭州为官，从起点至落点的线索正与长江的流向相契，仿佛宦游本是为了一路护送江水东流。反之，二者的主客体位置也可以相互调换："古汴从西来，迎我向南京。东流入淮泗，送我东南行。暂别复还见，依然有馀情。"⑤在宦游途中一路接续的流水也像在迎送行人，甚至暂别之后的再次出现也能带来重逢的喜悦。这种相互陪伴的关系，

---

① 已有研究者注意到"苏轼对水月情有独钟"的现象，如傅异星《论苏轼诗文中的月意象》一文（《云梦学刊》2003 年第 1 期）主要以苏轼一生外任、贬谪地多近水来解释此点，并指出月华与江水相映照造就的澄明天地是苏轼高洁人格的写照，但除了从意境营造方面解读之外，尚未就苏轼观照水与月的相通角度加以阐述。

② 《念奴娇》（大江东去），《苏轼词编年校注》，第 398 页。

③ 《和陶杂诗十一首》其二，《苏轼诗集》卷四十一，第 2273 页。

④ 《游金山寺》，《苏轼诗集》卷七，第 307 页。

⑤ 《罢徐州，往南京，马上走笔寄子由五首》其三，《苏轼诗集》卷十八，第 937 页。

不同于以往诗歌中多见的静止个体旁观流动之水的图景，使得流水与诗人建立了平等而亲密的相处方式。

流水既然是宦游之路上时常相逢的伙伴，那么托它捎带东西便成为顺理成章之事。元祐五年（1090），时任杭州知州的苏轼在《次韵林子中见寄》一诗中写道："蒜山小隐虽为客，江水西来亦带岷。"① 岷江在四川乐山附近汇入长江，蜀地风味也随之一道东流。尽管自己客居杭州，长江却能奔腾千里送来故乡之水，这当然是重要的慰藉。不仅有实际形态的水可以随江传递，抽象的感情也可化入水中流动各处。熙宁七年（1074），苏轼坐在海州景疏楼上，思念之前离任此地赴京为官的朋友孙洙，作《永遇乐》一词寄之。其中下阕点明了触发自己遥思的原因："今朝有客，来从淮上，能道使君深意。凭仗清淮，分明到海，中有相思泪。"② 有客从孙洙处来，深致相思之意。而客人来时的路线则引发了苏轼的奇想：淮河发源于河南，向东流经安徽、江苏汇入洪泽湖，其下游则向东北经淮阴、涟水入海，入海口大约位于海州东南部。如此一来，淮河之起始恰好将孙洙当时所在的京城与苏轼身处的海州贯通为一线，故而苏轼想象朋友之泪洒于清淮，随水东流，而自己仿佛也能在目下的淮水中看到友人的一片深情。

不过，流水传情的有效性也往往视语境需要而被作者区分处理。例如元丰二年（1079），苏轼即将由徐州移知湖州，作《江城子》留别徐州诸友。他在词中设想自己赴湖途中回望彭城，"回首彭城、清泗与淮通。寄我相思千点泪，流不到，楚江东"③。清代《蓼园词选》对此解说甚明："言我沿隋堤而下维扬，回望彭城，相去已远。纵泗水流与淮通，而泪亦寄不到，为可伤也。"④ 此处的"楚江东"

---

① 《苏轼诗集》卷三十二，第 1706 页。
② 《苏轼词编年校注》，第 131 页。
③ 《苏轼词编年校注》，第 262 页。
④ （清）黄苏选评：《蓼园词选》，尹志腾校点《清人选评词集三种》，齐鲁书社 1988 年版，第 65 页。

即苏轼将去往的吴中，与彭城之间同样有水系相连，友人之间的"相思泪"同样寄之流水，可是命意却正好相反。前一首词因表现友人相思之意已经传达，故眼泪能够随水流成功到海；后一首词意欲表现别离之苦，故极意渲染分隔之远，连流水也爱莫能助。然而无论"寄到"还是"寄不到"，两首词中的江河之水都起到了强化词中情感的作用。东去之水本是无知无觉之物，却因加入了故乡之水、相思之泪而承载了些许婉转情思，变为游子离人寄予厚望的信差。江水的东流之举因此被解读出值得欣慰的意义，并承担了重要的抒情功能。

"百川东到海，何时复西归"①，自古水之东流所带来的多是韶华不返的伤悲，而"西归"仿佛是永久的奢望。然而，"西流之水"却屡次现于苏轼笔端。熙宁六年（1073），苏轼在杭州观潮时，便得见江水西流的盛景：

江边身世两悠悠，久与沧波共白头。造物亦知人易老，故教江水向西流。②

查慎行注云："盖江水本自东流，潮自海门逆入，江势不能敌，往往随潮西流。"③ 可见这是江水因受海潮所阻被迫逆流的一种非常态现象。此诗前二句原本也陷入了年华与逝水的联系之中，正是江水西流激发了作者的逆向思维，促使他将此解释成造物为安抚人们易老的感伤而特意为之。造物既然被描述得如此有情，并有能力操纵水的流向，那么改变人的衰老似乎也就有望实现了：

山下兰芽短浸溪。松间沙路净无泥。萧萧暮雨子规啼。

---

① 《长歌行》，曹道衡选注《乐府诗选》，人民文学出版社2000年版，第31页。
② 《八月十五日看潮五绝》其三，《苏轼诗集》卷十，第485页。
③ 《苏轼诗集》卷十，第485页。

谁道人生无再少？门前流水尚能西。休将白发唱黄鸡。①

恒定西流的溪水仿佛成为"人生可再少"的证据，帮助作者标举老当益壮的人生态度。强调水的西流，是对恒常难改的自然规律的一种翻案，尽管西流之水是罕见的个例，也要从中找到可供汲取的精神力量。水打破规律逆流的倔强姿态，激活了人的主体性，为苏轼重新评价自身能力、从人生低谷中振发增益了勇气。这并非简单的自我安慰，而最终得益于作者充满主观意愿的解读。

苏轼对水之"东去"与"西流"两种自然现象的阐释中，往往包含着他对自身人生状态的感知，呈现着他在强大、流逝的自然物面前富有主体性的自我定位。他与水的平等互动，以及从西流之水中发掘的人格伟力，都体现出独具特色的观照视角，并共同地以自己作为观照的着眼点。

二 月满江不溢：反照心境

水与月同样有清洁冷静的形态特点，这种特质与人们的情绪产生联系，使二者成为古典文学传统中超绝心境的比照物。苏轼对水与月的观察，也延续了以之自比或因之而反照自身的思路。

"心如止水"是苏轼在自我与水之间常常寻觅的共通之处。他曾在诗中引用《楞严经》中月光童子的典故：

心有何求遣病安，年来古井不生澜。祇愁戏瓦闲童子，却作泠泠一水看。②

童子出于游戏心态向水中投掷瓦片，却不知那清冷如水的正是高士的内心。苏轼认为自己的内心已如古井之水一般沉寂，然而人心和

---

① 《浣溪沙》（山下兰芽短浸溪），《苏轼词编年校注》，第358页。
② 《臂痛谒告，作三绝句示四君子》其二，《苏轼诗集》卷三十四，第1800页。

止水都无坚牢的壁垒，无法防止外界的搅扰。所以他告诫自己"须防童子戏，投瓦犯清泠"①，尽力维持内心空明如水的状态。

苏轼向水与月中寻找形容内心的适当方式，并非仅仅由于熟谙佛典，也是出于对自然物的切身体察。譬如云遮月这一现象，在他人生的不同阶段便曾引发心态各异的解读。苏轼二十多岁时，曾在《妒佳月》一诗中写道："狂云妒佳月，怒飞千里黑。佳月了不嗔，曾何污洁白。爱有谪仙人，举酒为三客。今夕偶不见，汎澜念风伯。毋烦风伯来，彼也易灭没。支颐少待之，寒空净无迹。粲粲黄金盘，独照一天碧。"② 在人格化的笔触下，云与月被赋予各具褒贬的定语，展开了一场单方面发起的较量。面对狂云的来势汹汹，诗中之月淡定自若。黑云一度遮蔽了月光，连观月之人都为之焦急。然而何须风伯前来营救，流云易散的本性决定其威力无法持久，更莫说对月造成丝毫损伤。只需稍待片刻，明月便复照人间，成为夜空中最为长久夺目的主宰。在善妒易怒与不怒不嗔的对比中，佳月、狂云的境界高下立现。此诗颇具理趣，年轻的苏轼在赞赏佳月的态度中寓以某种睥睨人生困扰的自信，他相信挫折和中伤是短暂而无效的，而清高坚定的主体将会获得最终的胜利。

多年之后，黄州中秋之月再次促使苏轼想起云与月的纠葛。"酒贱常愁客少，月明多被云妨。中秋谁与共孤光。把盏凄然北望。"③ 作者表示月因自身的出众而招致忌恨，却再无有力的笔墨去书写月如何解脱这种困境。当年熠熠生辉的明月，至此竟变为与孤独之人相对无言的"孤光"。黄州之贬使苏轼所写之月有了更明确的身世感慨。后来写于惠州的"使我如霜月，孤光挂天涯"④ 之句，也与此异曲同工。苏轼对同一自然现象的不同感受系之于当时的情感心理，并更深入地联系着因人生际遇而产生的自我观照。

---

① 《观台》，《苏轼诗集》卷三十二，第1689页。
② 《苏轼诗集》卷四，第172页。
③ 《西江月》（世事一场大梦），《苏轼词编年校注》，第798页。
④ 《丙子重九二首》其一，《苏轼诗集》卷四十，第2204页。

第四章 "观身卧云岭"：苏轼自然观照中的自我　239

　　另一个值得关注的例子是元符三年（1100）所作的《藤州江上夜起对月，赠邵道士》一诗。此时北归途中的苏轼，即将走到人生的尽头。毕生历练所得的感慨，以及在此过程中增益的自我认识，尽在江上对月的情境中得到了梳理。"江月照我心，江水洗我肝。端如径寸珠，堕此白玉盘。我心本如此，月满江不湍。起舞者谁欤，莫作三人看。峤南瘴疠地，有此江月寒。乃知天壤间，何人不清安。"① 身处静水之中、满月之下，苏轼感到自己被澄澈之物荡涤，获得了与之相同的性质。原本外在于自身的自然景物，一变而为内心图景的反映，展现出没有缺憾、怨怼、波澜的心境。无独有偶，度岭之后，苏轼再度以月喻心："浮云时事改，孤月此心明。"②《苕溪渔隐丛话》评曰："语意高妙，如参禅悟道之人，吐露胸襟，无一毫窒碍也。"③ 王应麟《困学纪闻》认为此二句"见东坡公之心"④。在自我表达的语境中，作者围绕自我观照择取水与月的状态，通过呈现江月之景，完成了一次自我剖析与吐露的过程。

　　值得一提的是，诗中江月既然连"峤南瘴疠地"都不会鄙弃，可想而知，共存于天壤之间的人们，也必能同享月光的抚慰。苏轼感受到月在相异空间中的共性，赋予它陪伴苍生的脉脉温情，这便开启了作者笔下永恒之物的另一重意味，即恒常之中的有情。

三　水与月的恒常之性：持守与陪伴

　　在苏轼的文学书写中，水与月并不仅仅体现其自然属性，而往往具有个性化的面貌。水与月的亘古长存，通常被视为一种强大而无情的特性，但若从不同的角度视之，却可能解读出充沛的情感意

---

① 《苏轼诗集》卷四十四，第 2386 页。
② 《次韵江晦叔二首》其二，《苏轼诗集》卷四十五，第 2445 页。
③ （宋）胡仔纂集：《苕溪渔隐丛话》后集卷二十六，廖德明校点，人民文学出版社 1962 年版，第 191 页。
④ （宋）王应麟：《困学纪闻》卷十八《评诗》，（清）翁元圻等注，栾保群、田松青、吕宗力校点，上海古籍出版社 2008 年版，第 1966 页。

味,使得这种单方面的、无动于衷的"恒常"变为自然物与人之间的某种默契。

前文曾论及苏轼从打破恒常规律的西流之水中发掘精神力量,而作于颍州的《泛颍》一诗,则恰恰揭示出水恒常一面的可贵。在此诗中,苏轼记述自己以颍州太守的身份与流水相嬉戏的情状:"画船俯明镜,笑问汝为谁。忽然生鳞甲,乱我须与眉。散为百东坡,顷刻复在兹。此岂水薄相,与我相娱嬉。声色与臭味,颠倒眩小儿。等是儿戏物,水中少磷缁。"[1] 河水成为一面明镜,巧妙地提供了诗人自我审视的契机。他在水中看到自己由于波纹摇动而散乱变形的样子,而顷刻之间又恢复本相。水的姿态千变万化,看似极易被扰乱,却独具一种稳定的性质。世人所贪恋的"声色臭味",转瞬间得失变动,与水之游戏似乎并无二致,但水中映照之物却并不因外界影响而真正有所损益。水的清澈恒常成为某种持守之力的象征,苏轼似乎在水"易变"背后的"不变"之中,加深了对自我"本来面目"的思考,并通过称赏水"磨而不磷""涅而不缁"[2] 的特性,暗含了淡泊自守的态度。

与此不同,月的恒常则主要体现在它亘古未变的唯一性之中。在人与月的千万次相遇中,其实所见的都是同一个月亮,这既使它成为沟通人们情感的第三方,又使它带有了几分故友的熟稔气质。月在不同空间中的共时性是古典文学中早已有之的话题,从"美人迈兮音尘阙,隔千里兮共明月"[3] 到"海上生明月,天涯共此时"[4],月是远隔异地之人可以同时共见之物,苏轼"千里共婵娟"的希冀也承续了这一思路。此外,苏轼还特别着意表现月不以贫富贵贱、繁华荒芜为意,平等无别普照人间的态度。如此一来,月的升沉进

---

[1] 《苏轼诗集》卷三十四,第1794—1795页。
[2] (宋)朱熹:《四书章句集注·论语集注》卷九《阳货第十七》,第177页。
[3] (南朝宋)谢庄:《月赋》,《文选》卷十三,第197页。
[4] (唐)张九龄:《望月怀远》,熊飞校注《张九龄集校注》卷四,中华书局2008年版,第277页。

一步脱离了自然规律的一面，而走向温厚、善意的人格化面貌。"八月十五夜，月色随处好。不择茅檐与市楼，况我官居似蓬岛。"① 因为那唯一的月亮公允地洒落清辉，所以月色随处皆好。在人世间千差万别之遭遇的对比下，月不谀美、不嫌恶的恒常之态无比珍贵，给予苦难境地中的人们心灵的慰藉。

在苏轼笔下，月的唯一、长久还意味着它能很好地诠释同一事物的历时性。经由不同时段中出现在眼前的同一个月亮，与月相关的记忆和情感得以前后相续。因此，"当时明月"是苏轼格外留意的事物。"殷勤去年月，潋滟古城东。憔悴去年人，卧病破窗中。徘徊巧相觅，窈窕穿房栊。月岂知我病，但见歌楼空。"② 去年之月并不因人的爽约而放弃等候，也不介意人的憔悴处境，而是四处寻觅"去年人"，将光辉带至他的榻前。对"去年"的强调，点出了月的长情，而人与月曾有的美好故事，也因此存在于被拓宽的诗境中。与此思路相近的例子，另如"此生别袖几回麾，梦里黄州空自疑。何处青山不堪老，当时明月巧相随"③。与人生中大多并不能始终谐行的人事相比，"当时"那轮明月却总能设法一意相随。对于这"巧相随"的过程，另一首诗中则描述得更为详细："霭霭青城云，娟娟峨嵋月。随我西北来，照我光不灭。我在尘土中，白云呼我归。我游江湖上，明月湿我衣。岷峨天一方，云月在我侧。"④ 此诗中的月虽未受到"当时""去年"之类的时间限定，但它的持久性实已暗含在"峨眉"这一地点当中，亦即后来无论"我"沦落尘土还是流落江湖时都不离不弃的明月，正是少年时在家乡所见的那一个。当苏轼笃定地认为月是相伴出蜀、随自己经历人生起伏的"同乡"时，二者的情谊便愈发不同寻常。

月的恒常也使它与它注视的人们拥有了许多共同的记忆。元祐

---

① 《催试官考较戏作》，《苏轼诗集》卷八，第376页。
② 《中秋月寄子由三首》其一，《苏轼诗集》卷十七，第859页。
③ 《次韵李修孺留别二首》其二，《苏轼诗集》卷二十七，第1456页。
④ 《送运判朱朝奉入蜀》，《苏轼诗集》卷三十四，第1844—1845页。

六年（1091），苏轼出知颍州，游颍州西湖，"闻歌者唱《木兰花令》，词则欧阳修所遗也，和韵"①。这首次韵而作的《木兰花令》，由于月的参与而变得十分含蓄动人：

霜馀已失长淮阔。空听潺潺清颍咽。佳人犹唱醉翁词，四十三年如电抹。　草头秋露流珠滑。三五盈盈还二八。与余同是识翁人，惟有西湖波底月。②

欧阳修在颍州时，经常泛游西湖。而今自己身处他的旧游之地，却徒有物是人非之悲。旧时相识纷纷逝去，唯有屡次见过欧公泛舟骋兴的西湖之月，因为恒久存在而成为唯一可与谈论故事的旧友。一人一月相对凭吊的场景何尝不触动伤怀，然而月的存在毕竟使苏轼感旧伤逝之情不至于无可倾诉。在"三五""二八"的变化中，流年暗换，但至少还有经久不变之物暗寓情谊。苏轼的思维方式，不是以恒常之物对比自身的无常，如此就要陷入忧郁，而是以恒常的"有情"对比无常的"无情"，这样一来就反而得到了安慰。在旁人看来，月是一个冷眼相望的存在，苏轼却认为这天公清亮的眸子有着持久关注与陪伴的深情。

　　水与月的恒常之性，都有其冷漠表面下的积极意味。苏轼对此善于体察和揭示，将其中的恒久不变解读为对自身的启迪与抚慰。"八年看我走三州，月自当空水自流。人间扰扰真蝼蚁，应笑人呼作斗牛。"③ 即便是水与月自顾自地摆出无情的面孔，从中反衬出的也是人生困扰的渺小无谓，人们应获得的则是蔑视烦恼的力量。当以有限的自身面对无穷的水与月时，苏轼以转换思路的方式尽力淡化了这种对比可能带来的哀感。

---

　　① （清）王文诰：《苏文忠公诗编注集成总案》卷三十四，巴蜀书社 1985 年影印武陵韵山堂刻本，第 1 页。
　　② 《苏轼词编年校注》，第 699 页。
　　③ 《次韵徐仲车》，《苏轼诗集》卷三十五，第 1871 页。

四 共适

既然个体能够在水与月的恒常之力中体会情味、荡涤胸襟，而非陷于卑微，那么个体应以怎样的姿态与自然共处也进而值得探讨。苏轼在《赤壁赋》中清晰地展现了这一思考：

> 苏子曰："客亦知夫水与月乎？逝者如斯，而未尝往也。盈虚者如彼，而卒莫消长也。盖将自其变者而观之，则天地曾不能以一瞬。自其不变者而观之，则物与我皆无尽也，而又何羡乎？且夫天地之间，物各有主。苟非吾之所有，虽一毫而莫取。惟江上之清风，与山间之明月。耳得之而为声，目遇之而成色。取之无禁，用之不竭。是造物者之无尽藏也，而吾与子之所共食。"[1]

在这段议论之前，客的发言代表了文学传统中水与月反衬个体渺小、人生短暂的普遍感受："寄蜉蝣于天地，渺沧海之一粟。哀吾生之须臾，羡长江之无穷。"[2] 苏轼反其道而行之的解读，却使对方转悲为喜。"变"与"不变"的观物角度首先给予自我与万物共始终的对等地位，江山无主、尽可共适的理念又赋予个体贵重而平等的审美权利。面对水与月等本无法以人力支配的自然物，苏轼并不报以过于敬畏的态度，在与自然的相处中，他格外重视对其审美价值的享有。"多情明月邀君共，无价青山为我赊。"[3] 对于无法量化，也不可能以财富换取的江山之美，不妨径直"赊"来与君共赏。"陇云不易寄，江月乃可掬"[4]，云可能通过寄送来分享，月则或许可以通过掬起一捧倒映着它的江水来保存甚至传递。苏轼自信满满地对自

---

[1] 《苏轼文集》卷一，第 6 页。
[2] 《苏轼文集》卷一，第 6 页。
[3] 《次韵送徐大正》，《苏轼诗集》卷二十六，第 1377 页。
[4] 《次韵高要令刘湜峡山寺见寄》，《苏轼诗集》卷四十，第 2189 页。

然物加以人为处置，仿佛可以把它们当作礼物来赠与。"醉里未知谁得丧，满江风月不论钱。"① 既然无关价值、无关所属，何不放开心胸坦然领受"造物者之无尽藏"。苏轼"享有"自然的观念中亦往往隐含某种自我定位。他自认未必能占有自然风物，却以慷慨的邀请、戏谑的赊取等表述方式，强调对自然之美的主观处理，在"共适"的态度中标举了自身乃至一切生命个体的主体性。自然之美无人专属，也便意味着它所给予的安慰随和而宽广，人人皆可以审美主体的身份成为江山之主。既如此，因面对自然而生的自怜自伤之心便无须存有了。

流水终在海，月落不离天，不仅是"自其不变者而观之"，勘破自然规律，也是视变动中的恒常为一种强大而有情之力，这正是给人慰藉的重要因素。在苏轼眼中，不朽的自然物未必是人生短暂的反衬，何妨视其为恒久的陪伴，视其为造物无限给予却常为世人熟视无睹的财富。小山环树曾指出，苏轼之书写自然，"不暴露因相对于大自然而间接显示的人类能力的渺小"②。水与月，这两种自古以来容易催生人生悲感的事物，在苏轼笔下得到了更为多样的解读。它们的变化并不总是主导作者情感的走向，相反，苏轼却能凭借主体性的处理，将其纳入自我开解的思路中。换言之，苏轼不仅借助此类自然物表达自我体认，更以个人化的思考走出了生命个体的渺小之悲。

第二节　与自然物为伴

水与月恒常的陪伴，在许多情境下成为苏轼消愁解困的良方，

---

① 《与潘三失解后饮酒》，《苏轼诗集》卷二十一，第1088页。
② ［日］小川环树：《论中国诗》，谭汝谦、陈志诚、梁国豪译，贵州人民出版社2009年版，第180页。

这往往是以水与月的人格化作为前提的。在与此相似的思维方式作用下，其他自然物也同样可被赋予情感、态度及立场，与作者形成了平等而多样的伙伴关系。

对自然物采取拟人化的写法，赋予其某种人格面相，是古典文学中屡见不鲜的现象，也已得到许多探讨①。苏轼对自然物的人格化处理，前人亦有所关注。20世纪60年代初，小川环树即指出："某某自然物'知道'作者心意云云，在他的诗中不知凡几。"②这样的关注点已经超出了单纯的修辞技法层面，而指出人格化了的自然物与作者之间存在某种情感沟通，这正是苏轼自然书写的鲜明特色。不过，这些行为的互动与情感的交流如何具体展开，其背后包含着何种心理动因，或许更加具有阐释的意义。事实上，苏轼与自然物的亲密关系，也提供了透视作者自我观照的重要角度。

一 自然物的善意

苏轼笔下的自然物大多对人类满怀善意，此类题材深为苏轼所偏爱，成为他自然书写中最具情味的部分。熙宁六年（1073）二月，

---

① 小川环树曾梳理中国文学史中此一现象的发展脉络，指出唐宋时逐渐多有，并解释其背后的观念变化道："但在拟人法这种修辞技巧的发达的背后，大概亦可看到中国人自然观的变化，足以反映由古代直到中古时中国人对自然的恐惧感正在渐次变得稀薄的过程。随着恐怖心的稀薄，对大自然的亲密感便因之得以增大起来。"（参见《论中国诗》，第78页）吉川幸次郎曾整体性地指出"宋诗屡屡把自然拟人化"（参见《宋元明诗概说》，第34页）。钱锺书也早已留意唐、宋诗歌中对自然物报以人格化称呼的现象，并以杜甫等人的诗歌作为印证（参见钱锺书《宋诗选注》，人民文学出版社2005年版，第146页）。陶文鹏、赵雪沛亦论及宋词中拟人手法在书写自然意象方面的表现，指出词人"以自我心灵感应万物，注入浓情厚意，使万物皆有生命与性灵"（参见陶文鹏、赵雪沛《论宋词拟人手法的泛化与深化》，《唐宋词艺术新论》，南开大学出版社2015年版，第65页）。具体到苏轼作品中，陶文鹏更关注到苏轼多次叙写与自然之间的情感交流，指出苏轼将主观情志注入山水景物，使之成为人格化的景物形象（参见陶文鹏《论苏轼的自然诗观》，《苏轼诗词艺术论》，上海古籍出版社2001年版，第36页）。

② ［日］小川环树：《论中国诗》，第178页。

时任杭州通判的苏轼自富阳至新城视察属县，作《新城道中》二首，其中之一便是书写自然善意的佳例：

> 东风知我欲山行，吹断檐间积雨声。岭上晴云披絮帽，树头初日挂铜钲。野桃含笑竹篱短，溪柳自摇沙水清。西崦人家应最乐，煮芹烧笋饷春耕。①

东风吹来，雨水渐止，这本是自然的天气变化，苏轼却偏要解释为东风善解人意，为了成全"我"的行程而特意为之。不仅对东风的人格化塑造颇有意趣，诗中其他自然物也同样各具面目：野桃的表情，溪柳的举动，都无声地传达出对作者的善意。诗中虽未明写它们的心理状态，使之不易察觉地作为背景存在，然而它们散发的细微温暖，却是整幅图景中别致的一笔。阅读此诗，不难感受到作者明快的情绪基调，这或许是受到了春雨初歇、晴空朗日的感染，而正是在自身情绪的渗透下，作者看待自然物的目光也随之生趣盎然。值得注意的是，在这场人与自然物的情感交流中，苏轼一方面对东风、野桃等物的"行为"赋予意义，另一方面却将自己设定为一个接受者，去领受自然物的善意。

再如熙宁七年（1074），苏轼在扬州作《平山堂次王居卿祠部韵》一诗，其中有言："高会日陪山简醉，狂言屡发次公醒。酒如人面天然白，山向吾曹分外青。"② 平山堂为欧阳修守扬时所建，此时苏轼身处恩师旧地，眼望江南诸山拱列檐下，与知州王居卿等人欢会赋诗，自然生出超迈的豪情。《诗话总龟》引《王直方诗话》记载当时场景云："王居卿在扬州，同孙巨源、苏子瞻适相会。居卿置酒曰：''疏影横斜水清浅，暗香浮动月黄昏'，此林和靖《梅花诗》，然而为咏杏与桃李皆可。'东坡曰：'可则可，但恐杏李花不

---

① 《苏轼诗集》卷九，第436—437页。
② 《苏轼诗集》卷十二，第593页。

敢承当。'一座大笑。"① 在如此欢洽的气氛中，苏轼心情愉快，意气风发，杯中之酒、眼前之山也因此变得格外明丽。此处的自然物描写，较前一首诗更加明确地显示出自我认识的端倪。在他欣赏山色的同时，脑海中浮现的是"吾曹"这一有所限定的群体。苏轼显然是以这几位情谊相投的朋辈为荣的，不仅自觉将彼此引为同道，还强调青山也另眼相看，愿为吾辈增色。透过青山的态度，苏轼的自信溢于言表。他还曾作《雨中花慢》写雨中牡丹，两次提及花以"我"为中心的举动："有国艳带酒，天香染袂，为我留连。""秋向晚，一枝何事，向我依然。"② 花的迟留原是出于对"我"的眷恋。自然物特别的善意和敬意，侧面衬托出作者的自我认可。

在上述例证中，值得重视的现象是，自然物的善意是由作者赋予的，换言之，作者往往是在借自然物对自己表达善意。这种有趣的行为便将问题引入了更深的探讨层次，促使读者去推究其背后的表达意图。自然物的善意形成了来自外界的爱戴和褒扬，作者借此委婉表现出自己是受到欢迎的、值得尊敬的对象。尽管这未必是苏轼主观的写作动机，但作者有意无意的自我认识确乎在其中流露出来。除过这种情绪积极的自我评价之外，自然物的善意还可能具有其他内涵，它们的出现有时伴随着伤感的心理背景。例如作于黄州的《次韵孔毅父久旱已而甚雨三首》其一：

> ……形容可似丧家狗，未肯聊耳争投骨。倒冠落帻谢朋友，独与蚊雷共圭荜。故人嗔我不开门，君视我门谁肯屈。可怜明月如泼水，夜半清光翻我室。风从南来非雨候，且为疲人洗蒸郁。褰裳一和快哉谣，未暇饥寒念明日。③

---

① （宋）阮阅编：《诗话总龟》卷之九，周本淳校点，人民文学出版社1987年版，第109页。
② 《苏轼词编年校注》，第143、144页。
③ 《苏轼诗集》卷二十一，第1122页。

此诗前半部分描述自己在贬所的艰辛处境，食不果腹加之遭逢大旱，生计异常窘困。但苏轼极其擅长自我开解，在后半部分，他表示自己要在穷苦之境中保存气节，更何况还有明月清风前来探视，定能襄助自己忘却忧愁。诗中的自然物同样十分体贴，"我"闭门谢客，月光便以如水的形态蔓延进来，翻墙入室。南风送爽，并非雨候，而是怜"我"疲惫孤苦，特来解救。月与风共同在大旱的溽热之中送来清凉，从体感与心理方面双双解除了诗人的"蒸郁"。而与月光、清风的关怀形成鲜明对比的，是不肯屈尊顾惜"我"的人们。正是在无人问津、蚊虫环伺的落魄情况下，月与风的到来才弥足珍贵。换言之，此诗中表现自然物的善意，是以揭示人世的无情作为前提的。而正因感受到自然物的关怀，作者才能从被人世离弃的悲哀中振发，暂且享受此刻的清风，不再忧念明日的饥寒。可以说，苏轼着力书写自然物的善意背后，有着人世淡漠的隐情。他的人生体验正是在二者对比中得以凸显，而他在人世遭受的冷遇又在被自己解读出的自然之善意中得到了抚慰。

类似的例子另如《临城道中作》。此诗小序交代了一件因自然物的"举动"而改变诗人心境之事："予初赴中山，连日风埃，未尝了了见太行也。今将适岭表，颇以是为恨。过临城、内丘，天气忽清彻。西望太行，草木可数，冈峦北走，崖谷秀杰。忽悟叹曰：吾南迁其速返乎？退之《衡山》之祥也。书以付迈，使志之。"[①] 绍圣元年（1094），谪令初下，苏轼自定州罢任，开启了暮年的贬谪之旅。在此诗中，作者的黯然含蓄地藏在"未尝了了见太行"的遗憾之中。谁料行至临城，太行山却似一位赶来送行的朋友，诚挚地展现秀色。苏轼思及当年韩愈被贬，遇赦北归途中便曾一睹衡山诸峰，如今自己竟有相似的际遇，可见太行山展露真容也是为预示自己必能速返。对于山所呈现的吉兆，苏轼深表感激："逐客何人著眼看，

---

① 《苏轼诗集》卷三十七，第 2024 页。

太行千里送征鞍。未应愚谷能留柳，可独衡山解识韩。"① 世间有几人肯向逐客报以关切的目光呢？然而远亘十三州之界的太行山却愿绵延千里，一路相送。柳宗元寄情愚溪，衡山理解韩愈，古人与自然物之间的惺惺相惜，苏轼此刻也在与太行的邂逅中领会到了，这很大程度上淡化了他因宦途艰险而灰败的心绪。通过设置人与自然物之于逐客的态度对比，苏轼揭示出仕宦人生中的沉重体验，同时又为自己留下一点温情与转机，自然物的出现因此具有了补偿和慰藉的用意。

回顾以上数例可知，苏轼书写自然的善意，可能蕴含着多样的表达意图。小川环树曾就宋诗中的此类现象作出解释："大自然就人类怀着好意这种表现，见于宋诗较多，一般而言宋诗也较唐诗更能给人以明朗的印象。我认为：这或许由于诗人大都抱持着以幸福为基调的人生观之故。抱有这种明朗的人生观，认为人生充满着幸福的思想的诗人，最能写出轻快的风格的作品"②，并认为苏轼正是代表这种作风的大家。诚然，苏轼笔下的自然物生动可亲，充满奇趣巧思，时常体现出作者轻快昂扬的情感面相。不过，明朗的人生观和轻快的诗风尚不足以完全解释苏轼对自然善意的书写，它们的出现有着更为具体复杂的语境。实际上，小川环树也意识到这一点："这样对大自然表现出亲切的背后，也许可以说是暗含着对人类有不信任的意思，只是，那不信任却是隐藏起来的心情而已。"③ 这一见解已相当透彻地抉发出隐藏在自然善意背后的人世凉薄的体味，只是尚未明确联系到作者蕴含于其中的自我观照。在苏轼笔下，自然物并不是自顾自地表现某种行为，而是具有明确的施与情意的对象。自然物之善意的出发点往往是作者的意志和需求，这说明苏轼在描写自然时并不仅仅向外观照，也没有忘记向内省察。由此导致的结

---

① 《苏轼诗集》卷三十七，第 2024—2025 页。
② ［日］小川环树：《论中国诗》，第 82 页。
③ ［日］小川环树：《论中国诗》，第 81 页。

果是，强调自然物的知心，可能包含着揭示处境、寻求慰藉、暗含孤独等丰富情味，而并非仅仅展现幸福的基调。这种较为强烈的自我意识与敏感的自我认识，或许是促使苏轼屡屡与自然物心有默契、并总是借助它们来关怀自己的原因之一。简言之，寓于自然善意中的五味杂陈，也正与苏轼的自我体认形成呼应，提示我们重视其情感体验与个人面貌的丰富性。

二 诉说与独白：与自然物交流的认真态度

自然物并非一厢情愿地对苏轼施与关怀，后者不仅给予回应，有时甚至主动发起交流。在其作品中，常可见到苏轼向自然物寄语、发问等行为，从而构成了他与自然物相处的一种有趣模式。

钱锺书曾指出杜诗对自然物运用亲切称呼的现象："对草、木、虫、鱼以及没有生命的东西像山、酒等等这样亲切生动的称呼，是杜甫诗里的习惯……宋人很喜欢学这一点，像王安石《与微之同赋梅花》：'少陵为尔牵诗兴，可是无心赋海棠？'郑樵《夹漈遗稿》卷一《灵龟潭》：'着手摩挲溪上石，他年来访汝为家。'"[1] 从这些例证看来，对自然物使用人的称呼往往伴随着与之说话的口吻。苏轼笔下，此类现象与作者的天真、机趣融合无碍，他喜用人对物的"诉说"方式，来制造与自然物的沟通。

这种方式的表达功能，不仅是在拟人化的笔触中制造趣味。作者认真与自然物说话，以参与者的角色使二者的交流更为深入。试举几例略观之。"寄语庵前抱节君，与君到处合相亲。写真虽是文夫子，我亦真堂作记人。"[2] 竹风节峻峭，故苏轼以"抱节君"呼之，既是尊称，也含有戏谑之意。诗人愉快地强调自己与竹的渊源，努力拉近彼此的关系：一来"我"行走各处，总能遇见竹的同类，可

---

[1] 钱锺书：《宋诗选注》，人民文学出版社 2005 年版，第 146 页。
[2] 《和文与可洋川园池三十首》其二十七《此君庵》，《苏轼诗集》卷十四，第 677—678 页。

以说是有缘；二来"我"的朋友文同擅画墨竹，自名其居为"墨君堂"，"我"虽没有他那般精妙的为竹写真的才能，可也贡献了《墨君堂记》这篇文字，为成就竹的高名尽过绵薄之力。作为文与可洋川园池组诗的一首和作，此诗全篇实为苏轼通过文同转告他庵前之竹的"寄语"。苏轼煞有介事地向竹子表白亲厚之意，正是此诗天真趣味之所在。另如《攓云篇》：

> 物役会有时，星言从高驾。道逢南山云，欻吸如电过。竟谁使令之，衮衮从空下。龙移相排拶，凤舞或颓亚。散为东郊雾，冻作枯树稼。或飞入吾车，逼仄碍肘胯。抟取置笥中，提携返茅舍。开缄乃放之，掣去仍变化。云兮汝归山，无使达官怕。①

苏轼在求雨后的归途中偶遇云气，它们飘入车里，竟然占据空间，使车厢变得逼仄起来。诗人故意言之，使云具有了原本可以忽略的存在感。而他感到手足无措，则是因为怀着童心，不忍挥散成形的云气。无奈之下，诗人唯有"抟取"一团云气收入箱中，带回住处之后才放云归去。古谚云"木若稼，达官怕"②，雨水在树上结冰称为"木稼"，旧时认为此现象预示达官中有人将死。故而苏轼叮嘱云气乖乖回家，不要滞留树上冻结成冰，以免达官们担惊受怕。遇云、装云、放云的一系列举动本就充满童真，"好言相劝"的加入更使得这一过程成为认真的游戏，就像儿童全身心投入想象的世界中，浑然不觉云是感知不到如此温和的语气的。向云的诉说展现出天真而懵懂的情态，作者借此来呈现与自然互动时的自己。再看苏轼在徐

---

① 《苏轼诗集》卷三，第141页。
② （明）杨慎著，王仲镛笺证：《升庵诗话笺证》卷八，上海古籍出版社1987年版，第545页。"《汉书·五行志》：'雨，木冰。'亦曰树介，又曰木稼，稼即介之讹耳，寒甚而木冰，如树着介胄也。……谚云：'霜淞如雾淞，穷汉备饭瓮。'然淞之极，则以为树介木冰。谚云：'木若稼，达官怕。'盖寒浅则为雾淞，寒极则为木冰，雾淞召丰，而木冰兆凶也。"

州黄楼上的深沉发问：

> 中秋天气未应殊，不用红纱照座隅。山上白云横匹素，水中明月卧浮图。未成短棹还三峡，已约轻舟泛五湖。为问登临好风景，明年还忆使君无。①

这次苏轼说与的对象甚至不是某种具体的自然物，山水云月都纳入"好风景"，成为一个人格化的整体。诗人登临送目，思及自己还乡不成，便已定下归隐之计，不知道眼前风景尚能见得几时。明年若已不在此地，自己定然是会记得此时景物的，却不知对方还会惦记自己吗？故此不禁发问。这一彼此寄予情感的思路与"我见青山多妩媚，料青山、见我应如是"② 异曲同工，苏轼将对方视如旧友，希望自己与徐州的好风景有着彼此不忘的深情。

此类对话方式不仅仅出现在和谐友好的氛围中，也常见于作者与自然物发生某些小冲突的情境下。如苏轼早年所作《凤翔八观》中的《东湖》一诗，写自己在凤翔得见清澈湖水，接着细述此地状貌："泉源从高来，随波走涵涵。东去触重阜，尽为湖所贪。但见苍石螭，开口吐清甘。借汝腹中过，胡为目眈眈。"③ 泉水自高处发源，蜿蜒过重重山石，从螭首状的石头中流出，而石头形貌险峻，仿佛面目凶恶、虎视眈眈。诗人不解地发问道：泉水只不过借你肚子里过一下，何必那么凶呢？石螭的态度不甚友好，这却正成为作者调侃之处。面对诗人的嗔怪，石螭必定依然保持"目眈眈"的姿态与之对峙，更构成了使人忍俊不禁的画面。值得一提的是，诗中的湖也被作者赋予一种不太高雅却很可爱的品性，仿佛贪婪地要将泉水据为己有。可见，除过体贴又善解人意外，自然物中也有贪心

---

① 《十月十五日观月黄楼，席上次韵》，《苏轼诗集》卷十七，第889页。
② （宋）辛弃疾：《贺新郎》（甚矣吾衰矣），邓广铭笺注《稼轩词编年笺注》卷四，上海古籍出版社1978年版，第338页。
③ 《苏轼诗集》卷三，第112页。

或坏脾气的成员。苏轼为自然物设定了丰富的性格面貌，而他向后者发问、诉说的语气中则分明充满自得其乐的情绪。

如果说石螭的凶恶态度毕竟是针对流水而非苏轼本人，所以不致引发他的困扰，那么舟行途中遭遇的大风便真正是一个难题制造者了。试看《发洪泽，中途遇大风，复还》一诗：

> 风浪忽如此，吾行欲安归。挂帆却西迈，此计未为非。洪泽三十里，安流去如飞。居民见我还，劳问亦依依。携酒就船卖，此意厚莫违。醒来夜已半，岸木声向微。明日淮阴市，白鱼能许肥。我行无南北，适意乃所祈。何劳舞澎湃，终夜摇窗扉。妻孥莫忧色，更典箧中衣。①

苏轼携家外任，自然希望舟行顺水、风平浪静。谁知天不遂人愿，风浪偏来搅扰，导致诗人只好返程。不过他似乎并未因此影响心情，反倒豁达地看出挫折中的好处来：去程风阻意味着回程必定顺利，还能因此再感受一番洪泽百姓的好意，顺便品尝淮阴集市上肥美的白鱼。既然打定了随遇而安的主意，风的为难也便毫无意义了。所以苏轼淡定地对风说：我本就没有固定的目的地，只求"适意"而已，你又何必阻挠行程，使我的小船整夜摇晃不停呢？在另一次遇风留宿的遭遇中，苏轼说得更加清楚："平生傲忧患，久矣恬百怪。鬼神欺吾穷，戏我聊一噫。"② 此类表述与南宋杨万里的"风伯劝尔一杯酒，何须恶剧惊诗叟"③ 异曲同工，皆视风阻为大自然淘气的恶作剧而已。对于自然物"情绪化"的举动，苏轼表现得并不像遭遇人世的挫折那样触动伤怀，反而以与之沟通的方式展现出无畏的自信。

---

① 《苏轼诗集》卷六，第 292—293 页。
② 《十月二日，将至涡口五里所，遇风留宿》，《苏轼诗集》卷六，第 282 页。
③ （宋）杨万里：《檄风伯》，辛更儒笺校《杨万里集笺校》卷十六，中华书局 2007 年版，第 822 页。

以上数例还显示出一种现象：苏轼与自然物的"对话"多是单向行为，在他发言之后，他往往并不以艺术化的手法描写自然物报以怎样的言语回应。因此，诸如此类"说与自然物"的行为，其实是苏轼的独角戏，他将自己因自然物而生发的感想，通过诉说、发问等方式表达出来。有时甚至不一定表现为向自然物诉说的形式，却不妨思之于心而形诸笔端，造成关于自然物的内心独白。例如《宥老楮》一诗：

> 我墙东北隅，张王维老穀。树先樗栎大，叶等桑柘沃。流膏马乳涨，堕子杨梅熟。胡为寻丈地，养此不材木。蹶之得舆薪，规以种松菊。静言求其用，略数得五六。肤为蔡侯纸，子入《桐君录》。黄缯练成素，黝面頳作玉。灌洒蒸生菌，腐馀光吐烛。虽无傲霜节，幸免狂酲毒。孤根信微陋，生理有倚伏。投斧为赋诗，德怨聊相赎。①

苏轼自述家中庭院有一棵无用的老楮树，虽枝繁叶茂却不能成材，所以打算将其伐掉，代以松菊。然而正当动手时，忽然静下心来想想，它也并非一无是处：不仅可以造纸、制药、织布、敷面，即便只是时常灌洒，还能变作菌类滋生的温床，哪怕待其腐朽后，还能烧柴生火，变废为宝。加之这棵老楮虽谈不上凌霜傲雪的气节，却也不至于像《庄子》中使南伯子綦狂醉三日的大木那样有害②，看在功过相抵的分上，就暂且饶了它吧。诗人在内心完成了从"恐吓"到"宽宥"这一长篇独白。"宽宥"是诗人单方面的戏谑说法，它暗示了树的拟人化。由一棵大而无当的树木引发哲思，这本是典型的庄子式的思路。不过在庄子的故事中，大树恰因无用才可以全生，

---

① 《苏轼诗集》卷四十二，第 2313—2314 页。
② 参见《庄子集释》卷二中《人间世第四》："南伯子綦游乎商之丘，见大木焉……嗅之则使人狂酲，三日而不已。"第 176 页。

而苏轼反用其意,说老楮幸而有些小用才逃过此劫。他面对无知无觉的老树,在它的"德"与"怨"之间纠结一番,最后丢下斧头转而赋诗,这本身就是有趣的场景。

苏轼之所以津津有味地投入此类活动,是因为在他的设想中,自己仿佛与自然物有一番对话,而这种互动是建立在揣测自然物意志的基础上的。"江山如此不归山,江神见怪惊我顽。我谢江神岂得已,有田不归如江水。"① 无论苏轼的自我批评怎样恳切,"江神"必定深感无辜,江水并无任何暗示,苏轼则出于自我反省而将批评的权利赋予了它。同理,苏轼也常常根据自身感受去设想自然物的心理。熙宁五年(1072),苏轼以杭州通判的身份在吉祥寺加入了一场与民同乐的赏花盛会:"圃中花千本,其品以百数。酒酣乐作,州人大集,金盘彩篮以献于坐者,五十有三人。饮酒乐甚,素不饮者皆醉。自舆台皂隶皆插花以从,观者数万人。"② 苏轼以诗记之:"人老簪花不自羞,花应羞上老人头。醉归扶路人应笑,十里珠帘半上钩。"③ 他嘲笑自己已经年老,却还头戴硕大的牡丹招摇过市,自己倒并不因此害羞,可若替花着想,它大概是不情愿被用来装饰老人的。牡丹花安分守己地戴在苏轼头上,不曾发声抗议,苏轼却莫名感到了来自花的"嫌弃"。这种心理的真正来源,应是苏轼对自身不再年轻的形象和被仕途蹭蹬摧折的迟暮内心的观照,后者尤其是形成衰老这一自我认识的重要因素。换言之,他将自己眼中的苏轼平移到了花的眼中,从而得出了与自我评价相一致的花的评价。

三年之后,苏轼在密州作《惜花》一诗,回顾当年赏花的盛况,然而兴高采烈的回忆凸显更甚的是如今的孤清:"城西古寺没蒿莱,有僧闭门手自栽,千枝万叶巧剪裁。就中一丛何所似,马瑙盘盛金缕杯。而我食菜方清斋,对花不饮花应猜。夜来雨雹如李梅,红残

---

① 《游金山寺》,《苏轼诗集》卷七,第308页。
② 《牡丹记叙》,《苏轼文集》卷十,第329页。
③ 《吉祥寺赏牡丹》,《苏轼诗集》卷七,第331页。

绿暗吁可哀。"① 眼前的密州也有一丛美丽的牡丹，但苏轼此时已"衰病牢落，自无以发兴耳"②。他说自己无心再对花饮酒，而花应会因关切而诧异，去猜测这位颓唐的诗人遭遇了何事。苏轼再次借用花的视角观察自身，通过设想花的猜测，其实揭示出自己的"对花不饮"绝非常态。循着花的猜想进一步追索缘由，自然会联想到作者此刻的处境并不令人愉快，何况风雨摧花，连这一点关切之意也都难以保全了。苏轼看似揣摩花的心思，并认为花也在揣摩自己的心思，最终则在这一过程中嵌入了自身的感受。"花应羞""花应猜"均为作者的内心独白，却以替花代言的方式表达出来。

苏轼的诉说、发问、独白等现象，以童稚化的思维方式展示了与自然物平等、认真交流的姿态，以参与者的角色表达了对自然的兴味和深情。即便面对自然物不太友好的举动时，苏轼也大多不以为意，或耐心沟通，或付之戏谑。经由主体性的解读，苏轼在自我与自然之间建立互动并赋予意义，不仅在自得其乐的独角戏中展露看待自然的天真目光，更借助与自然物的交流，直接或间接地传达出自我认识。

三 自愧不如：受教于自然物

自然物不仅与苏轼情意相通，也是他的益友。在"凡物皆有可观"③的目光下，自然物各有其美，甚至常常展现人所不能及的力量，促使人们自我审视。对苏轼而言，常萦于怀的进退出处之事往往使他对自然物表现出的坚定超脱格外敏感，这也在他与自然物的相遇中糅入了尤为浓重的自省气息。

苏轼早年赴考途中所作的《入峡》一诗，表现了青年苏轼对出处问题的初步感知。他描述山林百姓幽僻简陋的生活状态，认为此

---

① 《苏轼诗集》卷十三，第625页。
② 《惜花》诗苏轼自注，《苏轼诗集》卷十三，第625页。
③ 《超然台记》，《苏轼文集》卷十一，第351页。

地"蛮荒安可住",却唯独对一样事物心怀爱慕:"独爱孤栖鹘,高超百尺岚。横飞应自得,远飑似无贪。振翮游霄汉,无心顾雀鹌。尘劳世方病,局促我何堪。尽解林泉好,多为富贵酣。试看飞鸟乐,高遁此心甘。"① 苏轼留意到孤栖独飞的林间之鹘,随心所欲振翅而去,它的高蹈之姿触发了苏轼的反思。鸿鹄之志原本指向不甘平庸、有所作为的价值观,而在苏轼眼中,这只鹘远超"雀鹌"的志向却在于"高遁"。尽管如此,由于暂不能在仕隐之间做出明确的取舍,飞鸟的"心甘"恰恰是此时的苏轼做不到的。他由鸟之高飞而生的想法,微妙地揭示出内心的矛盾,而飞鸟之乐无疑使他对遁隐多了一分憧憬。换言之,飞鸟以自然的生存状态给予了苏轼关于人生选择的启示。

这种启示有时会以更切直的方式出现,成为直击人心的警醒。苏轼便曾因一只鹤而顿生自愧:

> 园中有鹤驯可呼,我欲呼之立坐隅。鹤有难色侧睨予,岂欲臆对如鹏乎?我生如寄良畸孤,三尺长胫阁瘦躯。俯啄少许便有馀,何至以身为子娱。驱之上堂立斯须,投以饼饵视若无。戛然长鸣乃下趋,难进易退我不如。②

园中之鹤虽被驯养,却保持着自尊,不愿为食物取悦于人。苏轼着意刻画其一系列行为的冷峻威严,代它说出内心的激愤和苦衷,表达自愧不如的态度。他将鹤的气节总结为"难进易退",从中获得的触动,实与自己内心的求退之愿相吻合。这种思路的出现并非偶然。早在熙宁六年(1074),苏轼便曾在杭州六和寺见识过金鱼的"难进易退":

---

① 《苏轼诗集》卷一,第33页。
② 《鹤叹》,《苏轼诗集》卷三十七,第2003页。

旧读苏子美《六和寺》诗云："松桥待金鱼，竟日独迟留。"初不喻此语。及倅钱塘，乃知寺后池中有此鱼如金色也。昨日复游池上，投饼饵，久之，乃略出，不食，复入，不可复见。自子美作诗，至今四十余年。子美已有"迟留"之语，苟非难进易退而不妄食，安能如此寿耶！①

这些清高的金鱼难得露面，四十年前便曾让苏舜钦苦候而不至。如今苏轼以饼饵诱之，得到的回应也不过是"不食，复入"而已。他感慨于金鱼多年来秉性未移，从不贪求口腹之欲，因此得以保全。它们所提供的生存范式，已使苏轼体会到"难进易退"的珍贵，宦海浮沉之后，与鹤的相遇又催生了更为明确的自省。饼饵之于鹤与鱼，正如荣禄之于人，自然物尚且自尊自惜，人却无法弃之不顾，这种高下立现的对比自然引人深思。如果说飞鸟无意中的启示有如细雨润物，那么鹤与鱼便是无声却态度鲜明的"诤友"。

以上三种自然物皆以其生命姿态给予苏轼关于出处的教益，它们虽无意为之，作者却将其客观表现视为了一种意味深长的反衬，凸显出自己在人生选择中的缺失："推挤不去已三年，鱼鸟依然笑我顽。"②"问因长损气，见鹤忽惊心。"③ 与此稍有不同，山中婉转鸣叫的禽鸟却很可能是前来发出正面的规劝："林外一声青竹笋，坐间半醉白头翁。春山最好不归去，惭愧春禽解劝侬。"④ 有别于鹤和鱼的冷峻，春山禽鸟语气委婉、态度温和，仿佛在尽述山中春日的明丽，苦口婆心地劝说诗人抛开尘世融入此中。苏轼一面深受感染，一面生出愧意：禽鸟尚知劝我归山，可我走不出仕途，只好继续冥顽不灵，辜负它们一番好意。苏轼自觉的反省往往作用于他与自然物的"交往"之中。无论是提供使人相形见绌的范例，还是给出温

---

① 《书苏子美金鱼诗》，《苏轼文集》卷六十八，第2145页。
② 《与毛令方尉游西菩寺二首》其一，《苏轼诗集》卷十二，第584页。
③ 《临江仙》（自古相从休务日），《苏轼词编年校注》，第223页。
④ 《风水洞闻二禽》，《苏轼诗集》卷四十八，第2607页。

柔的劝告,自然物的举动时常引起苏轼对自身状态的审视。

至此,我们必须跳出苏轼诗意的、拟人化的思维,来看待他受教于自然的现象。自然物之所以能触发苏轼的自愧之意,并不一定是由于它们做出了人格化的、可敬的行为,而是因为出处是困扰苏轼终生的心事,在他观照自然物时也无法忘怀。鸟的飞翔和鸣叫,鱼的浮现而拒食,只是平常的自然现象,而苏轼却敏感地将其导入风节、退隐的思路中,换言之,他对自然物状态的解读往往是内心状态的流露甚至有意的自白,其内里则是自我省察的意识。

在前此文本分析的基础上,我们还有必要从表达效果的角度,稍加关注苏轼书写自然物的独特方式。他对自然物富于个性的人格化处理,使其相关书写具有同时代其他诗人难以企及的天真与巧思。苏轼所选择的自然物及赋予它们的含义,并不一定延续古典文学传统中的经典形象或经典意义。举例言之,梅、竹等物因其傲雪凌霜、风节峻峭的特质而被赋予高洁的君子之性,成为十分常见的人格化自然意象。其文化内涵经过长期积淀而渐趋固定,虽经由拟人化处理,却较难在文本中直接制造趣味。苏轼则以不拘一格的思路,为各种自然物寻找切合其属性又凸显意趣的人格特征。同样是书写梅、竹,他却并不过于强调其为人熟知的特性,而更乐意从自我的表达需求入手挖掘其独特意义,或以天真姿态与之游戏,或将其视为到处可遇的旧友,亲切攀谈,共享旧日记忆[1]。在这样随和、日常的笔触下,山川草木、风雨雷电、飞禽走兽不仅与作者情意相通,并且面貌丰富、个性鲜明,苏轼奇巧的观照角度使自然物格外活泼且富有机趣。此外,苏轼笔下的"万物有情",并非只是寻常的拟人化修辞或"托物言志"的体现。自然物不是始终作为被审视的客体,刻板地接受作者的情感投射并予以反映,而常常是反客为主、善解人

---

[1] 姚华《苏轼对"竹"的游戏性观照》(《文史知识》2015 年第 2 期)一文对苏轼如何在继承竹的经典意义之外,游戏性地观照和书写这一意象作了深入的阐述。本书关于苏轼将自然物人格化的论述即受到了该文启发。

意地依循自主的意志向作者施加行为。同时，苏轼笔下的自己体现出与自然无所隔阂的赤子之心，仿佛"我"从未刻意将自然物人格化，而是发自内心地相信它们具有人格。通过引入自我与自然物的亲密互动，作者以更加贴近于儿童的思维方式，淡化了对自然物人为处理的痕迹，这对形成苏轼自然书写中天真趣味的一面至关重要。

第三节　回望与悬想

在苏轼关于自然的文学化处理中，往往会涉及对时空等自然因素的认识，例如水与月便被赋予与时空相关的意义。时空距离带来的阻隔感是普遍的人生体验，极易引发缺憾与无常之叹。在苏轼笔下，亦往往可见对此的感知与呈现。他站在人生各种节点上回忆过去、悬想未来，并频繁诉诸笔端，成为对时空问题的一种回应方式。

回忆往事与预想未来本是人之常情，是思维的自然流动，然而呈现在文学中，却未尝不是值得玩味的现象。文学作品经过作者精心结撰，那么多次选择以回望和悬想的思路结构篇章，便或多或少体现出作者的主观意愿。从表达效果来说，纳入过去与未来两种时空通常能够开拓作品境界，增加表情达意的容量与层次，"思接千载，视通万里"[①] 正是文学创作中思绪打破时空阻隔的奇妙能力，这是前人探讨较多的方面。除此之外，作者处理时空因素的方式与动机则可能因人而异，这对个体研究极有意义，却尚未得到足够的关注。具体到苏轼而言，哪些事物会成为他脑海中过去与未来的关键内容，他又将怎样的思考与体验注入回望与悬想之中，都可能作为窥探苏轼内心世界的独特视角。

需要先行界定的是，回忆随时随地可能触发，且内容驳杂，为

---

① （南朝梁）刘勰著，周振甫注：《文心雕龙注释·神思第二十六》，人民文学出版社1981年版，第295页。

第四章 "观身卧云岭"：苏轼自然观照中的自我　　261

明确研究范围，本节仅着重关注苏轼在人生旅途中反复回首过去某人、某事、某物的现象，称之为"回望"，以区别于另一部分偶然闪现、并未再三回顾的记忆。"悬想"一词本意是凭空想象，其对象并不限于未来之事，但苏轼在设想未来时常用"悬知"一词，故以"悬想"来指称其关于尚未发生之事的思绪，庶几合乎作者用意。通过分析回望与悬想的内容及个中心态，苏轼的情感体验也能在时空的延展交叠中得到揭示。

一　回望：记忆节点之间的情感层累与人事变迁

回望过去在苏轼的诗、词、文中皆多有所见，它们是作者对自我过往的反复致意。从文本表象来看，苏轼诗中的追和己作是形式最明确的回望现象。苏轼在人生不同阶段，都曾有意对旧作加以唱和，甚至往往采用严格的次韵形式。吉川幸次郎即关注到苏轼次韵己作的现象，他以苏轼在狱中及获释时所作的两首七律为例，说明该现象的意义："在这个场合，也是他哲学观的一个表现，即世中浮沉自浮沉，不变之物终不变。"[1] 内山精也亦对苏轼的次韵自作诗现象作了细致的研讨，并解释此举是为了追求"对比鲜明化的效果"[2]。"因为诗题中记有'用前韵'，故读者自然会去寻找韵字相同的原作，将两者对照体会。由于原作跟次韵诗之间，其同样的字数、同样的句数、同样的韵字等完全相同的样式已经得到保证，所以两者的差异就会显得极为明确。"[3] 通过这种类似于"控制变量"的方法，苏轼在极为相似的形式中注入不同的情感内涵，使今昔之间的变化得以彰显。苏轼渡海、北归的行程中便产生了不少这样的例子，当他"步步踏陈迹"地返回时，他在许多去时留诗

---

[1] ［日］吉川幸次郎：《宋元明诗概说》，第30页。
[2] 参见内山精也《苏轼次韵诗考》《苏轼次韵词考》两文，收于［日］内山精也《传媒与真相：苏轼及其周围士大夫的文学》，第330—387页。
[3] ［日］内山精也：《苏轼次韵诗考》，《传媒与真相：苏轼及其周围士大夫的文学》，第342页。

的地点都特意再次作诗应和,使得这条重合的路线上飘荡起诗人回环的感喟,而去返之时作者的情感差异也因此凸显。同理,即便作者并未以次韵形式应和旧作,而是因相同、相似或相关的事物引发了对过往的反复回顾,也会因某些参照物的存在而产生变迁之感。换言之,苏轼的回望不仅依靠次韵、追和等外在形式呈现,在诗歌内容中也有迹可循。那些在不同节点重现的重要回忆,促使作者审视自己在时空迁移中产生的变化和体验。

苏轼笔下首先值得探讨的回望对象是梅花。苏轼喜咏梅花,自黄州时期开始写作了大量与梅相关的诗歌,已有研究者对此做了细致的梳理①。这些诗歌之间往往存在前后赓和或呼应的关系,作者再三念及与梅花有关的往事,清晰地体现出反复回望的姿态。这番回望的原点在元丰三年(1080)正月二十日,苏轼贬谪黄州途中经过麻城春风岭,邂逅梅花,作诗记之:

> 春来幽谷水潺潺,的皪梅花草棘间。一夜东风吹石裂,半随飞雪度关山。
>
> 何人把酒慰深幽?开自无聊落更愁。幸有清溪三百曲,不辞相送到黄州。②

唐代高适诗云:"借问落梅凡几曲,从风一夜满关山。"③ 苏轼借这一典故融入自己远谪的遭遇。"一夜东风吹石裂"则化用欧阳修"正当年少惜花时,日日春风吹石裂"④ 之语,在惜花中暗寓自伤。

---

① 参见陈才智《苏东坡对白香山的受容与超越:咏梅诗的视角》,《中国苏轼研究》(第 5 辑),学苑出版社 2016 年版,第 1—14 页。

② 《梅花二首》,《苏轼诗集》卷二十,第 1026—1027 页。

③ (唐)高适:《和王七玉门关听吹笛》,刘开扬笺注《高适诗集编年笺注》,上海古籍出版社 1981 年版,第 347 页。

④ (宋)欧阳修:《山斋戏书绝句二首》其二,《居士集》卷九,《欧阳修诗文集校笺》,第 263 页。

无论被风吹送还是随水漂流，都紧扣梅花飘零的命运，而"相送到黄州"更是将自身与梅花的共情明确化，后者无人可解的"深幽"也正是作者此刻的黯淡心境。在这初次缔结的联系中，苏轼在梅花身上建立了流落堪怜的情感投射。

有趣的是，此后连续三年，苏轼都专意在正月二十日这天作诗，并且内容往往关乎梅花，使这个毫无特殊意义的日子成为反复回望的记忆节点。元丰四年（1081），苏轼作《正月二十日，往岐亭，郡人潘、古、郭三人送余于女王城东禅庄院》：

> 十日春寒不出门，不知江柳已摇村。稍闻决决流冰谷，尽放青青没烧痕。数亩荒园留我住，半瓶浊酒待君温。去年今日关山路，细雨梅花正断魂。①

一年后的苏轼已不再是心绪恶劣的迁客，他与黄州彼此接纳，并在此地建立了友谊，诗中气韵平和，流露春日生机。苏轼此行的目的地岐亭恰好隶属于麻城，正是去年度过的关山所在，故正如王文诰所言："此因赴岐亭而念关山也。"② 他还指出末句断魂之语暗藏"路上行人"四字。明写梅花断魂而暗寓行人断魂，其实正承续了前诗中自我与梅花的关联。苏轼分明是因相同的日期、相关的地点而引发了对旧事的回望，却不再过多强调自己当时的经历与感受，而是以关山、梅花等词淡淡带过，颇有"回首向来萧瑟处"③ 的感慨与释然。元丰五年（1082）正月二十日，苏轼又与友人潘丙、郭遘出郊寻春，再次被这个日期激发回忆，以次韵方式应和去年之作：

---

① 《苏轼诗集》卷二十一，第 1078 页。
② 《苏轼诗集》卷二十一，第 1078 页。
③ 《定风波》（莫听穿林打叶声），《苏轼词编年校注》，第 356 页。按，该书依底本（天津图书馆藏天一阁钞明吴讷编《唐宋名贤百家词》本《东坡词》三卷）作"回首向来萧洒处"，校记云，元延祐庚申刊《东坡乐府》二卷作"萧瑟"，鉴于目前各通行本多作"萧瑟"，本书仍采此说。

> 东风未肯入东门，走马还寻去岁村。人似秋鸿来有信，事如春梦了无痕。江城白酒三杯酽，野老苍颜一笑温。已约年年为此会，故人不用赋《招魂》。①

此诗中回望的对象变为了去年今日的出游，而两年前这一日关于梅花的记忆则似乎因去年的隔离而被屏蔽了。年年此日出城，苏轼已然意识到自己行为的规律性，好似秋鸿如约而至，与之形成对比的则是事过无痕。结尾二句颇可玩味，宋玉为屈原作《招魂》，乃是哀其忠而见疑，"欲以复其精神，延其年寿，外陈四方之恶，内崇楚国之美，以讽谏怀王，冀其觉悟而还之也"②。苏轼却反用其意，声称已与当地友人约定年年来此相会，这意味着他已表明放弃朝堂、安于贬所的选择。回顾去年之作，便可感到那一点尚存于细雨梅花背后的黯然情绪也已在今年诗中成为旧事，了无痕迹。元丰六年（1083），同样是在正月二十日，苏轼保持了同样的出游活动和诗歌韵脚：

> 乱山环合水侵门，身在淮南尽处村。五亩渐成终老计，九重新扫旧巢痕。岂惟见惯沙鸥熟，已觉来多钓石温。长与东风约今日，暗香先返玉梅魂。③

是年朝廷废置史馆，苏轼曾任职的机构就此无存。尽管他自认已做好终老黄州的打算，但闻知此事，依然不能不有所触动。诗中看似

---

① 《正月二十日，与潘、郭二生出郊寻春，忽记去年是日同至女王城作诗，乃和其韵》，《苏轼诗集》卷二十一，第1105页。
② （宋）洪兴祖：《楚辞补注》卷第九《招魂章句第九》王逸序，白化文等点校，中华书局1983年版，第197页。
③ 《六年正月二十日，复出东门，仍用前韵》，《苏轼诗集》卷二十二，第1154—1155页。

充满对贬谪生活的熟稔,却莫名地从眼前牵扯到遥远的朝堂之事,不难感知作者的心之所系。末句很有趣地再次出现了梅花,王文诰解释其寓意云:"公《历陈仕迹状》云:'先帝复对左右,哀怜奖激,意欲复用,而左右固争,以为不可,臣虽在远,亦具闻之。'此段语适当其时,正此句之本意所谓'暗香先返'者也。"① 这一表达相当含蓄,尽管无法确知苏轼此时以梅花自言心境,是否源于回忆起了来黄途中的关山梅花,但他无疑再次恢复了自我与梅花的相通。圣恩可使梅花"返魂",意味着苏轼因君王的怜恤而备受感动。去年对朝堂不存念想的姿态在此诗中似乎略有动摇。虽然他再次强调了将与东风"长约今日",却毕竟难掩其心境的微妙变化。至此,可以看到有两个触发点存在于苏轼的回望当中,一为关山梅花,一为初遇关山梅花的正月二十日。后作与前作之间的关联看似松散,却因这两个不变的触发点而环环相扣地贯穿起来,在作者的一次次回望中,此物与此日所承载的情感也在不断变化叠加。

正月二十日之约由于黄州之贬的结束而被迫终止,苏轼未能与黄州父老"长约今日",但他对关山梅花的回望则尚未终了。元丰八年(1085),苏轼在南都王廷老处见到著名画家赵昌所绘之花,为其吟咏四首,其中咏梅诗云:

> 南行度关山,沙水清练练。行人已愁绝,日暮集微霰。殷勤小梅花,仿佛吴姬面。暗香随我去,回首惊千片。至今开画图,老眼凄欲泫。幽怀不可写,归梦君家倩。②

此诗起笔便将情境拉回五年前的贬谪黄州途中,前半部分诗意既是对当时情境的回顾,也不妨视为对前此关山梅花系列诗歌的应和。

---

① 《苏轼诗集》卷二十二,第1155页。
② 《王伯敭所藏赵昌花四首》其一《梅花》,《苏轼诗集》卷二十五,第1334—1335页。

王文诰即指出，"行人"二句"从'去年此日关山路，细雨梅花正断魂'句化出，乃自以旧作为典实也"①。此时苏轼的人生即将柳暗花明，然而梅花依然戳中他内心深处的痛点。身陷逆境中时，诗人尚能自我开解，而当黄州之贬真正结束，反观疲惫的身心，五年来的辛酸忧惧反以不能抑制之势翻涌心头。元丰四年（1081）诗中含蓄的伤感，至此却以泫然欲泣的方式外化。此诗中，苏轼对关山梅花的回望并未发生在与原事原物的重遇中，甚至无须实体的梅花以触发。正因别人画中与自身故事全不相关的梅花，也被苏轼立刻赋予关山梅花的语境，这一思路才更明确地呈现出回望旧事的姿态。

以上数次回望在元丰三年至八年间集中、连续地出现，此后历经多年沉寂，直至绍圣元年（1094），苏轼再度遭贬，才使关山梅花的记忆重现于笔下：

> 春风岭上淮南村，昔年梅花曾断魂。岂知流落复相见，蛮风蜑雨愁黄昏。长条半落荔支浦，卧树独秀桄榔园。岂惟幽光留夜色，直恐冷艳排冬温。松风亭下荆棘里，两株玉蕊明朝暾。海南仙云娇堕砌，月下缟衣来扣门。酒醒梦觉起绕树，妙意有在终无言。先生独饮勿叹息，幸有落月窥清樽。②

苏轼在"昔年梅花"句下自注云："予昔赴黄州，春风岭上见梅花，有两绝句。明年正月，往岐亭道上，赋诗云：去年今日关山路，细雨梅花正断魂。"③ 他在回望中自觉地梳理起记忆的层次来，此时回望关山梅花，一方面自然由眼前梅花引起，更重要的因素则可能是同与梅花有关的黄州、惠州两处贬所之间的联系。人生起落绕不出似曾相识的情境，因此苏轼并不将昔年梅花与今日梅花加以区别，

---

① 《苏轼诗集》卷二十五，第 1334—1335 页。
② 《十一月二十六日，松风亭下，梅花盛开》，《苏轼诗集》卷三十八，第 2075—2076 页。
③ 《苏轼诗集》卷三十八，第 2075 页。

而将与梅的相遇视为久别重逢。惠州梅花在月夜盛放，带给他无言的抚慰，故而此诗为梅花原本的意蕴覆盖上一层更为平静的情感。其后，苏轼还针对此诗写有两首同为咏梅的次韵之作（《再和前韵》《花落复次前韵》），不过皆是围绕眼前梅花展开描写，并未再因之明确回忆起关山梅花，这一系列诗歌至此可算告一段落。

这场回望旷日持久，跨越了苏轼人生的低谷和高峰。苏轼看似屡屡回望梅花，实则伴随着对黄州贬谪记忆的反复回顾与咀嚼。通过仔细对读，能够寻觅关山梅花及其相关事件背后的情感变化：寓于落梅中的黯淡，"去年关山路"的心有余悲，事过无痕的释然，老泪纵横的宣泄，惠州赏梅的平静，在不同时空节点回头看去，关山梅花穿起了这条线索，而越来越丰厚的记忆则提示着作者自身在十余年间的遭遇和改变。

偶逢梅花的正月二十日是苏轼人为赋予含义的日子，与此不同，岁时节令则更易成为自然的记忆节点。在苏轼笔下，上元节便是一个反复回望的对象。元祐八年（1093）上元日，苏轼侍宴宣德楼上，作诗三首。前二首称颂佳节盛景，第三首情绪却颇为不同：

  老病行穿万马群，九衢人散月纷纷。归来一盏残灯在，犹有传柑遗细君。[1]

随着盛会散去，苏轼的注意力转而开始投向自己。他将老病之身置于熙熙攘攘的人群中，反而愈显孤清。上元夜灯火辉煌，而喧嚣散尽后，唯余家中一盏残灯照亮归程。苏轼自注云："侍饮楼上，则贵戚争以黄柑遗近臣，谓之传柑，听携以归，盖故事也。"[2] 他将获赠的黄柑带给妻子，成为这个上元夜温馨的结尾。

可惜好景不长，仅仅两年后的绍圣二年（1095），当苏轼再次作

---

[1] 《上元侍饮楼上三首呈同列》其三，《苏轼诗集》卷三十六，第1956页。
[2] 《苏轼诗集》卷三十六，第1956页。

诗记录上元夜时，他已身处惠州贬所，前尘旧事尽付感慨之中：

> 前年侍玉辇，端门万枝灯。璧月挂罘罳，珠星缀觚棱。去年中山府，老病亦宵兴。牙旗穿夜市，铁马响春冰。今年江海上，云房寄山僧。亦复举膏火，松间见层层。散策桄榔林，林疏月鬅鬙。使君置酒罢，箫鼓转松陵。狂生来索酒，一举辄数升。浩歌出门去，我亦归蕡腾。①

苏轼细细回望了前年、去年、今年的上元夜，将三种时空情境次第贯穿，使读者清晰地看到他如何在两年间从随侍玉辇、出守定州沦落到寄身僧舍。云泥之判令人心惊，而同一节令则更加剧了三个时空节点中自身境遇的对比。又见上元夜，时间仿佛完成了一个小小的轮回，只有已不复往昔之人才深深明白此中况味。好在即便是偏僻孤清的惠州，人们也可以点燃膏火权作简陋的灯火，营造些许节日气氛。尽管诗中笔意痛快恣肆，却不免在回望中显出乐景哀情的意味，正如纪昀所评："两两相形，不着一语，寄慨自深。"②

绍圣五年（1098），苏轼在儋州度过了一个格外冷清的上元夜。其子苏过受儋州太守张中之邀，离家赴宴，只留苏轼独守家中，恰恰给了他静思往事的契机：

> 使君置酒莫相违，守舍何妨独掩扉。静看月窗盘蜥蜴，卧闻风幔落伊威。灯花结尽吾犹梦，香篆消时汝欲归。搔首凄凉十年事，传柑归遗满朝衣。③

在掩扉独坐的老人眼中，周遭的世界忽然变得极为寂静。月光透窗

---

① 《上元夜》，《苏轼诗集》卷三十九，第 2098 页。
② 《苏轼诗集》卷三十九，第 2098 页。
③ 《上元夜过赴儋守召，独坐有感》，《苏轼诗集》卷四十二，第 2301—2302 页。

隐隐而入，勾勒出盘踞窗上的蜥蜴幽暗的身影。风吹动帷幔、惊扰了小虫，伊威本就与空寂破败之家相伴，此刻它的小小响动也被作者轻易察觉，并催生出凄清的感受。因为沉湎回忆之中，火光突然灭没也未能完全将苏轼从恍惚如梦的神思中惊醒，蜡烛与篆香双双燃尽，提醒着他已经独坐了如此之久。十年旧事可以历数，悲欢离合却无从言说。诗歌结尾举重若轻地落在"传柑"故事上，意味着苏轼再次回望了元祐八年（1093）的上元夜，并因这阖家团圆的节日而引发对亡妻的思念。当年迎候自己回家的那盏孤灯，如今再无人点起，当年归遗黄柑带来的会心一笑，如今只换来肝肠寸断的伤痛。天人永隔之悲与流落天涯之苦，都因对五年前这一夜的回望而浮涌心头，感慨遥深。

两年后，苏轼又作《追和戊寅岁上元》一诗：

春鸿社燕巧相违，白鹤峰头白板扉。石建方欣洗牏厕，姜庞不解叹蠛蟁。一衾京口嗟春梦，万炬钱塘忆夜归。合浦卖珠无复有，当年笑我泣牛衣。①

诗题即表明是对前次上元之作的回应，而实际回望的对象则包含了更久远的京口、钱塘旧事。关于诗意，苏轼在自跋中揭示："戊寅上元在儋耳，过子夜出，余独守舍，作'违'字韵。今庚辰上元，已再期矣。家在惠州白鹤峰下，过子不眷妇子从余此来。其妇亦笃孝，怅然感之，故和前篇，有'石建'、'姜庞'之句。又复悼怀同安君，末章故复有'牛衣'之句，悲君亡而喜余存也。书以示过，看余面，勿复感怀。"② 此诗情感基调与前首不同，由于是"书以示过"，故更重安抚开解之意。上元佳节思及子孝媳贤，也在很大程度上慰解了苏轼暮年远谪的愁苦，即便依然怀念亡妻，也不复当年独

---

① 《苏轼诗集》卷四十三，第 2345—2346 页。
② 《跋追和违字韵诗示过》，《苏轼文集·苏轼佚文汇编》卷五，第 2562 页。

坐静思时所感到的哀戚。

通过这一过程的梳理可知，苏轼对多个上元夜的回望在作品中构成了时空的交叠。上元作为具有标志性的时间节点，勾连起一条从辉煌到落拓、从美满到离散的人生线索，苏轼在每一个节点上的回望，都体现出他在相关记忆基础上的新的体验。反之，又正是特殊的人生经历丰富了上元夜，上元之于苏轼也因此具有了个人化的丰厚含义。

相似之景物、相同之时节使不同时空中发生的事件有了内在关联，以其"不变"衬托出作者情感的变化。而在某些情况下，人事的变化也可成为回望的动机。元丰二年（1079），苏轼在徐州与张师厚、王子立、王子敏赏月饮酒杏花下，以诗记之：

> 杏花飞帘散馀春，明月入户寻幽人。褰衣步月踏花影，炯如流水涵青蘋。花间置酒清香发，争挽长条落香雪。山城酒薄不堪饮，劝君且吸杯中月。洞箫声断月明中，惟忧月落酒杯空。明朝卷地春风恶，但见绿叶栖残红。①

友朋欢聚，花月相映，酒添诗兴。作者意兴颇浓，笔触清雅。然而良辰易逝，当洞箫之声终于停歇，杯中薄酒终于饮尽，惜花忧月背后的身世之慨便渐渐袭上心头。次年，已沦为逐臣的苏轼在黄州回望此事：

> 去年花落在徐州，对月酣歌美清夜。今年黄州见花发，小院闭门风露下。万事如花不可期，馀年似酒那禁泻。忆昔扁舟溯巴峡，落帆樊口高桅亚。长江衮衮空自流，白发纷纷宁少借。竟无五亩继沮溺，空有千篇凌鲍、谢。至今归计负云山，未免孤衾眠客舍。少年辛苦真食蓼，老境安闲如啖蔗。饥寒未至且

---

① 《月夜与客饮杏花下》，《苏轼诗集》卷十八，第926页。

第四章 "观身卧云岭"：苏轼自然观照中的自我　271

安居，忧患已空犹梦怕。穿花踏月饮村酒，免使醉归官长骂。①

去年诗中那个意兴阑珊的结尾被作者有意无意地忘记了，只剩下"对月酣歌美清夜"的美好回忆。相比当下如履薄冰，只能在幽闭之中看花默默开放，徐州赏花时虽有身世之忧，也是十分幸福的了。短短一年间，世事翻覆，花与酒仍在，心有余悸的苏轼从中看出的却尽是人生的速朽和无常。

元祐四年（1089），逐臣苏轼再变为杭州知州，他以一篇题跋来回望徐州、黄州之事，而这次触发他的缘由并非再遇花开，而是两位当事人的逝世：

　　仆在徐州，王子立、子敏皆馆于官舍，而蜀人张师厚来过。二王方年少，吹洞箫，饮酒杏花下。明年，余谪居黄州，对月独饮，尝有诗云："去年花落在徐州，对月酣歌美清夜。今年黄州见花发，小院闭门风露下。"盖忆与二王饮时也。张师厚久已死，今年子立复为古人，哀哉！②

这段文字中至少包含了四个时间节点：元丰二年（1079）、元丰三年（1080）、张师厚去世时，以及王子立去世、苏轼写下此文的元祐四年（1089），而作者回忆中的空间也在徐州、黄州与杭州之间转换。在时空切换的过程中，故人渐少，往事渐远，昔日快乐再也无从寻觅。原初的事件、黄州时的回望与如今的感叹交互叠加，使最初的欢愉背负上日益厚重的悲伤。

经由上述分析可见，回望人生中某些物事场景，在某种程度上等同于对既往生命的梳理，而时空烙印人心的力量正是在反复回望中得以凸显。那些被赋予纪念意义的人物、事件、地点、节令，都

---

① 《次韵前篇》，《苏轼诗集》卷二十，第 1033—1034 页。
② 《记黄州对月诗》，《苏轼文集》卷六十八，第 2167 页。

可视为苏轼对自我人生中一些重要节点的标记。当它们在较晚的作品中被提及时，往往带着此前的情感层累出现，以近乎典故的作用，举重若轻地隐藏在寥寥数语背后。在苏轼的心中和笔下，它们成为开启过去时空的门把手，使既往情境依次铺展，人生轨迹得以连缀，也为我们提供了寻绎作者内心体验的可能。

在讨论苏轼回望姿态的基础上，我们不妨再重新回顾其诗中的自次韵现象。内山精也注重从次韵的形式层面予以考察，强调前后诗歌的对比和差异，而对苏轼可能在此类作品中展现出的怀旧态度及其具体内容则较少关注。作者的确有意识地运用了自次韵的手法，但"对比的明确化"是一种相同形式承载不同内容所衬托出的客观效果，却未必是作者的主观意图。促使作者采用次韵方式应和前作的，可能恰恰是吟咏内容的某种相关性。不过，今昔之间的差异性本身却是非常重要的，因为它有可能展现出从事件发生的原点到回望的节点之间，苏轼的经历、体验和自我审视。苏轼的次韵己作诗作为诗人回望过往的一种方式，其意义或可从这一方面得到认识。

二　悬想：未来之事中的乐趣与慰藉

除了反复回望旧事，苏轼的文学作品中也时常出现独具个人面貌的悬想。此类现象有趣地伴随着对未见之人、未来之事的预设，它们出现在各种语境中，不仅传达出作者丰富的心理感受，还可能承担着特定的表达功能。

"千里一笑"或"异日一笑"是苏轼笔下富有特色的悬想，此类表述常见于书信、尺牍或题跋中。苏轼常在当下做些有趣的事，在通过文字将其分享给他人时，往往悬想对方的反应，自己则从中获得乐趣。《答秦太虚七首》其二便是典型的例子：

> 某昨夜偶与客饮酒数杯，灯下作李端叔书，又作太虚书，便睡。今日取二书覆视，端叔书犹粗整齐，而太虚书乃尔杂乱，信昨夜之醉甚也。本欲别写，又念欲使太虚于千里之外，一见

我醉态而笑也。无事时寄一字，甚慰寂寥。不宣。①

苏轼酒醉后给两位朋友回信，秦观不幸排在李之仪之后，待到回复他时，苏轼已不胜酒力，字迹潦草难辨。但作者最终决定将这封杂乱的书信原样寄予秦观，是因为遥想对方一阅之下，必定会想见自己的醉态而展颜一笑。悬想行为的有趣之处，一方面在于体现了作者故意制造趣事的企图，另一方面则是将远隔千里的友人变得如在目前。另如作于惠州的《题秧马歌后四首》其一，苏轼记述自己托人将秧马的制法传授吴地百姓，同时不忘推荐一位重要的观众："适会衢州进士梁君琯过我而西，乃得指示，口授其详，归见张秉道，可备言范式尺寸及乘驭之状，仍制一枚，传之吴人，因以教阳羡儿子，尤幸也。本欲作秉道书，又懒，此间诸事，可问梁君具详也。试更以示西湖智果妙总禅师参寥子，以发万里一笑，尤佳也。"② 好友参寥万里之外的一笑，是对身陷惠州的苏轼的遥远应和与慰藉。正如苏轼以"京师国医手里死汉尤多"来打趣，不过是为"参寥闻此一笑，当不复忧我也"③，宽解参寥对惠州缺医少药的忧虑，悬想友人之笑并传达给对方，成为帮助彼此解忧的良药。

"千里一笑"沟通了不同空间，而"异时一笑"则跨越了时间，直接将未来的场景呈现在眼前：

江南人好作盘游饭，鲊脯脍炙无不有，然皆埋之饭中。故里谚云："撅得窖子。"罗浮颖老取凡饮食杂烹之，名谷董羹，坐客皆称善。诗人陆道士，遂出一联句云："投醪谷董羹锅里，撅窖盘游饭碗中。"东坡大喜，乃为录之，以付江秀才收，为异时一笑。吴子野云："此羹可以浇佛。"翟夫子无言，但咽唾而

---

① 《苏轼文集》卷五十二，第 1535 页。
② 《苏轼文集》卷六十八，第 2152 页。
③ 《与参寥子二十一首》十七，《苏轼文集》卷六十一，第 1865 页。

已。丙子十二月八日。①

陆道士戏谑两种食物的诗句十分精彩，苏轼留心收录这可笑的素材，以备"异时一笑"之用。悬想那些尚未发生的乐事，不仅出自朋友之间分享乐趣的心态，还使时空阻隔消失于文字中，将千里之外、异日之后的人事倏尔拉近，仿佛笑声、欢会已在耳畔目前，而当下的作者自己也因此获得了乐趣。

当然，悬想中出现的并非都是乐事，有时对未来的期许也不敌现实的失意。嘉祐七年（1062），初入仕途的苏轼在凤翔度过重阳节，倍加思乡念亲，因此远离热闹的宴会，独往清幽佛寺排遣心绪。在"忆弟泪如云不散，望乡心与雁南飞"②的情感基调下，在身不由己的仕宦枷锁中，来日之事仿佛也变得不值得期待："明年纵健人应老，昨日追欢意正违。"③那些原本让人欣喜的事也因先入为主的低落而黯然失色。他在颍州写给朋友的书信，同样可见这种缺乏信心的设想："别来不觉九年，衰病有加，归休何日？往来纷纷，徒有愧叹。知东坡甚葺治，故人仍复往还其间否？会合无期，临纸怅惘。"④宦海浮沉、羁縻重重，摧折着人们对未来的憧憬，这是十分真实的人生体验。

尽管如此，面对不完满的现状，苏轼主体性的努力依然是更值得关注的方面，他往往凭借悬想未来的方式补偿当下的缺憾。熙宁十年（1077）四月，苏轼在弟弟陪同下赴徐州任，二人在徐州相聚百余日，八月间子由即赴任南京留守签判，分别时不免触动伤怀。苏轼曾为此作《水调歌头》一首，词序云："余去岁在东武，作《水调歌头》以寄子由。今年，子由相从彭门百馀日，过中秋而去，

---

① 《书陆道士诗》，《苏轼文集》卷六十八，第2153页。
② 《壬寅重九，不预会，独游普门寺僧阁，有怀子由》，《苏轼诗集》卷四，第151页。
③ 《苏轼诗集》卷四，第151页。
④ 《与潘彦明十首》之十，《苏轼文集》卷五十三，第1585页。

作此曲以别余。以其语过悲,乃为和之。其意以不早退为戒,以退而相从之乐为慰云耳。"① 因此,词中关于"退而相从之乐"的悬想占据了相当的篇幅:

  安石在东海,从事鬓惊秋。中年亲友难别,丝竹缓离愁。一旦功成名遂,准拟东还海道,扶病入西州。雅志困轩冕,遗恨寄沧州。　岁云暮,须早计,要褐裘。故乡归去千里,佳处辄迟留。我醉歌时君和,醉倒须君扶我,惟酒可忘忧。一任刘玄德,相对卧高楼。②

此词上阕以谢安之典警醒彼此,重申早退之念,下阕则悬想同归故里的美好图景,细节丰富,极为动人:兄弟携手还乡,放慢脚步细赏沿途风景,共饮共醉、我歌君和。苏轼引导弟弟进入自己所勾画的时空中,每一个未来的举动皆历历在目,使人不由得心怀憧憬,受到幸福的感染,回视眼前的分离也多出几分超然。

  若将苏轼这首和作与"其语过悲"的苏辙原作相较,便能更清晰地看到苏轼在悬想中寄寓的主体意识。苏辙《水调歌头》云:

  离别一何久,七度过中秋。去年东武今夕,明月不胜愁。岂意彭城山下,同泛清河古汴,船上载凉州。鼓吹助清赏,鸿雁起汀洲。　坐中客,翠羽帔,紫绮裘。素娥无赖,西去曾不为人留。今夜清尊对客,明夜孤帆水驿,依旧照离忧。但恐同王粲,相对永登楼。③

在苏辙看来,好景不长,世事无情,自己与兄长将来恐怕是天各一

---

① 《苏轼词编年校注》,第 211 页。
② 《苏轼词编年校注》,第 211—212 页。
③ (宋)苏辙:《水调歌头》(离别一何久),唐圭璋主编《全宋词》,中州古籍出版社 1996 年版,第 249 页。

方,永为政局束缚而忧愁愤懑。基于当时新党得势的情形,子由此词并不是单纯的伤别之作,而有着对彼此命运的深切担忧。苏轼对此岂能不知,却在和作中极力以退隐来规避仕途险恶。尤其是结尾处,他用了一个情感内涵完全不同的"高楼"之典,将苏辙原作忧时伤世的情绪尽数化解。他自比许汜,表示任凭陈登、刘备那样的雄心壮志者轻视,自己却将在求田问舍中甘之如饴。同一时期,苏轼还曾在另一诗题中记载:"子由将赴南都,与余会宿于逍遥堂,作两绝句,读之殆不可为怀,因和其诗以自解。余观子由,自少旷达,天资近道,又得至人养生长年之诀,而余亦窃闻其一二。以为今者宦游相别之日浅,而异时退休相从之日长,既以自解,且以慰子由云。"[1] 分离的时刻尚未到来,苏辙已经不能自解心中伤感,写出了使苏轼"读之殆不可为怀"的诗歌。分离对兄弟二人都是艰难之事,但苏轼更加善于做一个宽慰者。他从来日的"退休相从"中,获得今日"宦游相别"的勇气。相对于苏辙想象中注定的告别、永久的分离,苏轼的悬想显然更努力摆脱现实的胶着,体现出自我调适的主动性。

  与子由的分别,总能促使苏轼极力调动对未来的美好想象。例如作于元丰七年(1084)的《别子由三首兼别迟》其二中,苏轼兴致勃勃地挑选着卜居地,考虑伊川竹林秀美,缑山泉水清澈,继而将兄弟二人代入隐居的场景中:"遥想茅轩照水开,两翁相对清如鹄。"[2] 在如此闲雅的悬想之境中,归隐生活仿佛近在咫尺。在《书请郡》一文中,苏轼写道:"今年,吾当请广陵,暂与子由相别,至广陵逾月,遂往南郡,自南郡诣梓州,溯流归乡,尽载家书而行,

---

  [1]《子由将赴南都,与余会宿于逍遥堂,作两绝句,读之殆不可为怀,因和其诗以自解。余观子由,自少旷达,天资近道,又得至人养生长年之诀,而余亦窃闻其一二。以为今者宦游相别之日浅,而异时退休相从之日长,既以自解,且以慰子由云》,《苏轼诗集》卷十五,第745页。

  [2]《苏轼诗集》卷二十三,第1226页。

迤逦致仕，筑室种果于眉，以须子由之归而老焉。"① 这番缓缓归乡的描述与《水调歌头》异曲同工，从还乡路线到生活状态，一一设想周到，可以想见作者悬想时的投入和深情。

此外，苏轼的悬想还可能是一种表达情谊的方式，他时常悬想分别后朋友们惦念自己的场景。如元祐四年（1089）所作的《和王晋卿送梅花次韵》：

> 东坡先生未归时，自种来禽与青李。五年不踏江头路，梦逐东风泛蘋芷。江梅、山杏为谁容，独笑依依临野水。此间风物君未识，花浪翻天雪相激。明年我复在江湖，知君对花三叹息。②

苏轼离开黄州五年，常思之于梦寐，此时他已上书请郡，思量明年必已身在江湖，与朋友更无相见之期。但通过悬想，苏轼提前看到来年朋友们对花想念自己的场景。再如元祐七年（1092）苏轼移守广陵，晁补之以诗相赠，苏轼和诗云："每到平山忆醉翁，悬知他日君思我。"③ 他从自身经验出发，以自己对恩师欧阳修的感情来设想他日晁补之对自己的思念，其实是以含蓄的方式回应了对方原作中的诚恳表白："封章去国人恨公，醉笑从公神许我。"④ 这一"悬知"的思路贴切自然，十分质朴地联结起师生情谊。"悬知瑞草桥边夜，笑指灯花说老坡。"⑤ 此类悬想不仅传达出苏轼对情谊的笃信，也使他在时空隔阂之外得到温暖的慰藉。

---

① 《苏轼文集》卷七十一，第2263页。
② 《苏轼诗集》卷三十一，第1635—1636页。
③ 《次韵晁无咎学士相迎》，《苏轼诗集》卷三十五，第1870页。
④ （宋）晁补之：《东坡先生移守广陵，以诗往迎先生。以淮南旱，书中教虎头祈雨法，始走诸祠，即得甘泽，因为贺》，《济北晁先生鸡肋集》卷十三，四部丛刊初编影印上海涵芬楼藏明刊本。
⑤ 《灯花一首赠王十六》，《苏轼诗集》卷四十八，第2625页。

要之，在苏轼笔下，悬想虽也时而闪现灰心失意的情绪，但更多时候却有乐观的精神内核和自我安慰的功能。它未必是准确的预测，却透露出作者的希望，帮助他从未知的事物中获得更有趣味、更遂心愿的体验。千里之外的一笑，指日可待的归隐，终有一日的团聚，自可预知的思念，都能在很大程度上弥补当下境遇的缺憾。苏轼自主地摆弄着时空的模块，将难以把握的"来日"填充进欢愉的内容，并在"今日"提前感受这种欢愉，以获得面对现实的力量。

三　回望与悬想的叠加

回望与悬想指涉的时空情境并非互不相关，而是可能围绕同一事物或主题，呈现出相互叠加的状态，赋予事物层层累积的情感内涵。引入回望和悬想来结构篇章的佳例，如"何当共剪西窗烛，却话巴山夜雨时"[1]，诗人将两种时空绾合，今日悬想的是来日的温暖，来日回望的则是今日的辛酸。苏轼的文学作品中，亦不乏以回望和悬想两种视角共同观照的对象，其中最为典型的例证，便是有关"夜雨对床"的一系列作品。

"夜雨对床"是苏轼兄弟毕生的约定和长久的话题，这不仅在关于二人关系的研究成果中屡有提及，前人对此话题亦有专门的探讨[2]。而从回望与悬想的角度来考察，则有必要着重梳理苏轼围绕这一话题所产生的心境与处境的变化线索，关注其习见的思维方式及背后的心理动因。"夜雨对床"之约肇始于苏轼兄弟早年寓居怀远驿时，二人读韦应物"宁知风雨夜，复此对床眠"[3]之句而心有所感，相约早退。嘉祐六年（1061），苏轼将赴凤翔府，作诗留别

---

[1] （唐）李商隐：《夜雨寄北》，（清）冯浩笺注《玉溪生诗集笺注》卷二，上海古籍出版社1979年版，第354页。

[2] 参见付定裕《夜雨对床：苏轼与苏辙的诗歌对话》，《文史杂志》2007年第3期。

[3] （唐）韦应物：《示全真元常》，陶敏、王友胜校注《韦应物集校注》卷三，上海古籍出版社1998年版，第183页。

子由云:"寒灯相对记畴昔,夜雨何时听萧瑟。君知此意不可忘,慎勿苦爱高官职。"① 这是他在仕途开启时对畴昔之心的再度提醒。苏轼通过回望旧事强化约定,而前路漫漫,"早退"尚是一个模糊的概念,还无法支持他作出清晰的设想,只是再三嘱咐弟弟"勿忘此意"而已。元丰二年(1079),苏轼身陷御史台狱,自知凶多吉少,思及当年承诺,悲伤难忍,传诗诀别子由:"是处青山可埋骨,他时夜雨独伤神。与君今世为兄弟,又结来生未了因。"② 出于对命运的绝望,苏轼此时的悬想极为悲观:天人永隔后,只留下独听夜雨的子由反复回顾今生无法实现的约定。

乌台诗案没有彻底摧毁夜雨对床的可能,元丰三年(1080),苏辙赴黄州探望遭贬的苏轼,迫于风浪滞留磁湖。外界的阻挠使他感慨自身的无力:"自笑一生浑类此,可怜万事不由侬。夜深魂梦先飞去,风雨对床闻晓钟。"③ 魂梦是唯一自由的东西,苏辙希望它摆脱桎梏,先去稍慰兄长风雨对床的心愿。处于逆境中的苏轼也并未放弃这一愿望。在元丰六年(1083)的《初秋寄子由》一诗中,他非常坚定地表达了这种信念:

> 百川日夜逝,物我相随去。惟有宿昔心,依然守故处。忆在怀远驿,闭门秋暑中。藜羹对书史,挥汗与子同。西风忽凄厉,落叶穿户牖。子起寻夹衣,感叹执我手。朱颜不可恃,此语君莫疑。别离恐不免,功名定难期。当时已凄断,况此两衰老。失途既难追,学道恨不早。买田秋已议,筑室春当成。雪

---

① 《辛丑十一月十九日,既与子由别于郑州西门之外,马上赋诗一篇寄之》,《苏轼诗集》卷三,第96页。
② 《予以事系御史台狱,狱吏稍见侵,自度不能堪,死狱中,不得一别子由,故作二诗授狱卒梁成,以遗子由,二首》其一,《苏轼诗集》卷十九,第999页。
③ (宋)苏辙:《舟次磁湖以风浪留二日不得进子瞻以诗见寄作二篇答之前篇自赋后篇次韵》其一,《栾城集》卷十,《苏辙集》,第180页。

堂风雨夜，已作对床声。①

占据此诗一半篇幅的是一段细节清晰的回望，它将怀远驿中相约的原委仔细道来，以此证实"惟有宿昔心，依然守故处"的自我判断。备尝崎岖世味的苏轼，比当初更加确信仕宦之无谓，他重申早退之志，并告知弟弟自己为此所作的准备。在他的悬想中，夜雨对床仿佛指日可待了。

黄州之贬结束，苏轼重归朝堂，开始较为频繁地畅想兄弟团聚的未来。"遥想他年归，解组巾一幅。对床老兄弟，夜雨鸣竹屋。"②元丰七年（1084），苏轼离开黄州，将至筠州见子由，先寄诗与三位犹子：

> 露宿风餐六百里，明朝饮马南江水。未见丰盈犀角儿，先逢玉雪王郎子。对床欲作连夜语，念汝还须戴星起。夜来梦见小於菟，犹是髧髧垂两耳。忆过济南春未动，三子出迎残雪里。我时移守古河东，酒肉淋漓浑舍喜。而今憔悴一羸马，逆旅担夫相汝尔。出城见我定惊嗟，身健穷愁不须耻。我为乃翁留十日，掣电一欢何足恃。惟当火急作新诗，一醉两翁胜酒美。③

诗中"对床"二句，尽显欢喜迫切的心情。苏轼回顾熙宁九年（1076）自己罢密州过济南，同样是子由三子雪中迎候，顿生盛衰之叹。继而悬想尚未发生之事：子由出城见我时必定惊叹我的变化，我们将尽十日之期一偿对床夜话的夙愿。

然而短暂的相聚并不足以抚慰人心，接踵而至的依然是长久的分离。元祐六年（1091），苏轼因怀念子由而再次追感前约：

---

① 《苏轼诗集》卷二十二，第 1169—1170 页。
② 《过建昌李野夫公择故居》，《苏轼诗集》卷二十三，第 1221 页。
③ 《将至筠，先寄迟、适、远三犹子》，《苏轼诗集》卷二十三，第 1222—1223 页。

> 清颖东流,愁目断、孤帆明灭。宦游处、青山白浪,万里重叠。辜负当年林下意,对床夜雨听萧瑟。恨此生、长向别离中,添华发。　　一尊酒,黄河侧。无限事,从头说。相看恍如昨,许多年月。衣上旧痕馀苦泪,眉间喜气添黄色。便与君、池上觅残春,花如雪。①

重回庙堂已经六年,苏轼自觉辜负了初心,不知还有几许年月能等待自己实现夜雨对床之愿,不免心灰意冷。元祐八年(1093),苏轼赴定州任前,又有《东府雨中别子由》一诗,子由、别离和秋雨几乎成为提示对床之约的关键词:

> 庭下梧桐树,三年三见汝。前年适汝阴,见汝鸣秋雨。去年秋雨时,我自广陵归。今年中山去,白首归无期。客去莫叹息,主人亦是客。对床定悠悠,夜雨空萧瑟。起折梧桐枝,赠汝千里行。归来知健否?莫忘此时情。②

苏轼将去日、今日、来日同时纳入创作的当时,设置多重情境的对比,使作品承载的情感丰厚曲折。此诗中存在两重回望,其一是仿佛三年来始终守望着作者的梧桐树,伴他历经颍、扬、定三州,三次相见都适逢凄清秋雨,每次场景中的情感都有所不同,唯有今次相见等同诀别,最为沉痛。其二便是"夜雨对床"的旧约。此时的苏轼已敏锐察觉到政局的变化,深知竭忠尽智已无法力挽狂澜,这种痛切之感在《朝辞赴定州论事状》中表露无遗。他在"白首归无期"的心理预设下回望旧事,情不能堪,对床之愿也几乎无可挽回地落空。谪居惠、儋期间,"夜雨对床"实现无望,但依然作为一个

---

① 《满江红》(清颖东流),《苏轼词编年校注》,第695页。
② 《苏轼诗集》卷三十七,第1992页。

奢侈而倔强的梦想藏于苏轼心中。"林下对床听夜雨,静无灯火照凄凉。"① "仍将对床梦,伴我五更春。"② "梦"意味着它既是萦绕于心的旧事,又是希望渺茫的愿景,是苏轼一生反复回望、不断悬想的主题。

"夜雨对床"这一年少缔结的旧约,成为迟迟未实现的理想。在无法达成心愿的漫长人生中,苏轼惯于通过回望提醒彼此坚定信念,通过悬想补偿那些已经被浪费的时光。不过必须承认的是,反复强化这一愿景也给苏轼兄弟带来了长久的痛苦。频频回望约定、悬想如愿,造成了许多"误喜对床寻旧约"③的时刻,为苏轼的人生平添了恍然如梦之感。

最后,不妨再以一则题跋呈现苏轼笔下时空交叠的构思,并了解回望、悬想之于作者的意义:

"暮云收尽溢清寒,银汉无声转玉盘。此生此夜不长好,明月明年何处看?"余十八年前中秋夜,与子由观月彭城,作此诗,以《阳关》歌之。今复此夜宿于赣上,方迁岭表,独歌此曲,聊复书之,以识一时之事,殊未觉有今夕之悲,悬知有他日之喜也。④

彭城中秋夜,出于佳景不长、盛筵难再的感慨,苏轼对来日的悬想并不乐观。而十八年后贬谪惠州途中,再见到与当年相似的情景,他却发现自己已能淡然处之。无论有意还是无意,与原本生活方式、价值追求的彻底断绝反而释放了他的心灵,减少了心为形役的脆弱。苏轼在回望旧事中察觉到自己的进益,并因此确信来日的艰辛也必

---

① 《雨夜宿净行院》,《苏轼诗集》卷四十三,第2368页。
② 《和陶与殷晋安别》,《苏轼诗集》卷四十二,第2321页。
③ (宋)苏辙:《逍遥堂会宿二首》其一,《栾城集》卷七,《苏辙集》,第128页。
④ 《书彭城观月诗》,《苏轼文集》卷六十八,第2150页。

能安然度过，而这一切又都抚慰了当下逆境中的自己。

透过苏轼文学作品中的反复实践，我们能够看到作者看待自我人生的两种视角：他旧事重提式地应和过去，又向尚未发生之事中寻找快乐和慰藉。在念念不忘的强化中，旧事仿佛就不会轻易逝去，并不断承载新的情感，今日则因对来日的美好悬想而不必"乱我心""多烦忧"。在苏轼笔下，回望往往流露自我审视的意识，悬想则可能暗含自我调适的努力。它们不仅仅是两种延展时空的方式，而应在某种程度上被视为理解苏轼思想性格的侧面切入点。通过回望旧事与悬想未来，苏轼有效地打破了目前之境的局限，而他的人生思考与自我体认，也在这种对时空因素的文学处理中流露出来。

第四节 "造物虽驶如吾何"：生命主体的价值

作为抽象意义上的自然的主宰者，"造物"是苏轼频繁提及的对象，二者之间有着密切的关联及丰富的互动形式。不同于具体的自然物，造物的形象、特点、举动都基于人们的体验和加入了想象成分的理解，因此苏轼对造物的描述也个性化地展现了他对自然的感受和态度。

苏轼笔下的造物早已获得关注，日本学者在对其意义的阐释方面尤其贡献良多。小川环树即曾表达对苏诗中"造物"一词的关注："我自己对于造物这一观念，特别是称造物者为小儿这回事，感到兴味无穷。原因是苏轼把人的命运和境遇，看作某种超自然而存在的游戏。这一存在，既创造万物，又支配万物，但却如小儿那样纯真；人类为了游戏其间而生，又与之携手同游。我们因而不能说人生在世是件无聊的事了。而且，人类也可以像小儿一样游戏不恭。"[①] 山

---

① ［日］小川环树：《论中国诗》，第 182 页。

本和义在《诗人与造物：苏轼论考》一书中延续了对这一问题的关注，他深入细致地探讨苏诗中展现的诗人与造物的关系，并分别描述了"造物的诸相"：它主宰万物的命运，又往往是可戏弄的小儿，诗人赋予其人格化的行为方式，又时常否定这种人格化的存在。造物的面相一如苏轼的描述那样复杂多变，很难强作概括，但山本和义依然给出了尽可能准确的描述："在一个诗人的世界中，造物如此多样的存在形式意味着，在他的世界中，没有既定的牢不可破的构造，即没有不可动摇的秩序。"① 这的确是苏轼所展示给读者的真实体验。然而在苏轼看来，诗人是一个担负着特殊使命的群体，本着诗人身份的自觉，他就造物与诗人的遇合进行了多角度的思考。然而，作为普通个体的苏轼与造物之间尚存在其他的相处模式。从更宽泛的视角来探讨造物如何促成了苏轼的自我审视，或将增进我们对二者关系的了解。

苏轼对造物的整体感知，很大程度上与书写自然物时的观念相一致，即赋予其人格化与非恶意的面貌。但由于造物毕竟是高于万物的存在，享有随心所欲的支配权，所以并不容易像普通自然物那样与人保持平等，而往往以居高临下的姿态出现，向作者施与"奖惩"。

熙宁至元丰年间，接连外任使苏轼得以与自然密切接触，造物也慷慨捧出丰厚的馈赠。在作于熙宁七年（1074）的《与毛令方尉游西菩寺二首》中，苏轼曾反复表达此意：

> 推挤不去已三年，鱼鸟依然笑我顽。人未放归江北路，天教看尽浙西山。尚书清节衣冠后，处士风流水石间。一笑相逢那易得，数诗狂语不须删。②
>
> 路转山腰足未移，水清石瘦便能奇。白云自占东西岭，明

---

① ［日］山本和义：《诗人与造物：苏轼论考》，第76页。
② 《苏轼诗集》卷十二，第584页。

月谁分上下池。黑黍黄粱初熟候，朱柑绿橘半甜时。人生此乐须天付，莫遣儿曹取次知。①

此处"天"与"造物"的所指几乎可以等同。它赋予苏轼特别的优待，使他在不得已的宦游中得偿所愿。从视觉之美到口腹之欲，天让苏轼获得俗世不可知的快乐，又似乎正是为了这一目的而将他置于不能归去的境况中，作者只好笑纳这有几分霸道的美意。熙宁八年（1075），苏轼在密州怀念西湖风物，再次感慨："西湖天下景，游者无愚贤。浅深随所得，谁能识其全。嗟我本狂直，早为世所捐。独专山水乐，付与宁非天。三百六十寺，幽寻遂穷年。所至得其妙，心知口难传。至今清夜梦，耳目馀芳鲜。"② 由天付与的山水之乐难以忘怀，尤其在"世"的抛弃之后，天的优待便愈显珍贵。与前诗相似的是，苏轼依然强调了自己独享造物的偏爱，天公对于自己异常慷慨，几无保留，"看尽浙西山""幽寻遂穷年"都指向这种馈赠之丰厚。

不仅如此，造物还以惜老怜贫的美德成为苏轼时常感念的对象。"造物知吾久念归，似怜衰病不相违。风来震泽帆初饱，雨入松江水渐肥。"③ 造物调度风雨前来，鼓帆涨水，襄助作者的归程，是因不忍违背衰病之人的夙愿。元丰四年（1081），苏轼在黄州学到西蜀道士杨世昌酿制蜜酒的方法，遂作《蜜酒歌》遗之：

真珠为浆玉为醴，六月田夫汗流泚。不如春瓮自生香，蜂为耕耘花作米。一日小沸鱼吐沫，二日眩转清光活。三日开瓮香满城，快泻银瓶不须拨。百钱一斗浓无声，甘露微浊醍醐清。君不见南园采花蜂似雨，天教酿酒醉先生。先生年来穷到骨，

---

① 《苏轼诗集》卷十二，第 585 页。
② 《怀西湖寄晁美叔同年》，《苏轼诗集》卷十三，第 644—645 页。
③ 《次韵沈长官三首》其三，《苏轼诗集》卷十一，第 564 页。

问人乞米何曾得。世间万事真悠悠,蜜蜂大胜监河侯。①

诗中先记录蜜酒的酿制过程,以酒之清醇作为铺垫,继而便引入造物的力量:蜜蜂密集如雨辛勤采花,必是奉天公之命,有心成全我的一场酣醉。有趣的是,此处再次设置了人情淡漠的前提:在世间自己是乞米不得的困窘之人,却能享受蜜蜂珍贵的劳动果实,比起庄子故事中的监河侯,自然的馈赠可谓雪中送炭。元丰八年(1085),苏轼到登州知州任上,由于久闻登州海市盛名,特向东海龙王祷告,次日果然获睹奇观。他惊异于神明竟能为自己在通常不出现海市的时节展示奇景,不禁感慨:"率然有请不我拒,信我人厄非天穷。潮阳太守南迁归,喜见石廪堆祝融。自言正直动山鬼,岂知造物哀龙钟。"② 他以谪归途中得见衡山的韩愈自况,但并不认可后者"正直动山鬼"的解释,而将之归因于造物的哀怜,并借此强调了"人厄非天穷"之意。可见,苏轼描写造物的眷顾时,有着与描写其他自然物之善意时相似的构思,即往往用于与人世的对比。从此类表述的情感内涵上看,造物的优待在某种程度上增加了苏轼的自信,使他坦然面对困厄,而坚信自身选择的合理性。这或许是苏轼借造物的态度所传达的意义。

苏轼笔下另一种与造物相处的方式则是"委顺"。尽管感激造物的厚爱,苏轼也无法不深深感到造物裹挟命运的强大力量。"此身随造物,一叶舞澎湃。田园不早定,归宿终安在。"③ 个体如同在激流中翻腾的树叶,随造物飘荡而去,难以寻觅止泊之所。若再不及早定下归隐之计,这种身不由己的状态只有无休止地继续下去。"由来付造物,倚伏何穷已。"④ 福祸相依,无限循环,人并不能终止或预知命运的变化,因此不如交付造物,随遇而安。这些关于造物的认

---

① 《苏轼诗集》卷二十一,第1116页。
② 《登州海市》,《苏轼诗集》卷二十六,第1389页。
③ 《韩子华石淙庄》,《苏轼诗集》卷九,第464页。
④ 《送欧阳辩监澶州酒》,《苏轼诗集》卷二十七,第1541页。

识虽未必针对自身而言，却是基于苏轼切身的人生体验。

及至晚年，苏轼委顺于造物的姿态中则更多了潇洒通脱之意，而非只有别无选择的无奈："尚有此身，付与造物，听其运转，流行坎止，无不可者。"① "无不可"意味着自己面对造物的运转已能泰然自若，虽仍不能以力抗衡，但听之任之的态度中自有平和的心境。建中靖国元年（1101），苏轼在《用前韵再和孙志举》中云："人众者胜天，天定亦胜人。邓通岂不富，郭解安得贫。惊飞贺厦燕，走散入幕宾。醉眠中山酒，梦结南柯姻。宠辱能几何，悲欢浩无垠。回视人间世，了无一事真。……穷通付造物，得丧理本均。期子如太仓，会当发陈陈。"② 历数故事，穷与通皆不能长存，也不必执着，知晓了得丧之间的平衡，便不如将其付与造物，因此而不汲汲于得、戚戚于失。

"造物偶遗漏，同侪尽丘墟。"③ 造物对人的命运仿佛有着可怕的决定权，个体须庆幸于造物偶然的"遗漏"，否则便无力求得幸免。然而在苏轼看来又并非完全如此。他喜好在诗中写那些使造物无可奈何之人，例如他曾由衷称赞迁谪归来的钱安道："怪君颜采却秀发，无乃迁谪反便美。天公欲困无奈何，世人共抑真疏矣。"④ 钱安道曾因弹劾王安石被贬至衢州，假如此事背后有着主宰命运的天公，那么钱安道神采奕奕地归来不仅有力地击碎了政敌的迫害，也使天公的谋划未能得逞。在苏轼眼中，坚守正气为人注入了精神力量，虽不能改变迁谪的命运，却足以抵抗艰苦环境和岁月的磨蚀。

苏轼也从自身经历中获得相似的体验。在元丰元年（1078）游览徐州百步洪时，他从迅疾的流水中感受到造物之力，同时又因震撼于此力而激发出斗志：

---

① 《与程秀才三首》其一，《苏轼文集》卷五十五，第1628页。
② 《苏轼诗集》卷四十五，第2440—2441页。
③ 《和陶归园田居六首》其四，《苏轼诗集》卷三十九，第2105页。
④ 《至秀州，赠钱端公安道，并寄其弟惠山老》，《苏轼诗集》卷八，第410—411页。

长洪斗落生跳波，轻舟南下如投梭。水师绝叫凫雁起，乱石一线争磋磨。有如兔走鹰隼落，骏马下注千丈坡。断弦离柱箭脱手，飞电过隙珠翻荷。四山眩转风掠耳，但见流沫生千涡。崄中得乐虽一快，何意水伯夸秋河。我生乘化日夜逝，坐觉一念逾新罗。纷纷争夺醉梦里，岂信荆棘埋铜驼。觉来俯仰失千劫，回视此水殊委蛇。君看岩边苍石上，古来篙眼如蜂窠。但应此心无所住，造物虽驶如吾何。回船上马各归去，多言悕悕师所呵。①

洪水奔流不止，岩边苍石上密密麻麻的篙眼尚存，早已不见千百年来留下痕迹的过客。此情此景原本令人心惊于造物与个体的力量悬殊，但苏轼却因之想到解脱的关键：如果心中无所拘执，不在任何地方留下停驻的痕迹，那么造物的匆匆驶去又如何凸显呢？如果切断心中挂碍，那么无论造物如何操纵命运，都无法对自己形成支配。"此心"与"造物"看似有渺小与广大之别，苏轼却从前者中看到使造物无计可施的力量。甚至在某次出游遭遇天气突变时，这种力量也得以展示：

归途风雨作，一洗红日燥。我惊万窍号，黑雾卷蓬蒌。舟人纷变色，坐羡轻鸥矫。我独唤酒杯，醉死胜流殍。书生例强狠，造物空烦扰。更将掀舞势，把烛画风篠。美人为破颜，正似腰支袅。明朝更陈迹，清景堕空杳。作诗记馀欢，万古一昏晓。②

狂风骤雨突至，一扫美景带给游人的愉悦，大家纷纷渴望像飞鸟一

---

① 《百步洪二首》其一，《苏轼诗集》卷十七，第891—892页。
② 《与客游道场、何山，得鸟字》，《苏轼诗集》卷十九，第969页。

样迅速逃离，唯有作者面不改色，偏要以痛饮对抗造物的威吓。"强狠"虽未必是书生的普遍气质，却无疑是他此刻的自我评价。在与造物的较量中，苏轼表现出可与之相颉颃的充分自信。

既然书生"强狠"令造物亦不能施威，那么后者制造的种种困扰也便如恶作剧般不值一哂。元祐三年（1088），苏轼曾在诗中向晚辈传授这一心得：

> 百年一俯仰，寒暑相主客。稍增裘褐气，已觉团扇厄。不烦计荣辱，此丧彼有获。我琴终不败，无攫亦无醳。后生不自牧，呻吟空挟策。揠苗不待长，卖菜苦求益。此郎独静退，门外无行迹。但恐陶渊明，每为饥所迫。凄风弄衣结，小雪穿门席。愿君付一笑，造物亦戏剧。朝来赋云梦，笔落风雨疾。为君裁春衫，高会开桂籍。①

他指出，世事变化的规律不外乎此消彼长，无所谓实质意义上的得丧，而这也就是造物能够演出的全部戏码。如此看来，凄风、小雪的调弄虽可能使人饥寒交迫，却不妨视之为儿戏，凭借"不以为意"来使造物的破坏无处着力。换言之，苏轼从对造物的游戏性观照中找到了与之相处的关键因素，认识到造物的影响力并非不可抗衡的客观存在，而是附着于"此心"之上。

总之，面对变化多端的造物，苏轼较为自如地调整着应对之道。他一面领受造物的眷顾，顺从其安排的走向，一面表示自己可以通过个人努力摆脱它制造的困境。他屡屡在人世挫折的反衬下展示造物的厚爱，其精神内核是互为交织的自怜与自尊。委顺与抗衡的姿态看似迥然不同，但二者在"听其运转"、不以为意的层面上殊途同归，都是苏轼意识到"此心"之力后所采取的应对方式。在造物面前，苏轼并非一味自居于渺小的位置，而着意感知和彰显生命主体的价值。

---

① 《次韵王郎子立风雨有感》，《苏轼诗集》卷三十，第1594—1595页。

通过对苏轼笔下自然书写的分析，我们大致梳理出作者颇具个人特色的自然观照方式。相较于各怀心思、各具情感的人际交往群体，自然物在具有丰富变化的同时却是非情的，这为苏轼从自身体验出发赋予其意义提供了自由的空间。上述四节的讨论，虽尚不足以囊括苏轼自然观照的特点及内容，但已努力收集了他与自然相关的人生体验，并从各自的角度勾勒出他从自然这一对象中产生的自我体认。苏轼在恒常之物的无情之外看到长久的陪伴，从万物的自然属性中发觉善意与趣味，通过回望旧事与悬想未来打破目前之境的局限，凭借与造物的互动确认并凸显自身的价值。而这些主体性的解读，无不与他的现实处境、情感需求与自我评价密切关联。或许可以说，苏轼的自然书写背后，时常隐含着另一层人世体验的书写。这不仅体现为人世淡漠常作为自然有情的反衬，更在于苏轼审视自然时的心境往往悄然渗入了仕宦人生中的感触。自然书写因此成为探知作者个人体验的切入点。

从文学创作的角度而言，苏轼在观照自然时注入主观情志，寓以自身际遇，亦使其文学表达呈现出鲜明的个性化面貌。作者将强烈的自我意识与内省精神投射自然之上，致使水、月、花、鸟等自然物乃至造物的"举动"都似有意地围绕作者展开，并通过富有情节性的表述，将自然意象描写得尤为新鲜灵动、饱含情思，使作品别具感人的力量与理趣的深度。这种艺术效果，不单纯源于对拟人手法的巧妙运用，更与作者自身的精神气质、思维特点密切相关。苏轼自然书写的影响延及后世，在杨万里、辛弃疾等人笔下，亦能似曾相识地看到此类处理自然意象的方式。

苏轼曾作《西斋》诗云：

> 西斋深且明，中有六尺床。病夫朝睡足，危坐觉日长。昏昏既非醉，踽踽亦非狂。褰衣竹风下，穆然中微凉。起行西园中，草木含幽香。榴花开一枝，桑枣沃以光。鸣鸠得美荫，困立忘飞翔。黄鸟亦自喜，新音变圆吭。杖藜观物化，亦以观我

生。万物各得时，我生日皇皇。①

"物化"与"我生"息息相关、互为参照。日夜消长，风清雨凉，草木飞禽的一举一动，都可能引起苏轼对自身生存状态的反思。他从"物化"中"观我生"的自觉性，亦使得自然观照与自我观照往往相互交融。苏轼的笔触并非仅仅记录下认识自然的单向过程，而是内含折返的视线，回归到对自身的体认上来。关注苏轼自然书写中的此类现象，收集作者寓于其中的自我认识，将有助于触碰其内心世界的深细之处。

---

① 《苏轼诗集》卷十三，第 630—631 页。

第 五 章

苏轼个人体验与自我思考的生成

此前各章以苏轼在人生中面临的重要问题为角度,描述并分析了苏轼在其中的具体感受和自我体认。在与人、事、物的相处中,苏轼曾产生某些具有个人特质的思考命题,前文论述中涉及此类问题时通常留下了有待延伸的伏笔。本章即是对这些命题的进一步回应,通过关注苏轼从个人体验中获得的思考成果,来讨论现实生活体验对于思考生成的意义。

第一节 "海北天南总是归":关于"归处"的自我调适

思归、言归是苏轼作品中屡见的内容。宦海浮沉带来的忧患厌倦与颠沛流离,无不催动着苏轼的归心,巩固着他入仕之初即决定的"夜雨对床"的归宿设想。无论在朝时的请求归老,还是贬逐时的意欲卜居,某种离开朝堂、指向自由安定的"归"的意愿贯穿于苏轼的仕途起落。在他笔下,故乡、他乡、田园、山林、江湖,甚至无何有之乡,都曾是归心中的选项。归心必须依靠可行的"归处"方可达成,而归处的性质、含义各有侧重,是故,归心又常因归处的附着而产生多样的意义,表达了作者多层面的思考。

在关于苏轼思归现象的既有研究中,归思与人生境遇、思想构成之间的对应联系往往备受重视。前人也多能注意到苏轼丰富多变的言归表达。在此基础上,苏轼对精神家园的追寻建构、随缘自适的人生哲学也得到了许多探讨。然而,苏轼笔下诸多归处的文化内涵及其在文本中的具体含义,则较少得到细致的梳理辨析,而在表述的细微差异间,或正可探究作者的幽微心态。此外,不同的归处表述既立足于人生境遇,也出自于作者主体的思考和选择。对归处的分析,有助于还原和感知苏轼的思考过程、处理方式及其中蕴含的主体意识。

一 故乡与他乡:交织并存的明确归处

苏轼笔下最频繁出现的明确归处是"乡",在绝大多数语境中,指代故乡或他乡。嘉祐元年(1056),苏轼赴京应试,嘉祐二年(1057)、治平四年(1067)分别因母丧、父丧两度返乡。至熙宁元年(1068)父丧满,携眷赴京,此后终身未能还乡。在占据人生大半光阴的仕宦生涯中,故乡一直遥远地出现在回忆与想象中,他乡才是脚下常在的土地。然而苏轼笔下的乡情却并非理所当然的"舍近求远",而是表现为思归故乡与安居他乡的交织。看似矛盾的两种心态形成了表述张力,正可作为了解苏轼情感心理的切入点。

(一)故乡与他乡选择的交织并存

在苏轼的作品中,思乡心切与安居他乡都被反复申说。作为人的来处与根本,故乡是归心最自然的指向。即使人生起伏不定,对故乡的惦念始终是一条或隐或现的线索。那些思及巴蜀风物、直抒归乡之愿的篇章,是思乡之情的明确表达。嘉祐四年(1059),苏轼侍父偕弟出蜀,年方二十四岁的他意气风发,豪情壮志冲淡了离家的不舍,人生阅历也尚未及施与他人世漂泊的敏感情绪。作于此时的《初发嘉州》揭示了这种心境:"故乡飘已远,往意浩无边。锦水细不见,蛮江清可怜。"① 眼望故乡渐行渐远,心中泛起的却是无边的"往意"。相背离的方向凸显出青年苏轼的豪情与决然。可尽管语气如此一往无前,终究忍不住透露出一丝眷恋:锦江随船行渐远渐细而慢慢看不见了,身旁的青衣江水如此清澈可爱。这是故乡的景物,在自己离家的路程中相送相伴。此时虽无饱知沧桑后的愁苦,而难免已生离别的感慨,只是这种情绪很快消解在对未来的憧憬中。在从故乡到他乡的路途中,故乡景物已开始成为苏轼诗中留意的对象,此后一生中,巴蜀风物时时处处反复强化着他的故乡记忆。

"万里家山一梦中,吴音渐已变儿童。每逢蜀叟谈终日,便觉峨眉翠扫空。"② 身处万里之外的杭州,故乡只在梦中得见,长期的客居生活已使孩子们淡忘了乡音。而蜀叟言谈中亲切的语调,使苏轼立刻联想起故乡峨眉山的翳翳苍翠。乡音与乡景一道,给予他极重要的内心抚慰。作于颍州任上的《送运判朱朝奉入蜀》,在历数巴蜀景物时情思更为深切:

霭霭青城云,娟娟峨嵋月。随我西北来,照我光不灭。我在尘土中,白云呼我归。我游江湖上,明月湿我衣。岷峨天一方,云月在我侧。谓是山中人,相望了不隔。梦寻西南路,默数长短亭。似闻嘉陵江,跳波吹枕屏。送君无一物,清江饮君马。路穿慈竹林,父老拜马下。不用惊走藏,使者我友生。听讼如家人,细说为汝评。若逢山中友,问我归何日。为话腰脚轻,犹堪踏泉石。③

青城云、峨眉月、嘉陵江,不仅是明确的乡土符号,亦有相伴终身的情义。呼我归、湿我衣,是召唤自己回家的温柔方式,而父老之

---

① 《苏轼诗集》卷一,第 6 页。
② 《秀州报本禅院乡僧文长老方丈》,《苏轼诗集》卷八,第 412 页。
③ 《苏轼诗集》卷三十四,第 1844—1845 页。

情更让人眷恋而不忍辜负。作者以云、月这些不能被地域隔断之物勾连起故乡与他乡,在诗中描画了一个多情的故乡。可惜自己虽能以移情得到慰藉,归乡之愿终究只在梦里达成。"归去来兮,吾归何处,万里家在岷峨。"① 苏轼常以巴蜀景物写入诗词,反映出具体而深刻的故乡记忆,并往往伴随着强烈的归心。

　　除此之外,苏轼亦多直言归乡。如:"故乡归去千里,佳处辄迟留。"② "舟经故国岁时改,霜落寒江波浪收。归梦不成冬夜永,厌闻船上报更筹。"③ "故山松柏皆手种,行且拱矣归何时。"④ 这些语句虽未以巴蜀景物作为指代,而所归之地实有"故乡"这一明确指向。在某些诗题中,苏轼也直叙还乡之愿:"岁晚相与馈问,为馈岁;酒食相邀,呼为别岁;至除夜,达旦不眠,为守岁。蜀之风俗如是。余官于岐下,岁暮思归而不可得,故为此三诗以寄子由。"⑤ 对故乡蜀地的思念及愿以其为归宿的想法,在上述例证中有十分清楚的体现。

　　"浮江溯蜀有成言,江水在此吾不食。"⑥ 归乡之愿如此坚定不移,足以让苏轼赌上自己一诺千金的诚信。然而同样在许多作品中,他却明确表示出乐于在他乡定居终老的态度:"此邦疑可老,修竹带泉石。欲买柯氏林,兹谋待君必。"⑦ "买田秋已议,筑室春当成。"⑧ "轼已买田阳羡,归计已成。"⑨ 卜居他乡的决心,甚至是以忘乡、弃家来为衬托的:"我本无家更安往,故乡无此好湖山。"⑩ "而我弃

---

① 《满庭芳》(归去来兮),《苏轼词编年校注》,第506页。
② 《水调歌头》(安石在东海),《苏轼词编年校注》,第211—212页。
③ 《渝州寄王道矩》,《苏轼诗集》卷一,第16页。
④ 《送安惇秀才失解西归》,《苏轼诗集》卷六,第248页。
⑤ 《苏轼诗集》卷四,第159页。
⑥ 《次前韵送程六表弟》,《苏轼诗集》卷三十,第1584页。
⑦ 《晓至巴河口迎子由》,《苏轼诗集》卷二十,第1053页。
⑧ 《初秋寄子由》,《苏轼诗集》卷二十二,第1170页。
⑨ 《扬州上吕相公论税务书》,《苏轼文集》卷四十八,第1405页。
⑩ 《六月二十七日望湖楼醉书五绝》其五,《苏轼诗集》卷七,第341页。

乡国，大江忘北渡。便欲此山前，筑室安迟暮。"① "南北去住定有命，此心亦不念归，明年买田筑室，作惠州人矣。"② "东坡先生，南迁万里，侨寓三年。不起归欤之心，更作终焉之计。"③ 至于"平生所乐在吴会，老死欲葬杭与苏"④，更是将自己的身后事也安排在他乡。苏轼一生中曾欲卜居多地的想法，与他不断表达的归乡之愿并存于诗文。

在上述例证中，归乡的召唤与安居他乡的自我劝解是单独出现的，随情绪、境遇变化而交替占据上风。无论倾向哪一种选择，苏轼的语气大多是清楚而肯定的。而在某些例子中，他的犹疑在权衡两难的思考过程中揭示出来：

吾生如寄耳，归计失不早。故山岂敢忘，但恐迫华皓。⑤

我老忘家舍，楚音变儿童。此物独妩媚，终年系余胸。⑥

这两首诗中共同的现象，是遥远的故乡与所处的他乡之间的一丝纠缠。前首感叹自己应早作归计，表明不敢忘却故乡，可下文一个"恐"字道出了内心的担忧无奈。年华易逝，像是将回乡的希望一点点挤压，那种迫近感使方过四十的诗人感到焦虑。此处的语气不再像是宣布自己的一个决定，而是犹疑、缺乏信心的。与此相反，后一首先言自己忘却了家乡，看似安居他乡已是笃定之举，可家乡的菜蔬却独独"妩媚"地留在心上，终年不能忘怀。以为早就断了的

---

① 《与周长官、李秀才游径山，二君先以诗见寄，次其韵二首》其二，《苏轼诗集》卷十，第489页。
② 《与王定国四十一首》其四十，《苏轼文集》卷五十二，第1531页。
③ 《白鹤新居上梁文》，《苏轼文集》卷六十四，第1989页。
④ 《喜刘景文至》，《苏轼诗集》卷三十四，第1816页。
⑤ 《过云龙山人张天骥》，《苏轼诗集》卷十五，第749页。
⑥ 《元修菜》，《苏轼诗集》卷二十二，第1161页。

归乡之念，就这样被可爱的家乡风味接续起来。"忘却成都来十载，因君未免思量。"① 思乡而恐不能归，忘家而终不能舍，苏轼去留不决，在于身如飘萍不自主、却总有那么一点牵念无法舍弃。在苏轼笔下，许多欲归不得的阻碍，无论是口头上显在的贫穷、衰老，还是实际上隐在的政治羁绊，最终呈现为发问的姿态："已成归蜀计，谁借买山赀。"② "吾庐想见无限好，客子倦游胡不归。"③ "苍颜华发。故山归计何时决。"④ 对于无法把握的现实，苏轼不能抱以决然的态度，思路的转折显示了他内心的纠结。"一纸乡书来万里。问我何年，真个成归计。白首送春拚一醉。东风吹破千行泪。"⑤

思归故乡与安居他乡时而交替出现，时而势成两难，揭示出作者身处宦途中矛盾犹疑的复杂心态。二者的出现随苏轼的经历而有阶段性的侧重，这一点前人已作梳理⑥。大致而言，在仕途平顺、境遇相对安定时，归乡之思较浓，而经历打击、身处贬所时，则由于心态战栗无望而少言归意。但具体到每一阶段中，又呈现出遇境而生的情绪化。例如自惠州再谪昌化军安置、又谪儋州时，苏轼归乡之梦几已成空。此期他抱定安居之念，但"相从归故山，不愧仙人杞"⑦ 这样的希望仍偶尔闪现。在故乡与他乡之间，他的情感并非经历了从一方到另一方的简单转移，思归故乡与安居他乡形成了错落交织的脉络。

---

① 《临江仙》（忘却成都来十载），《苏轼词编年校注》，第221页。
② 《答任师中次韵》，《苏轼诗集》卷八，第363页。
③ 《和子由四首》其三《首夏官舍即事》，《苏轼诗集》卷十三，第629页。
④ 《醉落魄》（苍颜华发），《苏轼词编年校注》，第114页。
⑤ 《蝶恋花》（雨过春容清更丽），《苏轼词编年校注》，第54页。
⑥ 参见徐立昕《试论苏轼诗中的故乡情结》，《乐山师范学院学报》2008年第1期。该文将苏轼的故乡之思按生平经历划分七个阶段：年少初仕，便有归思；及知密州，又思归蜀；贬居黄州，不敢言归；自黄迁汝，又思归蜀；惠州贬居，罪不言归；再贬岭南，归梦成空；蒙恩北归，乡心又炽。
⑦ 《以黄子木拄杖为子由生日之寿》，《苏轼诗集》卷四十二，第2321页。

这种交织，不仅体现为对故乡的归心天然地以身处他乡为语境，更体现为对他乡情感的认知往往牵涉到故乡。首先，苏轼常以对比的方式见出"厚此薄彼"来。在与他乡的对比中，家乡成为一个被品评的对象，它或者在情感上令人亲近，也可能在风物上稍逊一筹。一方面，苏轼诗中常见以故乡胜于他乡来表达故土认同和自豪感，如"吾家蜀江上，江水清如蓝。尔来走尘土，意思殊不堪。况当岐山下，风物尤可惭。有山秃如赭，有水浊如泔"①。巴蜀山水清丽，使凤翔秃山浊水自惭形秽。"陋邦何处得此花，无乃好事移西蜀。"②在黄州偶遇故乡的海棠花，便觉它一定是"天涯流落"到此，而"陋邦"绝不会有这样美丽的物产。"久客厌虏馔，枵然思南烹。故人知我意，千里寄竹萌。"③"虏馔"粗劣，让人倍思故乡竹笋之鲜美。故乡的菜蔬、山水、饮食、风俗、节日都是亲切可爱、他乡所无的。另一方面，也不妨以故乡景物稍逊一筹来反衬对他乡的喜爱："我本无家更安往，故乡无此好湖山。"④巴蜀风光逊于杭州，与其归去，不如在此与西湖为邻。在各种角度的对比中，情感在故乡与他乡间变化游移，哪个更可亲可爱，全系于作者的阐释。其次，苏轼惯于将他乡景物与相似的故乡景物勾连起来，以"移情"暂解苦思。"不谓郡城东，数步见湖潭。入门便清奥，恍如梦西南。"⑤他在风景鄙陋的凤翔忽见清幽湖潭，恍然如见家乡风致。"剩觅蜀冈新井水，要携乡味过江东。"⑥蜀冈之地有水味如蜀江，故而得名。作者见其名而思乡，汲水携带，显然是将对故乡之情转移到此水之上。是否真有"乡味"已不重要，乡情却能借以排遣。"莫教名障日，唤

---

① 《凤翔八观》其五《东湖》，《苏轼诗集》卷三，第112页。
② 《寓居定惠院之东，杂花满山，有海棠一株，土人不知贵也》，《苏轼诗集》卷二十，第1037页。
③ 《送笋芍药与公择二首》其一，《苏轼诗集》卷十六，第817—818页。
④ 《六月二十七日望湖楼醉书五绝》其五，《苏轼诗集》卷七，第341页。
⑤ 《凤翔八观》其五《东湖》，《苏轼诗集》卷三，第112页。
⑥ 《归宜兴留题竹西寺三首》其一，《苏轼诗集》卷二十五，第1347页。

作小峨眉。"① "襄阳逢汉水，偶似蜀江清。"② "已泛平湖思濯锦，更看横翠忆峨眉。"③ "江汉西来，高楼下、蒲萄深碧。犹自带、岷峨云浪，锦江春色。君是南山遗爱守，我为剑外思归客。"④ 见水而念蜀江，见山而思峨眉，苏轼的处处移情为不能达成的归心寻找到寄托，并在景物的勾连中加深了对他乡的认同。"蜀客到江南，长忆吴山好。吴蜀风流自古同，归去应须早。"⑤ 这种认同亦为苏轼的归心增添了更加丰富的选项。

（二）不必归乡：仕宦生涯中的自我调适

故乡与他乡的对比、衬托、勾连仿佛显示出某种倾向：对他乡的情感大多以故乡为落脚点，即前人已反复阐述的"他乡的故乡化"⑥。但若从仕宦的角度看，苏轼作品中表现出对他乡的选择，反而更能揭示仕宦因素在其中发挥的作用。正如上文已经提及的，在长期的他乡生活中，归乡之心才是人之常情。如果将此视为常态，那么"不必归乡"可暂且看作一种"异态"。在常态的主线上，"不归"的线索时常缠绕。这线索的催生，与仕宦经历密不可分。苏轼一生中与他乡的所有关联，包括赴考、出任、转官、贬谪及途中的游历，均因仕宦而起。在此过程中他对他乡的认知和接纳，使得归乡的主线上旁逸斜出。不妨简要分析"不必归乡"的原因：首先，他乡的风土人情也许的确值得喜爱。对杭州美景，苏轼一见倾心，终生念念不忘"山水窟"，甘愿自为杭人："居杭积五岁，自意本杭人。故山归无家，欲卜西湖邻。"⑦ 初到黄州时，他被鲜美物产所吸

---

① 《庐山五咏》其五《障日峰》，《苏轼诗集》卷十三，第622页。
② 《汉水》，《苏轼诗集》卷二，第71—72页。
③ 《法惠寺横翠阁》，《苏轼诗集》卷九，第426页。
④ 《满江红》（江汉西来），《苏轼词编年校注》，第335页。
⑤ 《卜算子》（蜀客到江南），《苏轼词编年校注》，第52页。
⑥ 参见冯小禄《苏轼的"寄生"故乡观》一文，发表于《文史知识》2008年第10期。
⑦ 《送襄阳从事李友谅归钱塘》，《苏轼诗集》卷三十六，第1961页。

引，虽自知身为逐客也愿意安居于此："长江绕郭知鱼美，好竹连山觉笋香。逐客不妨员外置，诗人例作水曹郎。"① 苏轼还往往借梦境、前生来表达与他乡一见如故的情缘。初到惠州时，他有感于吏民的亲切友好，曾叹"仿佛曾游岂梦中，欣然鸡犬识新丰"②。对自己最觉亲厚的杭州，更有"前生我已到杭州，到处长如到旧游"③之语。即使最为荒僻的海南，也能成为他前生的故乡："我本海南民，寄生西蜀州。忽然跨海去，譬如事远游。"④ 梦中曾游、前生曾到，皆是以一种似曾相识感将他乡倏尔拉近，变异客为乡人。对于开朗而善于发现美的苏子，喜爱他乡是种真挚的情感，这使他愿意考虑"不必归乡"。然而他乡并不总是如此温暖和美，更多时候是不能摆脱的困境。注定淹留他乡时，遥远却不变的故乡成为一重慰藉，可将"故园山水聊心存"⑤，而"不归"是自我说服，随遇而安的态度可淡化思乡的痛苦。"今北归无日，因遂自谓惠人，渐作久居计。正使终焉，亦有何不可。"⑥ "乘槎归去，成都何在？万里江沱汉漾。"⑦ 既然家山只能存在于遥望之中，那便不妨抱定"人生何处不儿嬉"⑧ 的态度，在异乡度过诗酒年华。从这个意义上说，故乡与他乡两种归处的交替具有作者主观赋予的调适功能，一面借其表达感想，一面借其消解不能达成的愿望。如果说前两种情况下的"不必归乡"出于真情和慰藉，那么在政治打压下的苏轼宣称安居他乡，便是最具主观意图的一种处理。"天其以我为箕子，海南万里真吾乡。"⑨

---

① 《初到黄州》，《苏轼诗集》卷二十，第1032页。
② 《十月二日初到惠州》，《苏轼诗集》卷三十八，第2071页。
③ 《和张子野见寄三绝句》其一《过旧游》，《苏轼诗集》卷十三，第652页。
④ 《别海南黎民表》，《苏轼诗集》卷四十三，第2363页。
⑤ 《次韵滕大夫三首》其一《雪浪石》，《苏轼诗集》卷三十七，第1999页。
⑥ 《与孙志康二首》其二，《苏轼文集》卷五十六，第1681页。
⑦ 《鹊桥仙》（乘槎归去），《苏轼词编年校注》，第618页。
⑧ 《鹊桥仙》（乘槎归去），《苏轼词编年校注》，第618页。
⑨ 《吾谪海南，子由雷州，被命即行，了不相知，至梧乃闻其尚在藤也，旦夕当追及，作此诗示之》，《苏轼诗集》卷四十一，第2245页。

"三年瘴海上,越峤真我家。"① 一个"真"字,强调了全盘接纳,何种恶境至此都视作归宿。"不必归乡"是苏轼在政治身份的束缚中坚守人格的一种方式。

经由上述分析可知,"不必归乡"并非因为故乡不好,而是因为他乡可居。以各种方式建构起对他乡的情感,不是为了将他乡变成故乡,而是为了将他乡视作归处——一个和故乡同样可归的地方。想要破除困扰求得安宁,不在于安身,而在于安心。但凡安心之处皆可安身,亦即"此心安处是吾乡"②。至此,所谓"乡"便跳出了"乡国"之解,具有了更宽泛的归处的意义。看似矛盾的故乡与他乡,其实都是为追求"心安"而设的选项。思归故乡与安居他乡的交织出现在表述上形成的张力,在这种共性中得到了消解。

此外,苏轼还曾有过这样的表述:"嗟我去国久,得君如得归。今君舍我去,从此故人稀。"③ 得一人如同得归,则"归"便可以不论地点,而论感受。"归"看似表示地理概念的移动,但移动只是方式,情感心理的满足才是目的。漂泊他乡时,品尝到熟悉的风味,遇见亲切的故人,都能给人以"得归"的幸福感,这是普遍的人生体验。"归"真正需要的不是一个特定的处所,这才使"此心安处是吾乡"具有合理性,也为关于归处的更丰富、抽象的思考提供了可能。

二 田园、山林、江湖:笼统的归隐之所

苏轼作品中的"归",不仅指"归乡",亦有"归隐"之意,二者彼此相关却又意义有别。"归乡"与实际处所有关,或指回归故乡,或指安心寓居他乡,"归隐"则是一种人生道路的选择,具体地点并不那么重要。在归隐的意愿之下,归乡之念往往退居其次。苏

---

① 《丙子重九二首》其一,《苏轼诗集》卷四十,第2203页。
② 《定风波》(谁羡人间琢玉郎),《苏轼词编年校注》,第579页。
③ 《送虢令赵荐》,《苏轼诗集》卷四十八,第2600页。

轼笔下不断寻求的田园、山林、江湖等，便是与归隐之心相契合的地方。

不同于所指明确的故乡与他乡，田园、山林、江湖是地图上无法标记的归处。考察它们所在的语境，三者不约而同地作为朝堂、仕宦的对立面出现，而作为古典文学中的传统表述，各自的意义积累使它们提炼出符号化的文化内涵，在苏轼笔下各有侧重。田园指向以陶渊明为代表的躬耕陇亩、自守高节的生活方式；山林则容易使人联想起南北朝以降文人对山水的游赏喜爱，以及从山林中提炼出的隐逸情怀、清高品格；江湖最早出于庄子以五石之瓠为大樽而浮乎江湖的妙想，而又更直接地上承范仲淹"处江湖之远则忧其君"的道德期待。由于它们自身含有与朝堂对立的意味，故而对这些归处的向往并非像乡情的纠结那样贯穿仕宦生涯的起落，而更集中出现在为官时期。

（一）田园：躬耕自足，淡泊自持

"归田"是中国文学传统中常见的主题，"田"作为一种资产，是士大夫退出仕途之后老有所依的生活保障，故而辞官归田成为自然而然的思路。苏轼平生意图在多个宦游之地买田终老，正是受这种想法的驱使。加之陶诗意义的被重新认识，躬耕陇亩的生活方式被赋予与士大夫人格精神相符的清高之气，成为他们向往的人生归宿。嘉祐八年（1063），年轻的苏轼在凤翔府节度判官任上，农历七月，因久旱不雨，出祷磻溪。二十七日，苏轼自阳平至斜谷，宿于蟠龙寺，作诗记录一日公务行旅中的见闻感想。夜入南山，次日醒来，他看见门前忙碌的商贾，忽然意识到自己所处的南山背后便是家乡，顿起强烈的归心："门前商贾负椒荈，山后咫尺连巴蜀。何时归耕江上田，一夜心逐南飞鹄？"[①] 然而公务在身的事实提醒了他所受的约束。他既因公务来此，与巴蜀渐行渐近，便不得不因公务完成而与之渐行渐远。结句的无奈发问表明了归田之愿，但此身尚在

---

① 《二十七日，自阳平至斜谷，宿于南山中蟠龙寺》，《苏轼诗集》卷四，第176页。

羁绊中难以实现，唯有让自由之心随南归的鸿鹄一道归去。公务行旅不仅有披星戴月之劳，而且易引发对政治身份的自觉。在入仕之初便深感仕宦生涯的艰辛与不能自主，这难免勾起作者人生预设中的归心，"归耕江上田"便意味着与公务束缚相对的自由生活。

熙宁五年（1072）作于杭州通守任上的《汤村开运盐河雨中督役》一诗，同样记录了一次公务中所见的苦况：

> 居官不任事，萧散羡长卿。胡不归去来，滞留愧渊明。盐事星火急，谁能恤农耕。薨薨晓鼓动，万指罗沟坑。天雨助官政，泫然淋衣缨。人如鸭与猪，投泥相溅惊。下马荒堤上，四顾但湖泓。线路不容足，又与牛羊争。归田虽贱辱，岂失泥中行。寄语故山友，慎毋厌藜羹。[1]

朝廷令下，开运盐河的百姓被迫弃置农耕，冒雨服役。苏轼怀着悲悯愤懑描画百姓如牲畜一般被驱遣于泥泞中，督役的官员无立足之地而与牛羊争道的场景。在此景触发下，作者的思绪再次流转到归田。即使躬耕田亩是卑微之举，却不至于如此狼狈丧失尊严。苏轼反对新法苛刻扰民，偏却被迫做这奉行新法之官，对于督役开河的公务深感痛苦。居官不任事的萧散，源于自己与新法抵牾、无从发挥才干，"天雨助官政"，却更陷百姓于水深火热，"助"的表述暗含激愤的讽刺。此诗由不满朝政、公务之苦转而思及归田，与上一例的思路异曲同工。在不胜枚举的作品中，政务之苦非止于身，且伤于心，苏轼渴望以田园生活的自给自足、简朴平静得到休憩。而在与宦途的对比中，归田被定位为更值得追求的一方，实际表达了对政治处境的不满，甚至在无形中质疑了仕宦人生的价值。

对归田的向往迟迟不能达成，使苏轼不禁自省。"江山如此不归

---

[1] 《苏轼诗集》卷八，第389页。

山，江神见怪惊我顽。我谢江神岂得已，有田不归如江水。"① 他借江神之口责怪自己的顽固不化，而将其中无奈归结为"无田可归"。这说与江神的辩解显然有"戏作"的成分，可是这样的理由依然被反复申述："不如归去。二顷良田无觅处。归去来兮。待有良田是几时。"② 苏轼何尝不知"无田"并非不归的真正理由，他旋即否定这一借口，恰恰体现出内心的矛盾与反思。乌台诗案后，苏轼跌入人生低谷，以为就要终老外郡的他未料政局变动，重新卷入仕宦中心。"上书得自便，归老湖山曲。躬耕二顷田，自种十年木。岂知垂老眼，却对金莲烛。"③ 然而仕宦之心已渐渐淡漠，归田之计常常萦怀。"少时忘意，盖尝有志于事功；晚岁积忧，但欲归安于田亩。"④ 在《和子由除夜元日省宿致斋三首》其一中，他揭示了自己人生困境的原因："江湖流落岂关天，禁省相望亦偶然。等是新年未相见，此身应坐不归田。"⑤ 流落江湖、回归朝堂，看似云泥之判，实质却一样骨肉不得团圆。这一切不自由无关命运捉弄，而真正要归咎于自我人生道路的选择——"不归田"是人生遗憾的来源。换言之，滞留宦途带来了一切动荡、波折、束缚和痛苦。

（二）山林：隐入幽境，避离尘嚣

在苏轼作品中，"归山"与"归田"两种表述本无明显的主观区分，如果定要仔细分析其意义所指，那么田园侧重于躬耕的生活方式，而山林则侧重于隐居，有避离俗世喧嚣的意味。嘉祐四年（1059），苏轼侍父还朝途中所作的《夜泊牛口》一诗，已可见他的山林之愿：

> 日落红雾生，系舟宿牛口。居民偶相聚，三四依古柳。负

---

① 《游金山寺》，《苏轼诗集》卷七，第308页。
② 《减字木兰花》（贤哉令尹），《苏轼词编年校注》，第149页。
③ 《和王晋卿》，《苏轼诗集》卷二十七，第1423页。
④ 《谢除龙图阁学士表二首》其一，《苏轼文集》卷二十三，第671页。
⑤ 《苏轼诗集》卷三十，第1564页。

薪出深谷，见客喜且售。煮蔬为夜飧，安识肉与酒。朔风吹茅屋，破壁见星斗。儿女自咿嚘，亦足乐且久。人生本无事，苦为世味诱。富贵耀吾前，贫贱独难守。谁知深山子，甘与麋鹿友。置身落蛮荒，生意不自陋。今予独何者，汲汲强奔走。①

诗歌描述了当地百姓的生活图景，尽管衣食住行清贫简易，但安适自足，能够充分享受平实的生存之乐。正在奔赴与此全然不同的另一种人生的苏轼，不免停下脚步反观自己的志向和选择。人生像他们这样度过本来并无不可，然而"世味"的诱惑却使人踏上仕宦的苦旅。深山中的人们看似置身蛮荒，却从不顾影自怜。相形之下，自己为富贵汲汲奔走，岂不应自惭形秽？此诗同样是入仕之初的反思，却并非从切身的仕宦体验出发，而是为普通百姓安居山林的生活方式所感发。诗中明确地将"深山子"守贫贱、友麋鹿的人生与"世味""富贵"相对，体现了"山林"这一处所与俗世价值追求的疏离。

在此后的仕宦生涯中，山林之愿亦时常被提起。有时是在山水游赏中生发出爱悦林泉的价值追求，从而期盼归隐："君看麋鹿隐丰草，岂羡玉勒黄金羁。人生何以易此乐，天下谁肯从我归。"② 有时是被自然的生气倏尔点醒自己的归意："林外一声青竹笋，坐间半醉白头翁。春山最好不归去，惭愧春禽解劝侬。"③ 抑或是阅历世事后对山林之愿的冷静思考："岂知山林士，骯脏乃尔贵。乞身当念早，过是恐少味。"④ 此处的"骯脏"正如早年描述深山子的"贫贱""蛮荒"一样，正是这样与"世味"不符的特征，标志着他们的可

---

① 《苏轼诗集》卷一，第9—10页。
② 《二月十六日，与张、李二君游南溪，醉后，相与解衣濯足，因咏韩公〈山石〉之篇，慨然知其所以乐而忘其在数百年之外也。次其韵》，《苏轼诗集》卷五，第199页。
③ 《风水洞闻二禽》，《苏轼诗集》卷四十八，第2607页。
④ 《和陶饮酒二十首》其十四，《苏轼诗集》卷三十五，第1888页。

贵。"老去山林徒梦想,雨馀钟鼓更清新。会须一洗黄茅瘴,未用深藏白氎巾。"① 岭南艰苦,垂暮的自己仍羁縻于仕宦之网,山林之愿已成奢望。可是以山林为归处的初衷未改,在他一生的文学表达中是可见的。"无可奈何新白发,不如归去旧青山。恨无人借买山钱。"② 这正是苏轼毕生向往山林而身不由己的写照。

相比于这些直抒胸臆的表达,观画而思归山林是另一种较为特别的表达方式。因看到画中优美的自然意境而向往归隐的思路,本不只适用于山林这一对象,但相对于其他归处,观画时生发山林之思是更为自然、多见的情形。熙宁六年(1073),时任杭倅的苏轼收到李颀所绘两轴山水画,便由画中之景而生"早抽身"之念:

> 平生自是个中人,欲向渔舟便写真。诗句对君难出手,云泉劝我早抽身。年来白发惊秋速,长恐青山与世新。从此北归休怅望,囊中收得武陵春。③

"云泉"无声,如何"劝我"?是作者看到了画中云泉之美,触动了抽身仕途之愿。换言之,山水之美以其感染力影响了诗人的心境,并催生他对速老而不能归山的焦虑。此诗末尾,苏轼称有这幅画收进了武陵春色,北归时便不会因惦念此地山水而惆怅。北归当指日后的还朝,"武陵春"则是世外桃源之境。这一典故包含的避世隐居之意,与朝堂的归向形成相对的张力。这两轴画不仅收入了杭州的山水,更收入了苏轼的归隐山林之心,使他在不由自主的仕宦生涯中为自己真正的意愿寻觅到安放之处。另如《书王定国所藏〈烟江叠嶂图〉》一诗,苏轼起先不惜笔墨地描述画中之境,赞叹画艺精

---

① 《赠清凉寺和长老》,《苏轼诗集》卷三十七,第2033页。
② 《浣溪沙》(徐邈能中酒圣贤),《苏轼词编年校注》,第15页。
③ 《李颀秀才善画山,以两轴见寄,仍有诗,次韵答之》,《苏轼诗集》卷十一,第528页。

湛，继而引入自己的归心："不知人间何处有此境，径欲往买二顷田。"① 承接归心，作者开始回忆自己的黄州岁月，将其描述为人世间可享有的桃源生活。而结尾陡然翻转，"江山清空我尘土，虽有去路寻无缘。还君此画三叹息，山中故人应有招我归来篇"②。身在尘世的自己，根本无缘寻得这样的清空之境安置此身，画中山水映衬出自我处境的无奈，徒然引人伤感，却更凸显出作者无时或忘的山林之思。当然，观画所思与画作的内容有着直接关系，山水画对山林之境的优美描绘，使之成为苏轼归隐山林之愿的触发点。

（三）江湖：漂泊流落，疏离宦途

田园、山林是苏轼理想的生活境地，而"江湖"这一归处与之相比则显出更多重的意味。回顾"江湖"在《庄子》中出现的语境，可以略知其原初的意义："今子有五石之瓠，何不虑以为大樽而浮乎江湖。"③ "泉涸，鱼相与处于陆，相呴以湿，相濡以沫，不如相忘于江湖。"④ 两处"江湖"皆指向广阔逍遥之处，但在后者的语境中，江湖在象征自由之外尚有一丝疏离之感。而在苏轼笔下，"江湖"被处理为与田园山林相似的自由、隐匿之所，却比二者更为宏阔、模糊、无可追寻，相对减弱了安定的意义，而有流浪动荡的苦涩意味。由于"江湖"自身意义的抽象性，不妨先从与之相对立或相关联的概念入手推定其内涵。

"江湖久放浪，朝市谁相亲。"⑤ "江湖流落岂关天，禁省相望亦偶然。"⑥ "城市不识江湖幽，如与蟪蛄语春秋。试令江湖处城市，却似麋鹿游汀洲。"⑦ 在苏轼笔下，江湖往往与朝市、禁省、城市等

---

① 《苏轼诗集》卷三十，第 1608 页。
② 《苏轼诗集》卷三十，第 1608 页。
③ 《庄子集释》卷一上《逍遥游第一》，第 37 页。
④ 《庄子集释》卷三上《大宗师第六》，第 242 页。
⑤ 《再过常山和昔年留别诗》，《苏轼诗集》卷二十六，1381 页。
⑥ 《和子由除夜元日省宿致斋三首》其一，《苏轼诗集》卷三十，1564 页。
⑦ 《和蔡准郎中见邀游西湖三首》其二，《苏轼诗集》卷七，第 338 页。

出现在相对立的位置，可知后者所代表的宦途、政治、权力、繁华等因素，皆是江湖所远离的。这本与田园、山林具有相同的特质。但值得注意的是，"放浪""流落"是置身于江湖的方式，而在诗文的表述传统中，恐怕很少见到它们与田园、山林的组合，这恰恰是由于江湖有着与之匹配的漂泊不定感。"江湖渺故国，风雨倾旧庐。"① 田园、山林之愿与故国并无抵触，甚至可与归乡之愿同时达成。而江湖却远在故国之外，"流落"的方式注定其不可能与归乡的安定并行不悖。"我在尘土中，白云呼我归。我游江湖上，明月湿我衣。"② 与江湖出现在相应位置的"尘土"，指代一种卑微低下的处境，可见江湖亦代表了流落无依的生存状态。它所指涉的人生阶段，是例如"五年江湖上，闭口洗残债"③ 的黄州时期，是仕途失意、放逐在外的漂泊岁月。从苏轼描述他人遭际的篇章中也可找到旁证："朝游云霄间，欲分丞相茵。暮落江湖上，遂与屈子邻。"④ "云霄"与"江湖"不啻天壤之别，从身处至高的权力中心到追随屈子的脚步，江湖寓示着政治身份的丧失、个人处境的孤绝，这与田园山林生活的安逸闲适具有明显的差别。"流落江湖"正是苏轼对仕宦生涯中此类经历的总结。

　　即便如此，江湖依然是苏轼甘愿选择的归处。"此生定向江湖老，默数淮中十往来。"⑤ 江湖之所以可归老，是因为它虽与穷愁相伴，却毕竟是远离朝堂的所在，或可一定程度地提供鸟飞鱼跃、各遂其性的自由。"幸推江湖心，适我鱼鸟愿"⑥ 正体现了作者对江湖之意义的理解。然而，苏轼所处的政治环境决定了江湖并不如他想

---

① 《与赵、陈同过欧阳叔弼新治小斋，戏作》，《苏轼诗集》卷三十四，第1812页。
② 《送运判朱朝奉入蜀》，《苏轼诗集》卷三十四，第1845页。
③ 《孙莘老寄墨四首》其四，《苏轼诗集》卷二十五，第1322页。
④ 《广陵会三同舍，各以其字为韵，仍邀同赋》其三《刘莘老》，《苏轼诗集》卷六，第299—300页。
⑤ 《淮上早发》，《苏轼诗集》卷三十五，第1870页。
⑥ 《和穆父新凉》，《苏轼诗集》卷二十九，第1522页。

象中那般广阔渺远:"不辞破作两大樽,只忧水浅江湖窄。"① 作者身处的江湖依然是被世网束缚的,它更像是一个相对疏离于仕途的暂寓之所。即便如此,江湖之梦的不能达成依然令人伤感:"江湖来梦寐,蓑笠负平生。琴里思归曲,因君一再行。"②

需要附带提及的是苏轼笔下的"江海"这一与"江湖"意义相近的表述。"我亦江海人,市朝非所安。常恐青霞志,坐随白发阑。"③ "宦游久不乐,江海永相望。"④ "宿缘在江海,世网如予何。"⑤ 苏轼往往将江海定义为自我归宿,它与宦途、市朝、世网的对立,意味着江海大致可视为江湖的一种变相。稍有不同的是,江海与俗世喧嚣无所关涉,故而世网对寄身江海的自己无可奈何。但身处江湖中的苏轼,却并非完全逃离了政治侵扰与世道磨难。从这个意义上说,江海比江湖的疏离世事之感更为彻底,而更少显露流落孤清之意。"老去心灰不复然,一麾江海意方坚。"⑥ 苏词中亦有名句"夜阑风静縠纹平。小舟从此逝,江海寄馀生。"⑦ 苏轼关于寄身江海的表述,大多比投身江湖呈现更加潇洒决绝的姿态。对漂泊之苦的消减,使"江海"值得抛却羁绊一往无前。

要之,田园、山林、江湖、江海等关于归处的表述,共同标志了对仕宦的背离。前两者仍含有躬耕、隐居等自我生存方式的具体设想,而江湖、江海的归老之思则剥离了对田园山水之美的外在需求,以其渺远特质及明确的人世疏离感,逐渐指向人生归宿终极意义的思考。

---

① 《蒜山松林中可卜居,余欲僦其地,地属金山,故作此诗与金山元长老》,《苏轼诗集》卷二十四,第 1277 页。

② 《次韵奉和钱穆父、蒋颖叔、王仲至诗四首》其四《藉田》,《苏轼诗集》卷三十六,第 1937 页。

③ 《送曹辅赴闽漕》,《苏轼诗集》卷三十,第 1593 页。

④ 《京师哭任遵圣》,《苏轼诗集》卷十五,第 724 页。

⑤ 《次韵范淳甫送秦少章》,《苏轼诗集》卷三十五,第 1892 页。

⑥ 《次韵答黄安中兼简林子中》,《苏轼诗集》卷三十三,第 1764 页。

⑦ 《临江仙》(夜饮东坡醒复醉),《苏轼词编年校注》,第 467 页。

三 无何有之乡：内心葆有的终极归宿

（一）"只有无何真我里"

无何有之乡，典出《庄子·逍遥游》，意指空无所有的地方，后多用以指空洞而虚幻的境界，亦引申为逍遥自得的状态。由于"乡"的处所之意，庄子虽以无何有冠之，它依然成为一个看似可以捉摸、到达的地方，是以苏轼的智慧不会错失的理想归处。熙宁八年（1075），苏轼曾作一诗与友人唱和，其中有言："百年三万日，老病常居半。其间互忧乐，歌笑杂悲叹。颠倒不自知，直为神所玩。须臾便堪笑，万事风雨散。自从识此理，久谢少年伴。逝将游无何，岂暇读城旦。"[1] 这是苏轼较早提及"游无何"的志愿。他之所以作此选择，是源于对人生逐渐透辟的认识。人生短促，间杂忧乐歌笑，自己全情投入的喜怒哀乐，或许只是冥冥中某种操控之力的戏弄。待到醒悟这一点，人生万事皆如风雨飘散，虚幻无踪。既然如此，看似万象丛生的人间与空漠的无何有之乡本无分别，而"游于无何"方是摆脱情绪侵扰与造化戏弄的方法。不难见出，苏轼对"无何有之乡"的选择是以人生本质的思理为基础的。不过，游于无何的愿望也受制于现实困境。元丰六年（1083），苏轼在黄州写下"醉里无何即是乡"[2]，身处贬谪之中的作者仍以无何为归依，却不得不借助酒力才能通往。这一方面暗示了苏轼处境的悲凉，另一方面却正说明了无何有之乡之于他的精神归宿的意义。

元丰七年（1084），苏轼在与南迁归来的王巩的唱和中，再次讨论了人生出处与归宿的问题。"君知先竭是甘井，我愿得全如苦李。妄心不复九回肠，至道终当三洗髓。广陵阳羡何足较，只有无何真我里。"[3] 历经宦海浮沉，作者表示自己只愿如无用的苦李，得以保

---

[1] 《乔太博见和复次韵答之》，《苏轼诗集》卷十三，第 613 页。
[2] 《十拍子》（白酒新开九酝），《苏轼词编年校注》，第 476 页。
[3] 《次韵王定国南迁回见寄》，《苏轼诗集》卷二十四，第 1293 页。

全自身。在"广陵阳羡"句下，苏轼自注："余买田阳羡，来诗以为不如广陵。"对于王巩与自己不同的归处选择，苏轼采取了超越现实人生、转换概念的策略加以调和，认为二者本无足较，因为"无何有之乡"才是自己真正的归宿。尽管如此表达，他依然心系买田筑室，可见关于归处的思考原是区分为两种空间：在现实人生中，必须选择一个确实的归老之处，而在精神世界中，唯有哲学思考才能通往"无何有"的终极归宿。苏轼对"只有无何真我里"的强调，透露出前者不过是暂时的寄寓之所，这与其"吾生如寄"的一贯思考相契。

（二）虽在海外，未尝不归

苏轼晚年谪居海南，此时他的人生思考已臻圆融之境。他曾作《和陶归去来兮辞》以自解，题下小叙曰："子瞻谪居昌化，追和渊明《归去来辞》，盖以无何有之乡为家，虽在海外，未尝不归云尔。"[1] 无何有之乡既存乎心中，则无论他漂流何处，终不能离弃。树立了这一观念的苏轼，已非现实中地域的变动迁徙可以夺其归宿了。无何有既然空无一物，便不需要任何外物的附加以为标准，对所遇之境亦不必再作要求。同样，此时的"归"也去除了"归乡"之归那样"回到原来之处"的方向性，而只意味着对安心之处的寻找和向往。是故，岭南是归，海外是归，"海北天南总是归"[2]。至此，苏轼不必再对他乡作故乡的转化，或努力寻觅各种可以安居的理由。"此身如传舍，何处是吾乡。"[3] 仕宦人生使此身永远在不自主的变化中，他分外向往归，却不能将归所加诸任何一个暂时停留的地方，那么便索性在内心葆有一个"无何有"的终极归宿，而在现实中赋予"归"变动不居的内涵，让它不拘所适，处处可归。在苏轼的文学书写中，思归故乡与安居他乡之所以呈现遇境而生的随

---

[1] 《苏轼诗集》卷四十七，第2560页。
[2] 《次韵郭功甫观予画雪雀有感二首》其一，《苏轼诗集》卷四十五，第2455页。
[3] 《临江仙》（忘却成都来十载），《苏轼词编年校注》，第221页。

意化，其实正由于在吾生如寄的觉悟下，现实人生的所有归处都具有"寓所"和"归处"的相同本质，对它们的评判实无高下，可以依据作者的际遇与心境随意渲染。

若定要从宏观上给予某种变化式的描述，苏轼的归处思考大致经历了确指的处所、笼统的处所到以哲学思辨的抽象概念为指归的趋向。在此过程中，庄子的智慧是其消解人生困苦的良药。"寓形天宇间，出处会有役。澹然都无营，百年何由毕。山林等忧患，轩冕亦戏剧。……是身如浮云，安得限南北。出岫本无心，既雨归亦得。"① 苏轼对"归处"最高程度的处理，是将一切归处在"吾生如寄"的前提下、在齐物的眼光中消弭了差别，从而无所不可、随遇而安。需要注意的是，关于归处的思考也许遵循着随阅历而成熟加深的逻辑走向，但在作品中并不体现为与人生的历时线索完全一致，各种归处的选择错落出现在不同人生阶段和语境中。这些思考过程，不仅丰富了其情感表达，亦流露出苏轼在跌宕生命中消解困苦、自我说服的内心理路。此外，即便是在"随遇而安"的归处中，苏轼也从未明确指涉过朝堂。仕途与归路，仿佛天然是相反方向。

第二节　回望、悬想与"人生如梦"

"人生如梦"是苏轼作品中屡屡可见并十分重要的命题。这一人生体悟的表达古已有之，并非肇始于苏轼，却经由他的思考阐发而愈加内涵丰盈，并因此成为研究者目光汇聚之所在。对"人生如梦"的理解往往与对苏轼涉梦作品的探讨相随出现，关于苏轼涉梦作品及"梦"之表达的专门研究，大抵集中于归纳苏轼作品写梦的不同类型，探求苏轼"人生如梦"思想的来源，揭示其情感内涵与逻辑

---

① 《送小本禅师赴法云》，《苏轼诗集》卷三十三，第1757—1758页。

理路，并作出意义评价①。既有研究大致将苏轼涉梦作品分为"真梦"与"喻梦"两类，而对属于后者范畴的"人生如梦"的形成原因，则主要从坎坷的人生经历、佛道思想的汲取及前人涉梦作品的影响这三种方面予以解释。亦有学者注意到"如梦"意识中含有的时空因素以及苏轼看待人生的视角问题，如郑园《东坡词中的时间与梦》一文认为"如梦"意识在苏词中具有"古今如梦"与"劳生如梦"这两种含义："一，古今如梦。由今天的眼光看历史上发生过的事件，感到似有还无。二，劳生如梦。以跳出人间的一种开阔眼光看自己和周遭人等的所为，感到恍惚虚无，一切现实的意义都变得微不足道。"② 该文较为难得地细化了苏轼表达中的如梦之感，试图探析它们如何作用于苏轼的行为，但这两种似乎分别侧重于历时性和共时性的类别，其概念的分野可能并不十分清晰。"古今如梦"并不仅为感慨史事之虚幻，显然还具有当下之"今"同样如梦的意味，"劳生如梦"固然是对普遍性人生规律的揭示，却未必尽是以超越视角来看待人生的结果，也很有可能是行走在自己的人生当中时自然产生的体验。进一步反思这种体验的来源，尽管既有研究几乎都会将苏轼的人生经历作为生发"人生如梦"思想的重要因素，但多是在二者之间建立起简单的逻辑关系，而对这一过程的仔细论述仍较为鲜见。人生经历须经过怎样的转化才被提炼为"如梦"的感

---

① 关于苏轼涉梦作品及"人生如梦"思想的专门研究，主要包括：郑园《东坡词中的时间与梦》[《北京大学学报》（哲学社会科学版）2004年第6期]指出"如梦"意识在苏词中具有"古今如梦"与"劳生如梦"两种含义，它们是苏轼以不同视角看待不同对象而生发的对历史、自身及周遭人世的感受。刘丽姣《苏轼涉梦诗词研究》（硕士学位论文，湖南科技大学，2011年）较为系统地梳理了苏轼涉梦诗词的生成方式、思想内容及思想发展历程，也稍加涉及如梦意识的表现形式。谢建忠《论佛教哲学与苏轼的"人生如梦"思想》[《西南民族学院学报》（哲学社会科学版）2000年第6期]、郑群辉《论苏轼的"人生如梦"》（《社会科学》2010年第9期）等文则相对深细地探究了苏轼"人生如梦"思想与佛家思想的渊源。

② 郑园：《东坡词中的时间与梦》，《北京大学学报》（哲学社会科学版）2004年第6期。

受？如果说多变的人生自然而然地类似于虚幻不实的梦境，那么苏轼所表达的如梦之感何以能不泯然众人？苏轼自身在其中发挥的作用和个人化的理解，是这一思想命题形成并富有价值的关键所在，这促使论者更加具体地关注"人生如梦"的表述语境。

　　苏轼笔下的"如梦"之叹往往伴随着有迹可循的生发情境，除了具体的情感心理之外，苏轼投向不同时空的思绪和视角也在很大程度上影响着"如梦"的意义。回望与悬想常与"如梦"之感并存于文本中，便是其中值得注意的现象。若以表达内容划分，苏轼所写的"如梦"大约发生于三种语境之下：回望旧事而生的"醒时看梦"之感；因现状与过往的强烈对比而生的"如在梦中"之感；跳出现时个体的局限视角，整体观照普遍人生规律而生的"何曾梦觉"之感。上述形式皆可统摄于"人生如梦"的命题之下，而它们的产生过程中不约而同地存在着时空因素的作用，并往往伴随回望与悬想的视角。换言之，苏轼的"如梦"表达隐含着自我看待时空的方式。揭示二者之间的关系，或许有助于分析苏轼的人生经历如何具体地作用于他对"人生如梦"的理解，而尽可能避免将"人生坎坷"与"人生如梦"简单关联的论述方式。

一　醒时看梦：回望的作用

　　从生活体验的层面而言，回望过去经常带来物是人非之悲和烟消云散之慨，这往往是引发"人生如梦"之感的重要因素。经历过美好而一朝失去，经历过患难而终归平息，无论悲喜，已成过往，才会给人以醒时看梦的"如梦"之感。苏轼笔下但凡语涉"如梦"之处，大多与作者的回望之举意义相关，正可印证这一点。

　　梦最突出的特质在于虚幻不实，尽管梦中内容千差万别，终究不免在醒时尽数无存。人生中美好之物的逝去，最易导致得而复失的如梦之感。熙宁八年（1075），苏轼在密州以诗寄予倅杭时的同僚吕穆仲，追忆往昔交情，便生此种感慨：

孤山寺下水侵门，每到先看醉墨痕。楚相未亡谈笑是，中郎不见典刑存。君先去踏尘埃陌，我亦来寻桑枣村。回首西湖真一梦，灰心霜鬓更休论。①

苏轼使用孙叔敖与优孟、孔融与蔡邕之典，委婉而贴切地言说了友人离杭后自己思念对方之事："杭有伶人，善学吕，举措酷似。别后，常令作之以为笑。"② 如此含有调谑意味的"纪念活动"，显然是建立在极为亲密的关系之上，读者自可想见当年二人是如何一同放浪形骸，度过了美好的杭州时光。往日同游孤山寺，欢饮恣肆中题写的墨迹尚在，如今彼此却一赴京师、一在密州，会面难期。回望西湖记忆，旧事历历在目，却恐无再现之日。更何况结尾暗含的"灰心缘忍事，霜鬓为论兵"③ 之意，直指因国事忧患而伤颓无奈的心境，更将意气风发的杭州岁月推向渺远的时空中，仿佛一个不曾真实存在过的美梦。

元丰二年（1079），身为徐州太守的苏轼亲自参与了一场出猎活动，作诗记之。诗中大半篇幅用以描述狩猎场景，气势豪壮，结尾转入议论，却为这豪壮增添了几分悲壮之意："少年负奇志，蹭蹬百忧绕。回首英雄人，老死已不少。青春还一梦，馀年真过鸟。"④ "蹭蹬百忧"摧折着"少年奇志"，使多少人毕生壮志难酬。回望自己也曾拥有过的青春，苏轼无法细数那些时光是如何消磨在坎坷经历中，只觉得如梦般逝去难返，徒留怅惘。而余下不多的光阴，也可推知势必稍纵即逝。易逝的人生与梦境类同，看似容量密集，百转千回，实则十分短暂，过眼便如云烟消散。同年，苏轼作诗寄西

---

① 《寄吕穆仲寺丞》，《苏轼诗集》卷十三，第639—640页。
② 《寄吕穆仲寺丞》诗中自注，《苏轼诗集》卷十三，第640页。
③ （唐）裴度：《中书即事》，陈贻焮主编《增订注释全唐诗》卷三百二十四，文化艺术出版社2001年版，第1330页。
④ 《人日猎城南，会者十人，以"身轻一鸟过，枪急万人呼"为韵，得鸟字》，《苏轼诗集》卷十八，第918页。

湖僧人，有感于杭州人事变迁："仆去杭五年，吴中仍岁大饥疫，故人往往逝去，闻湖上僧舍不复往日繁丽，独净慈本长老学者益盛，作此诗寄之。"① 诗中表达了人事皆非带给自己的如梦之感："来往三吴一梦间，故人半作冢累然。"② 昔日知交长埋黄土，连带着过往共同的记忆一道无从寻觅，回视自己与杭州的一场际遇，竟像是梦中之事。将这种感受刻画得尤为深切的则是作于黄州的《书游垂虹亭》一文：

> 吾昔自杭移高密，与杨元素同舟，而陈令举、张子野皆从吾过李公择于湖，遂与刘孝叔俱至松江。夜半，月出，置酒垂虹亭上。子野年八十五，以歌词闻于天下，作《定风波令》，其略云："见说贤人聚吴分，试问，也应傍有老人星。"坐客欢甚，有醉倒者。此乐未尝忘也。今七年尔。子野、孝叔、令举皆为异物，而松江桥亭，今岁七月九日，海风驾潮，平地丈馀，荡尽无复孑遗矣。追思曩时，真一梦也。元丰四年十月二十日，黄州临皋亭夜坐书。③

"寿无金石固"的何止是松江夜饮的诸人，连貌似坚固的桥亭也同样荡然无存。纵使"此乐未尝忘"，对快乐往事的铭记也不过愈增回望时的幻灭感。作者在此处明确表达了"真一梦也"与"追思曩时"的关联，赋予慨叹人生如梦者以回望的姿态。正如苏轼所言，他对"此乐"投入的情感十分真挚，绵延多年亦无法忘怀。元祐六年（1091），苏轼重过吴兴，作《定风波》词，再次对当年之事投去深情的凝视：

---

① 《仆去杭五年，吴中仍岁大饥疫，故人往往逝去，闻湖上僧舍不复往日繁丽，独净慈本长老学者益盛，作此诗寄之》，《苏轼诗集》卷十九，第970页。
② 《苏轼诗集》卷十九，第970页。
③ 《苏轼文集》卷七十一，第2254页。

余昔与张子野、刘孝叔、李公择、陈令举、杨元素会于吴兴。时子野作《六客词》，其卒章："尽道贤人聚吴分。试问。也应旁有老人星。"凡十五年，再过吴兴，而五人者皆已亡矣。时张仲谋与曹子方、刘景文、苏伯固、张秉道为坐客，仲谋请作《后六客词》。

月满苕溪照夜堂。五星一老斗光芒。十五年间真梦里。何事？长庚对月独凄凉。　　绿鬓苍颜同一醉。还是。六人吟笑水云乡。宾主谈锋谁得似？看取。曹刘今对两苏张。①

距前次回望八年之后，当时尚健在的三人中，如今唯余自己孑立于世。"曹刘今对两苏张"固然能够稍慰孤清，却终究无法重演"五星一老斗光芒"的往事，无法复制当时的快乐。这不免使人怀疑那随故人而去的十五年是否真正拥有过，其间曾有过那么多实实在在的感受，如今却连刻舟之痕都淡化无踪。回视时光，分明记忆清晰，眼下却无从寻觅，这正是人生与梦境最为相似之处。

元祐七年（1092），苏轼在送别晁端彦的诗中提及了另一件使人深有此感的美好往事："我年二十无朋俦，当时四海一子由。君来扣门如有求，颀然鹤骨清而修。醉翁遣我从子游，翁如退之蹈轲丘。尚欲放子出一头，酒醒梦断四十秋。"② 欧公奖掖后进的恩情，对于苏轼而言是极为美好又极为沉重的记忆。此诗起笔时，作者已经陷入对少年事的追忆之中。他回忆晁端彦遵欧阳修嘱托前来与自己结交时的场景，叙述的口吻舒缓沉静。而当他思及恩师殷切的赞赏和期望时，这段追忆却戛然而止，被一种不能抑制的伤痛阻断。师生之间这一著名的文坛"交接"，是苏轼人生中至为荣耀的时刻，却犹如一记不合时宜的警钟，将苏轼从沉湎往事的深情中惊醒，拉回到

---

① 《苏轼词编年校注》，第 677—678 页。
② 《送晁美叔发运右司年兄赴阙》，《苏轼诗集》卷三十五，第 1896 页。

"醉翁宾客散九州，几人白发还相收"① 的现实中。少年神采不复重来，眼前人事皆已成空。人生的迅疾虚幻令人心惊，至此再回望师友恩情，便如在渺远的醉梦之中。

绍圣元年（1094），苏轼迁谪惠州，途经父亲曾游历的虔州天竺寺，以诗记之。"予年十二，先君自虔州归，为予言：'近城山中天竺寺，有乐天亲书诗云：一山门作两山门，两寺原从一寺分。东涧水流西涧水，南山云起北山云。前台花发后台见，上界钟清下界闻。遥想吾师行道处，天香桂子落纷纷。笔势奇逸，墨迹如新。'今四十七年矣。予来访之，则诗已亡，有石刻存耳。感涕不已，而作是诗。"② 诗云：

> 香山居士留遗迹，天竺禅师有故家。空咏连珠吟叠璧，已亡飞鸟失惊蛇。林深野桂寒无子，雨浥山姜病有花。四十七年真一梦，天涯流落泪横斜。③

诗序中所提供的信息已十分清晰地提示出回望旧事的视角，并奠定了美好与伤痛交织的情感。美好源自父子之间分享游历见闻的温馨回忆，伤痛则并不仅仅由于践履陈迹，而更深地隐含着思亲、怀旧与自伤的交缠。与十二岁那年相比，不复存于世间的不只是白居易的手迹，更有已经亡故的父亲，以及当年身怀奇志、未知世味的自己。苏轼回望这段旧事，何尝不是回望已经失去的时光，默默流淌的四十七年中经历多少艰险、荣耀与荒谬，不过落得如今一无所有的境地。"四十七年"的虚空失落与"天涯流落"的现实处境相对，正可视为"梦"与"醒"互为参照的设置。此诗中的如梦之叹尤为沉痛，其重要原因便在于作者在回望中自省时，洞彻了自己对时光、

---

① 《送晁美叔发运右司年兄赴阙》，《苏轼诗集》卷三十五，第 1896 页。
② 《天竺寺》，《苏轼诗集》卷三十八，第 2056 页。
③ 《苏轼诗集》卷三十八，第 2056 页。

亲情、自身和世事皆无从把握的无力感。从中能够清楚地看到，回望已经失去的美好物事，是"人生如梦"之感催生的线索。

仕宦是苏轼的人生底色，苏轼笔下的"如梦"常常用以形容仕宦经历中的所感及所为。或许是出于同知冷暖的共鸣，他常在酬赠之作中向朋友分享自己这番见解。例如熙宁二年（1069）送别因不合于王安石而出知饶州的大理寺官蔡冠卿时，苏轼曾言："怜君独守廷尉法，晚岁却理鄱阳梴。莫嗟天骥逐羸牛，欲试良玉须猛火。世事徐观真梦寐，人生不信长辘轳。"[①] 既然从变化多端的朝局中感到世事如梦一般无常，那么反之，人生也便不会持久停留在坎坷之中，不必执着于现状而过于感伤，这与前文的同情宽慰形成了一致的思路。再如熙宁七年（1074）赠与陈海州的《浣溪沙》云："聚散交游如梦寐，升沉闲事莫思量。"[②] 其中的"如梦"之事指涉仕宦中的经历，并且是由"朱颜绿发映垂杨。如今秋鬓数茎霜"[③] 的怀旧伤今之意而催生的。"夜拥笙歌雪水滨，回头乐事总成尘。今年送汝作太守，到处逢君是主人。聚散细思都是梦，身名渐觉两非亲。"[④] 这首次韵李公择之作中，同样包含回忆宦游中的聚散之后所领悟到的如梦之感。回头看时，昔日乐事化为乌有，别时忆聚、聚时忆别都令人恍然。

以上数例中的如梦之感，虽表达得较为笼统，似乎并非缘事而发，而细看来，所谓"世事""聚散"等语，却都以仕宦体验作为生发语境。具体到明确的仕宦经历，苏轼也尝以梦喻之。元丰三年（1080），他在《到黄州谢表》中回视乌台诗案前的言行，痛自反省道："而臣用意过当，日趋于迷。赋命衰穷，天夺其魄；叛违义理，

[①]《送蔡冠卿知饶州》，《苏轼诗集》卷六，第253页。
[②]《苏轼词编年校注》，第129—130页。
[③]《苏轼词编年校注》，第129页。
[④]《至济南，李公择以诗相迎，次其韵二首》其二，《苏轼诗集》卷十五，第716页。

辜负恩私。茫如醉梦之中，不知言语之出。"① 此处的"如梦"并非取其虚幻不实之意，而重在强调其"无理"。以醉梦形容彼时所为，意在表达现在的自己已然清醒，也隐含着历经政治打击之后，对既往锋芒毕露之言行的陌生感。持续五年的黄州之贬，首次将苏轼卷入苦难的谷底，当他终于脱离并回首这段岁月时，同样是以"如梦"形容彼时心境："一梦江湖费五年。归来风物故依然。"② 这是典型的"物是人非"表达，其中无须赘言地含有对"当时风物"和"江湖五年"的追忆。苦难终于过去，归来时看到熟悉的风物环绕周遭，既倍感踏实又恍如隔世，这种感受实在与噩梦初醒无异。建中靖国元年（1101），苏轼自海南归来时所吟咏的"七年来往我何堪，又试曹溪一勺甘。梦里似曾迁海外，醉中不觉到江南"③ 也是与此异曲同工的感叹。

　　与苏轼一同从乌台诗案的噩梦余波中醒来的，还有受其牵连的好友王巩。王巩于元丰二年（1079）远谪宾州，元丰七年（1084）放归，此时寄诗与苏轼谈及彭城旧游。苏轼感慨回应道："却思庾岭今何在，更说彭城真梦耳。"④ 王巩贬谪之地比苏轼更为偏远，梦醒之时，再想起岭南烟瘴之地的千难万险，如今安在？而回望遭贬之前在徐州的相聚，更是渺远难寻如同梦中之事。值得注意的是，在回望、如梦的表达之后，紧随而出的便是韬光养晦的反省，并流露出全身而退的意愿："君知先竭是甘井，我愿得全如苦李。"⑤ 苏轼对仕宦经历的回望中伴随着自省，"如梦"的加入，一方面是宦海沉浮后的真实感受，另一方面则未尝没有以梦的虚幻、多变来质疑仕宦人生的意义。与此相关，在某些语境下，"如梦"并非单纯的感叹，而是含有一定程度的价值判断。"美酒一

---

① 《苏轼文集》卷二十三，第654页。
② 《浣溪沙》（一梦江湖费五年），《苏轼词编年校注》，第539页。
③ 《过岭二首》其二，《苏轼诗集》卷四十五，第2427页。
④ 《次韵王定国南迁回见寄》，《苏轼诗集》卷二十四，第1293页。
⑤ 《苏轼诗集》卷二十四，第1293页。

杯谁与共？尊前舞雪狂歌送。腰跨金鱼旌旆拥。将何用。只堪妆点浮生梦。"① 无论荣华富贵如何极尽渲染，只轻轻点出"将何用"三字，便如细针戳破流光溢彩的气泡。回望过去，这些物事自己何尝不曾享有，而只需回视如今身在黄州的孤苦，便明白它们的全部用处不过是使浮生之梦更加诱惑人心，总有一日尽数破灭。词意显在的一层是质疑功名利禄的价值追求，更深的一层则是基于自身体验的对人生整体意义的感知。人生之短暂、虚幻作为人所共有的强烈感受，早已得到不同方式的演绎，苏轼也借鉴故事述说如梦之意："纷纷荣瘁何能久，云雨从来翻覆手。恍如一梦堕枕中，却见三贤起江右。"② "人事千头及万头，得时何喜失时忧。只知紫绶三公贵，不觉黄粱一梦游。"③ "枕中""黄粱"之典以其背后负载的丰富情节，代苏轼道出了元祐还朝、获罪南迁等盛衰起落造成的如梦之感。在这两例中，荣瘁、得失、喜忧，寓示了导致人生无定的仕宦因素。作者以跳出其外的清醒眼光去看待这场多变的梦，其实质更多是表达对仕宦生涯的通透理解。这样的总结已经有了从整体上感悟人生的影子。

从不胜枚举的例证中可以看到，苏轼或在回望时感到"旧事真成一梦过"④，或在回望中有感于今昔之别，领悟世事变化无常，有如一梦。总之，从回望旧事到产生如梦之感，其间往往具有顺承式的思绪流动。这在很大程度上是由于回望之举恰好促成了梦与醒的分界。"人生悲乐，过眼如梦幻，不足追，惟以时自娱为上策也。"⑤人们相信当下是真实可控的，相较于此，无法追觅的过往则如同梦境。苏轼在《胜相院经藏记》中云："譬如梦中人，未尝知是梦，

---

① 《渔家傲》（临水纵横回晚鞚），《苏轼词编年校注》，第411页。
② 《次韵三舍人省上》，《苏轼诗集》卷二十八，第1486页。
③ 《被命南迁，途中寄定武同僚》，《苏轼诗集》卷四十七，第2555页。
④ 《余去金山五年而复至，次旧诗韵，赠宝觉长老》，《苏轼诗集》卷十八，第943页。
⑤ 《与王庆源十三首》其十一，《苏轼文集》卷五十九，第1815页。

既知是梦已，所梦即变灭。"① 在"既知是梦"与"所梦变灭"之间存在着相伴相生的关系，而回望则会让人清晰地认识到后者，从而感受到前者。由于过往之事的情感性质不同，"如梦"可能是悲情或庆幸的慨叹，也可能是一种中性的叙述而已。无论如何，从某种意义而言，回望过去帮助个体建立了对自我人生的体认。如果将"人生如梦"视为苏轼的一种自我体认，那么它的生发和形成中可以看到作者的回望、反省与总结所发挥的作用。

二 如在梦中：现状与过往的对比

从上文分析中已可看出，"如梦"之感的产生过程往往伴随着因回望过去而导致的今昔之比。现状与过往的强烈对比带来的并不只有"往事如梦"，还可能给人以暂时无法适应现实而"如在梦中"的感受，而这同样是苏轼笔下"人生如梦"的表现形式之一。

熙宁二年（1069），苏轼在广陵与刘攽、刘挚、孙洙三人相会，"各以其字为韵"，作诗三首。其中赠与刘攽的一首便语涉如梦之感："去年送刘郎，醉语已惊众。如今各飘泊，笔砚谁能弄。我命不在天，羿彀未必中。作诗聊遣意，老大慵讥讽。夫子少年时，雄辩轻子贡。尔来再伤弓，戢翼念前痛。广陵三日饮，相对恍如梦。"② 苏轼此时的如梦之感与诗中提及的旧事颇有关联。刘攽本以馆阁校勘同知礼院，因主试之事与王安石有所争议而遭御史弹劾，后又因议论新法而为王安石所斥，出倅海陵。而苏轼同样因反对新法出为杭倅，与好友刘攽同声相应、同病相怜。如今远在朝堂之外的这次重聚，势必勾起了当时面折庭争的记忆，又反衬出眼下被迫外任的遭际。再相见时，彼此既触动于今昔的巨大落差，又感慨于难得的三日欢饮，故此深有恍如梦中之感。

---

① 《苏轼文集》卷十二，第389页。
② 《广陵会三同舍，各以其字为韵，仍邀同赋》其一《刘贡父》，《苏轼诗集》卷六，第295页。

因朋友间的久别重逢而生发如梦之感的并非只此一例。熙宁十年（1077），苏轼自密州移守河中府，回京途中改知徐州，时有旨不许入京师，只得寓居城外范镇的园邸。自感"冗士无处着，寄身范公园"①的苏轼对处境清醒而自伤，当年与他志同道合、同为杭倅的旧友鲁元翰此时常来看望，为他纾解忧愁。在送这位朋友赴任的诗歌中，苏轼以亲切生动的笔触忆起当年在钱塘共度的美好时光："忆在钱塘岁，情好均弟昆。时于冰雪中，笑语作春温。欲饮径相觅，夜开丛竹轩。搜寻到箧笥，鲊醢无复存。每愧烟火中，玉腕亲炮燔。别来今几何，相对如梦魂。"②自倅杭到如今，两人已是数年未见。当时亲密的交往给人无限温暖，如今境遇各异却诚挚未变。所谓"相对如梦魂"，显在的一层原因是曾经友爱甚笃而别后不易相见，长期思念不已。陡然心愿成真，反而不敢相信重逢是如此容易之事了。而内里更深沉的情感则是，别后数年间人事变迁，各自经历许多悲欢，百感交集无从言说。人虽已能当面相对，然而回忆翻涌，只觉亦梦亦真。同样，扬州席上夜会故人也使苏轼发出相似的感慨："轻舸渡江连夜到，一时惊笑衰容。语音犹自带吴侬。夜阑对酒处，依旧梦魂中。"③词中看似并无回望旧事，然而"惊笑衰容"透露了今昔间的巨大差别。分别时并不能预料何时重逢，重逢时思及长久的分别状态，惊诧于这中间飞度的时光、跨越的距离、经历的变迁，难免感到眼前的相聚极不真实。总之，上述三例中的"如梦"表述，皆是以或显或隐的回望过去、反观如今的视角作为铺垫的。

久别重逢时的相对如梦，很大程度上缘于彼此境遇的变化。苏轼身在宦海，浮沉之间的落差足以冲击其认知，使他对天差地别而又迅速切换的生活状态感到迷惘。元丰四年（1081），苏轼作《黄

---

① 《送鲁元翰少卿知卫州》，《苏轼诗集》卷十五，第725页。
② 《苏轼诗集》卷十五，第726页。
③ 《临江仙》（尊酒何人怀李白），《苏轼词编年校注》，第689页。

州上文潞公书》，将自己在黄州所撰著作托付文彦博，其中另包含一份徐州贼患的治理方略。在本书第二章中，我们曾以此事为例，论述苏轼"不在其位而谋其政"的价值观念，而在此需要侧重留意的则是他偶然发现这份草稿时的情境与心态：

> 轼在徐州时，见诸郡盗贼为患，而察其人多凶侠不逊，因之以饥馑，恐其忧不止于窃攘剽杀也。辄草具其事上之。会有旨移湖州而止。家所藏书，既多亡轶，而此书本以为故纸糊笼篋，独得不烧，笼破见之，不觉惘然如梦中事，辄录其本以献。轼废逐至此，岂敢复言天下事，但惜此事粗有益于世，既不复施行，犹欲公知之，此则宿昔之心扫除未尽者也。公一读讫，即烧之而已。①

苏轼从破烂的笼篋中瞥见故纸，蓦然发觉这是当年转任湖州之前，因徐州盗贼扰民之事打算上奏朝廷的文书，一段遗忘许久的记忆在偶然的机缘中被重新翻晒。它之所以使苏轼感慨唏嘘，也是由于不堪回首的前情。乌台诗案初发，"轼始就逮赴狱，有一子稍长，徒步相随。其馀守舍，皆妇女幼稚。至宿州，御史符下，就家取文书。州郡望风，遣吏发卒，围船搜取，老幼几怖死。既去，妇女恚骂曰：'是好著书，书成何所得，而怖我如此！'悉取烧之。比事定，重复寻理，十亡其七八矣"②。经此浩劫，苏轼一方面未曾料到这封文书竟能幸免于难，另一方面，自己九死一生，对政事的心力也随之收敛。几年后，故纸的出现突然让他看到往日岁月的痕迹，此时"如梦中事"的既是当年忧国忧民的热忱，也是获罪贬逐的现状，更是二者之间的天壤之别。宿昔之心固然未泯，可是放在今日情境下又是何等不合时宜。"惘然"二字极为丰富地容纳了笼破字现时的诧

---

① 《黄州上文潞公书》，《苏轼文集》卷四十八，第1380页。
② 《苏轼文集》卷四十八，第1380页。

异、随之涌动的回忆及感旧伤今的沉痛。这如在梦中的感受，正是由上述具体而层次复杂的体验共同造就的。另一个例子则是苏轼在《上元夜过赴儋守召，独坐有感》中所言："灯花结尽吾犹梦，香篆消时汝欲归。搔首凄凉十年事，传柑归遗满朝衣。"① 前文已经分析，此语是因回望元祐八年（1093）的上元夜而发，而诗题中"独坐"二字表明苏轼并非真正入梦，而是长久枯坐，直至灯火燃尽，仍旧沉湎于往事中，如同神游梦里。当年上元夜的繁华，怎就转眼变成了如今流落天涯的孤清？以当下的目光看去，前尘旧事固然如梦，而今昔之间判若云泥，又不免使人对当下也产生几分不真实的如梦之感。

　　过往之事并非都被时光美化，当人们从一场无力应对的磨难中逃离时，那种心有余悸之感时常令人对现状心生怀疑。这既是人同此心式的感受，也是苏轼着意记录的生活体验。熙宁十年（1077），苏轼在徐州率众抗洪，身先士卒，极为艰苦地抵御了黄河水患的侵袭。事后，他在《答吕梁仲屯田》一诗中回顾经历道："黄河西来初不觉，但讶清泗奔流浑。夜闻沙岸鸣瓮盎，晓看雪浪浮鹏鲲。吕梁自古喉吻地，万顷一抹何由吞。坐观入市卷闾井，吏民走尽徐王尊。计穷路断欲安适，吟诗破屋愁鸢蹲。岁寒霜重水归壑，但见屋瓦留沙痕。入城相对如梦寐，我亦仅免为鱼鼋。旋呼歌舞杂诙笑，不惜饮醨空瓶盆。"② 诗中对比性地描述了水灾前后的状况，正因洪水肆虐时根本无力抵挡，几乎不敢奢望保全自身，一朝洪水退去后"入城相对"，确信竟然逃过此劫，才觉得眼下的平安无事简直不可置信。"旋呼歌舞杂诙笑，不惜饮醨空瓶盆"的狂欢场景，正印证了吏民如梦初醒的状态。

　　与黄河水患相比，乌台诗案的凶险程度则有过之而无不及。元丰二年（1079），当苏轼终于走出御史台狱时，也曾有过类似

---

① 《苏轼诗集》卷四十二，第 2301—2302 页。
② 《苏轼诗集》卷十五，第 774—775 页。

的心理体验：

> 百日归期恰及春，馀年乐事最关身。出门便旋风吹面，走马联翩鹊啅人。却对酒杯疑是梦，试拈诗笔已如神。此灾何必深追咎，窃禄从来岂有因。①

诗人在御史台狱关押百日，身心备受磨难，已怀必死之念，谁料竟能免祸全生。获得释放的他心情轻快，过往阴影却不免如影随形。监狱之外大好天地的风吹鹊闹，摆在眼前的酒杯、诗笔，通过各种感官确认并提醒着诗人的重获新生。他难以置信、却又实实在在明白自己已脱离了困境，现状的美好程度远超意料，因此才会疑是梦中。

　　苏轼从贬所复归朝堂，也是与此相似的人生经历。他向好友王巩诉说自己"还朝如梦中，双阙眩金碧"②。不久前还身陷黄州为生计担忧，转眼间却再次身处金碧辉煌、炫人眼目的宫阙，短暂时间内的巨大差别使久在荒僻贬所的苏轼难以适应，并因此牵动他对仕宦生涯的思索和求归之心，反而使这一"美梦成真"的事件中增添了迷茫的情绪。元符三年（1100），长年身陷贬所、"病骨瘦欲折，霜髯镊更疏"③的苏轼看似再也期盼不到赦免的希望，却突然得到了值得欣慰的消息："喜闻新国政，兼得故人书。秉烛真如梦，倾杯不敢馀。"④此时的如梦之感，是由"新国政"与"故人书"双双带来的。它们在衰朽之心中燃起一点希望，以至于他难抑激动，秉烛细看，倾杯而饮。在漫长的贬谪生涯中，他都极少遇见国政向自己期待的方向发展，亦难得领受故人的抚慰，这些长久渴望又不敢奢

---

①《十二月二十八日，蒙恩责授检校水部员外郎黄州团练副使，复用前韵二首》其一，《苏轼诗集》卷十九，第1005—1006页。
②《次韵定国见寄》，《苏轼诗集》卷三十六，第1920页。
③《和孙叔静兄弟李端叔唱和》，《苏轼诗集》卷四十四，第2392页。
④《苏轼诗集》卷四十四，第2392页。

求之事突然出现在眼前，使人对过于乐观的现状反而不敢轻信。

"如在梦中"的感受虽然尚不同于"人生如梦"这样从整体上揭示人生规律的命题，但不可否认，它却是促成人生如梦之感的重要因素。细观苏轼的此类表达，绝大多数都可落实于具体的生活情境之中。尽管我们无从得知作者运用"如梦"的表述时，是否联想或借鉴了宗教思想及前人成说，但这种感受的确在很大程度上催生自苏轼个人的生活体验。那些危殆与平安、分离与相聚、衰败与荣耀之间的巨大差别，使得沉浸于旧时状态之中的个体无法置信现状的发生，如此而生的"如在梦中"之感虽是人之常情，但苏轼极为动荡丰富的人生经历显然更加频繁、强烈地提供了这种感受的发生契机。而真正促使"如梦"之感被提炼出来并汇成"人生如梦"之一部分的，则是苏轼较他人更为自觉且深刻的自我体认。

三 何曾梦觉：关于人生的整体认知

苏轼笔下的如梦之感不仅仅针对明确的事件或人生阶段，也可能是对自我人生与普遍人生的某种规律性状态的揭示。这意味着作者的观照视角与思考对象跳出了当下的时刻和个体自身，转而总观"人生"这一完整时段，并因此延伸到更广义的人生。

这首先体现为如梦的主体由具体之事到"万事"的扩展。前文论述中实已涉及苏轼以较为笼统的概念来承载如梦之感的例子，如"世事""聚散升沉"等，但在其上下文意中，通常能够找到比较具体的仕宦经验作为这种感受的出因。然而在另一些语境中，作者总结性的如梦之叹并无明确的针对性，而是长期、复杂的情感融汇而成的体验。这在苏轼遭遇贬谪后尤为多见。例如他在黄州写下著名的赤壁怀古之词，并未直接指涉自己亲历的旧事，而是从史事的速朽中总结出"人间如梦，一樽还酹江月"[①] 的感受。"笑劳生一梦，

[①] 《念奴娇》（大江东去），《苏轼词编年校注》，第399页。

羁旅三年，又还重九。"① 轮回的岁时节序标识出蹉跎的岁月，提醒作者回视平生，方才生出如梦之感。另如元丰四年（1081）重阳节，苏轼同黄州太守徐君猷饮宴，作《南乡子》云：

> 霜降水痕收。浅碧鳞鳞露远洲。酒力渐消风力软，飕飕。破帽多情却恋头。　　佳节若为酬。但把清尊断送秋。万事到头都是梦，休休。明日黄花蝶也愁。②

在亲人团聚的节日里遭受骨肉分离之苦，秋意愈显清冷，酒也暖不热愁肠。看似无理而出的"万事到头都是梦"，其实包含了因佳节饮酒勾连出的人生百味，而如今思之无益，只好以一梦作结。"人间""劳生""万事"都是范围广大的词语，不确指一时一事，意味着对所处之世、所经之事的整体认知。

苏轼暮年的南迁了无生还的希望，人生至此仿佛已经终结，不敢奢求再生变动，这促使苏轼以总结的心态回望平生，因此这一时期言说的不仅是阶段性的感受，从整体上将平生视如梦境的表达较此前更为多见。绍圣二年（1095），他在惠州初食荔枝，以心满意足的口吻感叹："人间何者非梦幻，南来万里真良图。"③ 他将人间万事从梦幻这一角度予以同质，所以南来万里也不过是梦中一个情节，不必忧惧也不必介怀，反倒是荔枝的香甜似乎并不因梦幻而稍减。一旦具有了这样选择性屏蔽困苦而享受幸福的能力，那么南迁也的确堪称乐事了。元符三年（1100），即将北归的苏轼惜别海南百姓，道出了"平生生死梦，三者无劣优"④ 之语。这恐怕并不仅仅像它看上去那样表达了某种价值判断，同时也说明三者在性质上的相通。生与死本为两个极端，却不妨同归于梦，以齐等的态度待之，便能

---

① 《醉蓬莱》（笑劳生一梦），《苏轼词编年校注》，第 428 页。
② 《苏轼词编年校注》，第 331 页。
③ 《四月十一日初食荔支》，《苏轼诗集》卷三十九，第 2122 页。
④ 《别海南黎民表》，《苏轼诗集》卷四十三，第 2363 页。

最大限度地免除命运对内心的干扰。在生命最后一年,苏轼针对"人间如梦"所发的议论更为酣畅淋漓:"人众者胜天,天定亦胜人。邓通岂不富,郭解安得贫。惊飞贺厦燕,走散入幕宾。醉眠中山酒,梦结南柯姻。宠辱能几何,悲欢浩无垠。回视人间世,了无一事真。"① 诗中虽并未直言"如梦",但作者经由历史思考和自身体验,全部否定了人间世事的真实性,却几乎可以等同于"万事皆如梦"之意。在上述例证中,苏轼对人生如梦的整体认知皆建立在过往的人生阅历之上,或者说,是经由隐含的回望视角加以观照而得出的。

既然"世事一场大梦"②,世间"了无一事真",那么作为观照主体的苏轼又是怎样定义自身在世间所处的位置呢?在作于黄州的《十拍子》中,他语意豪迈、姿态超绝:"身外傥来都似梦,醉里无何即是乡。东坡日月长。"③ 此身仿佛是以清醒状态独立于世事之外的,万事万物如虚幻的浮云在身边流转,却不能使之沾染。这种如梦的认识发挥了积极的作用,使作者更为潇洒地淡忘外界而专注自身,享受东坡岁月。而在黄州之贬结束后所作的《再过常山和昔年留别诗》中,苏轼则略带伤感地写道:"伛偻山前叟,迎我如迎新。那知梦幻躯,念念非昔人。"④ 追和己作的行为促使苏轼很自然地回望旧事,迎接者热忱如昔,可是过去五年中经历的磨难,如何能当做没有发生过。如梦的不仅是旧事,在这虚幻无常中走过一遭的自身,看起来还是同一个人,却再也回不到当年的样子。作者的思考从过往之事的虚幻偏转为自身的虚幻,这就并非将自己作为一个穿梭游历于梦与醒之间的不变的参照物,而是将自身亦融为梦幻的一部分。知定州时,苏轼重申此意:"此身自幻孰非梦,故园山水聊心

---

① 《用前韵再和孙志举》,《苏轼诗集》卷四十五,第 2440 页。
② 《西江月》(世事一场大梦),《苏轼词编年校注》,第 798 页。
③ 《苏轼词编年校注》,第 476 页。
④ 《苏轼诗集》卷二十六,第 1381 页。

存。"① 作者从巧夺天工的雪浪石联想到故园山水，难抑思乡之情。然而此身由来不能自主，归乡之愿既然注定埋藏心中，只有借助抽象思考来解脱现实困境，以自身与世事本为梦幻来宽慰自己。从一个梦幻之身的眼中看到的所有事物，哪有一样是真实存在的呢？既如此，也就不必戚戚于得失了。否定自身存在的真实性，仿佛是历经世事变迁后更加无奈的苏轼的内心写照。他不再自认具有"旁观者清"、把控自身的能力，而承认身陷梦中的无力：

> 清夜无尘。月色如银。酒斟时、须满十分。浮名浮利，虚苦劳神。叹隙中驹，石中火，梦中身。 虽抱文章，开口谁亲。且陶陶、乐尽天真。几时归去，作个闲人。对一张琴，一壶酒，一溪云。②

隙中驹、石中火，皆是形容人生短促的语典，而就在这转瞬即逝的生命历程中，充斥的不过是"浮名浮利，虚苦劳神"。人生的短暂与其中价值追求的空幻，皆催生了苏轼身陷梦中的感触。他看似将自身都融入了人生这场大梦，无所谓梦与醒之别，然而能够如此通透地道破梦的本质，揭示自身的虚幻，足以说明主体并非沉溺于梦中浑然不觉，而恰恰是以超越其上的旁观视角看待自我人生的。在此类表述中，苏轼已经不单是滞留在人生旅途中回望旧事的当局者了。

苏轼曾言"譬如梦中人，未尝知是梦"，他既自认是梦中人，又如何能对自己的人生做一番整体性的观照呢？不妨先看元祐八年（1093）苏轼为子由贺寿时所作的一首小诗："己卯嘉辰寿阿同，愿渠无过亦无功。明年春日江湖上，回首觚棱一梦中。"③ "觚棱"代指宫阙，由于当时的朝局已渐露变化之象，苏轼期望并计划及早脱

---

① 《次韵滕大夫三首·雪浪石》，《苏轼诗集》卷三十七，第1999页。
② 《行香子》（清夜无尘），《苏轼词编年校注》，第725页。
③ 《次韵秦少游王仲至元日立春三首》其二，《苏轼诗集》卷三十六，第1953页。

离仕宦生活，并悬知明年此时回望现在的自己，必定会感到旧事如梦。因此，尽管正经历着现在，却依然可以认识到现在也是一梦，是人生这场持续之梦中的一个阶段。在这个例子中，作者的悬想对于产生当下"如梦"的认识具有明显的作用。除此之外，作于徐州的《永遇乐》更是古今与未来之事、现实之梦与如梦之感交缠的典型案例：

明月如霜，好风如水，清景无限。曲港跳鱼，圆荷泻露，寂寞无人见。纨如三鼓，铿然一叶，黯黯梦云惊断。夜茫茫，重寻无处，觉来小园行遍。　天涯倦客，山中归路，望断故园心眼。燕子楼空，佳人何在，空锁楼中燕。古今如梦，何曾梦觉，但有旧欢新怨。异时对、黄楼夜景，为余浩叹。①

此词因梦而起，词中关于梦时与醒时的叙事线索也给人迷蒙之感。苏轼因梦见前代佳人而怀古，又在人去楼空的燕子楼察觉物是人非之悲。回视自身，故园难觅与佳人无存同样提示着世事的无常，今时与古时的人生一般无异，差别只在于具体的经历而已，正是所谓"古今如梦，何曾梦觉，但有旧欢新怨"。而对于异时来者"为余浩叹"的悬想，则复制了今日之我为古人浩叹的场景，这番层叠的设计，恰恰回应了"古今如梦"之意。苏轼想到，在后来者眼中，已经烟消云散的自己的人生也将如一梦，所以看似真实的当下，其实正在梦中。若再加推衍，后来者发出浩叹时，何尝不也是身在梦中而未必自知？是故，人生之梦不分今古，是一个始终未醒并将永久持续下去的历程。苏轼通过对古事的回望、对异时的悬想，贯通了阶段性的时空，赋予其普遍适用的"如梦"属性。

人生之梦的持续性促使人们重新考量人生之事的意义。"算当

---

① 《苏轼词编年校注》，第 247 页。

年、虚老严陵。君臣一梦，今古虚名。"① 苏轼将刘秀称帝、严光钓名都归于一梦，并不仅仅出于站在当下凭吊古事的心态，而是从历史经验中勘破某种不随时移世易的规律。"古"自然已成虚幻，"今"却未尝不在重复着虚幻。"今古虚名"并非以今视古所得到的结论，而是融入了反思自身的认识，意味着从古到今，所谓君臣遇合、建树功名同样是一梦的性质，情况并未改变。"梦幻去来"则是另一种表明梦之持续性、揭示人生整体认知的方式。元丰二年（1079），苏轼为王巩清虚堂赋诗，其中有云："清虚堂里王居士，闭眼观心如止水。水中照见万象空，敢问堂中谁隐几。吴兴太守老且病，堆案满前长渴睡，愿君勿笑反自观，梦幻去来殊未已。"② 身为吴兴太守的苏轼，在此诗中自嘲并调侃好友，提出了极富哲学思辨意味的问题。据苏辙为该堂所作记文，王巩取堂名为"清虚"，非止因其景物萧然高逸，也是为了表明清虚寡欲、自得于怀的心境。王巩心如止水、隐几堂中，看似与公务缠身、懒怠不已的苏轼差别显著，然而苏轼提醒好友：人生历程皆不过在梦幻之中，从未停止也没有完结之时。倘若真能作"万象空"的"自观"，就应明白彼此并无本质的区别，何必执念于外在的表现形式呢？有趣的是，同一年苏轼还作有另一首情况类似的诗，这次则是针对赵抃的高斋而发：

见公奔走谓公劳，闻公引退云公高。公心底处有高下，梦幻去来随所遭。不知高斋竟何义，此名之设缘吾曹。公年四十已得道，俗缘未尽馀伊皋。功名富贵皆逆旅，黄金知系何人袍。超然已了一大事，挂冠而去真秋毫。坐看猿猱落置罔，两手未肯置所操。乃知贤达与愚陋，岂直相去九牛毛。长松百尺不自

---

① 《行香子》（一叶舟轻），《苏轼词编年校注》，第24页。
② 《王巩清虚堂》，《苏轼诗集》卷十九，第964页。

觉,企而羡者蓬与蒿。我欲赢粮往问道,未应举臂辞卢敖。①

苏轼对赵抃的顺利退隐报以企慕的态度,他认为外界从不同角度对赵抃的"奔走"与"引退"予以褒扬,实际上在赵抃心中,这些只是"梦幻去来"的人生中随遇而安的选择,无所谓高下。"奔走"是因"俗缘未尽",不以功名富贵为喜;"引退"是因"大事已了",不以挂冠而去为高。将人生视作一场从过去持续到未来的梦,成为这种超然心态的逻辑基础,帮助苏轼在得失之间泰然处之。

元丰七年(1084),苏轼过扬州平山堂,写下《西江月》一首:

> 三过平山堂下,半生弹指声中。十年不见老仙翁。壁上龙蛇飞动。　欲吊文章太守,仍歌杨柳春风。休言万事转头空。未转头时皆梦。②

三过平山堂,绵延半生,人事皆非,词意仍是从旧事中提炼感受,结尾却描述了两种不同的认识层次。从字面来看,"转头"与"回望"意义相似,从内涵而言,它们都标志着追忆、反思与醒悟。苏轼否定人们惯常的"万事转头空"的认识,表明自己能够看到未转头时的人生已是虚幻,而不必像众人一样等到转头时方才醒悟。他有意贬抑"醒时看梦"的普通感受,立身更高的视角俯瞰人生之路,看到了这场梦随人生轨迹延续,而人们多在其中浑然不觉。正因具有这样的观照角度,人生之梦虽然没有醒时,作者自己也身处梦中,却无碍于他对人生的清醒感知。

无须赘言,苏轼的人生不能等同于普遍的人生,他所接触的世界不能等同于"人间",他所经历之事不能等同于"世事",但他却可以赋予此类广义之物"如梦"的性质,这些判断很大程度是

---

① 《赵阅道高斋》,《苏轼诗集》卷十九,第991—992页。
② 《苏轼词编年校注》,第533页。

由自身的体验所支持的。在这一过程中，读者很容易发现回望与悬想在苏轼的思考和表述中发挥的作用。一方面，"回望"提供了从过去和当下的体验中提炼感受的基础，回望历史和旧事足以让他对人生的规律有所认知，另一方面，由于"悬想"的引入，在"后之视今，亦犹今之视昔"的思路中，正在人生旅途中的个体也能将当下的体验平移到未来，认识到"人生如梦，何曾梦觉"。由此可见，苏轼的回望与悬想不仅是一种思绪流动，也是看待人生的视角，并可能包含着较旁人更为强烈的自省精神，以及体会并总结人生的意识。苏轼不拘泥于当下，因此能从过去与未来中体验人生的梦幻感，不拘泥于自我，因此能从自身体验出发推知人生的普遍性质。

体验是个体思考的催生之源。苏轼平生经历与"如梦"命题之间的联系，前人早有阐释："东坡升沉去住，一生莫定，故开口说梦。"① 然而人生坎坷，心同此理，前代诗人表达此一感受亦绝非鲜见。如若不去寻觅具体表述中的承袭关系，追溯这一命题的最初源头，而是针对苏轼来探讨如梦感受的生发机制，那么"经历—感想"式的逻辑关系便显得简单直接，而从体验到思考的过程则值得投入更加深细的关注。透过诸多例证可知，苏轼笔下的"人生如梦"不是一蹴而就的大命题，也并非单纯从佛道思想或前人成说中因袭改造而来，而在很大程度上由作者生命中许多次微小的、具体的"如梦"感受酝酿而成。作为某种古老命题，"人生如梦"在苏轼自我的人生中得到印证，又被注入个人化的理解，获得更为丰富的层次及饱满的内涵。这一命题的重新熔铸，与无数散在的个人体验密不可分，而苏轼尤善从回望与悬想中观照人生，也为如梦之感的生成与抽绎贡献良多。

---

① （清）黄苏选评：《蓼园词选》苏轼《南乡子》条引沈际飞评语，尹志腾校点《清人选评词集三种》，第43页。

第三节 "至乐"追求向现实世界的归依

"至乐"也是苏轼作品中数次提及的一个命题。《庄子·至乐》篇着意论述人世间是否具有至高无上的快乐，它排比了"身安厚味美服好色音声"[①]等天下人所公认的乐事，又将其一一否定，并指出"吾以无为诚乐矣，又俗之所大苦也。故曰：'至乐无乐，至誉无誉。'"[②]最终将至乐与无乐等同起来。而苏轼所谓的"至乐"，大多也是作者心目中对人生乐事的定义和诠释。不过，它们不仅不同于其原初的内涵，彼此之间亦互不相同，这一方面能够展现苏轼在不同阶段、不同境遇中关于人生价值的体认，另一方面更呈示了苏轼结合自身体验去重新理解这一命题的过程。那些苏轼笔下称为"至乐"的事物或可提供有效的切入点，帮助我们考察作者从个人生活体验中所建立的某些价值追求。

一 箪食瓢饮之乐

"一箪食，一瓢饮，在陋巷，人不堪其忧，回也不改其乐。贤哉回也！"[③]孔子对爱徒颜回的称赏，为后世树立了贤者的典范，并使"箪食瓢饮"所代表的"安贫乐道"成为值得追慕的精神境界。时至宋代，士大夫对颜子的话题极为重视，而"乐道"是讨论当中的一个关键点。朱刚在《从"先忧后乐"到"箪食瓢饮"：北宋士大夫心态之转变》一文中论及，"宋儒开始关注心性问题时，就是以探讨颜子之'乐'的内涵为命题的"[④]。在苏轼诗文中，也曾数度出现

---

① 《庄子集释》卷六下《至乐第十八》，第609页。
② 《庄子集释》卷六下《至乐第十八》，第611页。
③ 《四书章句集注·论语集注》卷三《雍也第六》，第87页。
④ 朱刚：《从"先忧后乐"到"箪食瓢饮"：北宋士大夫心态之转变》，《文学遗产》2009年第2期。

涉及颜回之处，不同程度地表达了作者对颜子之乐的认识。

熙宁十年（1077），苏轼为孔宗翰修葺颜乐亭一事作诗，在诗序中回应了韩愈对颜回箪食瓢饮之举的轻视：

> 颜子之故居所谓陋巷者，有井存焉，而不在颜氏久矣。胶西太守孔君宗翰，始得其地，浚治其井，作亭于其上，命之曰颜乐。昔夫子以箪食瓢饮贤颜子，而韩子乃以为哲人之细事，何哉？苏子曰：古之观人也，必于小者观之，其大者容有伪焉。人能碎千金之璧，不能无失声于破釜，能搏猛虎，不能无变色于蜂虿，孰知箪食瓢饮之为哲人之大事乎？乃作《颜乐亭诗》以遗孔君，正韩子之说，且用以自警云。①

韩愈《闵己赋》曾言："昔颜氏之庶几兮，在隐约而平宽，固哲人之细事兮，夫子乃嗟叹其贤。"② 苏轼并不赞同这种看法，而认为观人正须从细节着眼，才能看到去除情伪的本质，颜子看似微不足道的生活方式正是高尚心境的真实反映。因此，苏轼不仅在诗中称扬颜子，还明确表达了踵武前贤之愿："伟哉先师，安此微陋。孟贲股栗，虎豹却走。眇然其身，中亦何有。我求至乐，千载无偶。执瓢从之，忽焉在后。"③ 苏轼将颜子在安贫守道的生活中获得的感受视为"至乐"，赋予其极为崇高的地位。此后，司马光亦作《颜乐亭颂》，重申苏轼的观点，并更为切直地批评韩愈自身短于节操却不屑颜子所为，认为"贫而无怨""不戚而安"④ 是颜回德行完备之所在。实际上，若将这种平和的心境理解为"至乐"内涵的一部分，

---

① 《颜乐亭诗》，《苏轼诗集》卷十五，第 776—777 页。
② （唐）韩愈著，马其昶校注，马茂元整理：《韩昌黎文集校注》卷一，上海古籍出版社 2014 年版，第 10 页。
③ 《颜乐亭诗》，《苏轼诗集》卷十五，第 777 页。
④ （宋）司马光著，李之亮笺注：《司马温公集编年笺注》卷六十八，巴蜀书社 2009 年版，第 240 页。

应当也是符合苏轼本意的。

苏轼发表关于颜回的见解并不是一个孤立现象,而是与诸多声音互为应和。司马光与苏轼在颜子之乐的评价问题上颇为投契,便是其中有趣的现象。司马光在《答刘蒙书》中曾以"孔颜之道"来贬斥一位仅有数面之缘却开口欲借巨资的士人:"足下服儒衣,谈孔颜之道,啜菽饮水,足以尽欢于亲,箪食瓢饮,足以致乐于身,而遑遑焉以贫乏有求于人,光能无疑乎?"① 尽管这封书信的语气着实愤慨且不乏反讽之意,但依然可以感到,在司马光看来,颜子的生活方式足以使儒者获得心灵的自足,因此他难以理解身为士人如何会戚戚于物质贫乏甚而有求于人。巧合的是对方来函中竟以韩愈为周济亲友的楷模,这无疑更使韩愈不幸沦为颜回高洁品行的反衬对象。司马光对颜子之道的强调和持守,也使苏轼找到了向他致敬的最佳方式,他在《跋司马温公布衾铭后》中写道:

> 士之得道者,视死生祸福,如寒暑昼夜,不知所择,而况膏粱脱粟文绣布褐之间哉!如是者,天地不能使之寿夭,人主不能使之贵贱,不得道而能若是乎,吾其敢以恭俭名之。仲尼以箪瓢得之颜子,余于温公亦云。②

以颜子来比温公,同以"恭俭"名之,表达了苏轼的极尽推崇之意。苏轼认为司马光与颜回同样能够做到视生死祸福为平常之事,不因外界之力而丧失内心的持守。在《司马温公神道碑》中,苏轼又有"方其退居于洛,眇然如颜子之在陋巷"③ 之语,形容司马光退隐后的高洁萧散。尹洙曾言:"盖夫乐古圣人之道者,未始有忧也,尚何

---

① 《司马温公集编年笺注》卷五十九,第 538 页。
② 《苏轼文集》卷六十六,第 2064 页。
③ 《苏轼文集》卷十七,第 512 页。

荣辱穷通之有乎？"① 他认为沉浸于"古圣人之道"所获得的快乐能够驱除所有忧患。苏轼的文字中虽未见忧乐之语，但他所描述的死生祸福、寿夭贵贱皆不能扰乱心志的状态，何尝不是自己所理解的一种至乐境界。

不过，关于颜回箪食瓢饮的讨论并非时时保持上述严肃姿态，苏轼晚年评论颜回的文字便完全转换了一副游戏笔墨：

> 孔子称颜回屡空，至于箪食瓢饮，其为造物者费亦省矣。犹且不免于夭折。使回吃得两箪食几瓢饮，当更不活得二十九岁。然造物者辄支盗跖两日禄料，便足为回七十馀年粮矣，但恐回不肯要耳。②

颜回饮食用度已经节省到极致，尚且不得造物的怜悯，假使他愿意稍加饮食，岂不是要更加早逝了吗？与之形成鲜明对比的是"脍人肝而餔之"③ 的盗跖，鱼肉无度，只是即便造物主"劫富济贫"，恐怕这种厚赠也不是高洁之士所能接受的。苏轼以奇特的逆向思维戏谑圣贤，解构了箪食瓢饮之举的意义，仿佛颜回是因耗费资源而年寿不永。这一关注点很容易勾连起欧阳修《删正黄庭经序》中的一段议论："禹走天下，乘四载，治百川，可谓劳其形矣，而寿百年。颜子萧然卧于陋巷，箪食瓢饮，外不诱于物，内不动于心，可谓至乐矣，而年不及三十。斯二人者，皆古之仁人也，劳其形者长年，安其乐者短命，盖命有长短，禀之于天，非人力之所能为也。"④ 在苏轼和欧阳修看来，颜回既"安贫"且"乐道"，无论身心俱已十

---

① （宋）尹洙：《送浮屠回光一首》，《河南先生文集》卷五，四部丛刊初编影印上海涵芬楼藏春岑阁钞本，第 5 页。
② 《颜回箪瓢》，《苏轼文集》卷六十五，第 2001 页。
③ 《庄子集释》卷九下《盗跖第二十九》，第 991 页。
④ （宋）欧阳修：《删正黄庭经序》，《居士外集》卷十五，《欧阳修诗文集校笺》，第 1729—1730 页。

分清静，并不该招致天不假年的命运。值得注意的是欧阳修对颜子"至乐"的定义："外不诱于物，内不动于心"，是一种尽可能忽略现实欲求、保持内心平静所得的快乐，这与苏轼所谓"视死生祸福，如寒暑昼夜，不知所择"的顺其自然有着一致的内涵。换言之，欧阳修所描述的"至乐"，也能够代表苏轼对颜子精神状态的理解。

除司马光、欧阳修之外，与苏轼关系亲密者如苏辙、黄庭坚等，也都对颜子之学富有心得。提及这些，并不是要探究颜子之学在宋代的接受及意义，而是意在说明苏轼在周边师友讨论颜子的浓厚兴趣中，很难不参与对"箪食瓢饮之乐"的思考。比起苏辙等人，苏轼关于颜子的理解发表得并不太多，但他明确将颜子之乐视为"至乐"，大抵是赞赏颜回坚定持守、不假于外的内心修为。能够不受忧患的侵扰，安于简素的物质条件，而永远优游于高贵的精神层面的思考中，这样的心灵感受自然是甘之如饴。曾表示"执瓢从之"的苏轼，在自己的人生中也数度遭遇极为清贫的境况。面对这样的生活，他既努力锻炼心性，以透彻的思考抗衡外力，也能效法颜回在其中领悟道理并获得乐趣。尽管苏轼记录生活体验的文字中很少提到颜回对自己的直接影响，但从他的生活态度和思考中却可以看到相似之处。

元丰三年（1080），苏轼在黄州写信向朋友滕元发讲述近况，提到了弟弟教给自己的一种"至乐"之法："近得筠州舍弟书，教以省事，若能省之又省，使终日无一语一事，则其中自有至乐，殆不可名。此法奇秘，惟不肖与公共之，不可广也。"① 苏轼神秘地与滕元发分享的这一方法，便是"省事"二字，亦即尽可能减免事务，最好到整天不发一语、不做一事的地步，便能感到极大的快乐。这显然是哲学维度的快乐，即便推而广之，大概也不是人人都能领会的。有趣的是，向苏轼推荐此法的苏辙此时正初到监筠州盐酒税任上，并因事务缠身而对颜子的生活方式充满羡慕：

---

① 《与滕达道六十八首》其二十二，《苏轼文集》卷五十一，第1482页。

余昔少年读书，窃尝怪颜子以箪食瓢饮居于陋巷，人不堪其忧，颜子不改其乐。私以为虽不欲仕，然抱关击柝，尚可自养，而不害于学，何至困辱贫窭自苦如此！及来筠州，勤劳盐米之间，无一日之休，虽欲弃尘垢，解羁絷，自放于道德之场，而事每劫而留之。然后知颜子之所以甘心贫贱，不肯求斗升之禄以自给者，良以其害于学故也。

嗟夫！士方其未闻大道，沉酣势利，以玉帛子女自厚，自以为乐矣。及其循理以求道，落其华而收其实，从容自得，不知夫天地之为大与死生之为变，而况其下者乎？故其乐也，足以易穷饿而不怨，虽南面之王，不能加之，盖非有德不能任也。余方区区欲磨洗浊污，希圣贤之万一，自视缺然，而欲庶几颜氏之乐，宜其不可得哉！①

苏辙因切身体验而更新了对箪食瓢饮之乐的理解，并产生了由衷的认同。在这一时期冀望摆脱俗务、修养自身的心理背景下，苏辙向苏轼推荐了省事之法，指出其中蕴藏的至乐。虽然无从确证，但这一过程可能很微妙地将颜子之乐与省事之至乐勾连起来，而苏轼对后者的认可也体现了他与弟弟相似的价值观念，以及在逆境中简化生活、默自观省的态度。不过，苏轼对颜子之乐的认可并不意味着他在物质欲求与情感需求方面也力求简素。相反，现实生活中的许多乐事也是他念念不忘的愿景。

二 乐莫乐于还故乡

返回故乡是苏轼一生未曾真正放弃的期许。在本书第二章关于"功成身退"的人生设计及第五章关于"归处"的论述中，都曾经涉及还乡之于苏轼的意义。本节的再次申说，则意在从"至乐"的

---

① （宋）苏辙：《东轩记》，《栾城集》卷二十四，《苏辙集》，第405—406页。

角度看待苏轼对还乡一事的认知，因此主要侧重考察作者关于还乡之乐的表达。此乐一方面体现在明确的价值判断上，另一方面则化入对还乡生活的具体描述中。

元丰二年（1079），苏轼在《贺赵大资少保致仕启》中表达了对赵抃功成还乡的羡慕，其中有言："窃谓富贵不为至乐，功名非有甚难。乐莫乐于还故乡，难莫难于全大节。"① 苏轼否定了世俗观念中以富贵为至乐的价值判断，而赋予了"还故乡"以人间至乐的性质。"历数当今之卿相，或寓他邦"②，这不仅是苏轼知见所及的实情，也可能在某种程度上体现了他内心深处对自身归宿的预判。赵抃的成功还乡仿佛提供了美好的人生范式，因此虽是在贺人致仕的交际语境中，苏轼对归乡之乐的标举依然显得非常诚恳。

对于苏轼而言，视还乡为至乐的想法有着深厚的情感基础。且无须赘言少小时代的故乡生活给予苏轼何等深刻的记忆，入仕之后长年胸怀难抒，已经足以使他分外思亲念乡。早在熙宁八年（1075）写与亲戚程彝仲的书函中，苏轼已铺展了还乡的设想：

> 得圣此行，得失必且西归，计无缘过我。而东武任满，当在来岁冬杪，亦无缘及见于京师矣。此任满日，舍弟亦解罢，当求乡里一任，与之西还。近制既得连任蜀中，遂可归老守死坟墓矣。心貌衰老，不复往日，惟念斗酒只鸡，与亲旧相从尔。星桥别业，比来更增葺否？因便，无惜一二字。③

程彝仲此番赴京应考，无论中或不中，都必将返回蜀地，而自己唯有离任密州之后才能回京，时间错过，无法相见。能够稍稍慰藉彼此的只有对理想生活的规划。苏轼快乐地打算此任一满便与子由一

---

① 《苏轼文集》卷四十七，第 1346 页。
② 《苏轼文集》卷四十七，第 1346 页。
③ 《与程彝仲六首》其二，《苏轼文集》卷五十八，第 1750 页。

道请求回乡做官，继而连任蜀中，就可以与故乡长相厮守了。"斗酒只鸡""亲旧相从"是很世俗化、很切实的生活场景，这便是苏轼此时所期盼的乐事。提及还乡后的生活，作者的笔触变得柔和，情绪也从彼此无缘得见的遗憾中淡出，转而充满对故乡生活的兴味。

还乡之乐还以更丰富的表现形式存在于苏轼的脑海之中。元祐元年至元祐三年（1086—1088）间，苏轼先后在写给王庆源的数封书信中构想"乞一乡郡"而后其乐融融的场景。王庆源曾任洪雅主簿，谢事后便退居苏轼岳家所在的青神县西瑞草桥边，这使得苏轼与之"亲旧相从"的愿望更加迫切。略取几则观之：

> 久不奉状，愧仰增积。即日，远想起居佳胜。叔丈脱屣缙绅，放怀田里，绝人远矣。某罪废流落，今复强颜周行，有愧而已。若圣恩怜其老钝，年岁间，乞与一乡郡，归陪杖屦，复讲昔日江上携壶藉草之乐，（只是不得拽脚相送，先发遣酒壶归瑞草桥，于义俭矣。记得否？呵呵。）何幸如之。未间，惟望厚自颐养，以享无疆之寿。①

> 久不奉状，愧仰增积。即日退居多暇，尊体胜常。某进职北扉，皆出奖庇。自顷流落江湖，日欲还乡，追陪杖屦，为江路藉草之游，梦想见之。今日国恩深重，忧责殊大，报塞愈难，退归何日，西望惋怅，殆不胜怀。想叔丈与丈人及诸侄，岁时相遇，乐不可名，虽清贫难堪，然熬波之馀，必及鸰原，应不甚寂寞也。岁晚苦寒，伏乞保重。②

> 近奉慰疏，必达。比日尊体何如？某与幼弱，凡百粗遣。人生悲乐，过眼如梦幻，不足追，惟以时自娱为上策也。某名

---

① 《与王庆源十三首》其八，《苏轼文集》卷五十九，第1814页。
② 《与王庆源十三首》其十，《苏轼文集》卷五十九，第1815页。

位过分，日负忧责，惟得幅巾还乡，平生之愿足矣。幸公千万保爱，得为江边携壶藉草之游，乐如之何。①

将这三则尺牍并举，可以看到其中不约而同地提及"携壶藉草"之游，并明确视其为"梦想见之"的乐事。拎着酒壶相与枕藉于草坪之上，这极富画面感的设想足以代表苏轼对还乡之乐的理解。在他看来，亲朋好友能够"岁时相遇"，结伴优游于江边草上，即便生活清贫，也会感到"乐不可名""乐如之何"。然而，从这些信函前后笔触的变化中，也能清晰地感受到仕途对苏轼乐观心境的磨蚀。尽管他对"携壶藉草"的渴望有增无减，但设想未来的语气却从"年岁间"便得乞郡的轻快，逐渐变为"日负忧责""退归何日"的忧虑。他将酒壶先于自己"遣归"了瑞草桥边，几年之后在写给王庆源的诗中，不忘感慨"归来瑞草桥边路，独游还佩平生壶"②。而苏轼自己，竟终究不及这只能回归亲人身边的酒壶幸运。

对还乡之乐更细致入微的描写，则见于元丰五年（1082）苏轼写给堂兄苏不危的尺牍中：

> 近于城中得荒地十数亩，躬耕其中。作草屋数间，谓之东坡雪堂。种蔬接果，聊以忘老。……巢三见在东坡安下，依旧似虎，风节愈坚。师授某两小儿极严。常亲自煮猪头，灌血膈，作姜豉菜羹，宛有太安滋味。此书到日，相次，岁猪鸣矣。老兄嫂团坐火炉头，环列儿女，坟墓咫尺，亲眷满目，便是人间第一等好事，更何所羡。③

---

① 《与王庆源十三首》其十一，《苏轼文集》卷五十九，第 1815 页。
② 《庆源宣义王丈，以累举得官，为洪雅主簿，雅州户掾。遇吏民如家人，人安乐之。既谢事，居眉之青神瑞草桥，放怀自得。有书来求红带，既以遗之，且作诗为戏，请黄鲁直、秦少游各为赋一首，为老人光华》，《苏轼诗集》卷三十，第 1581 页。
③ 《与子安兄七首》其一，《苏轼文集》卷六十，第 1829—1830 页。

苏轼笔下最具感染力的往往是悬想当中的细节。他向堂兄述说躬耕东坡的近况，笔墨涉及"煮猪头，灌血臍，作姜豉菜羹"这样家常气息浓厚的生活趣事时，很自然地联想到了故乡"岁猪鸣矣"。于是正在伏案写下这封家书的苏轼，眼前已经铺展开无限暖意的画面。他推算着这封信寄到的时日，想必就要临近过年，继而便不免想象兄嫂阖家团圆的热闹场景，连位置座次都设想妥当，甚至周到地为画面中加入了火炉，使遥想中的情境无比温馨。这最为朴素的美满正是人生在世最基本的快乐，却也是苏轼求之不得的心愿，因此他称之为"人间第一等好事"，语气中饱含难言的歆羡、深情与辛酸。拥有此乐之人往往并不自觉，视其为等闲，而苏轼将还乡视为至乐，体现出经历生死忧患之后对于人生意义的反思及内心的缺憾。

无论"斗酒只鸡""携壶藉草"还是"团坐炉头""环列儿女"，有别于前此章节相关论述中曾列举的大量归思，此类表述并非简约含蓄地诉说思乡之情，而是含有具体的设想、丰富生动的细节以及紧紧依赖世俗生活而存在的幸福感。在"乐莫乐于还故乡"的价值判断下，苏轼的一生可谓不幸陷入了至乐难求的困境之中。此外，对还乡的渴望还连带出另一些有趣的现象，即"还乡之乐"被作者设置为一个参照物，用以说明其他事物带来的快乐。除过前文已经提及的"嗟我去国久，得君如得归"①，苏轼还以"酒馀欢适似还乡"② 书写饮酒之欢悦，以"如还故乡初见父兄"③ 来形容雨涝之苦中忽见秋阳的欣喜。这种代换不仅说明还乡之乐是人所共知的，更从侧面凸显了还乡之于苏轼的无法忘怀的意义。

三 身无病而心无忧

还乡并不是唯一因不可达成而倍感珍贵之事。苏轼作品中存在

---

① 《送虢令赵荐》，《苏轼诗集》卷四十八，第 2600 页。
② 《臂痛谒告，作三绝句示四君子》其一，《苏轼诗集》卷三十四，第 1800 页。
③ 《秋阳赋》，《苏轼文集》卷一，第 10 页。

大量关于病痛的记录，提醒我们留意健康之于作者的意义。反复提及，并以哀叹或倾诉的语气描述自己的病症，显示出苏轼对身体状况的介意。病痛或多或少成为他人生荒凉感的来源之一，同时促使"身无病"成为一种难以企及的快乐。

苏轼笔下的"衰病"是值得分析的表述。疾病是身心双重不适的状态，苏轼的相关书写大体可分为两类情形：一类是因际遇坎坷导致身体衰病，这种病往往没有具体所指，而是整体低落的状态，相较于身体病痛，其实更偏重于心理的抑郁。此时苏轼往往以衰病抒发政治感怀，是颇具主体性的行为，这在第二章中已专门讨论。然而在人生的更多情境下，衰病并不一定是传达仕宦体验的外在表象，而是个体必须切身承受的痛苦。故而苏轼也常因身体不适引发生命无常、人生艰难的感慨，并且星火燎原般触动际遇感怀。

苏轼的病痛及其文学书写也曾引起学者的关注。他们或就苏轼所患疾病加以考察，勾勒出苏轼一生多病的基本情况，或以苏轼涉及病痛的诗歌为分析对象，以此窥探作者的情感世界[1]。在此基础之上，本书的兴趣点则在于多病之身是否促成了苏轼关于人生价值的某种认知。从承载相关内容的文体类别来看，苏轼之频繁言病在诗歌、表状和尺牍中尤为多见。表状类作品限于文体功能和作者境遇，较少流露自己精神状态上佳的一面，其中涉及疾病的文字，多见的是"疾病连年，人皆相传为已死"[2]，"贫病交攻，死生莫保"[3]等惨痛之语。加之衰病是请辞的常见理由，因此，表状中自言衰病虽多，却不免流于程式化，鲜有十分痛切的感触。相对而言，诗歌与书信则能够较为自由地记录身心感受。除了那些比较明确与

---

[1] 相关的既有研究如张子川《苏轼涉病诗研究》（硕士学位论文，江西师范大学，2014年）、彭文良《苏轼所患疾病考》（《兰州教育学院学报》2015年第3期）等，都对苏轼笔下的病痛记载及相关文学书写报以关注，并一定程度地探讨了疾病对苏轼心态及思想的影响。

[2] 《谢量移汝州表》，《苏轼文集》卷二十三，第656页。

[3] 《乞常州居住表》，《苏轼文集》卷二十三，第658页。

政治意图有关的自言衰病现象,我们依然能从中寻觅到大量较为具体纪实的病痛记录。

苏轼对病的敏感和重视首先从诗歌题目中可见一斑。略举数例为证:《病中闻子由得告不赴商州三首》《病中,大雪数日,未尝起观,虢令赵荐以诗相属,戏用其韵答之》《正月二十一日病后,述古邀往城外寻春》《病中独游净慈,谒本长老,周长官以诗见寄,仍邀游灵隐,因次韵答之》《病中游祖塔院》《初自径山归,述古召饮介亭,以病先起》《立春日,病中邀安国,仍请率禹功同来。仆虽不能饮,当请成伯主会,某当仗策倚几于其间,观诸公醉笑,以拨滞闷也,二首》《诸公饯子敦,轼以病不往,复次前韵》《卧病逾月,请郡不许,复直玉堂。十一月一日锁院,是日苦寒,诏赐宫烛法酒,书呈同院》《卧病弥月,闻垂云花开,顺阇黎以诗见招,次韵答之》《病中夜读朱博士诗》《到官病倦,未尝会客,毛正仲惠茶,乃以端午小集石塔,戏作一诗为谢》……在不胜枚举的诗题中,苏轼特意记录下"生病"这一信息,其中一部分"病"固然是催生此诗的缘由或与所咏之事相关,但也不乏于诗意或许无关宏旨者,作者却依然不吝记下一笔。在上述诗题之下,苏轼大多也会在诗歌正文中伴随提及自身之病。除此之外,仅在诗中言病之处也极为多见,有时甚至使人感到"病"几已成为苏轼提及自己时无法割舍的一种"性质":"空斋卧积雨,病骨烦撑支。"①"忽逢绝艳照衰朽,叹息无言揩病目。"② 诗人似乎有意通过"病"的加入,来表示对身心状态的悲观考量。即使是在情绪愉悦的诗中,这种自我考量也如影随形:"白头萧散满霜风,小阁藤床寄病容。报道先生春睡美,道人轻打五更钟。"③ 虽是书写安享之貌,却也不忘对"病容"投去一丝关注。

黄州之贬后,苏轼诗中对病症的描写趋于具体,不再像之前那

---

① 《次韵孔文仲推官见赠》,《苏轼诗集》卷八,第 385 页。
② 《寓居定惠院之东,杂花满山,有海棠一株,土人不知贵也》,《苏轼诗集》卷二十,第 1037 页。
③ 《纵笔》,《苏轼诗集》卷四十,第 2203 页。

样仅以"病"字笼统代之。例如,"眼晕见花真是病,耳虚闻蚁定非聪"①,"我亦老且病,眼花腰脚顽"② 都较为切实地记录了自己眼花、耳鸣、腰腿僵硬的不适之处,另如在诗题或诗序中交代自身病症:"臂痛谒告,作三绝句示四君子"③,诗意便是向陈师道等人倾诉臂痛引发的病中感悟。"丁丑岁,予谪海南,子由亦贬雷州。五月十一日,相遇于藤,同行至雷。六月十一日,相别,渡海。余时病痔呻吟,子由亦终夕不寐。因诵渊明诗,劝余止酒。乃和原韵,因以赠别,庶几真止矣。"④ 痛苦不堪的痔疾正是苏轼兄弟唱和止酒诗的起因。不过,相对于更为私密也更具有叙事容量的尺牍而言,诗中称病毕竟还只是约略一提。翻检苏轼尺牍可知,他在与各色人等的交流中频繁言及身体状况,不仅病症复杂多样,记述亦复详细。早在倅杭时,苏轼便曾向郭功父提及"下痢乏力"⑤ 的病况。到黄州之后,随着年岁渐长,生活环境却愈加恶劣,苏轼对病痛的感触也与日俱增。他曾向朋友表示"适苦目疾"⑥,"某卧病半年,终未清快。近复以风毒攻右目,几至失明,信是罪重责轻,召灾未已。杜门僧斋,百想灰灭,登览游从之适,一切罢矣"⑦。卧病加之几乎失明的痛苦使苏轼一度心灰意冷,更哪堪咳疾雪上加霜:"某病咳逾月不已,虽无可忧之状,而无憀甚矣。"⑧ 除此之外,尚有许多描述使人产生忧虑的观感:"偶患一疮,腿上甚痛,行坐皆废。"⑨ "某今年一春卧病,近又得时疾,逾月方安。浮念灰灭无馀,颓然闭户,

---

① 《次韵乐著作野步》,《苏轼诗集》卷二十,第 1038 页。
② 《送张天觉得山字》,《苏轼诗集》卷二十九,第 1532 页。
③ 《臂痛谒告,作三绝句示四君子》,《苏轼诗集》卷三十四,第 1800 页。
④ 《和陶止酒》,《苏轼诗集》卷四十一,第 2245 页。
⑤ 《与郭功父七首》其一,《苏轼文集》卷五十一,第 1510 页。
⑥ 《与蹇授之六首》其二,《苏轼文集》卷五十五,第 1646 页。
⑦ 《与蔡景繁十四首》其二,《苏轼文集》卷五十五,第 1661 页。
⑧ 《与蔡景繁十四首》其九,《苏轼文集》卷五十五,第 1663 页。
⑨ 《与王佐才二首》其一,《苏轼文集》卷五十七,第 1715—1716 页。

又非复相见时意思矣。"① "前日方欲饮茶道话，少顷，忽然疾作，殊不可堪忍。"② 在这些付与不同对象的尺牍中，苏轼总不免强调病痛程度之剧烈。有时他也与了解自身状况的朋友反馈病情及疗效："近因往螺师店看田，既至境上，潘尉与庞医来相会。因视臂肿，云非风气，乃药石毒也。非针去之，恐作疮乃已。遂相率往麻桥庞家，住数日，针疗。寻如其言，得愈矣。"③ 陈季常与苏轼过从甚密，常赠之以药，苏轼臂痛得愈，自然也要禀告这一消息以回报友人忧爱之深。黄州时期苏轼的疾病及其频繁记录，与作者贬谪中的抑郁心境相照应，生理的病痛又在很大程度上作用于心理，加深了"百想灰灭"之感。

疾病并不因政治命运的改变而远离苏轼。自元祐年间直至贬谪惠、儋，苏轼先后向王巩、黄庭坚、程正辅等人诉说痔疾之苦，"前日文潜、无咎见临，卧病久之，闻欲牵公见过，所深愿也。便欲作书奉屈，而两日坐处苦一疮极痛，至今未穴，殊无聊赖。得教并诗，慰喜不已。疮两日当穴，又数日可无苦。"④ "轼旧苦痔疾，盖二十一年矣。近日忽大作，百药不效，虽知不能为甚害，然痛楚无聊两月馀，颇亦难当。"⑤ 字里行间，颇可见出这迁延几十年的疾患使苏轼备受折磨。外任期间，苏轼与赵令畤书信往来，连续数封皆提及身体状况："三日臂痛，今日幸减。"⑥ "拙疾犹未退，尚潮热恶寒也。"⑦ 及至再遭贬谪，苏轼已临垂暮之年，对自身健康的判断愈益低落。他在儋州写道："某到此数卧疾，今幸少间，久逃空谷，日就灰槁而已"⑧，当可作为对惠、儋时期身体状况的总结。自海南北归

---

① 《与沈睿达二首》其一，《苏轼文集》卷五十八，第 1745 页。
② 《与杜孟坚三首》其一，《苏轼文集》卷五十八，第 1758 页。
③ 《与陈季常十六首》其三，《苏轼文集》卷五十三，第 1565 页。
④ 《答黄鲁直五首》其三，《苏轼文集》卷五十二，第 1533 页。
⑤ 《与程正辅七十一首》其五十三，《苏轼文集》卷五十四，第 1612 页。
⑥ 《与赵德麟十七首》其五，《苏轼文集》卷五十二，第 1544 页。
⑦ 《与赵德麟十七首》其十七，《苏轼文集》卷五十二，第 1548 页。
⑧ 《与张逢六首》其三，《苏轼文集》卷五十八，第 1766 页。

途中，也是与疾病相纠缠的一程，苏轼"头痛畏风"①兼"苦嗽，昏倦"②，"又苦河鱼之疾"③，几乎不得片刻安宁。更加触目惊心的描述见于与钱济明的尺牍："某一夜发热不可言，齿间出血如蚯蚓者无数，迨晓乃止，困惫之甚。细察疾状，专是热毒，根源不浅，当专用清凉药。已令用人参、茯苓、麦门冬三味煮浓汁，渴即少啜之，馀药皆罢也。庄生云在宥天下，未闻治天下也，如此不愈则天也，非吾过矣。"④此时的苏轼已深知自己病入膏肓，抱定了尽人事而听天命的想法。"某万里海表不死，归宿田里，得疾，遂有不起之忧，岂非命耶？"⑤即使到生命的最后时节，也并不能安然终老，疾病依然无情夺走他归乡的希望，不肯顾惜迟暮者的夙愿。一生坚持自我、特具主体意识的苏轼发出"岂非命耶"的悲叹时，语气中不知几多黯然。

　　仅由以上数例便足以感知，许多名目清楚的疾病在苏轼人生的各个阶段制造困扰，其余症状不详而仅仅提及患病之处更不知凡几。作者记述此类事情的笔触虽以轻描淡写为主，但从这一话题的频繁出现中，不难看到苏轼重视身体状况的态度及倾诉病痛的意愿。特别关注这一方面的体验，意在考察病痛之于苏轼内心的触动。元丰六年（1083），苏轼在黄州写信与杨绘，表达自己的病中心境："轼病后百事灰心，虽无复世乐，然内外廓然，稍获轻安。"⑥尽管作者自称在百事灰心的状态中收获了"廓然"的平静，未尝不是因祸得福，但值得注意的是，"世乐"毕竟因疾病而无复存在了。通过一种内省式的思考，苏轼努力帮助自己从熄灭的欲求中寻觅精神层面的轻松感受，然而从另一种角度来看，病却无疑摧毁了现实意义上的

---

① 《与刘壮舆六首》其六，《苏轼文集》卷五十三，第1582页。
② 《与冯祖仁十一首》其九，《苏轼文集》卷五十五，第1638页。
③ 《与冯祖仁十一首》其十一，《苏轼文集》卷五十五，第1638页。
④ 《与钱济明十六首》其十六，《苏轼文集》卷五十三，第1556页。
⑤ 《与陈辅之一首》，《苏轼文集》卷五十七，第1726页。
⑥ 《与杨元素十七首》其二，《苏轼文集》卷五十五，第1650页。

快乐。纵使苏轼曾屡次展示"以病为乐"的姿态,从借由思考来修养心性的角度看,这未尝不可达成,但从切实感受而言,病与欢乐的对立却难以调和。苏轼晚年作《和陶移居》,诗序中有"多病鲜欢"①之语,清晰显露出因疾病折磨而郁郁寡欢的内心。在种种困扰中,苏轼像任何一个平凡人一样,不讳言自己的"以物喜,以己悲",细致记录下五味杂陈的生活体验。

了解了病痛带给苏轼的深切感触,便会更深入地理解他对健康的渴望及价值认同。谪居黄州时,他曾在写给毕仲举的回信中道:"来书云,处世得安稳无病,粗衣饱饭,不造冤业,乃为至足。三复斯言,感叹无穷。"②朋友对"至足"的理解中包含着"无病"的要素,这也戳中苏轼内心的伤痛,使他深以为然。绍圣二年(1095),身在惠州的苏轼因读唐人王绩传记有感,写下《书东皋子传后》一文,其中便涉及与身体状况有关的"至乐"的含义:

> 予饮酒终日,不过五合,天下之不能饮,无在予下者。然喜人饮酒,见客举杯徐引,则予胸中为之浩浩焉,落落焉,酣适之味,乃过于客。闲居未尝一日无客,客至,未尝不置酒。天下之好饮,亦无在予上者。常以谓人之至乐,莫若身无病而心无忧。我则无是二者矣。然人之有是者,接于予前,则予安得全其乐乎?故所至,常蓄善药,有求者则与之,而尤喜酿酒以饮客。或曰:"子无病而多蓄药,不饮而多酿酒,劳己以为人,何也?"予笑曰:"病者得药,吾为之体轻,饮者困于酒,吾为之酣适,盖专以自为也。"东皋子待诏门下省,日给酒三升。其弟静问曰:"待诏乐乎?"曰:"待诏何所乐,但美酝三升,殊可恋耳。"今岭南,法不禁酒,予既得自酿,月用米一斛,得酒六斗。而南雄、广、惠、循、梅五太守,间复以酒遗

---

① 《和陶移居二首》,《苏轼诗集》卷四十,第2191页。
② 《答毕仲举二首》其一,《苏轼文集》卷五十六,第1671页。

予。略计其所获，殆过于东皋子矣。然东皋子自谓五斗先生，则日给三升，救口不暇，安能及客乎？若予者，乃日有二升五合，入野人、道士腹中矣。东皋子与仲长子光游，好养性服食，预刻死日，自为墓志。予盖友其人于千载，或庶几焉。①

文中尤其值得留意之处是"常以谓人之至乐，莫若身无病而心无忧。我则无是二者矣"。"心无忧"是一个宽泛的概念，"忧"涵盖了一切令人烦恼的情形，而"身无病"则明确指向身体状况。写作此文时的苏轼经历了垂老投荒的艰辛，深感健康已是不容忽视之事。这句话在定义"至乐"的同时，也对自己的身心状态作出了伤感的评估。若以"身无病而心无忧"为标准，那么苏轼自认是无缘享有至乐的。他身体欠佳又不胜酒力，无法在畅饮中消除忧愁，但他却可以通过成全别人的快乐来使自己胸襟开朗，在欣赏他人的"身无病而心无忧"中品尝酣适之味。于是，常蓄善药、喜酿美酒成为苏轼看似"劳己以为人"实际上却"专以自为"的方式。当美酒送入野人、道士腹中的一刻，苏轼或许真正因酣适之乐而忘却身体疾病，感到心中无忧。这一表达展示了苏轼面对消磨意志的病痛时调整心境、接受自身状态的主体性努力。

如果从字面理解，将"至乐"解释为最大程度的快乐，那么上述所论三种乐事被赋予的地位似乎并无不同。但仔细想来，颜子之乐更多存在于哲学思考层面，箪食瓢饮的举动本身恐怕未必能带来乐趣，而还乡、无病无忧则是现实生活层面的乐事，三者之间并不具有对等的意义。这可能恰恰意味着苏轼所认为的"至乐"并非持续不变的顶点，而是一时一刻不断变动的内心感受。进一步说，从考察苏轼对人生的价值追求这一目的出发，更重要的并不是尝试量化"乐"的程度，而是关注"感到快乐"本身。对于苏轼而言，他未必总是有意识地在哲学思考的基础上追寻最高之乐，而是在日常

---

① 《苏轼文集》卷六十六，第 2049 页。

生活中、在切身感受里体会快乐,逐渐明确什么是最值得追求的乐事。

有鉴于此,苏轼笔下那些虽未冠以"至乐"之名,却为作者高度称扬、印象深刻的乐事,便同样可视为窥测作者价值判断的依据。一个有趣的现象是,苏轼表达他所感受到的快乐时,往往会伴随着"秘不示人"的叮嘱。上文曾经提及他在与滕元发分享"终日无一语一事"之乐时,特意强调"此法奇秘,惟不肖与公共之,不可广也"①。快乐之法并非不能分享,却要慎重选择分享对象。其实这并非个例,而是苏轼一生中曾反复表达的观点。熙宁七年(1074),他在《与毛令方尉游西菩寺二首》其二中写道:"黑黍黄粱初熟候,朱柑绿橘半甜时。人生此乐须天付,莫遣儿曹取次知。"② 如果联系第一首诗中"天教看尽浙西山"③之语,便能更透彻地理解作者的态度。天公给予诗人的优待,使他在不得已的宦游中看到更多美景,得享美食丰足之乐。黑黍黄粱、朱柑绿橘虽近在眼前,但只有领悟了造物美意的"吾辈"才能从中获得珍贵的喜悦,而若轻率地付与"儿曹",则未免辜负了其中滋味。"青山自是绝色,无人谁与为容。说向市朝公子,何殊马耳东风。"④ 这首作于黄州的诗中说得更加明确,苏轼作为一位知情识趣的欣赏者,从青山的美丽中获得无限享受。而那些锦衣玉食、花天酒地的市朝公子,哪里有如此眼光和心境来与青山相对,与之分享山色之美无异于对牛弹琴。青山尚且不能欣赏,那么田间野味想必更与贵公子们无缘了:

  我昔在田间,寒庖有珍烹。常支折脚鼎,自煮花蔓菁。中年失此味,想像如隔生。谁知南岳老,解作东坡羹。中有芦菔

---

① 《与滕达道六十八首》其二十二,《苏轼文集》卷五十一,第1482页。
② 《苏轼诗集》卷十二,第585页。
③ 《苏轼诗集》卷十二,第584页。
④ 《和何长官六言次韵五首》其五,《苏轼诗集》卷二十,第1060页。

根，尚含晓露清。勿语贵公子，从渠醉膻腥。①

煮蔓菁既是往昔田园生活的记忆，亦复包含着难言的快乐。那种市朝中无缘品尝的味道，标记着远离仕宦、自力更生的生活。谁知多年后，自己竟遇到了蔓菁芦菔羹的同好，在重拾味觉记忆之外，又增添了会心之乐。苏轼带着戏谑的口吻嘱咐对方，切莫与贵公子提及此乐，任由他们在自己庸俗的品味中沉醉好了。其实在贵公子眼中，苏轼这种"敝帚自珍"式的吝啬大约不值一哂，苏轼故意表示剥夺贵公子们领略美味的权利，在自我与对方、清新与腥膻之间划出界线，正是"不足为外人道"之意。

无论青山绝色还是柑橘甜美，苏轼所描写的此类乐事，不过是造物平等付与人间的声色口腹之乐，而他的心中却有接受者的身份区别及特殊的自我定位。他将自己视为真正了解乐趣的人，明确地将自己及朋辈与儿曹、贵公子等群体区分开来，并且无意与后者分享快乐。这一心态的原因，或许可以从下文中探究一二：

> 吾兄弟俱老矣，当以时自娱。世事万端，皆不足介意。所谓自娱者，亦非世俗之乐，但胸中廓然无一物，即天壤之内，山川草木虫鱼之类，皆是供吾家乐事也。②

苏轼在黄州时定义了他所期望的自娱：内心廓然澄净，快乐不假于外，则世间万物反而皆能为自娱之用。从"山川草木虫鱼"也被归入乐事来看，作者虽否定了"世俗之乐"，却并不完全等同于鄙弃现实生活的乐趣，相反，怀有廓然的心境，即便是从耳目声色之乐中，也未尝不能得到清雅的自娱。而不识青山之美、偏爱割腥啖膻的市朝公子，所沉迷的则显然是世俗之乐了。苏轼对自娱的基础即内心

---

① 《狄韶州煮蔓菁芦菔羹》，《苏轼诗集》卷四十四，第 2412 页。
② 《与子明兄一首》，《苏轼文集》卷六十，第 1832 页。

修养的标举，或许正是他有意表达"勿语贵公子"的原因，而这与他追求还乡、健康、自在开怀的生活并不矛盾。可以作为旁证的是，赵令畤《侯鲭录》中记载："余尝为东坡先生言：'平生当官有三乐：凶岁检灾，每自请行，放数得实，一乐也；听讼为人得真情，二乐也；公家有粟，可赈济民，三乐也。居家亦有三乐：闺门一心，上下和平，内外一情，一乐也；室有馀财，可济贫乏，二乐也；客至即饮，略其丰俭，终日欣然，三乐也。'东坡笑以为然。"① 赵令畤从当官与居家这样的现实生活层面来定义快乐，同样为苏轼所认同，可见仕宦价值的实现与个人生活的和美也是能够带来精神愉悦的人生乐事。

综观苏轼的"至乐"表达，既非一时一地所生发，彼此间又有着玄虚与切实、抽象与具体之别，但无疑有相当部分是立足于现实体验而生发的思考，是普遍的人生感受。"还故乡"表达了最为朴素的价值追求，"身无病"则将人生的愉快置于感官的安适中。相对于庄子"至乐无乐"的齐物式理解，苏轼不仅认为"至乐"确可感受，并且以自身体验赋予了"至乐"一词更为世俗化的理解，并肯定其至高的合理性。诚如葛晓音所言，将至乐等于无乐，这种抽象的观念并不能满足人们实际生活的需要②。她将苏轼与东晋玄言诗人及陶渊明、王维等人寻求山水之乐加以比较，认为苏轼"偏重于得'一适'，并不着意追求与千载相齐的境界。对他来说：'凡物皆有可观。苟有可观，皆有可乐'（《超然台记》），甚至包括洗澡睡觉这类小事。所以他的适足之乐也不限于山水，而是扩充到世间生活的一切方面"③。这种从人世间寻求快乐的观念，或许也造就了苏轼笔下"至乐"含义向现实生活的归依。值得重视的是，关于这些快

---

① （宋）赵令畤：《侯鲭录》卷六"当官三乐居家三乐"条，第164页。
② 葛晓音：《论苏轼诗文中的理趣——兼论苏轼推崇陶王韦柳的原因》，《学术月刊》1995年第4期。
③ 葛晓音：《论苏轼诗文中的理趣——兼论苏轼推崇陶王韦柳的原因》，《学术月刊》1995年第4期。

乐的描述往往根植于苏轼的亲身体验之中，而功成还乡、身心无忧等等则是他一生中求而未得之事。正因备尝痛苦，他才愈发理解并强调这些事物的珍贵。苏轼对最平凡的人生追求的价值肯定，未尝不是出自对自我人生遗憾的反思，也充分体现了他对现实生活与个体生命价值的重视。

第四节　思想从现实体验中的抽绎

上述三节选取了苏轼较为着重表达的几种思想命题，意图考察这些思想的生发与作者的生活实践之间存在何种关联。通过大量文本分析可知，以"不拘归处"来消解欲归不得的痛苦，可以视为苏轼在仕宦束缚中的自我调适。"人生如梦"在许多语境下，是作者在回望与悬想中产生的切身感受。而关于"至乐"的阐释，则可能蕴含着人生遗憾的潜台词。这些命题看似皆有所本，却无不根植于苏轼个人化的阅历之中，尽管都经过了理性思辨式的提炼，其基础却是感性的人生体验。简言之，这些并非由苏轼首创的思想命题之所以能被拓展出丰富的含义，很大程度上是由于它们重新经历了从个人体验中抽绎的过程。

"苏轼富有理趣的代表作所孕含的哲理虽然涉及社会、人生、自然等各个方面，但大多数都本于庄子'任自然'的宗旨，兼取禅家的空幻之说，从宦海浮沉、贬谪迁徙的生涯或眼前景物、身边小事悟出人生的偶然、世事的虚幻，追求自在一时的意趣，归结到适意为乐、随遇而安的处世哲学。"[①] 这一观点虽是针对苏轼作品中的理趣而言，但实际上综合考量了生活体验与庄禅思想对苏轼作品的影响，对各种因素的比重及作用的描述也十分全面妥帖。然而从研究

[①] 葛晓音：《论苏轼诗文中的理趣——兼论苏轼推崇陶王韦柳的原因》，《学术月刊》1995年第4期。

现状来看，学者们更多倾向于研讨苏轼作品中体现出的庄禅学说，而提供了作者了悟情境的现实经历、周遭事物等因素，则相对受到忽视。不可否认，儒、释、道思想对苏轼具有极为重要的影响，这不仅是后世研究者的共识，也是苏轼的自我判断。他曾与子由回顾"君少与我师皇坟""旁资老聃释迦文"①的学习过程，苏辙亦道兄长"后读释氏书，深悟实相，参之孔、老，博辩无碍，浩然不见其涯也"②。我们探讨生活体验本身对苏轼思想的启迪意义，依然建立在对上述事实的认可之上。只是，作者的实际经历与内在体验并不应仅仅作为影响因素之一而被顺带提及，它们如何对思想形成施加了影响，不仅是细节丰富、情境具体的动态过程，更呈现了苏轼熔铸并提炼思想的主体努力。在前文所举例证中，可以看到苏轼即便运用既有命题时，也往往加入自己的调整与转化，而这与他接纳外在思想的方式有关。元丰三年（1080），苏轼在写给毕仲举的书信中提到：

> 所云读佛书及合药救人二事，以为闲居之赐甚厚。佛书旧亦尝看，但暗塞不能通其妙，独时取其粗浅假说以自洗濯，若农夫之去草，旋去旋生，虽若无益，然终愈于不去也。若世之君子，所谓超然玄悟者，仆不识也。往时陈述古好论禅，自以为至矣，而鄙仆所言为浅陋。仆尝语述古，公之所谈，譬之饮食龙肉也，而仆之所学，猪肉也，猪之与龙，则有间矣，然公终日说龙肉，不如仆之食猪肉实美而真饱也。③

苏轼思想融通，既不拘执一端，便也不执着于对某一思想学说全身

---

① 《子由生日，以檀香观音像及新合印香银篆盘为寿》，《苏轼诗集》卷三十七，第 2015 页。

② （宋）苏辙：《亡兄子瞻端明墓志铭》，《栾城后集》卷二十二，《苏辙集》，第 1127 页。

③ 《答毕仲举二首》其一，《苏轼文集》卷五十六，第 1671 页。

心地虔诚顺从。他表示自己并不能真正通晓佛家的旨趣，而只是"时取其粗浅假说以自洗濯"。这种态度自然受到"好论禅"的陈述古的鄙夷，苏轼却不以为然地将二者谈佛的方式比作龙肉与猪肉，看似高下有别，实际上既然都不能达到"超然玄悟"的境界，那么自己所追求的未尝不是退而求其次的"实美"。此中虽有戏谑意味，但依然透露出某种信息：苏轼的态度乃是取之为我所用，而非以身事之、投入对佛家思想本身的钻研思考中去。既然"以自洗濯"，势必有需要洗濯之事，那旋去旋生的杂草正是内心不断涌现的烦恼。如此一来，苏轼对佛家思想的理解与应用便与他的现实需求勾连起来。推及其他对苏轼有所影响的思想，情况也与此类似，他非常重视思想施用于自我人生时所体现的现实价值。

反之，现实体验也能推动个体的思考，促使颖悟的苏轼在生活情境中意会某些道理，甚至确立持久的思想观念。作于元丰三年（1080）的《书南史卢度传》便记述了作者因亲身经历而决意戒杀的过程：

> 余少不喜杀生，然未能断也。近来始能不杀猪羊，然性嗜蟹蛤，故不免杀。自去年得罪下狱，始意不免，既而得脱，遂自此不复杀一物。有见饷蟹蛤者，皆放之江中。虽知蛤在江水无活理，然犹庶几万一，便使不活，亦愈于煎烹也。非有所求觊，但以亲经患难，不异鸡鸭之在庖厨，不忍复以口腹之故，使有生之类，受无量怖苦尔，犹恨未能忘味食自死物也。①

苏轼自幼受母亲教导，不残鸟雀②，不滥杀生，但这种仁心尚不足以抗衡口腹之欲。直至此时，乌台诗案犹如洗礼，使他对生之可贵、死之可怖的感悟都达到前所未有的程度。苏轼表达得极为明确，决

---

① 《苏轼文集》卷六十六，第 2048 页。
② 参见《记先夫人不残鸟雀》，《苏轼文集》卷七十三，第 2374 页。

定戒杀，并非"有所求觊"，全因"亲经患难"，深知"魂飞汤火命如鸡"①的恐惧，由此对畜禽生出了无限同命相怜之心。尽管作者依然使用了"无量怖苦"这一佛教术语，但这场命悬一线的人生体验显然远比佛家的戒杀理论更具效力。苏轼对自身生命乃至其他生命的由衷珍视，与其说是来源于久已接受的外在理念，毋宁说是从乌台诗案的凶险中催生而出的。《二程遗书》所载"谈虎色变"之事恰好可以为这种心境作一注解：

> 真知与常知异。常见一田夫曾被虎伤，有人说虎伤人，众莫不惊，独田夫色动异于众。若虎能伤人，虽三尺童子莫不知之，然未尝真知，真知须如田夫乃是。故人知不善而犹为不善，是亦未尝真知。若真知，决不为矣。②

这条材料足以体现亲身体验是如何深化了人对某种寻常之理的认知。乌台诗案的牢狱之灾之于苏轼，正是促成他由"常知"转入"真知"的契机。

另如元丰六年（1083）作与蔡景繁的信中，苏轼倾吐自己久病初愈的感触道："一病半年，无所不有，今又一时失去，无分毫在者。足明忧喜浮幻，举非真实，因此颇知卫生之经，平日妄念杂好，扫地尽矣。"③苏轼看待人生本质的眼光更为通透，在人生虚幻的认识之下质疑平生"妄念杂好"的意义，而这似乎融合了佛道世界观的想法，其最直接的起因则是病中长久的痛苦及病去后的了无痕迹。苏轼一生备尝坎坷，往往能从接踵而至的升沉起落中刷新并深化关于人生的思考。他曾言："乐事可慕，苦事可畏，此是未至时心耳。

---

① 《予以事系御史台狱，狱吏稍见侵，自度不能堪，死狱中，不得一别子由，故作二诗授狱卒梁成，以遗子由，二首》其二，《苏轼诗集》卷十九，第999页。
② （宋）程颢、程颐撰：《二程遗书》卷二上，潘富恩导读，上海古籍出版社2000年版，第66页。
③ 《与蔡景繁十四首》其十三，《苏轼文集》卷五十五，第1665页。

及苦乐既至，以身履之，求畏慕者，初不可得。况既过之后，复有何物比之，寻声捕影，系风趁梦，此四者犹有仿佛也。"① 作此感慨时，苏轼已还朝任翰林学士知制诰。摆脱黄州之贬、重蒙擢用的命运，与久病初愈有着微妙的相似性。此时的苏轼何尝不像病愈之人回视病中之苦，只觉如梦如影。如今的处境自然是贬谪时不敢奢望之乐了，可是"以身履之"，却也未必有想象中那般值得羡慕，并且终有一日成为过去时，也将与苦难一道等同无二地化为虚幻。这轻描淡写的文字内里，别有一番深切的感触，非亲身经历苦乐者无以出之。它既可以看作说理，又不妨视为作者对自身经验的描述。

苏轼也着意从日常生活中体会思想的进益。"近日尤复省事少出。去岁冬至，斋居四十九日，息命归根，似有所得。旦夕复夏至，当复闭关却扫。古人云：'化国之日舒以长。'妄想既绝，颓然如葛天氏之民，道家所谓延年却老者，殆谓此乎？若终日汲汲随物上下者，虽享耄期之寿，忽然如白驹之过隙尔。"② 苏轼向朋友分享斋居的心得，以胎息之法修炼，自认契合了道家延年却老的要旨。然而不难看出，修道并非苏轼的追求所在，他的行为始终基于"妄想既绝"的贬谪生活。不汲汲于物正是他在其中努力保持的生活姿态，而省事少出、闭门却扫带来的平静则验证了这一态度的价值。在写与其他友人的尺牍中也可见到类似的感受："自绝禄廪，因而布衣蔬食，于穷苦寂淡之中，却粗有所得，未必不是晚节微福。"③ 点滴细微的开悟，精神世界的逐渐宁和，都从清苦的生活方式中得来。

苏轼名作《定风波》一词，记录着作者因山行遇雨而心有所得的情形：

    莫听穿林打叶声。何妨吟啸且徐行。竹杖芒鞋轻胜马。谁

---

 ① 《乐苦说》，《苏轼文集》卷七十三，第 2377 页。
 ② 《与陈大夫八首》其七，《苏轼文集》卷五十六，第 1699 页。
 ③ 《与圆通禅师四首》其四，《苏轼文集》卷六十一，第 1886 页。

怕？一蓑烟雨任平生。　　料峭春风吹酒醒。微冷。山头斜照却相迎。回首向来萧瑟处。归去。也无风雨也无晴。①

一次普通出游中始料未及的大雨，完全是偶然的经历，而苏轼却在狼狈奔跑的人群中更加认识了特立独行的自己。无视风雨施威，不妨慢慢走，纵然春风微冷，转瞬间不就有斜阳送暖了吗？然而若随外物变化转忧为喜，便不是苏轼的过人之处了。他认为不论晴雨，都无须报以特别的悲喜，回首来处，自始至终心无波澜。

词中理趣，正体现在作者从这场经历中抽绎而出的思考之上。山行遇雨本身是富有情节性、画面感的生活场景，苏轼却以自身悟性赋予其某种譬喻意味，将其处理为人生旅途的一个缩影，进而使感性体验转化为理性思考，待到表达时却含而不露，并未脱离晴雨之间一位旅人的语境。绍圣二年（1095）作于惠州的《记游松风亭》与此颇有异曲同工之妙：

余尝寓居惠州嘉祐寺，纵步松风亭下，足力疲乏，思欲就床止息。仰望亭宇，尚在木末。意谓如何得到。良久忽曰："此间有甚么歇不得处？"由是心若挂钩之鱼，忽得解脱。若人悟此，虽两阵相接，鼓声如雷霆，进则死敌，退则死法，当恁么时，也不妨熟歇。②

苏轼已足力疲乏，目的地却遥不可及，他在歇息与否的两难中忽然领悟到解脱之道。行至何处本由自己决定，若不执着于"到"与"不到"，困扰或安适便全在主体一念之间。作者还进而由此生发联想，构拟出另一幅冲突更为尖锐的"两阵相接"图景，来展现人在两难时刻心空身安的境界，实际又是借助一重感性化的描述，将此

---

① 《苏轼词编年校注》，第 356 页。
② 《苏轼文集》卷七十一，第 2271 页。

次出游松风亭的现实体验推广并抽绎至思理的层次。较之"也无风雨也无晴"的点到即止，此文中由亲历之事启迪思考的脉络更为透彻清晰。要之，日常所遇往往成为苏轼思考生成的契机。这一过程中，作者从现象中提炼思想的自觉性十分突出，同样引人注目的则是他密切结合现实的、感性的体验来表述所思的方式。

值得一提的是，上述例证中具有哲理意味的感触往往与庄禅学说旨趣相通，它们未必都受到了后者的直接引导，而更有可能是现实经历勾连起了作者思想中的学养底蕴。一方面，苏轼从阅读、交游等方式中得来的外部思想无疑会渗透进他的思维方式中；另一方面，苏轼从自身阅历中产生的感受，往往自觉导向消除困扰、解脱身心、随遇而安的思路中去，这便与儒、释、道三家思想中消解人生困境的智慧意旨相通。苏辙《亡兄子瞻端明墓志铭》中的一处记载恰好是此一过程的极佳注脚："既而读《庄子》，喟然叹曰：'吾昔有见于中，口未能言，今见《庄子》，得吾心矣。'"[①] 也就是说，在尚未接触庄子思想时，苏轼也已经在内心形成了某种感知，而后来所见的《庄子》，恰恰以一种思想成果的面貌印证了其曾有的认识，致使苏轼心有戚戚，非常顺利地与之相融。需要注意的是，苏轼的表述是"得吾心"，亦即庄子思想贴切地外化并提升了自己心中原有的感想，而并非自己以原本空白的状态，单向地顺服于庄子思想之下。标举作者生活体验的重要性，是因为它不仅是内在思考生发的动因，也是外部思想植入的根基。

经由上述分析可知，苏轼思想的生成与深化往往与其现实体验密切相关，在说理方式上亦注重对此类体验的描述和还原。一种日常经验是，即便并未直接或系统接受某一思想教化之人，也不免在人生甘苦中逐渐积累深刻的体认。较之抽象思辨，现实体验更少存在理解障碍，这或许正是苏轼之思想表达能广获受众的原因之一。彼此相似的人生困境，诸如别离、病痛、速朽等等，为苏轼的思考

[①]（宋）苏辙：《栾城后集》卷二十二，《苏辙集》，第1126页。

提供了可以运用的现实背景。读者不必精研佛理,却无妨深感"人生如梦",不必领会"至乐无乐",却极易对思乡之苦、无病之乐感同身受。换言之,苏轼的作品将个人化的体验延展到"人同此心,心同此理"式的普适性观念。由生活实践而获得的感受及因此产生的思考成果,完全可以落实到每一个普通人的生活中,从而扩展了产生共鸣的群体,增加了其作品本身的表达分量。向现实人生中寻求"实美而真饱"的价值理念,亦是汇成苏轼思想巨大魅力的一部分。

　　正如王水照所言,"从生活实践而不是从纯粹思辨去探索人生底蕴,这是苏轼思维的特点"①。苏轼并非只在封闭、枯寂的思理中反观自己,而是在鲜活人生中拣拾诸多细节,这使后人看到的苏轼既为精微的思考所充实,又可感可触地处于生活情境之中。无论是注入了个人体验的思想命题,还是散见于生活场景中的思考端绪,皆能见出苏轼将思想根植并作用于现实生活的倾向。他的思想不仅从既成的思想经验而来,亦复脱胎于切身的体验和自主的思考。现实生活本身赋予人智慧,同时也验证、融会了苏轼所接触的外部思想,并促使他将其调整转化,尝试建构出适用于自我人生的逻辑与内涵。这些立足于现实体验抽绎个人思考的过程,无不体现出作为主体的自我存在的意义。

---

① 王水照:《苏轼的人生思考和文化性格》,《王水照自选集》,第 305 页。

结　　语

　　以苏轼为中心，依循他的记述变换其人生舞台上的人物与布景，这是前述五章中努力营造的呈现方式。通过构建一个包含了文本现象、人、事、物及思考生成过程的立体考察视域，我们大致勾勒出活跃于字里行间而又置身于生活经验中的苏轼，并初步探讨了他在与人生所遇之重要对象的互动中所体现出的自主选择、自我定位、自我期许与价值判断。

　　作为出发点，苏轼作品中独具标志性的自称、自喻、自嘲与自许从文本现象层面显示了作者强烈的自我表达意愿，并以各自的表达功能承载了作者在人生境遇中评价自我的需求，从而提示出他的自我认识这一可探索的方向。同时，这些诉诸笔端的自我体认是在与外部环境的互动中逐渐建立的，它们不仅体现于文本，也贯穿于作者的行为与选择中。仕宦、社会关系与自然是苏轼平生密切接触，且在文字表达中多有涉及的三种对象，三者互有交集而又互为补充，以较大的覆盖面形成了关于苏轼人生的讨论范畴。面对仕宦生涯，苏轼以持守本心为追求，标举选择的主体性，甚至在相当程度上剥离了个人价值对朝堂仕途的附丽。面对社会关系，苏轼在与各色群体的交往中忧喜交集，却往往报以并不乐观的评价，勾画出"我与世疏"的整体图景。面对自然，苏轼展现出童稚化的审美态度，将自己作为主体置于自然物的善意围绕之下，却时常在与后者的亲密交流中反衬出人世给予的冷遇、孤独及束缚。不难看到，仕宦铺设了苏轼人生的底色，并且不可避免地渗入苏轼对社会关系及自然物的感知当中，影响着他在其中产生的自我体认。然而，也正是在波折的人生体验与高昂主体性的合力之下，苏轼以植根于现实生活的思考抽绎出适用于自我人生的哲理，并通过向既有的思想命题中注入个人化的理解，来表达对平凡的人生价值的重视。

　　由于涉及作者的情感心理，自我认识的具体内容幽微而驳杂，从这一角度入手探讨苏轼，也会不可避免地遭遇诸多操作与逻辑层面的难题。例如，文学作品不可能完全摒除作者自我塑造的成分，作者自我观照的立场、自我表达的方式，可能会导致自我认识的涉及面与关注点呈现不同的侧重，而文体功能的差异，也会造成表达中不同程度的"显"与"隐"。不仅如此，自我认识还随作者阅历得到改变或修正。那些遇境而生、随境而转的情感体验，催生出龃龉多变的自我认识，这使得它们既非定性的存在，也不构成历时的发展脉络，难以形成系统性的归纳。何况，即便是力图依循作者主体视角的"自我揭示"，也终究不免借助并呈现为客位视角的解读，研究者获得明确结论的期待往往因此被隔绝于理解的鸿沟之外。

　　不过，即便如此，苏轼的自我认识依然独具意义。从某种角度而言，那些经过加工与拣选的文学表达，也未必不能留存与作者真实自我有关的痕迹。自我塑造可能恰恰从侧面表露了作者的自我期许，而不同时刻自我体认之间的龃龉断裂，则分明提示出某些影响甚巨而有待探索的生活体验。更重要的是，作者的自我认识与客观评判之间的不一致之处，最为明确地体现了这一视角的存在价值。"旁观信美矣，自揣良厌之。"① 既然他人与自己对官场煊赫的感受如此不同，推而广之，对苏轼其人的客观评价也便需要其自我认识加以印证补充。在旷达超绝、光风霁月之外，苏轼尚有丰富的面相，并非"旁观"可以得知，而必须进入作者"自揣"的历程。苏轼自嘲之举中隐藏的焦虑无奈的仕宦感受，亲情带来的情感羁绊与经济负累，自然物书写当中流露的孤独感，为化解"求归不得"的矛盾

---

① 《次韵孔文仲推官见赠》，《苏轼诗集》卷八，第 385 页。

而常年纠结反复的思考过程，以及疾病缠身的多番倾诉，都是苏轼自身并不讳言，却在既往评价体系中较受轻视的体验。或许可以说，苏轼始终在不由自主的仕宦人生中努力寻求自主，逐渐形成并加深自我认识，诉诸笔端时，不乏昂扬的声调，更有低沉的反思。文本中的自足自适与自怜自伤、自贬自嘲与自得自信，往往矛盾并存，这是苏轼自我表达的特点，而可以从作者的自我定义中寻求部分解释。苏轼既以士大夫自律，又以耕田夫自居，士大夫与普通群体的价值观念颇有差别，而这二者却较为均衡地交融于苏轼一身。在不同境遇中，与自我定义相称的价值观念发挥了各自的作用，所以苏轼记录下的自己既有投身社稷的抱负，又对凡俗生活充满热望，既有洞彻人生的思考能力，又一一体会着世间的悲欢离合。这一超凡拔俗而又亲切可感的人生样态，也许正与苏轼的自我认识有千丝万缕的联系。

人生体验五味杂陈，这仿佛不待言而可知，却恰恰是探求苏轼的真切面貌时往往被轻易过滤的部分。个体的自我认识虽然未必最接近于历史的真实，却可能直达主体每一次际遇中的情感体验，深入解释每一个决定背后的心理动因，由此拼凑出细节丰盈、冷暖自知的人生。"在中国，有两个苏东坡，一个被写在各种史册上，一个活在民间故事、传说中。"[1] 苏轼的自我认识或许尚不足以构成与此二者等量齐观的另一维度，但在苏轼研究范式与结论略显固化的现状之下，作者自我的视角能够有效地开启其内心世界，将苏轼研究推向更为深细的程度。

除了已经涉及的内容，本书尚有一些未竟之言。苏轼的自我表达需要在与其他史料的参照之中，才能真正凸显出值得玩味的部分。走出苏轼封闭的自我世界，引入更多客位视角的记录，或能在对比中揭示自我认识的独特意义。此外，智识过人的苏轼并未止步于认识自我，在此基础上，他还树立了某些高于自我人格的范式，通过

---

[1] 王水照、朱刚：《苏轼评传》，第406页。

与后者的对话力图实现自身的提升。他或在文学书写中致意前贤，在心境与生活方式层面与之融通，或在作品中虚拟人物场景，以不同于现实自我的精神化身来代言对自我及人生的体认。从作者自我认识的角度重新审视这些现象，或能裨补对和陶诗等问题的研究，了解苏轼超越自我的努力。限于篇幅，上述问题在现有论述中未能多加延展。围绕苏轼自我的视角，还有更为丰富的观照层次等待挖掘。

参考文献

一 古籍

（汉）毛亨注，（汉）郑玄笺，（唐）孔颖达正义：《毛诗正义》，中华书局影印清嘉庆刊《十三经注疏》本 2009 年版。

（魏）王弼注，（晋）韩康伯注，（唐）孔颖达正义：《周易正义》，中华书局景印清嘉庆刊《十三经注疏》本 2009 年版。

（晋）陶渊明著，逯钦立校注：《陶渊明集》，中华书局 1979 年版。

（南朝宋）范晔撰，（唐）李贤等注：《后汉书》，中华书局 1965 年版。

（南朝宋）刘义庆著，（南朝梁）刘孝标注，余嘉锡笺疏：《世说新语笺疏》，中华书局 1983 年版。

（南朝梁）刘勰著，周振甫注：《文心雕龙注释》，人民文学出版社 1981 年版。

（南朝梁）萧统编，（唐）李善注：《文选》，中华书局 1977 年版。

（唐）白居易著，顾学颉校点：《白居易集》，中华书局 1979 年版。

（唐）杜甫著，（清）杨伦注：《杜诗镜铨》，上海古籍出版社 1980 年版。

（唐）房玄龄等撰：《晋书》，中华书局 1974 年版。

（唐）高适著，刘开扬笺注：《高适诗集编年笺注》，上海古籍出版社 1981 年版。

（唐）韩愈著，马其昶校注，马茂元整理：《韩昌黎文集校注》，上海古籍出版社 2014 年版。

（唐）李白著，瞿蜕园、朱金城校注：《李白集校注》，上海古籍出版社 1980 年版。

（唐）李商隐著，（清）冯浩笺注：《玉溪生诗集笺注》，上海古籍出版社 1979 年版。

（唐）刘禹锡著，卞孝萱校订：《刘禹锡集》，中华书局 1990 年版。

（唐）释不空译：《金刚顶瑜伽中发阿耨多罗三藐三菩提心论》，清宣统二年江西刻经处刊本。

（唐）韦应物著，陶敏、王友胜校注：《韦应物集校注》，上海古籍出版社 1998 年版。

（唐）张九龄撰，熊飞校注：《张九龄集校注》，中华书局 2008 年版。

（宋）晁补之：《济北晁先生鸡肋集》，四部丛刊初编影印上海涵芬楼藏明刊本。

（宋）陈师道撰，李伟国校点：《后山谈丛》，上海古籍出版社 1989 年版。

（宋）程颢、程颐撰，潘富恩导读：《二程遗书》，上海古籍出版社 2000 年版。

（宋）范仲淹著，李勇先、王蓉贵校点：《范仲淹全集》，四川大学出版社 2007 年版。

（宋）郭若虚著，俞剑华注释：《图画见闻志》，江苏美术出版社 2007 年版。

（宋）洪兴祖撰，白化文等点校：《楚辞补注》，中华书局 1983 年版。

（宋）胡仔纂集，廖德明校点：《苕溪渔隐丛话》，人民文学出版社 1962 年版。

（宋）黄庭坚著，刘琳、李勇先、王蓉贵校点：《黄庭坚全集》，四川大学出版社 2001 年版。

（宋）黎靖德编：《朱子语类》，中华书局 1994 年版。

（宋）李焘撰，上海师范大学古籍整理研究所、华东师范大学古籍整理研究所点校：《续资治通鉴长编》，中华书局 1993 年版。

（宋）陆游撰，钱仲联等校注：《陆游全集校注》，浙江教育出版社 2011 年版。

（宋）罗大经撰，王瑞来点校：《鹤林玉露》，中华书局 1983 年版。

（宋）梅尧臣著，朱东润编年校注：《梅尧臣集编年校注》，上海古籍出版社 2006 年版。

（宋）欧阳修著，洪本健校笺：《欧阳修诗文集校笺》，上海古籍出版社 2009 年版。

（宋）欧阳修著，李逸安点校：《欧阳修全集》，中华书局 2001 年版。

（宋）朋九万：《东坡乌台诗案》，中华书局 1985 年版。

（宋）普济著，苏渊雷点校：《五灯会元》，中华书局 1984 年版。

（宋）阮阅编，周本淳校点：《诗话总龟》，人民文学出版社 1987 年版。

（宋）邵博撰，刘德权、李剑雄点校：《邵氏闻见后录》，中华书局 1983 年版。

（宋）邵伯温撰，李剑雄、刘德权点校：《邵氏闻见录》，中华书局 1983 年版。

（宋）施彦执：《北窗炙輠》，丛书集成初编本，中华书局 1985 年版。

（宋）司马光著，李之亮笺注：《司马温公集编年笺注》，巴蜀书社 2009 年版。

（宋）苏轼：《东坡七集》，清宣统元年宝华盦重刊明成化本。

（宋）苏轼：《东坡易传》，台湾商务印书馆影印清文渊阁四库全书本。

（宋）苏轼著，张志烈、马德富、周裕锴主编：《苏轼全集校注》，河北人民出版社 2011 年版。

（宋）苏轼著，（宋）郎晔注：《经进东坡文集事略》，四部丛刊初编影印乌程张氏南海潘氏合藏宋刊本。

（宋）苏轼著，（清）查慎行辑注：《补注东坡编年诗》，台湾商务印书馆影印清文渊阁四库全书本。

（宋）苏轼著，（清）冯应榴辑注，黄任轲、朱怀春校点：《苏轼诗集合注》，上海古籍出版社2001年版。

（宋）苏轼著，（清）王文诰辑注，孔凡礼点校：《苏轼诗集》，中华书局1982年版。

（宋）苏轼著，（清）朱孝臧编年，龙榆生校笺，朱怀春标点：《东坡乐府笺》，上海古籍出版社2009年版。

（宋）苏轼著，孔凡礼点校：《苏轼文集》，中华书局1986年版。

（宋）苏轼著，李之亮笺注：《苏轼文集编年笺注》，巴蜀书社2011年版。

（宋）苏轼著，题（宋）王十朋纂：《集注分类东坡先生诗》，四部丛刊景印上海涵芬楼借南楼潘氏藏元务本堂刊本。

（宋）苏轼著，邹同庆、王宗堂校注：《苏轼词编年校注》，中华书局2002年版。

（宋）苏辙著，陈宏天、高秀芳点校：《苏辙集》，中华书局1990年版。

（宋）王安石著，（宋）李壁笺注，高克勤校点：《王荆文公诗笺注》，上海古籍出版社2010年版。

（宋）王明清：《挥麈录》，中华书局1961年版。

（宋）王辟之撰，吕友仁点校：《渑水燕谈录》，中华书局1981年版。

（宋）王应麟著，（清）翁元圻等注，栾保群、田松青、吕宗力校点：《困学纪闻》，上海古籍出版社2008年版。

（宋）辛弃疾撰，邓广铭笺注：《稼轩词编年笺注》，上海古籍出版社1978年版。

（宋）杨万里撰，辛更儒笺校：《杨万里集笺校》，中华书局2007年版。

（宋）叶梦得撰，宇文绍奕考异，侯忠义点校：《石林燕语》，中华书局1984年版。

（宋）叶适：《叶适集》，中华书局 1961 年版。

（宋）尹洙：《河南先生文集》，四部丛刊初编影印上海涵芬楼藏春岑阁钞本。

（宋）曾敏行撰，朱杰人标校：《独醒杂志》，上海古籍出版社 1986 年版。

（宋）张邦基：《墨庄漫录》，四部丛刊三编影印江安傅氏双鉴楼藏明钞本。

（宋）张表臣：《珊瑚钩诗话》，《宋诗话全编》，江苏古籍出版社 1998 年版。

（宋）张戒著，陈应鸾校笺：《岁寒堂诗话校笺》，巴蜀书社 2000 年版。

（宋）张耒著，李逸安、孙通海、傅信点校：《张耒集》，中华书局 1990 年版。

（宋）赵令畤撰，孔凡礼点校：《侯鲭录》，中华书局 2002 年版。

（宋）朱弁撰，孔凡礼点校：《曲洧旧闻》，中华书局 2002 年版。

（宋）朱熹集注，赵长征点校：《诗集传》，中华书局 2011 年版。

（宋）朱熹：《四书章句集注》，中华书局 1983 年版。

（宋）朱彧撰，李伟国校点：《萍洲可谈》，上海古籍出版社 2012 年版。

（金）元好问著，姚奠中主编，李正民增订：《元好问全集》，山西古籍出版社 2004 年版。

（元）陶宗仪：《南村辍耕录》，中华书局 1959 年版。

（元）脱脱等：《宋史》，中华书局 1977 年版。

（明）董斯张：《吹景集》，明崇祯二年韩昌箕刻本。

（明）李日华：《紫桃轩杂缀》，凤凰出版社 2010 年版。

（明）杨慎撰，王仲镛笺证：《升庵诗话笺证》，上海古籍出版社 1987 年版。

（清）郭庆藩撰，王孝鱼点校：《庄子集释》，中华书局 1961 年版。

（清）黄苏选评：《蓼园词选》，尹志腾校点《清人选评词集三种》，齐鲁书社 1988 年版。

（清）梁廷楠著，汤开建、陈文源点校：《东坡事类》，暨南大学出版社 1992 年版。

（清）王文诰：《苏文忠公诗编注集成总案》，巴蜀书社 1985 年影印武陵韵山堂刻本。

（清）吴乔：《围炉诗话》，中华书局 1985 年版。

（清）严可均校辑：《全上古三代秦汉三国六朝文》，中华书局 1958 年版。

（清）赵翼：《瓯北诗话》，人民文学出版社 1963 年版。

陈贻焮主编：《增订注释全唐诗》，文化艺术出版社 2001 年版。

傅璇琮等主编、北京大学古文献研究所编：《全宋诗》，北京大学出版社 1998 年版。

逯钦立辑校：《先秦汉魏晋南北朝诗》，中华书局 1983 年版。

尚荣译注：《四十二章经》，中华书局 2010 年版。

唐圭璋主编：《全宋词》，中州古籍出版社 1996 年版。

王启兴、张虹注：《唐诗小集：贺知章、包融、张旭、张若虚诗注》，上海古籍出版社 1986 年版。

曾枣庄、刘琳主编：《全宋文》，上海辞书出版社、安徽教育出版社 2006 年版。

二 研究专著

曹道衡选注：《乐府诗选》，人民文学出版社 2000 年版。

陈湘琳：《欧阳修的文学与情感世界》，复旦大学出版社 2012 年版。

陈植锷：《北宋文化史述论》，中国社会科学出版社 1992 年版。

邓广铭：《辛稼轩年谱》，上海古籍出版社 1979 年版。

邓小南：《祖宗之法：北宋前期政治述略》，生活·读书·新知三联书店 2006 年版。

方健：《北宋士人交游录》，上海书店出版社 2013 年版。

顾颉刚：《顾颉刚集》，中国社会科学出版社 2001 年版。

洪本健：《宋文六大家活动编年》，华东师范大学出版社 1993 年版。
黄启方：《东坡的心灵世界》，台湾学生书局 2002 年版。
金开诚、葛兆光：《古诗文要集叙录》，中华书局 2012 年版。
孔凡礼：《三苏年谱》，北京古籍出版社 2004 年版。
孔凡礼：《苏轼年谱》，中华书局 1998 年版。
冷成金：《苏轼的哲学观与文艺观》，学苑出版社 2003 年版。
李一冰：《苏东坡传》，江苏文艺出版社 2013 年版。
林语堂：《苏东坡传》，百花文艺出版社 2000 年版。
马东瑶：《苏门六君子研究》，北京大学出版社 2005 年版。
马东瑶：《文化视域中的北宋熙丰诗坛》，陕西人民教育出版社 2006 年版。
马斗成：《宋代眉山苏氏家族研究》，中国社会科学出版社 2005 年版。
孟宪浦：《诗意地筑造：苏轼诗学思想的生存论阐释》，学林出版社 2013 年版。
莫砺锋：《漫话东坡》，凤凰出版社 2008 年版。
钱锺书：《管锥编》，生活·读书·新知三联书店 2001 年版。
钱锺书：《宋诗选注》，人民文学出版社 2005 年版。
钱锺书：《谈艺录》，生活·读书·新知三联书店 2001 年版。
沈松勤：《宋代政治与文学研究》，商务印书馆 2010 年版。
四川大学中文系唐宋文学研究室编：《苏轼资料汇编》，中华书局 1994 年版。
陶文鹏：《苏轼诗词艺术论》，上海古籍出版社 2001 年版。
王力：《王力文集》第十一卷《汉语语法史》，山东教育出版社 1990 年版。
王水照、崔铭：《苏轼传：智者在苦难中的超越》，天津人民出版社 2013 年版。
王水照、朱刚：《苏轼评传》，南京大学出版社 2004 年版。
王水照：《王水照自选集》，上海教育出版社 2000 年版。

谢琰：《北宋前期诗歌转型研究》，北京大学出版社 2013 年版。

许总：《宋诗：以新变再造辉煌》，广西师范大学出版社 1999 年版。

杨胜宽：《苏轼与苏门文人集团研究》，四川人民出版社 2010 年版。

衣若芬：《赤壁漫游与西园雅集：苏轼研究论集》，线装书局 2001 年版。

余冠英：《汉魏六朝诗选》，中华书局 2012 年版。

余英时：《士与中国文化》，上海人民出版社 2003 年版。

余英时：《朱熹的历史世界》，生活·读书·新知三联书店 2011 年版。

曾枣庄：《三苏研究》，巴蜀书社 1999 年版。

曾枣庄：《苏轼评传》，四川人民出版社 1981 年版。

曾枣庄等：《苏轼研究史》，江苏教育出版社 2001 年版。

张惠民、张进：《士气文心：苏轼文化人格与文艺思想》，人民文学出版社 2004 年版。

张鸣：《宋诗选》，人民文学出版社 2004 年版。

张鸣等：《宋代都市文化与文学风景》，北京语言大学出版社 2013 年版。

张毅：《宋代文学思想史》，中华书局 1995 年版。

中国人民大学中文系：《中国苏轼研究》，学苑出版社 2004 年版。

周晓音：《淑世与超旷：苏轼仕杭时期活动与创作评析》，浙江工商大学出版社 2013 年版。

周裕锴：《宋代诗学通论》，上海古籍出版社 2007 年版。

朱刚、刘宁：《欧阳修与宋代士大夫》，上海人民出版社 2007 年版。

朱刚：《唐宋"古文运动"与士大夫文学》，复旦大学出版社 2013 年版。

朱刚：《唐宋四大家的道论与文学》，东方出版社 1997 年版。

朱靖华：《苏轼论》，京华出版社 1997 年版。

宗福邦、陈世铙、萧海波主编：《故训汇纂》，商务印书馆 2003 年版。

［德］顾彬（Wolfgang Kubin）：《中国文人的自然观》，马树德译，上海人民出版社 1990 年版。

［韩］金甫暻：《苏轼和陶诗考论：兼及韩国"和陶诗"》，复旦大学出版社 2013 年版。

［美］包弼德：《斯文：唐宋思想的转型》，刘宁译，江苏人民出版社出版 2001 年版。

［美］毕嘉珍：《墨梅：一种文人画题材的形成》，江苏人民出版社 2012 年版。

［美］刘子健：《中国转向内在——两宋之际的文化内向》，赵冬梅译，江苏人民出版社 2002 年版。

［美］孙康宜、［美］宇文所安主编：《剑桥中国文学史》，生活·读书·新知三联书店 2013 年版。

［美］杨晓山：《私人领域的变形：唐宋诗歌中的园林与玩好》，江苏人民出版社 2009 年版。

［美］宇文所安：《迷楼：诗与欲望的迷宫》，程章灿译，生活·读书·新知三联书店 2003 年版。

［美］宇文所安：《追忆：中国古典文学中的往事再现》，郑学勤译，生活·读书·新知三联书店 2014 年版。

［日］保苅佳昭：《新兴与传统：苏轼词论述》，上海古籍出版社 2013 年版。

［日］川合康三：《中国的自传文学》，蔡毅译，中央编译出版社 1999 年版。

［日］川合康三：《终南山的变容：中唐文学论集》，刘维治、张剑、蒋寅译，上海古籍出版社 2007 年版。

［日］吉川幸次郎：《宋元明诗概说》，李庆、骆玉明等译，复旦大学出版社 2012 年版。

［日］吉川幸次郎：《中国诗史》，章培恒、骆玉明等译，复旦大学出版社 2001 年版。

［日］内山精也：《传媒与真相：苏轼及其周围士大夫的文学》，朱

刚译，上海古籍出版社 2013 年版。

[日] 浅见洋二：《距离与想象：中国诗学的唐宋转型》，金程宇、[日] 冈田千穗译，上海古籍出版社 2013 年版。

[日] 山本和义：《诗人与造物：苏轼论考》，张剑译，中国社会科学出版社 2013 年版。

[日] 小川环树：《论中国诗》，谭汝谦、陈志诚、梁国豪译，贵州人民出版社 2009 年版。

[日] 小尾郊一：《中国文学所体现的自然与自然观：以魏晋南北朝文学为中心》，邵毅平译，上海古籍出版社 2014 年版。

[日] 小野泽精一、[日] 福永光司、[日] 山井涌编：《气的思想：中国自然观与人的观念的发展》，李庆译，上海人民出版社 2007 年版。

三　研究论文

1. 期刊论文

陈才智：《苏东坡对白香山的受容与超越：咏梅诗的视角》，《中国苏轼研究》（第 5 辑），学苑出版社 2016 年版。

陈友康：《审美主体的生成与人生意义的实现——苏轼人生魅力论》，《东方丛刊》2000 年第 2 辑。

程磊：《论苏轼早期"山水游宦"中的山水诗心与勇儒人格》，《西南民族大学学报》（人文社会科学版）2015 年第 6 期。

程郁缀：《古代诗歌中的自然观小议》，《北京大学学报》（哲学社会科学版）2016 年第 3 期。

杜学霞：《论白居易儒家思想的矛盾及其成因》，《河南师范大学学报》（哲学社会科学版）2014 年第 4 期。

冯小禄：《苏轼的"寄生"故乡观》，《文史知识》2008 年第 10 期。

冯小禄、张欢：《杨慎"并州故乡"观的内涵及成因——与苏轼故乡观的比较》，《云南师范大学学报》（哲学社会科学版）2009 年第 5 期。

付定裕：《夜雨对床：苏轼与苏辙的诗歌对话》，《文史杂志》2007年第3期。

傅异星：《论苏轼诗文中的月意象》，《云梦学刊》2003年第1期。

高华：《生命在超越中闪光——苏轼词中的自我形象解读》，《许昌学院学报》2009年第3期。

高云鹏：《苏轼诗中的"病兽"意象研究》，《乐山师范学院学报》2005年第7期。

葛晓音：《论苏轼诗文中的理趣——兼论苏轼推重陶王韦柳的原因》，《学术月刊》1995年第4期。

顾歆艺：《揽镜自鉴及彼此打量——论画像与南宋道学家的自我认知及道统传承的确立》，《南京大学学报》（哲学、人文科学、社会科学版）2014年第2期。

韩丽霞：《论苏轼黄州词强烈的主体意识》，《内蒙古民族大学学报》（社会科学版）2007年第4期。

郝美娟：《此心安处是吾乡——以"归"为中心论苏轼对精神家园的追寻与建构》，《山西大学学报》（哲学社会科学版）2012年第4期。

冷成金：《苏轼诗文悲剧意识的特质》，《社会科学战线》2012年第2期。

黎烈南：《从王禹偁、苏轼等人的诗歌看宋人自我批判的思想闪光》，《中国诗歌研究动态》2009年第1期。

李光生：《苏轼不归故里的文化考察》，《文艺评论》2012年第2期。

李贵：《论苏轼七律的自我意识——兼及苏轼在七律发展史上的地位》，《江西社会科学》1999年第6期。

李永平：《苏轼与俳优传统》，《陕西师范大学学报》（哲学社会科学版）2009年第5期。

梁建国：《朝堂之外：北宋东京士人走访与雅集——以苏轼为中心》，《历史研究》2009年第2期。

梁银林：《佛教"水观"与苏轼诗》，《西南民族大学学报》2005年第 3 期。

廖秀勇：《试论苏轼的平民化》，《德阳教育学院学报》2000 年第 3 期。

林继中：《苏轼的两难选择》，《宋代文化研究》2009 年第 1 期。

刘晗：《试论苏轼生态型人格特征》，《苏州大学学报》（哲学社会科学版）2017 年第 1 期。

刘禾：《月在苏词——论苏轼词中"月"的意象》，《现代语文》（学术综合版）2013 年第 5 期。

吕肖奂：《"不得体"的社交表达：陆游的人际关系诗歌论析》，《四川大学学报》（哲学社会科学版）2016 年第 1 期。

马东瑶：《苏门六君子眼中的苏轼》，《四川大学学报》（哲学社会科学版）2003 年第 2 期。

马银华：《此心安处是吾乡——论苏轼随缘自适的人生哲学》，《东岳论丛》2004 年第 5 期。

毛永龄：《苏轼诗中的故乡情》，《乐山师专学报》1986 年第 1 期。

莫砺锋：《苏轼的敌人》，《学术界》2008 年第 2 期。

莫砺锋：《苏轼与人生》，《玉林师范学院学报》2012 年第 1 期。

潘建伟：《自我说服的旷达：对话理论视野中的苏轼"旷达"形象问题——兼谈林语堂〈苏东坡传〉的中西文化观》，《杭州师范大学学报》（社会科学版）2010 年第 5 期。

潘殊闲：《试论宋人的苏轼心理情结》，《宁夏社会科学》2010 年第 3 期。

潘殊闲：《苏轼苏辙李杜比较观述评》，《蜀学》2011 年。

彭敏：《苏轼故乡情结的特点与成因》，《芒种》2013 年第 12 期。

彭文良：《苏轼所患疾病考》，《兰州教育学院学报》2015 年第 3 期。

屈小强：《苏轼的山水情怀与故乡情结》，《蜀学》2010 年第五辑。

阮堂明：《论苏轼对"水"的诗意表现与美学阐发》，《文学遗产》2007 年第 3 期。

申东城：《苏轼巴蜀诗与唐宋诗歌嬗变》，《中华文化论坛》2014 年第 3 期。

司聘：《苏轼黄州诗文"幽人"意象初探》，《郑州大学学报》（哲学社会科学版）2017 年第 1 期。

苏罗密：《试析苏轼诗歌中生命主体意识的升华》，《楚雄师范学院学报》2012 年第 5 期。

孙立：《苏轼词主体意识的再认识》，《社会科学研究》1992 年第 2 期。

孙南：《论苏轼的自我形象——以苏词为例》，《学理论》2011 年 25 期。

陶文鹏：《自嘲的丰富情味》，《古典文学知识》2001 年第 1 期。

王娟：《探析苏轼的自省与自嘲对其人生态度的影响》，《学理论》2015 年第 5 期。

王书华：《苏轼苏辙对荆公新学的批判》，《河北大学学报》2005 年第 3 期。

王树来：《论苏轼词中潜在的自我形象》，《齐齐哈尔师范高等专科学校学报》2006 年第 4 期。

王水照：《关于苏轼〈与滕达道书〉的系年和主旨问题》，《文学评论》1981 年第 1 期。

王水照：《评苏轼的政治态度和政治诗》，《文学评论》1978 年第 3 期。

王水照：《走近"苏海"：苏轼研究的几点反思》，《文学评论》1999 年第 3 期。

吴海：《浅析苏轼次韵自作诗的"主体"性特点》，《文教资料》2011 年第 36 期。

谢建忠：《论佛教哲学与苏轼的"人生如梦"思想》，《西南民族学院学报》（哲学社会科学版）2000 年第 6 期。

谢青桐：《抵御苦难之后的快意悲情——论苏轼诗体文学的主体情性》，《南京师范大学文学院学报》2001 年第 3 期。

徐立昕：《试论苏轼诗中的故乡情结》，《乐山师范学院学报》2008

年第 1 期。

杨理论、骆晓倩：《宋代士大夫的自我意识与身份认同：从苏轼诗歌说开去》，《西南大学学报》（社会科学版）2018 年第 3 期。

杨艳梅：《论苏轼词中的自我形象》，《松辽学刊》（社会科学版）1990 年第 3 期。

杨洋：《试论苏轼词主体意识的强化》，《皖西学院学报》2005 年第 1 期。

姚华：《苏轼对"竹"的游戏性观照》，《文史知识》2015 年第 2 期。

喻世华：《千秋功罪任评说：苏轼与王安石关系及其评价的审视》，《南京林业大学学报》（人文社会科学版）2010 年第 3 期。

袁津琥：《与君世世为兄弟——苏轼与苏辙的宦海浮沉》，《文史知识》2016 年第 4 期。

曾枣庄：《论苏轼的政治革新主张》，《社会科学研究》1980 年第 2 期。

曾枣庄：《论苏轼对释道态度的前后一致性》，《天府新论》1985 年第 2 期。

曾枣庄：《苏轼〈与滕达道书〉是"忏悔书"吗?》，《文学评论》1980 年第 4 期。

张海滨：《苏轼〈与滕达道书〉系年、主旨之探讨——与王水照先生商榷》，《宁夏大学学报》（社会科学版）1981 年第 2 期。

张鸣：《文学与图像：北宋乔仲常〈后赤壁赋图〉对苏轼原作意蕴的视觉诠释》，《国学学刊》2017 年第 4 期。

郑群辉：《论苏轼的"人生如梦"》，《社会科学》2010 年第 9 期。

郑园：《东坡词中的时间与梦》，《北京大学学报》（哲学社会科学版）2004 年第 6 期。

周慧珍：《苏轼两杭时期散文中的自我形象》，《汕头大学学报》1992 年第 2 期。

周先慎：《论苏轼的人格魅力》，《北京大学学报》（哲学社会科学版）2002 年第 2 期。

周裕锴：《痛感的审美：韩愈诗歌的身体书写》，《北京大学学报》（哲学社会科学版）2017 年第 1 期。

周裕锴：《中国古典诗歌的三种审美范型》，《学术月刊》1989 年第 9 期。

周裕锴：《自持与自适：宋人论诗的心理功能》，《文学遗产》1995 年第 6 期。

朱刚：《"日常化"的意义及其局限——以欧阳修为中心》，《文学遗产》2013 年第 2 期。

朱刚：《从"先忧后乐"到"箪食瓢饮"：北宋士大夫心态之转变》，《文学遗产》2009 年第 2 期。

诸葛忆兵：《范仲淹与北宋士风演变》，《中国人民大学学报》2006 年第 5 期。

诸葛忆兵：《宋代士大夫的境遇与士大夫精神》，《中国人民大学学报》2001 年第 1 期。

［韩］曹圭百：《苏轼诗所表现的与现实世界的乖离及其消解》，《宋代文化研究》2003 年第 12 辑。

［日］浅见洋二：《言论统制下的文学文本——以苏轼诗歌创作为中心》，《复旦学报》（社会科学版）2016 年第 4 期。

　　2. 学位论文

柏颖：《苏轼画论中的自我意识》，硕士学位论文，河南大学，2009 年。

陈芳：《东坡笔下的日常生活情趣——苏轼日常生活题材诗歌创作初探》，硕士学位论文，安徽大学，2006 年。

郭茜：《东坡故事的流变及其文化意蕴》，博士学位论文，南开大学，2009 年。

韩世中：《论欧阳修的生命意识与人生实践》，硕士学位论文，北京大学，2015 年。

韩庭彦：《论苏轼词的时间意识》，硕士学位论文，安徽大学，2014 年。

何若锦:《论苏轼词中表现的气》,博士学位论文,南京大学,2013年。

黄莹:《苏轼苏辙兄弟唱和诗研究》,硕士学位论文,广西大学,2008年。

贾玉荣:《苏轼诗词中的主体人格精神》,硕士学位论文,华中师范大学,2005年。

李明华:《苏轼诗歌与佛禅关系研究》,博士学位论文,吉林大学,2011年。

梁慧敏:《诗人之笠:杜甫和苏轼戴笠肖像史及其文化意蕴》,硕士学位论文,华东师范大学,2015年。

梁益萍:《苏轼苏辙的兄弟之情及对苏轼文学创作的影响》,硕士学位论文,宁波大学,2012年。

刘丽姣:《苏轼涉梦诗词研究》,硕士学位论文,湖南科技大学,2011年。

刘艳飞:《从苏轼词中的酒、月、水意象看苏轼的人品追求》,硕士学位论文,辽宁大学,2012年。

刘洋:《苏轼文学作品中的水意象研究》,硕士学位论文,延边大学,2011年。

刘祎:《苏轼伦理思想研究》,博士学位论文,湖南师范大学,2010年。

陆庆祥:《苏轼休闲审美思想研究》,博士学位论文,浙江大学,2010年。

马里扬:《北宋士大夫词研究》,博士学位论文,北京大学,2012年。

孟宪浦:《苏轼诗学思想的生存论阐释》,博士学位论文,山东师范大学,2008年。

阮延俊:《论苏轼的人生境界及其文化底蕴》,博士学位论文,华中师范大学,2012年。

徐名侠:《苏轼文学中的自然观》,硕士学位论文,南京师范大学,

2011年。

严宇乐:《苏轼、苏辙、苏过贬谪岭南时期心态与作品研究》,博士学位论文,复旦大学,2012年。

姚华:《游戏于斯文:宋诗写作中的游戏姿态及其诗学意义》,博士学位论文,北京大学,2015年。

翟璐:《宋代笔记中的苏轼》,硕士学位论文,河南大学,2013年。

张昶:《苏轼与欧阳修关系研究》,硕士学位论文,吉林大学,2012年。

张子川:《苏轼涉病诗研究》,硕士学位论文,江西师范大学,2014年。

赵晓星:《论苏轼、苏辙唱和诗》,硕士学位论文,吉林大学,2007年。

周剑之:《宋诗叙事性研究》,博士学位论文,北京大学,2011年。

四 外文文献

Chen, Yu-shih, *Images and Ldeas in Chinese Classical Prose: Studies of Four Masters*, Stanford University Press, 1988.

Egan, Ronad, "Word, Image, and Deed in the Life of Su Shi", *The Council on East Asian Studies*, Harvard University, 1994.

Fuller, Michael Anthony, *The Road to East Slope: The Development of Su Shi's Poetic Voice*, Stanford University Press, 1990.

Smith, Curtis Dean, "The Dream of Chou-chih: Su Shih's Awakening", *Chinese Studies*, 2000, 18 (1).

Tomlonovic, Kathleen M., *Poetry of Exile and Return: A Study of Su Shi (1037-1101)*, University of Washington, 1989.

Yang, Zhiyi, *Dialectics of Spontaneity: The Aesthetics and Ethics of Su Shi (1037-1101) in Poetry*, BRILL, 2015.

湯淺陽子:《蘇軾の自然描寫:杭州通判期の詩をめぐって》,《中國文學報》1993年第4期。

夏露:《宋代文人官僚の研究:官僚としての蘇軾を中心に》,《九州大学博士(文学)》1995 年第 3 期。

湯淺陽子:《蘇軾の觀物》,《中國文學報》1996 年第 4 期。

正木佐枝子:《蘇軾における「東坡」の意味》,*Studies in Chinese Literature*,1996,12。

湯淺陽子:《蘇軾の歸田と買田》,《中國文學報》1997 年第 4 期。

山口若菜:《蘇軾の「自新」の記録:黄州における三年間の「正月二十日」の詩について》,《筑波中国文化論叢》2006 年第 3 期。

西上勝:《「閑人」と自然観賞:蘇軾の黄州期の題跋をめぐって》,《山形大学紀要》(人文科学) 2007 年第 2 期。

山上恵:《蘇軾詩における自注》,《待兼山論叢》,《文学篇》2012 年第 12 期。

附　　表

附表1　　苏轼诗歌自称使用情况统计[*]

	自称	有该自称出现的诗歌数	该自称出现次数	有该自称出现的诗歌数占苏诗总数的比例（%）
第一人称	我	832	1289	30.7
	吾	262	295	9.7
	予	34	37	1.2
	余	15	31	0.5
第三人称	苏子	5	7	0.2
	东坡	50	51	1.8
	幽人	26	26	1.0

---

[*] 苏轼诗歌中使用自称的情况，均以孔凡礼点校《苏轼诗集》为据统计，辅以中国国家图书馆"全宋诗分析系统"加以筛查。统计仅选取苏轼诗歌中较常见的几种自称。出现在诗题、诗序、自注中的自称皆不计算在内。出现在诗歌正文中，而考其意义明显并非苏轼自称者，亦不计算在内。同一自称在同一首诗中出现多次的，均以实际出现次数计算。自称处有异文者，皆以《苏轼诗集》取用正文为准，异文不予计算在内。"有该自称出现的诗歌数占苏诗总数的比例"一项，是以有该自称出现的诗歌首数除以《苏轼诗集》中收录的苏诗总数（其中剔除了卷四十九、卷五十他集互见诗99首，以及马德富撰文辨为非苏诗的12首，余下总数为2712首。其中同一诗题下有多首诗者，均按多首计算），得出百分比，采用四舍五入法，数据保留至小数点后一位。

附表 2　　北宋部分诗人诗歌中以第一人称为自称使用情况统计[①]

诗人姓名	诗人存诗总数	第一人称及出现次数			
		我	吾	予	余
梅尧臣	2933	863	223	85	32
欧阳修	954	336	111	36	6
苏舜钦	236	80	31	26	11
王安石	1741	484	155	60	20
苏辙	1854	606	116	13	11
黄庭坚	2204	596	199	71	18
陈师道	711	124	92	1	3

---

① 表中数据是根据中国国家图书馆"全宋诗分析系统"电子检索并加以筛查获得的粗略结果。不同诗人各自的特殊自称不便统计对比，故仅以第一人称作为自称这类现象为统计范围。诗人选取大体以留存诗歌数量较多、成就较高为标准。本结果不含诗题、诗序、诗注中出现的"我""吾""余""予"字，并尽量剔除虽出现在诗歌正文中，但考其意义明显并非自称的"我""吾""余""予"字。同一自称在同一首诗中出现多次的，均以实际出现次数计算。因统计对象数量庞杂，且对诗意的理解也会影响对自称性质的判断，故而难以保证数据的精准，仅可借此略观北宋诗人诗歌中自称使用情况，然对照之下，亦足可体现苏轼诗歌自称使用次数之多、频率之高在北宋诗人中的特殊性。

索　引

B

贬谪　11,12,19,21,23,34,49,56,63,64,77,78,82,98,107,110,116,118,119,121,123,139,140,150,153,156,160,165,166,170,174,175,178—180,196,197,199,203—205,212,217,219,225,234,248,262,265,267,282,299,310,320,326,327,348,355,359

C

参寥　22,50,92,170,177—179,190,216,273

晁补之　194,277

陈师道　125,182,187,347,386

陈慥　119,176

次韵　28,29,40,44,47,49,51,60—62,64,65,69,72,88,89,97,104,105,108,109,113,117,122,126,127,129,133—135,141,144,146,172,173,175—177,203,206,217,219,222,223,233,235,239,241—243,247,252,261—263,267,271,272,277,279,285,289,297,300,306,309—311,319—321,326,330,346,347,352,364

D

儋州　51,78,122,175,178,179,199,208,213,268,297,348

定州　118,248,268,281,329

东坡　5,9,11,29,31,38,45,48—53,57,66,90,91,110,111,114—116,120,121,130,142,146,153,155,158,167,169,176,182—185,190,191,194,195,199,202,211,212,239,240,246,262,263,273,274,277,296,309,313,329,334,343,344,352,354,365,385

F

范仲淹　16,93,128,302

G

归隐　16,20,64,65,68,72,87,88,96,98—100,104,105,132,133,135,136,138,143,151,161,214,217,223,228,252,276,278,286,301,302,305—307

H

杭州　11,22,23,26,50,53,58,59,71,79,86,87,89,97,102,104,107,111,113,127,131,140,141,143,150,168,170,173,176,180,182,184,190,202,203,208,217,224,234—236,246,255,257,271,294,298—300,303,306,315,316

湖州　41,104,108,118,159,184,200,206,228,235,324

黄庭坚　60,169,170,176,188,191,339,348,386

黄州　12,17,19,26,28,45,47,49,50,54—56,61,67,68,78,81,88,90—92,104,110,117—119,122,124—127,129,130,134,140,141,150,151,159—161,164—167,169,174—180,193,202,203,210,212,214,218,227,228,238,241,247,262—267,270,271,277,279,280,285,297—300,307,308,310,316,319—321,323,324,326—329,339,346—350,352,353,359

回望　154,197,235,260—272,278—283,290,312,314—323,325,328—331,333,334,355

惠州　18,29,50,64,66,77,78,87,90,118,121,122,145,156,160,163,166,170,174,175,177—179,208—213,225,238,266—269,273,282,296,297,300,318,328,350,360

J

嘉祐　73,95,96,103,201,210,216,274,278,293,302,304,360

L

李之仪　22,74,203,273

刘攽　123,187—189,322

M

眉山　91,234,294

梅尧臣　77,78,386

米芾　175

密州　17,63,79,86,105,109,114,137,151,173,193,199,207,218,255,256,280,285,297,314,315,323,341

民间　50,82,121,129,198,199,201,203—207,209—215,365

O

欧阳修　8,17,82,85,90,93,99,101,

110,136,145,150,171,172,182,242,246,262,277,317,338,339,386

Q

秦观　127,128,166,177,273

R

人生如寄　30,31

人生如梦　30,31,312—314,316,319,322,327,329,334,355,362

汝州　48,49,61,124,174,193,345

S

绍圣　64,66,77,84,87,89,118,121,145,153,156,163,170,179,207,217,248,266—268,318,328,350,360

社会关系　21,34,35,148,181,183,215,216,218,229,363

时空　4,20,26,27,29—31,83,131,232,233,260—262,267,268,270—272,274,275,277,278,282,283,313—315,331

仕宦　3,14—17,20,21,23,32,34,41,42,50,56,57,61—63,65,66,69,73—75,77—79,83,86,88,95—107,109,110,113—119,123,126—128,130,131,133,135—143,145,146,148,153,154,156,161,181,183,192,209,213,214,216—218,

220,221,228,229,249,274,280,290,293,299,302—306,308,309,311,319—321,326,327,331,345,353—355,363—365

衰病　20,21,44,63,74,130—139,174,184,202,256,274,285,345,346

苏过　11,160,163,268

苏迈　160,167,200

苏辙　11,16,21,22,95,96,101,106,108,122,149—152,154,155,160,161,177,179,180,191,198,200,203,275,276,278,279,282,332,339,340,356,361,386

苏子　38,45—49,51,53,57,88,178,187,243,246,258,300,336,385

W

王安石　22,23,59,124,125,129,132,150,172,183,188—190,195—197,219,250,287,319,322,386

王朝云　157

王弗　157,158,181

王巩　90,98,126,158,160,166,172,173,176,186,310,311,320,326,332,348

王闰之　157—159

文本　7,8,10,13,17,19,33,35,37,39,40,44,45,50,57,84,107,191,198,259,261,293,314,355,363,365

文同 168,169,251

乌台诗案 28,61,102,107,110,115,117,118,126,129,134,140—142,193,197,227,279,304,319,320,324,325,357,358

X

熙宁 48,53,58,63,65,69,74—76,79,86,102,105,107—109,111,119,121,123,131,140,150,161,169,172,188,202,208,217—219,221,223,224,235,236,245,246,255,257,274,280,284,285,293,303,306,310,314,319,322,323,325,336,341,352

新法 41,59,102,106,111,114—116,123,124,131—133,140,172,188,217,218,221,224,303,322

徐州 22,23,41,54,60,79,97,111,114,118,152,172,182,199,206,207,226,228,234,235,251,252,270,271,274,287,315,320,323—325,331

悬想 29,31,260,261,272—280,282,283,290,312,314,331,334,344,355

Y

扬州 23,69,109,123,144,183,228,246,295,323,333

颍州 125,150,153,156,173,182,240,242,274,294

幽人 38,45,52—57,270,385

元丰 28,41,48,54,60,61,88,98,107,112,116,117,119—121,124,126,127,129,133,140,142,150,160,165,167,168,172,174,188,193,196,200,206,207,214,226—228,235,262—266,270,271,276,279,280,284—287,310,315,316,319,320,323,325,328,332,333,339,341,343,349,356—358

元祐 49,50,61,62,69,72,74,80,86,97,99,125—127,131,133—135,137,141—144,152,170,171,173,187,188,201,222,228,235,241,267,269,271,277,280,281,289,316,317,321,325,330,342,348

Z

造物 25,44—46,55,129,209,224,225,236,243,244,283—290,338,352,353

张方平 101,150,172,186,217,218,229

张耒 194

章惇 22,23,158,165,166,170,172,174,183,185,195—197

赵令畤 211,348,354

至乐 32,98,211,215,334—336,338—341,344,350—352,354,355,

362

主体意识　6,8,12—14,20,35,115,
214,275,293,349

子由　40,44,51,63,67,95,97,103—
105,108,109,114—116,121,125,
127,131,132,136,137,146,147,
149—157,160—163,165,166,168,
181,197,198,207,233,234,241,
274,276,279—282,295,297,300,
304,307,317,330,341,346,347,
356,358

子瞻　96,101,122,124,125,169,
179,181,186,187,198,203,279,
311,356,361

自嘲　3,6,8,9,33,37,49,51,70—
79,82,83,93,94,103,111,129,
169,190,191,199,200,206,332,
363—365

自称　3,7—9,11,26,33,34,37—40,
42—48,51,53—57,64,73,130,
132,164,169,182,185,195,203,
349,363,385

自然物　26,224,231,232,237,238,
240,243—250,252—256,258—
260,283,284,286,290,363,364

自我表达　3,6,7,9—12,14,32—35,
37,42—44,64,70,83,94,198,215,
239,363—365

自我认识　3,5,8,11,14,15,32—35,
37,51,53,57,59,61,63,66,70,71,
74,76,79,81,83,86,88,93,95,
110,148,149,191,193,199,200,
205,206,214—216,223,228,239,
247,250,255,256,291,363—366

自许　3,33,37,46,52,70,83,84,86,
88—94,185,191,363

自喻　3,8,21,33,34,37,57—68,70,
214,363

后　　记

　　这本小书由我的博士学位论文修改而来。

　　七年前我从四川大学走入燕园，天府之国的优裕从容转瞬被某种奋进而急切的氛围所取代，似乎只有校园中的森森古木和游荡出没的小猫，才能接续我被打断的记忆。我对陌生环境的适应能力总是特别堪忧，至少耗费了两年时间，才缓慢地完成了这一进程，而彼时已在迷惑间错过了许多提升学养、增广见闻的时机。其后的时光，大约是顺着自己的一点阅读感受渐渐明晰所走的方向，在缺乏自信的揣测中摸索可能的研究方法，最终亦不过将一点个人化、主观性的所思所感形诸文字。人的情感心理不可捉摸，难以坐实，以之为研究对象，导致拙劣的论证随时引发全面的自我怀疑，而苏轼自我表述中的龃龉和多变则成为最大的困扰。依然感谢苏轼，在几年艰难的相处中成为我的异代小伙伴，容我在他的世界中以今揆古，以己度人，并分享给我许多真切的人生体验。尽管我与他是如此不同，不知能否将那些与生活艰苦磨合而来的智慧化为己用，尽管我只是管窥了浩瀚苏海的一个角落，但也在某种程度上受到了启示和濡染，那些零星的收获也足以不负初衷。

　　我的博士学位论文得以较为顺利地完成，首先要感谢导师张鸣教授的指导与鞭策。他为我开启了自由与严谨兼具的思维空间，鼓励我将那些不成体系的阅读体验延伸铺展，挖掘其中可能闪现的灵光。张老师使我明白，须有触处逢春的眼光，才不辜负一个有趣的研究对象，并应使学术研究尽可能地保存和体现研究者的性灵。而他的生活中，也无不浸润着这种雅趣，充满对美的敏锐感知，引我们度过一段精美的诗酒年华。师母则拥有我最为企羡的坦率爽朗，以她的智慧给予我许多无声的启迪，为我平稳地走完求学之路注入了坚忍的力量。

感谢杨铸、刘勇强、李简、潘建国、李鹏飞诸位老师在博士学位论文写作的各个环节给予我悉心指点，感谢陶文鹏、漆永祥、刘宁、张剑诸位老师在论文答辩时对我的中肯建议。老师们治学严谨而又通达体贴，即便指出论文中的不足之处，也无不在温和幽默的话语中寄寓鼓励。惭愧的是，几年来囿于时间和学力，论文修改工作推进缓慢，许多宝贵意见尚未及有效吸纳，以致本书呈现的面貌并不能令人满意。许多粗疏之处，唯有冀望日后再作弥补。小书付梓之际，回顾四年燕园时光，老师们的气度与学识、关怀与善意，犹如湖光塔影，成为匆促生活中的心之所向，令我在此后的人生中永怀感念。

记得入学之初，我曾调侃自己是一枚错放进鸡蛋盒子的猕猴桃。感谢身边的师兄弟姐妹，以他们的善良与灵心慧性，最大程度地简化了我敏感多思的心。大家分享智识、碰撞观念、交换悲喜，并一同面对这一身份群体遭遇的种种困境。诸位无法一一具述姓名的同门学友，以各自的方式绽放坚定的生命姿态，那些真挚的交流与温暖的陪伴，在论文写作的几年中曾给予我坚持的勇气。

我还要将最深重的谢意与歉意，一并献给我的家人。感谢父母，总是默默藏好自己的忧心忡忡，尊重我每一个任性的决定。书稿修改及出版期间，正值我怀孕生产之际，又是疫情肆虐之时，父母的悉心照料为我免除了太多后顾之忧。希望这本小书的出版，能稍稍抚慰他们的辛劳。

感谢外子东超，在我怠惰荒废时化身最严厉的诤友，却不忘告诉我"人各有所宜，各有所安"，治愈我反复发作的自我认同焦虑。相识七年，从求学时代走入琐屑生活，他始终以不曾改变的勤奋与纯粹的学术热情，提醒我无负今日，莫问前程。

最后，感谢我襁褓中的女儿，谢谢她尚未来到这世间，便与我心意相通，努力为我争取到了最大限度的修改时间。在临产前伏案修改书稿的时刻，是生命的小小律动使我感到紧张、奇妙而又安心。这本小书对她而言想必十分无趣，希望未来的某一天，她能从中看到妈妈与苏轼相伴而行的一段时光痕迹。

2020 年 8 月 13 日于西安